کھرا سچ

(بابا جی کے نام)

مبشر لقمان

جُمہوری پبلیکیشنز

Independent & Progressive Books

• نام کتاب۔ کھرا سچ (باباجی کے نام)	• مصنف۔ مبشر لقمان
• اشاعت۔ جنوری 2014ء	• تعداد۔ پہلی بار 10,000
• ناشر۔ جمہوری پبلیکیشنز لاہور	• پرنٹر۔ نثار آرٹ پریس، لاہور
• سرورق۔ مصباح سرفراز	• جملہ حقوق بحق مصنف محفوظ

ISBN:978-969-9739-79-8

قیمت 490 روپے

درج بالا قیمت صرف اندرونِ پاکستان

متحدہ عرب امارات: 25 درہم

ریاست ہائے متحدہ امریکہ: 20 ڈالرز

برطانیہ: 15 پاؤنڈز

اہتمام: فرخ سہیل گوئندی

Khara Sach - Baba Ji Ke Naam

Jumhoori Publications

2 Aiwan-e-Tijarat Road,Lahore-Pakistan

T: +92-42-36314140   F: +92-42-36306939

info@jumhooripublications.com

www.jumhooripublications.com

انتساب

اُس کے نام جس نے 1988ء کا قرض 2013ء میں چکایا، اُس کے نام جس نے اپنی پُرتعیش ملازمت، زندگی اور عزت خطرے میں ڈال کر دستاویزات بہم پہنچائیں، اُن کے نام جنہوں نے دربارِ فرعون سے تزویراتی گہرائیوں سے اہم ثبوت ملک وقوم کی بقا کی خاطر فراہم کیے اور کرتے آ رہے ہیں، اُن دو معصوم کونپلوں (مصطفیٰ لقمان، فجر لقمان) کے نام جو واقعتاً سونے کا چمچہ منہ میں لیے پیدا ہوئے اور آج اپنی تمام تر آسائشی سہولیات قربان کرتے ہوئے اس جہاد میں میری ہمت اور جرأت بندھانے میں مجھ سے زیادہ مصمم ہیں اور آخر میں میری والدہ محترمہ کے نام جن کی ہر دُعا میں معجزہ ہے۔

یاد رہے کفن کی جیبیں نہیں ہوتیں!

مبشر لقمان

تعارف

مبشر لقمان، اے آر وائی نیوز نیٹ ورک کے لیے ایک ٹاک شو میزبان اور تجزیہ نگار کے طور پر کام کرتے ہیں۔ وہ نہ صرف پاکستان میں بلکہ بین الاقوامی سطح پر متعدد پبلیکیشنز کے لیے لکھتے رہے ہیں۔ انہوں نے ابتدائی تعلیم ایچی سن کالج لاہور سے حاصل کی اور بعدازاں گورنمنٹ کالج لاہور میں داخل ہوئے۔ اپنی نوعمری کے ایام میں وہ ایک ممتاز کھلاڑی اور دو مرتبہ آل پاکستان تقریری مقابلوں کے فاتح رہے۔ وہ گورنمنٹ کالج میں غیر نصابی سرگرمیوں میں خاصے سرگرم رہے۔ مبشر لقمان نے کم عمری میں ہی تھیٹر کا آغاز کر دیا اور خصوصاً انگریزی زبان میں کئی کامیاب تھیٹر ڈرامے پروڈیوس کیے۔ انہوں نے بانو قدسیہ کا ترجمہ شدہ ایک جرمن ڈرامہ بھی تیار کیا جسے جرمن براڈ کاسٹنگ کارپوریشن سے گولڈ میڈل ملا۔ بعدازاں، انہوں نے مقامی اور بین الاقوامی سطح پر اپنی کاپی رائٹنگ اور کمرشلز، جو انہوں نے ڈائریکٹر کے طور پر بنائے تھے، کے میدان میں اعلیٰ ایوارڈ حاصل کیے۔

ان ایوارڈ میں پنجاب اور سندھ میں سیلاب سے متاثرہ افراد کے لیے فلاحی کام پر صدارتی تمغہ برائے حسن کارکردگی شامل ہے۔ جارج برنارڈ شا کے "Man of Destiny" پر بہترین ڈائریکٹر کا وتیج وڈ ایوارڈ ملا۔ انہوں نے ایوارڈ یافتہ دستاویزی پروگرام بھی تیار کیے جن سے انہیں بین الاقوامی پہچان ملی۔ خصوصاً طالبان کے ملا عمر پر ان کا دستاویزی ڈرامہ جس پر انہیں بین الاقوامی شہرت ملی۔

مبشر لقمان نے اپنے کیریئر کا آغاز ایڈورٹائزنگ ایجنسی سے کیا اور نہ صرف اپنے وقت کی سرکردہ ایجنسیوں کے ساتھ کام کیا بلکہ کئی ملٹی نیشنل کمپنیوں میں اعلیٰ انتظامی عہدوں پر بھی فائز رہے۔ انہوں نے اپنے ٹاک شو کا آغاز بزنس پلس اور Filmasia چینلوں سے کیا۔ وہ عبوری حکومت کے دوران ایک سے زائد وزارتوں کے وزیر بھی رہے جس سے انہیں حکومتی شعبوں اور وزارتوں کے کام کرنے کے طریقے کو سمجھنے کا منفرد تجربہ ملا۔ ان کی حالیہ سرگرمیوں میں ان کا ٹاک شو ''کھرا سچ'' شامل ہے جو کہ پاکستان میں ہی نہیں بیرون ملک بھی ایک جانا پہچانا شو ہے، اس کے علاوہ ضرورت مندوں کے لیے ایک مکمل طور پر غیر منافع بخش کڈنی ڈیالسز سینٹر ہے جو عنقریب ملک بھر میں خصوصاً وزیرستان اور فاٹا میں جہاں طبی سہولیات کی شدید کمی ہے، اپنے مزید مراکز قائم کر رہا ہے۔

مبشر لقمان ایک ویب ٹی وی کے بھی مالک ہیں جسے وہ خود چلاتے ہیں اور حال ہی میں اپنی دوسری فیچر فلم پر کام کر رہے ہیں۔ وہ کئی ممتاز فورمز اور فلاحی اداروں کے بورڈ میں شامل ہیں اور اس ضمن میں کام کرتے رہتے ہیں۔

''کھرا سچ'' اے آر وائی کا عوام میں بے حد پسند کیا جانے والا ٹاک شو ہے اور اپنی متعدد تحقیقاتی اور خبروں کے باعث پہچانا جاتا ہے۔ مبشر لقمان اور ان کی ٹیم کو بدعنوانی میں ملوث اور طاقتور لوگوں کو سامنے لانے پر بہت مرتبہ نتائج کا سامنا کرنا پڑا۔ مبشر لقمان اب اسی نام سے کتابوں کا ایک سلسلہ تحریر کرنے کا ارادہ رکھتے ہیں جو معاشرے کے مختلف حصوں میں موجود بدعنوانی اور انوسٹی گیٹو کہانیوں کو سامنے لائے گا۔ ''کھرا سچ'' کی ٹیم کا ماننا ہے کہ کئی بدعنوانیوں کے لیے خود میڈیا بھی ذمے دار ہے اور قبل اس کے یہ دوسروں پر انگلی اٹھائے اسے اپنا احتساب بھی کرنا چاہیے۔ ان کا یہ بھی سننا ہے کہ میڈیا کو غلط طور پر ریاست کے چوتھے ستون کے طور پر پیش کیا جاتا ہے کہ جب کہ ملک کا آئین اسے اس بات پر تسلیم نہیں کرتا۔

فہرست

کبھی تو تم کو یاد آئیں گی!

''کھرا سچ''، کوئی علمی یا ادبی کتاب نہیں اور نہ ہی معروف ادبی انداز میں لکھی گئی ہے، مگر اس کو پڑھنے کے بعد قاری کو میر شکیل الرحمٰن جو کہ بلاشبہ پاکستانی میڈیا کا سب سے کلیدی کردار ہے، کے سفر کے پیچھے دراصل لالچ اور حرص کی ایک ہوش رُبا داستان ملے گی۔

پچھلی کئی دہائیوں سے میرے اور میر شکیل الرحمٰن کے درمیان جو چیزیں مشترک رہی ہیں، وہ ہے ہمارے اختلافات۔

میر شکیل الرحمٰن سے میری دوسری ملاقات سلمان تاثیر کی جانب سے دی گئی ایک پارٹی میں ہوئی۔ یہ پارٹی میاں یوسف صلّی کے سینما گھر، واقع اُن کی خوبصورت حویلی نزد لاہور قلعہ میں ہوئی تھی۔ وہ ایک خاموش شخصیت کا مالک تھا۔ اس کے ایک ہاتھ میں مشروب کا گلاس اور آنکھیں اردگرد موجود لوگوں پر ٹکی ہوئی تھیں۔ جب بھی وہ مسکراتا تو اس کی آنکھیں اس کا ساتھ نہ دیتیں اور بالکل سرد رہتیں۔ پارٹی میں شریک اکثر لوگ پتنگ بازی سے لطف اندوز ہو رہے تھے جب کہ اونچی آواز میں مختلف گلوکاروں کے مشہور گانے بج رہے تھے۔

کسی بھی عام لاہوریے کی طرح میں بھی پتنگ اُڑانے کا شوقین ہوں بلکہ اچھی پتنگ اُڑا لیتا ہوں۔ وہاں درجنوں پتنگوں اور ڈور کی موجودگی میں، میں بھی اپنا پتنگ سازی کا ہنر سب کو دکھا رہا تھا جب ایس ٹی (سلمان تاثیر کو ہم اس نام سے پکارتے تھے) نے مجھے بلوایا اور میر شکیل الرحمٰن سے تعارف کرایا۔ میں اس سے کئی سال پہلے اس کے ڈیوس روڈ لاہور والے دفتر میں مل چکا

تھا۔ تب مجھے ملازمت کی ضرورت تھی اور شکیل الرحمٰن کے پاس بے شمار لوگوں کو ملازم رکھنے کے مواقع ہوتے تھے، مگر اب اس وقت میں ورلڈ کال گروپ کا میڈیا ایڈورٹائزر تھا اور وہ میر شکیل الرحمٰن، انفوہائی وے کیبل کمپنی کا مالک، جس کو ہم نے ایک کاروباری مقابلے میں شکست دی تھی۔

میر شکیل الرحمٰن نے مجھے کہا، ''تم لوگوں نے سخت مقابلے میں مجھے شکست دی اور مجھے اپنے کیبل ٹی وی کے کاروبار کو ختم کرنا پڑا۔''

''آپ میری ضرورت سے زیادہ تعریف کررہے ہیں۔'' میں نے اس سے کہا، ''فرق صرف اتنا تھا کہ ہماری فائبر آپٹک آپ کی کیو آر کیبل سے بہت بہتر تھی جو دنیا میں مشہور ہو چکی ہے۔''

خوشگوار تعارف کے ساتھ ہم نے ایک دوسرے سے ہاتھ ملایا۔ وہ ایک خاموش اور بظاہر نحیف سی شخصیت معلوم ہوا۔ حالاں کہ یہ وہی شخص ہے جس کا بظاہر ایک عام سا اندازِ زندگی تھا مگر وہ بہت طاقت ور اور امیر ترین شخص کے طور پر ابھرا۔ یہ بات اکثر مذاق کے طور پر کی جاتی تھی کہ اس کے ملازمین بھی اس کو نہیں پہچان پاتے تھے، اس لیے اس کو دفتر میں لفٹ کے انتظار میں کھڑے رہنا پڑتا تھا۔ حتیٰ کہ دفتر کی استقبالیہ پر کام کرنے والوں کو بھی معلوم نہ ہوتا تھا کہ یہی شخص ان کا مالک ہے۔ تاہم میر شکیل الرحمٰن کو یہی اندازِ زندگی پسند ہے۔ وہ اس احساسِ تفاخر سے بہت لطف اندوز ہوتا تھا کہ اس کا نام سن کر لوگوں کی ریڑھ کی ہڈی سُن ہو جاتی ہے۔ برسوں بعد جب میں این ٹی ایم (پاکستان کا پہلا پرائیویٹ ٹی وی چینل) میں بطور نیشنل جنرل منیجر ملازمت ختم کر کے لاہور واپس جا رہا تھا تو میں نے جنگ گروپ میں ملازمت کی درخواست دی۔ اس کے بعد مجھے ایک سخت انٹرویو سے گزرنا پڑا جس میں میری سابقہ ملازمت کے ساتھ ساتھ ایک نئے چینل کی کامیابی کے امکان سے لے کر میرے ستاروں کا حال تک زیرِ بحث آیا۔ مجھے آج بھی اس کا دفتر کچھ کچھ یاد ہے۔ اس نے امریکی صدر کے اوول آفس کی طرز پر اپنا دفتر بنوانے کی کوشش کی تھی۔ کچھ لوگ اس کے اس انداز کی تعریف کرتے مگر میرے خیال میں یہ ایک بے مقصد کام تھا جس پر فضول میں پیسے برباد کیے گئے تھے۔

لمبی کہانی مختصر کہ میر شکیل الرحمٰن نے ایک اچھی نوکری کی پیشکش کی مگر کچھ مجبوریوں کی

وجہ سے میں ملازمت اختیار نہ کر سکا۔ مجھے کمپنی کے آپریٹر نے فون کر کے یاد بھی دلایا کہ مجھے آج ملازمت کے لیے رپورٹ کرنا ہے، تاہم میں نے ملازمت حاصل نہ کی اور آج مجھے اس کی وجوہات یاد نہیں کہ ایسا کیوں کیا۔ اسی انٹرویو کے دوران میر شکیل الرحمٰن نے مجھے بتایا کہ اس کے ملازمین بھی اس کو ذاتی طور پر نہیں جانتے اور ''وہ اس سے فون پر ہی بات کرتے ہیں۔ میں ان سب کو دیوار پر لگے ان کیمروں کے ذریعے مانیٹر کرتا رہتا ہوں، جس سے ان میں اپنے باس کے بارے میں پُراسراریت میں اضافہ ہوتا ہے۔''

میر شکیل الرحمٰن نے انتہائی لطف کے ساتھ بتایا کہ ایسا کرنے سے باس ان کی نظر میں قدآور ہو جاتا ہے۔ ہر ایک مجھے جاننا چاہتا ہے۔ یہ جاننا چاہتا ہے کہ مجھے کیا پسند اور کیا ناپسند ہے، مگر حقیقت میں بہت کم لوگ مجھے جانتے ہیں۔

اس روز بسنت پر میر شکیل الرحمٰن کی رقص میں بے انتہا دلچسپی مجھے آج بھی یاد ہے۔ اس نے رقص تو نہیں کیا مگر موسیقی پر جھومتا رہا اور اس نے احمد رشدی کا گیت ''کبھی تو تم کو یاد آئیں گی وہ بہاریں وہ سماں'' دوبار بجوایا۔

میر شکیل الرحمٰن نے مجھے بتایا کہ یہ خوبصورت گانا اپنے وقت کی مشہور فلم ''چکوری'' کا ہے۔ ''چکوری''، فلم کے بارے میں اس نے مزید کچھ باتیں کی جو اس وقت یاد نہیں۔ اس کے بعد بھی ہمارے درمیان کراچی میں دو ملاقاتیں ہوئیں، اس کے علاوہ ایک ملاقات اس کے لاہور میں واقع عظیم الشان محل نما گھر میں بھی ہوئیں۔ مگر ہم دونوں کے ستارے کبھی نہ مل سکے۔ ہم ہمیشہ میز کی مخالف سمت میں ہی بیٹھ سکے اور اسی دوران وہ میڈیا میگنٹ سے میڈیا مغل بن گیا۔ برسوں پر محیط کیریئر میں بحیثیت ایڈورٹائزر، ایک ایسی فلم کا خالق جو کبھی کامیاب نہ ہو سکی، سے لے کر عبوری حکومت میں وزیر اور پھر مشیر وزارتِ اطلاعات اور پھر مختلف چینلوں میں کام کرنے کے دوران مجھ پر یہ حقیقت کھل کر سامنے آگئی کہ میر شکیل الرحمٰن کا کوئی ایک بھی حقیقی دوست نہیں ہے۔ اس کے ساتھ صرف اس کے کاروباری لوگ، ملازمین یا وہ لوگ ہیں جن کی اس کو ہر وقت ضرورت رہتی ہے۔ کام کرنا اس کا نشہ ہے اور وہ آج بھی اپنے اخبارات کی چھوٹی سے چھوٹی تفصیلات خود دیکھتا ہے۔ افواہ یہ بھی ہے کہ کئی مخصوص خبریں وہ خود لکھتا ہے مگر وہ دوسروں کے نام سے شائع ہوتی ہیں۔

اس کے ٹی وی چینلز پر چلنے والی ایک ایک بات کا کوئی نہ کوئی مقصد ہوتا ہے۔ کوئی چیز بھی بلاوجہ، بے حساب یا بغیر مقصد کے نہیں۔ ٹی وی چینل پر انتخابات کے نتائج کے اعلان سے لے کر کسی خاص طرح کے کرکٹر کو مشہور کرنا۔ ''امن کی آشا'' کی آوازیں لگانا یا ''ذرا سوچیے'' سے لے کر مارکیٹ میں مخالفین سے مقابلے کی تیاری۔ رپورٹس پر بحث و مباحثہ اور لمبی لمبی میٹنگز سب کے پیچھے کوئی نہ کوئی مقصد ضرور ہوتا ہے۔ میر شکیل الرحمٰن کو شکست یا ناکامی پسند نہیں ہے اور اس کے مخالفین کے بقول وہ اپنے کاروباری مسابقت میں دوسروں پر کسی طرح کے حملے سے نہیں چوکتا اور ان کو ناکامی کے کوڑوں سے پیٹنا اس کا محبوب مشغلہ ہے۔ یہ چاہے ''مساوات'' اخبار ہو، ''پاکستان ٹائمز'' یا کوئی اور اخبار۔ میر شکیل الرحمٰن مقابلے میں مارنے کے لیے اترتا ہے اور ہمیشہ کامیاب رہا ہے؟

میرا دو سالوں سے میر شکیل الرحمٰن کے ساتھ بلیک بیری کے ذریعے پیغامات کے حوالے سے رابطہ رہا ہے اور یہ ایک ایسا کام تھا جس کا آغاز اس نے میرے بہت بعد میں کیا۔ اگر وہ مجھے کبھی فون کرتا تو ہم گھنٹوں مختلف موضوعات پر بات کرتے رہتے۔ ہماری آخری گفتگو کا مرکز بول ٹی وی کا انعقاد تھا کہ وہ اس کے آنے سے بہت پریشان تھا۔ یہ ایک ایسا معمہ تھا جو مجھ پر اس وقت آشکار ہوا جب میں خود بول ٹی وی کے لوگوں سے ملا اور ان کو منصوبے پر کام کرتے ہوئے دیکھا۔ بالآخر میر شکیل الرحمٰن کو ایک حقیقی مقابلے کا سامنا کرنا پڑ رہا ہے، جس سے وہ انتہائی ناخوش ہے۔ میں نے شکیل الرحمٰن سے بول ٹی وی کی پُرکشش ملازمتوں کی پیشکش کے پیچھے موجود کاروباری منطق کے بارے میں پوچھا تو اس نے کہا کہ بول ٹی وی کے پیچھے آئی ایس آئی، داؤد ابراہیم اور ملک ریاض کا ہاتھ ہے کیوں کہ وہ مجھے تباہ و برباد کرنا چاہتے ہیں۔ یہ ایک ایسی بات تھی جو مجھے ہضم نہیں ہو رہی تھی۔ اس کے الزامات میں مجھے کوئی سر پیر نظر نہیں آ رہا تھا، مگر یہی کہانی کچھ ماہ بعد جنگ اور دی نیوز میں شائع ہوگئی۔ ٹیکسٹ پیغامات کے ذریعے خبر پھیلائی گئی اور بالآخر ایک دن ہندوستان ٹائمز میں بھی شائع ہوگئی۔ یہ حقیقت میں ایک دھماکہ تھا، جس کے بارے میں آپ کتاب کے اگلے صفحات میں پڑھ سکیں گے۔ میر شکیل الرحمٰن کے بارے میں برسوں بعد میں جو کچھ جان یا سمجھ سکا، وہ یہی ہے کہ اس کا اخلاقیات اور ضابطے جیسی باتیں اس کے نزدیک کوئی معنی نہیں

رکھتی ہیں اور ذاتی مفاد پورا کرنا ہی اس کی خواہش اور لگن ہے۔ یہ میرا خیال ہے جس سے دوسرے کسی کا متفق ہونا ضروری نہیں۔

مجھے آج تک یاد ہے، جب اس نے دنیا ٹی وی پر ملک ریاض والا معاملہ شروع ہونے پر مجھے فون کیا اور کہا کہ دنیا ٹی وی کے خلاف ایک حلفیہ بیان دوں جس سے اس کا لائسنس منسوخ یا خطرے میں پڑ جائے گا۔ اس کے بدلے میں شکیل الرحمٰن نے مجھے ایک محفوظ زندگی دینے کا یقین دلایا۔ جب میں نے اسے یاد دلایا کہ کس طرح اس کے اخبارات اور چینل میری ساتھ ناانصافی کرتے رہے ہیں تو اس نے کہا کہ یہ چینلوں کے درمیان جنگ ہو رہی ہے جس میں سب کچھ جائز ہوتا ہے۔ اس جنگ میں ہم صرف پروفیشنل ہیں۔ میں نے شکیل الرحمٰن کو یاد دلایا کہ پیشہ ورانہ صحافت کا تقاضا تھا کہ میرا مؤقف بھی چینل یا اخبار میں پیش کیا جاتا تو میر شکیل الرحمٰن نے کہا کہ اس کا مطلب حقائق تک پہنچنا یا جائز ہونا نہیں ہے۔ ہماری عدلیہ خطرے میں ہے اور ہمیں اس کو تحفظ دینا ہے۔ عدلیہ۔ کیا مطلب ہے۔ میں نے پوچھا۔ عدلیہ کے بارے میں جو کچھ کہا جا رہا ہے، یہ غلط اور حقائق کو توڑ مروڑ کر پیش کیا جا رہا ہے۔ حقائق کو صحیح تناظر میں پیش کیا جانا چاہیے۔ مگر یہ سب وہ باتیں تھیں جو شکیل الرحمٰن کے منصوبے کا حصہ نہیں تھیں کیوں کہ وہ اس وقت دنیا ٹی وی کو ختم کرنے پر تلا ہوا تھا۔ مگر اس نے ایسا کر گزرنا تھا چاہے کوئی بھی اس کے راستے میں کیوں نہ آتا مگر جانبدارانہ اور یک طرفہ صحافت کی ایک مثال یہ بھی ہے کہ جب مجھے اور مہر بخاری اور دنیا ٹی وی کو بدنام کیا جا رہا تھا تو دوسری طرف سپریم کورٹ کے جسٹس کھوسہ بنچ سے اس بات پر علیحدہ ہو گئے تھے کہ ان کو معاملے میں حقیقت دکھائی نہیں دے رہی تھی مگر میر شکیل الرحمٰن اور ان کے حواریوں نے اس بات کو شائع نہ کیا اور لوگ آج بھی ہمیں الزام دیتے آ رہے ہیں۔

جو لوگ میر شکیل الرحمٰن کو جانتے ہیں، وہ اس حقیقت سے باخبر ہیں کہ اس نے ضیا شاہد اور ''خبریں'' کی کامیابی کو کبھی دل سے تسلیم نہیں کیا۔ ہر دفعہ جب وہ خبریں اخبار دیکھتا ہے تو اس میں چھپے ہوئے اشتہار کو سمجھتا ہے کہ وہ اس کی ملکیت تھا۔ برسوں سے وہ بلاضرورت کئی ایسے لوگوں کو محض اس لیے ملازمت دے رہا ہے کہ وہ کوئی دوسرا ضیا شاہد پیدا ہوتے نہیں دیکھنا چاہتا۔ ایک دفعہ میر شکیل الرحمٰن نے خود مجھے بتایا کہ ''اگر میں ان لوگوں کو اپنے پاس نہیں رکھوں گا اور یہ

مخالفین کے پاس چلے گئے تو میری مشکلات بڑھا دیں گے۔''

بھارت کے لیے اس کے دل میں کب نرم گوشہ پیدا ہوا، یہ میں نہیں جانتا، مگر اتنا ضرور جانتا ہوں کہ ''امن کی آشا'' سے اس کو بہت لگن ہے۔ جب میں ''امن کی آشا'' کے تصور پر حملے کر رہا تھا اور اس حوالے سے میں نے حافظ سعید کو بھی دعوت دی تھی تو میر شکیل الرحمٰن نے مجھے تصویر کا دوسرا رخ بھی سمجھانے کی کوشش کی جس میں کاروبار کے وسیع مواقع ہیں۔ این ٹی ایم میں میرے ایک سابق سینئر اور میر شکیل الرحمٰن کے ملازم فیصل شیر جان نے بھی مجھے ''امن کی آشا'' کی حمایت میں بہت دلائل دیئے اور اس بارے میں مجھے قائل کرنے کی بھرپور کوشش کی۔ میں ''امن کی آشا'' کے خلاف تفصیلی دلائل دے سکتا ہوں مگر یہ اس کتاب کا مقصد نہیں ہے۔ اس کتاب کا مقصد اس لالچ اور پیسے اور طاقت کی ہوس کو دکھانا ہے جو کسی سرحدوں کی پابند نہیں ہے اور جس کا کوئی آخری سرا نہیں۔

گزشتہ چند ماہ میں ''کھرا سچ'' کی ٹیم نے بہت سے تحقیقاتی پروگرام کیے ہیں جس کے جواب میں اکثر ہمیں قانونی نوٹسز کا سامنا کرنا پڑا مگر بالآخر ہم کئی قانونی جنگیں جیتنے میں کامیاب ہوئے۔ چند ایک مثالوں میں سمیرا ملک، شیخ وقاص اکرم اور پی آئی اے کے معاملات ہیں۔ ان تینوں نے ہتک عزت کا دعویٰ کیا۔ سمیرا ملک اور شیخ وقاص اکرم پر ہم نے جعلی ڈگری رکھنے پر پروگرام کیا، شیخ وقاص اکرم تو معاملہ قومی اسمبلی تک لے گئے اور الزام لگایا کہ بدترین صحافت کی جا رہی ہے۔ تاہم شیخ وقاص اکرم اور سمیرا ملک دونوں جعلی ڈگری رکھنے پر عدالتوں سے انتخاب لڑنے کے لیے نااہل قرار پائے اور پی آئی اے کی نج کاری کے بارے میں بھی ''کھرا سچ'' کی خبر کی تصدیق ہوگئی۔ اکثر اوقات قانونی نوٹسز بھجوانے کا مقصد کوئی سوچی سمجھی بات نہیں بلکہ صرف کسی پروگرام کے بارے میں ردعمل ظاہر کرنا ہوتا ہے مگر مجھے جیو ٹی وی نیٹ ورک کو چلانے والی انڈی پینڈنٹ میڈیا کمپنی سے نوٹس موصول ہونے پر سخت حیرت ہوئی۔ اس سے پہلے کبھی کسی میڈیا کمپنی نے کسی دوسرے ٹی وی چینل کے اینکر کو اس طرح سے روکنے کی کوشش نہیں کی تھی۔ خاص طور پر ایک ایسے معاملے میں جس سے پاکستان کو نقصان اور بھارت کو فائدہ پہنچ رہا تھا۔ اس طرح سے یہ معاملہ ایک فوج داری مقدمہ میں تبدیل ہوگیا اور اس کے بعد گزرنے والے دو مہینے تاریخ کا

حصہ ہو گئے۔

کسی چینل کے مفادات کے بارے میں ایک معمولی خبر کی تہ تک پہنچتے ہوئے یقین نہیں آیا کہ میں ملکی میڈیا کی تاریخ کے سب سے بڑے سکینڈل کو سامنے لے آیا ہوں۔ اس خبر میں بہت سے موڑ اور قلابازیاں ہیں، اس میں لالچ ہے، بدلہ ہے، مفادات ہیں، اقتدار کے کھلاڑی ہیں اور رومانس ہے۔ ہاں رومانس بھی ہے۔

اس کہانی میں ٹیلی فون کال ریکارڈ ہوتی ہیں، خطوط کو غیر قانونی طور پر پڑھا جاتا ہے، دھمکیاں دی جاتی ہیں، بڑی بڑی رقوم کی رشوت کی پیشکش کی جاتی ہے اور ایسا کیا نہیں ہے، اس کہانی میں جو بالی ووڈ کی کسی فلم میں نہیں ہوتا۔

گزشتہ دو ماہ میں ''کھرا سچ'' ٹیم نے ناظرین کو میڈیا کے اوپر ہونے والی سب سے بڑی تحقیقاتی رپورٹ دکھائی ہے۔ ایک ایسے گروپ کے بارے میں جو انتہائی طاقت ور ہے اور اس کا شمار اندرون و بیرون ملک انتہائی کامیاب گروپ کے طور پر شمار ہوتا ہے۔ اس سارے عمل کے دوران میں نے بہت سے نقصانات بھی اٹھائے۔ انتہائی گھٹیا الزامات بھی سننے پڑے۔ سوشل میڈیا پر کرائے کے لوگوں کے سخت تنقیدی حملوں کا بھی سامنا کرنا پڑا۔

وہ سب ہو رہا ہے جس سے میری اپنی زندگی اور میرے بچوں کی زندگیاں متاثر ہو رہی ہیں، مگر ''کھرا سچ'' کی ٹیم راؤ اویس احمد کی قیادت میں اس بات پر پختہ یقین رکھتی ہے کہ اگر میڈیا دوسروں پر انگلی اٹھاتا ہے تو خود اس کو بھی احتساب کے لیے تیار رہنا چاہیے۔ ہم سمجھتے ہیں کہ میڈیا کو بھی اس ضابطہ اخلاق کو تسلیم کرنا ہوگا جس کا وہ دوسروں کو درس دیتا ہے۔ ہمارا اس بات پر یقین ہے کہ میڈیا ریاست کا چوتھا ستون نہیں ہے، جیسا کہ اکثر بیان کیا جاتا ہے۔

اگلے صفحات میں آپ پڑھ سکیں گے کہ ان دو مہینوں میں کیا کچھ ہوا۔ کس طرح میر شکیل الرحمٰن ''باباجی'' بنا اور کس طرح بے روزگاری اور صحافتی کیریئر کے ختم ہونے کے خوف کے باوجود ہم ڈٹے رہے کہ ہمیں یقین تھا کہ ہم جو کر رہے ہیں، وہ اس قوم و ملک اور والدین کا ہم پر فرض ہے جنہوں نے اس یقین کے ساتھ ہماری پرورش کی کہ ہمیں خود پر اور ''کھرا سچ'' پر یقین رہے۔

یہ کہانی ہے اس امر کی کہ کس طرح باباجی نے دوسروں کے بازو مروڑے۔ اپنی بحیثیت

میڈیا گروپ کے طاقت اور مرتبے کا ناجائز استعمال کیا اور کس طرح اس کے ملازمین اور کاروباری دوستوں نے اس مشترکہ مقصد کے لیے اس کی حمایت کی۔

یہ ایک کہانی ہے کہ جیسا میں نے اس کو دیکھا ہے اور اگر کسی واقعہ کی غلط تشریح بیان ہو جائے تو میں اس پر پیشگی معذرت چاہتا ہوں۔ تاہم، اس کہانی کو تمام انسانی کمزوریوں کے ساتھ پیش کرنے کی نیت درست ہے۔ خبر کی دنیا میں رہنے والے جانتے ہیں کہ کبھی کبھی کسی بات کو بیان کر سکنے یا اس کو ثابت کر سکنے یا نہ کر سکنے کے باوجود وہ واقعہ موجود ہوتا ہے۔ ایک ایسے ملک میں جہاں آئین ہمیں اطلاعات تک رسائی کا حق دیتا ہے، ہم سرکاری ذرائع سے بہت کم معلومات حاصل کر پاتے ہیں۔ ہمارا آئین جو آزادیٔ اظہار کا حق دیتا ہے، متاثرہ حقیقت میں اس حق سے محروم کرتا ہے۔ کم از کم ان حکم امتناعی کی حد تک ضرور کرتا ہے جو عدالتوں نے میری زبان بند کرنے کے لیے جاری کیے ہیں۔ مجھ پر ایک ایسا کام کرنے کا الزام لگایا جا رہا ہے جس کو کرنے میں بابا جی مہارت رکھتے ہیں۔ اس موضوع پر پروگرام کرتے ہوئے ہم ہر شو کو آخری شو سمجھ کر کرتے ہیں۔ ہمیں معلوم ہے کہ کسی بھی وقت ہم کو روک دیا جائے گا کیوں کہ ہمارے مقابلے پر طاقت اور اثر ورسوخ اور بے انتہا دولت ہے۔

اس کتاب کو لکھنے کا مقصد صرف ان واقعات کو قلمبند کرنا ہے جو ''کھرا سچ'' کے دو در جن سے زیادہ پروگراموں کے درمیان وقوع پذیر ہوئے۔ اس میں بااثر شخصیات سمیت ایسے لوگوں کا بھی ذکر ہے کہ جو میر شکیل الرحمٰن کے ساتھ براہ راست رابطے میں آتے، جیسا کہ جہانگیر صدیقی اور ان کے دیگر حواریوں کا اس میں ذکر ہے۔

اس کتاب کے ذریعے بھی ان بے شمار لوگوں کا شکریہ ادا نہیں کیا جا سکتا، جنہوں نے اپنی قربانیوں سے بتایا کہ ذاتی لالچ اور انجانے خوف کو خاطر میں لائے بغیر اور صرف سچ کا راستہ اختیار کر کے ایک کمزور بھی کسی انتہائی طاقت ور کے سامنے کھڑا ہو سکتا ہے۔

جنگ/ جیو گروپ میں کام کرنے والے میرے انتہائی قریبی دوستوں کو بھی ہمارے درمیان دوستی کی وجہ سے مختلف دھمکیوں کا سامنا کرنا پڑا۔ میں ان کا مشکور ہوں کہ انہوں نے ان دھمکیوں کے باوجود مجھ سے دوستی کو نبھایا۔ میں ان لوگوں کا بھی مشکور ہوں جنہوں نے اس ملک

کے سب سے بڑے میڈیا گروپ کے خلاف عدالت میں پیش کرنے کے لیے ثبوت اکٹھے کرنے میں ہماری بھرپور مدد کی۔

یہ کہانی ہے جرأت اور بہادری کی اور اس یقین کی کہ مل کر تبدیلی لائی جا سکتی ہے۔ اس موقع پر میں اپنے اے آر وائی چینل کا شکریہ بھی ادا کرنا چاہوں گا جنہوں نے سخت مشکلات کے باوجود مجھ پر اور میری ٹیم پر اپنا اعتماد قائم رکھا۔ انہوں نے سچ کو سامنے لانے کی بھاری قیمت ادا کی ہے اور ہر لمحے ہر کارکن کی بھرپور مدد کی۔ میں ARY میں اپنے دوستوں اور ساتھی کارکنوں کا بھی شکر گزار ہوں جنہوں نے ہمیشہ اس مشکل وقت میں میرا ساتھ دیا۔ یہ سب اتنے نام ہیں کہ ان کے لیے ایک الگ کتاب کی ضرورت ہوگی۔

میں اپنی والدہ کا بھی شکر گزار ہوں جنہوں نے ہمیشہ میری کامیابی اور بہتر زندگی کے لیے دعا کی۔ بعض اوقات میں نے اپنی ماں کو ان مشکلات سے آگاہ نہیں کیا اور صرف ان سے دعا کرنے کی استدعا کی اور پھر ہر دفعہ ایک معجزہ ہوا۔ قدرت کی مہربانی سے میری ایک ایسی ماں بھی ہے جس نے مجھے جنم تو نہیں دیا مگر وہ بھی مجھے میری ماں کی طرح ہی پیار کرتی ہے۔ میری یہ دوسری ماں ایک بستر اور وہیل چیئر تک محدود ہو جانے کے باوجود اپنے لازوال جذبوں اور صلاحیتوں سے مجھ کو محبت اور طاقت دے رہی ہیں۔

قدرت نے مجھے بے شمار ایسے دوستوں سے نوازا ہے جن کے بارے میں دوسرے صرف خواب میں ہی تصور کر سکتے ہیں۔ یہ تمام دوست میری طاقت ہیں اور میں اپنے آپ کو ان دوستوں کی بدولت دنیا کا خوش قسمت ترین انسان سمجھتا ہوں۔

میں اپنے خاندان کا بھی اس موقع پر بھرپور ساتھ دینے پر مشکور ہوں۔ میرا بیٹا مصطفیٰ اور بیٹی فجر میرا فخر ہیں۔ وہ مجھے ایسی محبت اور سرشاری دیتے ہیں جن کی کوئی سرحد نہیں، ان کا مجھ پر یقین مجھے سچ کے مشن پر اور زیادہ جرأت اور طاقت دیتا ہے۔

میں اپنے مخالفین کا بھی شکریہ ادا کرنا چاہتا ہوں جو انتہائی مشکل اور معاف نہ کرنے والے تھے۔ مخالفین کے بغیر کوئی بھی شخص ادھورا ہوتا ہے۔ اس بات پر یقین مجھے اس لڑائی کے دوران آیا۔ حقیقت میں آپ کا زندگی کے کسی مقام پر پہنچنے کا فیصلہ آپ کے مخالفین کرتے ہیں۔

میں ''جُمہوری پبلیکیشنز'' اور اس کے روحِ رواں فرخ سہیل گوئندی کا بھی شکرگزار ہوں کہ اس ملک میں پبلشرز ایسی کتاب بھی شائع کر سکتے ہیں جو ملک میں طاقت کے مرکز کو چیلنج کرے، جس کا موضوع ملک کا سب سے مشہور، امیر اور طاقت ور میڈیا ٹائیکون ہو۔

جدوجہد جاری رہتی ہے اور ہم اس کے نتائج سے بھی واقف نہیں ہو پاتے۔ جب بھی مجھے میرے بچوں کے مستقبل کے بارے میں دھمکیاں دی گئی۔ میرا عزم مزید بڑھا کیوں کہ جب تک ملک کے درمیانی طبقہ کے لوگ اور نوجوان کرپشن اور جبر کے خلاف متحد نہیں ہوتے ہمارے بچوں کا مستقبل مخدوش رہے گا۔

ایک بات یقین سے کہی جاسکتی ہے کہ یہ کہانی آپ کو ایک ایسے سفر پر لے جائے گی جس سے آپ پہلے آشنا نہیں اور یہی ''کھرا سچ'' ہے۔ اگلے صفحات میں آپ پڑھیں گے کہ کس طرح اور کیوں کر میر شکیل الرحمٰن (بابا جی) میں تبدیل ہو گئے۔

یہ سب کیسے ہوا!

ایک خاص ٹی وی شو کرنے کے بعد مجھے تقریباً ایک ماہ کے لیے لندن میں جلا وطنی کاٹنی پڑی۔ مجھے اس پروگرام سے ہٹا دیا گیا۔ یہ میری پیشہ ورانہ زندگی میں کوئی نئی بات نہیں۔ اس دوران شکیل الرحمٰن (باباجی) سے، جو اُن دنوں لندن میں ہی تھے، میری دو تین دفعہ بات ہوئی۔ شکیل الرحمٰن نے مجھے رات کے کھانے پر دعوت دی، مگر یہ دعوت پوری نہ ہوسکی کیوں کہ تب تک ہم اپنے اپنے مؤقف پر واضح پوزیشن لے چکے تھے۔ ان کی میڈیا کمپنی میرے خلاف ''اَمن کی آشا'' کے خلاف پروگرام کرنے پر ہتک عزت کا دعویٰ کر چکی تھی جب کہ میں اس بات کا فیصلہ کر چکا تھا کہ اس منصوبے کے لیے بھارتی فنڈز کے استعمال کی تحقیقات کروں گا، یہ کہانیاں بھی سامنے آچکی تھیں کہ ''جنگ'' گروپ کے ساتھ بھارتی بزنس گروپس اس منصوبے میں حصہ دار ہیں اور یہ خبر بھی کہ میر شکیل الرحمٰن نے اپنی بیٹی کی جہانگیر صدیقی کے بیٹے سے شادی کی تقریب میں بھارتی فنکاروں کی شرکت کو یقینی بنانے کے لیے 90 کروڑ روپے ادا کیے۔ اگر چہ ان خبروں کی تصدیق ابھی باقی ہے۔ یہ عام تاثر بھی ہے کہ پاکستانی میڈیا ہر ایک کو گندگی کی دلدل میں گھسیٹنا چاہتا ہے جب کہ خود کو پاک صاف رکھنے کا بھی خواہش مند ہے۔ کئی کالم نویسوں اور اینکر پرسنز پر پیسے کی ہوس کے الزامات بھی لگائے گئے مگر ثبوت ہونے کے باوجود کسی کے خلاف بھی کوئی کارروائی نہ ہوئی۔

مجھے بھی کئی بار دو مختلف چیزوں جیسے کہ میرا رویہ بہت سخت ہوتا ہے اور یہ کہ میں ایک

وقت میں کئی محاذ کھول دیتا ہوں، کے بارے میں کئی لوگوں نے انتباہ کیا۔ تاہم آخر الذکر کے لیے میں خود کو بہت بے بس محسوس کرتا ہوں۔ پہلے نکتہ کے بارے میں بہت حد تک متفق بھی ہوں۔ تاہم بلندی تک پہنچنے کے لیے آپ کو بڑے لوگوں کے ساتھ مل کر کام کرنا ہی پڑتا ہے۔ اگر کسی بڑی کاروباری شخصیت کو کسی شو میں ننگا کر دیا جائے تو یقینی طور پر اس سے منسلک لوگ اچانک آپ کے دشمن بن جاتے ہیں اور وہ آپ کو خاموشی سے تباہ کرنے پر تل جاتے ہیں۔ جیسا کہ امیر ترین میاں منشا کے پاور ہاؤس کے بارے میں مالیاتی سکینڈل سامنے لانے پر میرے ساتھ ہوا، یہ بات میرے علم میں نہیں تھی اس کمپنی کے ایک مقدمے میں جسٹس خلیل الرحمٰن رمدے کے صاحبزادے مصطفیٰ رمدے وکیل تھے اور صرف مصطفیٰ رمدے کی وجہ سے اس مقدمے کی سماعت سابق چیف جسٹس افتخار محمد چودھری نے روکی ہوئی تھی۔ (اس بارے میں تفصیل آئندہ صفحات میں ڈی جی خان سیمنٹ کے مقدمے میں دیکھی جا سکتی ہے)۔

طاقت ور کاروبار ہی ان لوگوں کو ایک دوسرے کا اتحادی بنا دیتا ہے جس سے ان خاندانوں کو مالی فائدے حاصل ہوتے ہیں۔ سٹاک میں حصہ داری اور باہمی فائدے کے لیے یہ خاندان ایک دوسرے کی مدد کرتے ہیں۔ ایک وقت میں میاں محمد منشا نے جہانگیر صدیقی کی مدد کی تھی۔ اس بارے میں بھی تفصیل آئندہ صفحات میں شامل ہے جو کہ چنیوٹی برادری کی ایک بڑی کاروباری شخصیت افتخار شفیع نے بیان کی ہے۔ جہانگیر صدیقی ایک بینک کا مالک تھا اور سیکیورٹی ایکسچینج کمیشن میں اثر ورسوخ حاصل کرنے کا خواہش مند تھا، مگر اس کی شہرت سٹیٹ بینک آف پاکستان کے سامنے ایک مقدمے میں اچھی نہ تھی۔ اس لیے ایک بڑی سکیم بنائی گئی اور ''جنگ'' گروپ کے ذریعے ایس ای سی پی کے چیئرمین کو نشانہ بنایا گیا، مختلف نوعیت کی خبریں شائع کرنے کے باوجود جب اس کو نہ ہٹایا گیا تو سابق چیف جسٹس افتخار محمد چودھری نے اپنے ایک فیصلے میں اس کی تقرری کو غیر قانونی قرار دے دیا۔ جب گورنر سٹیٹ بینک نے ایچ ایس بی سی بینک (ہانگ کانگ شنگھائی بینک) جہانگیر صدیقی کو نہ دیا تو ان کو بھی ''جنگ'' گروپ کے ذریعے ایس ای سی پی کے سابق چیئرمین محمد علی کی طرح نشانہ بنایا گیا۔ اس طرح ایس ای سی پی کے ایڈہاک چیئرمین اور دیگر ممبران کا چناؤ بھی سپریم کورٹ کے فیصلے کی روشنی میں کیا گیا جس کا مقصد ایک

گروپ کو فائدہ پہنچانا تھا، مگر اس فیصلے پر کوئی تنقید نہ کی گئی اور اخبارات کے وہ رپورٹر بھی خاموش ہو گئے جنہوں نے پہلی تقرریوں کے خلاف دھڑا دھڑ خبریں شائع کی تھیں۔ حیرت انگیز طور پر Azgard-9 کے بارے میں ایس ای سی پی کی شروع کی گئی کارروائی کو مکمل طور پر الٹ دیا گیا اور صرف ایک خط کے ذریعے ایک سال پر محیط تحقیقات کو سرد خانے میں ڈال دیا گیا کہ نئے چیئرمین نے لکھ دیا ہے کہ مزید کارروائی کرنے کی ضرورت نہیں ہے۔ مخالف مگر سنجیدہ نوعیت کی غیر قانونی سرگرمیوں میں ملوث Azgard-9 کو دوبارہ کام کرنے کی اجازت مل گئی، حالاں کہ بابا جی نے خود اپنے اخبارات کے ذریعے اس امر کی تصدیق کی تھی کے انہوں نے جے ایس کے خلاف کارروائی کے خاتمے کے لیے کہا تھا۔

یہ کاروباری اصولوں کے خلاف تھا مگر کسی کو شکیل الرحمٰن سے اس بابت پوچھنے کی جرأت نہ ہوئی، یہاں یہ بتانا انتہائی ضروری ہے کہ 2008ء میں بابا جی کے اخبار ''دی نیوز'' میں خبر شائع ہوئی تھی جس میں کہا گیا تھا کہ جہانگیر صدیقی بے شمار جرائم میں ملوث ہے۔ مگر 2013ء میں پورے اخبار گروپ کا جہانگیر صدیقی کے بارے میں مؤقف تبدیل ہو جاتا ہے جس کی بنیادی وجہ صرف یہ تھی کہ جہانگیر صدیقی کے بیٹے کی شادی بابا جی کی انتہائی لاڈلی بیٹی سے ہو جاتی ہے۔ اسی طرح چند ماہ بعد لاہور کے ایڈن ڈویلپرز کے خلاف دائر بہت سے مقدمات صرف اس وجہ سے ختم ہو جاتے ہیں کہ جب اس کے بیٹے کی شادی سابق چیف جسٹس افتخار محمد چودھری کی لاڈلی بیٹی سے ہو جاتی ہے۔ اب نئے آنے والے سیکیورٹی ایکسچینج کمیشن کے سربراہ کو بابا جی کے اخبارات کی بدولت میڈیا کی حمایت حاصل ہو جاتی ہے اور اس کی بدولت ہی اس اہم عہدے پر ان کا تقرر یقینی بنایا جاتا ہے۔ حالاں کہ اس بارے میں سپریم کورٹ کی جانب سے دی گئی شرائط کو مکمل طور پر رد کر دیا جاتا ہے۔ Azgard-9 کے مقدمات ختم کرنے کے ساتھ ساتھ آئی پی پیز کے خلاف کارروائی کو بھی روک دیا جاتا ہے جس کے نتیجے میں عوام کے پیسے سے 380 ارب روپے آئی پی پیز کو دے دیئے جاتے ہیں۔ یہاں بابا جی اس صورت حال میں بہت خوش ہیں کہ ہر وہ سرکاری یا دیگر اہلکار جو اس کو سمدھی کو نقصان پہنچا سکتے ہیں یا وہ جو فائدہ دے سکتے ہیں اپنی اپنی جگہ پر موجود ہیں، منشا بھی خوش ہے کہ اس کے کاروبار معاملات کو تحفظ مل چکا ہے، افتخار محمد چودھری بھی خوش ہے کہ نا قابل تردید

ثبوتوں کی موجودگی کے ساتھ خود اس کے بیٹے کے خلاف اب کوئی کارروائی نہیں ہو رہی (جنگ اور جیو نے کبھی بھی ارسلان افتخار کے خلاف کوئی خبر شائع نہیں کی کیوں کہ یہ ان کے کاروباری مفادات کے خلاف تھا۔ اگلے صفحات پر تفصیل ملے گی)۔ اس کے جواب میں افتخار محمد چودھری نے شکیل الرحمٰن کو اربوں روپے کی ٹیکس ادائیگی سے بچایا جس میں پیمرا کا ''جنگ'' گروپ کے خلاف وہ مقدمہ بھی شامل ہے جس میں لینڈنگ حقوق کے عوض ''جیو'' کو اربوں روپے کی ادائیگی کرنا ہے۔ اسی دوران، سپریم کورٹ پیمرا کو ''جیو'' گروپ کو ایک اور ٹی وی لائسنس جاری کرنے کا حکم دیتی ہے حالاں کہ پیمرا رولز کے مطابق کسی ایک مالک کو چار سے زائد لائسنس جاری نہیں کیے جاسکتے۔

جب جنگ/ جیو گروپ کے خلاف ٹیکسوں کی عدم ادائیگی کے متعدد مقدمات دائر ہوئے، جن میں آڈٹ رپورٹس میں پائی جانے والی بے قاعدگیاں بھی شامل تھیں، مگر ان مقدمات پر فیصلے کی بجائے ان تمام اہلکاروں کو نشانِ عبرت بنا دیا گیا یا خاموش کر دیا گیا، جنہوں نے ان مقدمات کی تیاری یا ان کی پیروی کرنے کی جرأت کی تھی۔ ان مقدمات کی سماعت نہ ہوئی یا ان پر کسی قسم کی کوئی کارروائی نہ ہوئی۔ حتیٰ کہ منتخب جمہوری حکومت نے بھی یہ فیصلہ کیا کہ بڑے پیمانے پر بڑے میڈیا گروپ کی بدعنوانیوں سے متعلق یہ مقدمات جہت کمزور ہیں۔ اسی طرح جب سابق صدر پرویز مشرف نے اسی بڑے میڈیا گروپ کے ان معاملات کو جانچنے کی کوشش کی تھی تو اس کو بھی اتنے سخت جملوں کو سامنا کرنا پڑا کہ وہ ان سے سنبھل ہی نہ سکا۔ پرویز مشرف کو میڈیا کے لوگوں کو ٹی وی چینل کے لائسنس دینے کا فیصلہ بہت مہنگا پڑا کہ بالآخر یہی اس کے زوال کا سبب بنا۔ افتخار شفیع نے جو مقدمہ 12 سال قبل دائر کیا تھا، اس کی آج تک سماعت ہی نہیں ہوسکی۔ اس کی وجوہات پر ہم سب صرف قیاس آرائی ہی کر سکتے ہیں۔ اس مقدمے کے ملزمان جہانگیر صدیقی اور عارف حبیب اور تمام دیگر آج بھی اپنے کاروبار جاری رکھے ہوئے ہیں، حالاں کہ اس دوران کراچی سٹاک مارکیٹ تین دفعہ ڈوب چکی ہے، مگر کسی کے خلاف کوئی کارروائی نہیں ہوئی۔ جن لوگوں نے عام سرمایہ کار کو اربوں روپے کا نقصان پہنچایا، انہوں نے اسی کراچی سٹاک مارکیٹ سے اربوں روپے کمائے اور پہلے سے بہت زیادہ بااثر اور طاقتور ہو چکے ہیں۔ ایک طرف جب ملک وقوم کے ساتھ یہ سب کچھ ہو رہا ہو تو ممکن نہیں تھا کہ ملٹری اسٹیبلشمنٹ

ایک خاموش تماشائی بنی رہے یا ان کارروائیوں کی حمایت کرے۔ لیکن وہ خاموش رہے۔ حتیٰ کہ جب بابا جی کے اخبارات اور نیوز چینل میں آئی ایس آئی اور افواج پاکستان کو تنقید کا نشانہ بنایا گیا تو فوجی ترجمان ادارے آئی ایس پی آر کی طرف سے کوئی بھی ردِ عمل ظاہر نہ کیا گیا اور پھر جب یہی خبر بھارت اخبارات کی زینت بنی، مگر اس پر بھی کوئی اعتراض نہ ہوا۔ تاہم، کچھ عرصے بعد اخبار ہندوستان ٹائمز اس خبر کو ایک کمیٹی کی وضاحت کے بعد واپس لے لیتا ہے، مگر آج تک اس معاملے پر ''جنگ'' گروپ سے کوئی پوچھ گچھ نہیں کی گئی۔ کسی نے ایس ای سی پی میں کی جانے والی غیر قانونی تقرریوں کے بارے میں پوچھنے کی جرأت نہیں کی۔ کسی نے نہیں پوچھا کہ Azgard-9 کے خلاف دائر مقدمات کیوں واپس لیے گئے اور نشاط چونیاں پاور کمپنی کے حسابات میں موجود بدعنوانیوں کے باوجود آڈٹ کیوں نہیں کرایا گیا۔ یہ بھی حقیقت ہے کہ افتخار چودھری کا بیٹا، ارسلان افتخار کوئی پاک باز شخص نہیں ہے اور وہ بحریہ ٹاؤن کے ملک ریاض سے رشوت وصول کرتا رہا ہے۔ میاں منشا کے بیٹے، (جو کہ سوئی سدرن گیس کمیٹی کے بورڈ آف ڈائریکٹرز میں شامل ہے) کی ڈی جی خان سیمنٹ کمپنی کو بلا تعطل گیس کی فراہمی کیوں کی جاتی رہی؟ میاں منشا کو صرف 11 سے 12 ارب روپے کے عوض مسلم کمرشل بینک کیوں دے دیا گیا جب کہ توکل گروپ اس کے لیے 69 ارب دینے کو تیار تھا؟

افتخار شفیع کا دعویٰ جس کو آج تک کوئی چیلنج نہیں کر سکا کہ کیسے جہانگیر صدیقی نے کراچی سٹاک مارکیٹ میں موجود قیمت سے کم قیمت پر اس کی کمپنی کے حصص خرید لیے تھے اور پھر کیسے یہی حصص ایم سی بی کی سالانہ رپورٹ میں بھی شامل کیے گئے تھے۔ منشا نے کبھی بھی عارف حبیب اور مناف پر کراچی سٹاک مارکیٹ کے کرپشن ہونے کا الزام نہیں لگایا۔ کیوں؟ اور کیوں ڈاکٹر سلمان شاہ اور میاں محمد سومرو کو جنہوں نے قومی اثاثوں کو بیچنے کی زبردست حمایت کی۔ نگران حکومت میں اعلیٰ عہدے دیئے گئے۔ جب کراچی کے معروف میمن عقیل کریم ڈھیڈی نے جہانگیر صدیقی کی بدعنوانیاں منظر عام پر لانی شروع کی تو کیوں ان پر ہر طرح کی قیامت ڈھا دی گئی۔ شکیل الرحمٰن کے اخبارات اور نیوز چینل نے عقیل کریم ڈھیڈی کے خلاف شرانگیز پراپیگنڈا کیوں شروع کر دیا اور آخر کیوں جہانگیر صدیقی کے 30 سالہ پرانے کاروباری شراکت دار غنی صدیقی نے اس پر الزام

لگایا کہ وہ اپنی بہن سلطانہ صدیقی کے ''ہم ٹی وی'' کو ہتھیانا چاہتا ہے۔ کاروباری حلقوں کے مطابق جہانگیر صدیقی ''ہم ٹی وی'' اپنے سمدھی شکیل الرحمٰن کو اپنے بیٹے کی شادی کے تحفے کے طور پر دینا چاہتا تھا اور اس سلسلے میں اس نے اپنے بھانجے شنید صدیقی کے خلاف مختلف مقدمات بھی درج کرا دیئے۔

انگریزی محاورہ ہے کہ طاقت بدعنوان بنا دیتی اور مطلق العنانیت انتہائی بدعنوان بنا دیتی ہے۔ یہاں پر مزید کئی بدعنوانیوں کی فہرست پیش کی جاسکتی ہے جس میں پڑھنے والا غرق ہو کر رہ جائے۔ مگر سمجھنے کی ایک انتہائی سادہ بات یہ ہے کہ اربوں ڈالرز کی کرپشن کے باوجود اس ملک میں کسی پر ہاتھ نہیں ڈالا گیا۔ کوئی گرفتاری عمل میں نہیں لائی گئی، کسی پر اس وقت تک ہاتھ نہیں ڈالا گیا جب تک وہ دوسروں کے مفادات کو تحفظ دے رہا ہے۔ عدالتیں، ثبوتوں اور شکایت کے باوجود خاموش ہیں۔ بدعنوانی کی شکایات کے باوجود آج تک ایم سی بی اور ملت ٹریکٹر کی پرائیویٹائزیشن کی تحقیقات نہیں ہوئیں اور نہ ہی ذمہ داروں کو اس کی سزائیں دی گئی ہیں۔ اعلیٰ عہدوں پر فائز اہلکار یا تو بلیک میل کیے جاتے ہیں یا پھر میڈیا کے ذریعے ان کی شہرت کو داغ دار بنا دیا جاتا ہے۔ ان سرکاری اہلکاروں کو مدت ملازمت ختم ہونے کے فوراً بعد پُرکشش نوکریاں دی جاتی ہیں۔ یا پھر ان حقائق سے پردہ اٹھانے کے لیے ضروری ہے کہ ریٹائرمنٹ سے پہلے دستخط کیے گئے معاہدوں کا جائزہ لیا جائے اور دیکھا جائے کہ کتنے ٹھیکے قانون کو تبدیل کر کے جاری کیے گئے؟ حالاں کہ آج بھی ملت ٹریکٹر، پی ٹی سی ایل وغیرہ پر انکوائریاں، قانونی چارہ جوئی موجود ہے لیکن حکومتی سطح پر سخت ترین سرد مہری نجانے کس کے ایما پر کی جارہی ہے۔

اے آر وائی کا پروگرام ''کھرا سچ'' ہی وہ واحد شو ہے جس کے ذریعے اگر تمام نہیں تو بہت سارے ایسے کرداروں کو ننگا یا کم از کم بے نقاب ضرور کیا گیا ہے۔ اس لیے ضروری ہو گیا کہ ''کھرا سچ'' بند کر دیا جائے یا اس کی نشریات بند کر دی جائیں۔ اس کی پاداش میں اے آر وائی پر بھی بہت دباؤ ڈالا گیا کہ پروگرام یا اس کے میزبان کو بند کر دیا جائے۔ اس سلسلے میں اے آر وائی اور مبشر لقمان کے خلاف ملک کے مختلف عدالتوں میں بے شمار درخواستیں دائر کی گئیں تا کہ ''مقدس گائیوں'' کو مزید ننگا ہونے سے بچایا جائے کیوں کہ اس سے لوٹ مار کے کئی منصوبے

ٹھپ ہو جاتے ہیں اور یہ کہ کس طرح غیر ممالک سے پیسہ حاصل کر کے پاکستان میں ان کے مفادات کو تحفظ دیا جاتا ہے، کس طرح سعودیوں کو وہ سب کچھ حاصل ہوا جو وہ حاصل کرنا چاہتے تھے۔ کس طرح اتصالات نے بے شمار اعتراضات کی موجودگی میں پاکستان ٹیلی کمیونی کیشن کارپوریشن حاصل کی۔ کہا جاتا ہے کہ جب ارسلان افتخار کو پی ٹی سی ایل کا کنسلٹنٹ مقرر کیا گیا تو اس کمپنی کے بارے میں مقدمے کا فیصلہ روک لیا گیا۔ اس طرح دیگر بہت سے کمپنیوں کو فوائد اس وقت حاصل ہونا شروع ہوئے جب وہ ارسلان افتخار کے ساتھ رابطے میں آئے۔ میں مانتا ہوں کہ یہ سب دعوے کاغذوں کی حد تک ثابت کرنا ضرور مشکل ہوں گے مگر وہ لوگ جو اس کاروبار کے ساتھ منسلک ہیں، یقین سے ان معاملات کی تصدیق کر سکتے ہیں۔ بہت کچھ ہے، جس کی پردہ داری ہے۔

جب یہ تمام سیکنڈلز ''کھرا سچ'' کے ذریعے سامنے آئے، تو بابا جی اور اس کے حواریوں کے لیے یہ ضروری ہو گیا تھا کہ اس پروگرام کی بدنامی کریں مگر اس دفعہ ایسا کرنا شاید ان کے لیے مشکل ہو جائے جس کی وجہ ایک متحرک میڈیا کی ملک میں موجودگی ہے۔ ان کی کوششوں کو ٹیکنالوجی کے نامعلوم جنگجوؤں نے ناکام بنا دیا اور ''کھرا سچ'' ان کی تمام بدعنوانیوں کو عوام کے سامنے لانے میں کامیاب رہا اور اس کتاب میں بدعنوانی کے بڑے بڑے واقعات میں سے کچھ کا ہی ذکر کیا گیا ہے۔ ان واقعات کو کتاب میں سمونے کے لیے بہت سی اور کتابیں شائع کرنے کی ضرورت ہو گی۔ ان الزامات کی تصدیق کے لیے موجود دستاویزات کی عرق ریزی کی گئی ہے اور امید کی جاتی ہے کہ کسی نہ کسی دن انصاف کی جیت ضرور ہو گی اور طاقتور اور اثر ورسوخ والوں کو بھی اس قانون کا سامنا کرنا پڑے گا، جو ابھی تک ان کی دولت اور اثر ورسوخ کو بڑھانے میں ہی مددگار رہا ہے۔

اب تک آپ یہ بات ضرور سمجھ گئے ہوں گے کہ جب بھی کسی بڑے کاروباری شخصیت کی کہانی کو سامنے لایا جاتا ہے تو اس کے ساتھ دیگر کئی کاروباری شخصیات خود بخود ملوث ہوتی دکھائی دیتی ہیں اور اس طرح وہ کئی مختلف ذریعوں سے ایک دوسرے کے ساتھ جڑے ہوئے نظر آتے ہیں۔ پس وہ تمام حضرات جو مجھے ایک وقت میں کئی مختلف محاذ کھولنے سے گریز کرنے کا مشورہ

دیتے رہے ہیں، اب جان سکتے ہیں کہ کس طرح اس ملک میں میگا کرپشن کی گئی، جس کا فائدہ کسی ایک نے نہیں بلکہ بہت سے لوگوں نے اٹھایا ہے اور اسی وجہ سے وہ تمام ایک دوسرے سے جڑے ہوئے ہیں اور ایک بات جب اتنے کاروباری روابط ہوں تو وہاں بچوں کی آپس میں شادیاں بھی باآسانی ہو جاتی ہے اور یوں پھر سب ہنسی خوشی رہنے لگتے ہیں۔

شوٹائم

کال تقریباً ایک ہفتے بعد آئی۔ میں اس کے انتظار میں تھا اور خیال رکھتا تھا کہ میرا سیل فون چارج رہے اور آؤٹ آف رینج نہ ہو۔ میں ایک خاص وجہ سے اس کال کو مس کسی قیمت نہیں کرنا چاہتا تھا۔ مجھے آج بھی وہ دن یاد ہے جب وہ کال آئی اور اگرچہ مجھے اس سٹوری پر کام کرتے کافی وقت ہو چکا ہے، پھر بھی اس کے یاد آنے پر میں نے اپنے پیٹ میں گرہیں پڑتی محسوس کیں۔ وہ جمعے کی صبح تھی اور میں بے چینی سے اس مواد کا انتظار کر رہا تھا جس کی مجھے تلاش تھی، جب مجھے اپنی دوست منیشا (سیکیورٹی وجوہات کے باعث نام تبدیل کر دیا گیا ہے) کا ٹیکسٹ پیغام موصول ہوا۔ وہ بالآخر میری ایک اور دوست فرزانہ سے رابطہ کرنے میں کامیاب رہی تھی جو ایک ایئرلائن میں کام کرتی ہے۔ منیشا جواب ٹائمز آف انڈیا میں کام کرتی ہے، اس نے مجھے سٹوری اور ہندوستان ٹائمز کے ان اخبارات کی کاپیاں فراہم کرنے کا وعدہ کیا تھا جنہوں نے وہ سٹوری شائع کی تھی جس کی مجھے تلاش تھی۔ قسمت کا کرنا یہ ہوا کہ باندرا کے علاقے میں منیشا کے گھر کو تلاش کرتی فرزانہ کا رکشہ خراب ہو گیا۔ تب اس نے پریشانی کے عالم میں مجھے کال کی کہ اسے دیر ہو رہی تھی اور دھمکی دی کہ وہ مشن چھوڑ دے گی یا پھر اس کی فلائٹ مس ہو جائے گی۔ میں نے منیشا کو کال کر کے اپنی رابطہ دوست تک پہنچنے کی درخواست کی لیکن وہ کسی پاکستانی سے کھلے عام ملنے پر سخت خائف تھی جس کا اس کے مطابق ضرور را کا کوئی شخص پیچھا کر رہا ہوگا۔ بہرحال آخر وہ فرزانہ کو کال کر کے ایک مقامی ڈھابے پر اس سے ملی اور میں اس دوران منتظر رہا۔ پچھلے چند روز

سے ہم تینوں فون ٹیپ کیے جانے سے بچنے کی خاطر ٹوئٹر اور ٹوئٹر DM پر بات کر رہے تھے۔ رابطہ رکھنے کے لیے ایک سے زائد آئی ڈیز رکھی گئی تھیں۔ عجلت اس حقیقت کے باعث تھی کہ میں نے اے آر وائی کے ہیڈ آف پروگرامز کو کہا تھا کہ میں اس روز خصوصی ٹائم سلاٹ چاہتا تھا اور میری درخواست پر چینل نے یہ نشر کرنا شروع کر دیا تھا کہ میں اس شام ایک بڑی خبر بریک کرنے جا رہا تھا۔ میرے پاس سٹوری تھی اور میرے حقائق تصدیق شدہ تھے۔ میرے پاس مین سکوپ بھی تھا لیکن ثبوت ہاتھ میں لینا ایک بڑا تھرل تھا۔ کوئی بھی صحافی آپ کو بتا سکتا ہے کہ کسی سٹوری کو جان لینا ایک بات ہے، پبلک میں اس کے بارے میں بات کرنا دوسری اور دستاویزی شہادت اور ثبوت دینا ہی اصل سونے پر سہاگہ ہے۔ آخر کار مجھے پیغام ملا کہ فرزانہ آن بورڈ تھی اور ممبئی ایئر پورٹ سے دبئی روانہ ہو رہی تھی، جہاں سے اسے کراچی پہنچنا تھا۔ اف! اب امید رکھنی تھی کہ اسے دبئی سے وقت پر کراچی آنے والی پرواز مل جاتی تاکہ وہ سپیشل پیکج پہنچا سکتی۔ اندازے کے مطابق، اسے پاکستان کے معیاری وقت کے مطابق 4:30 بجے سہ پہر پہنچنا تھا۔

نماز جمعہ کے بعد سیدھا ایئر پورٹ پہنچا اور کراچی جانے والی پہلی دستیاب فلائٹ پر سوار ہو گیا۔ ARY کے سینئر نائب صدر عماد یوسف سے میں نے درخواست کی تھی کہ اس تیسری سورس سے اخبارات کی کاپیاں حاصل کر لیں جسے فرزانہ نے بھارتی اخبارات کی کاپیاں فراہم کی تھیں۔ اگرچہ مجھے اپنی ٹیم پر اعتبار تھا لیکن اپنی سورس کو پردے میں اور بالکل محفوظ رکھنا بے حد لازم تھا۔ میں فوراً کراچی روانہ ہوا اور سیدھا اے آر وائی سٹوڈیو پہنچا۔ میرے پاس کوئی سامان نہ تھا اور مجھے اپنے اخبارات کی ضرورت تھی اور مجھے ان کا پوری باریک بینی سے مطالعہ اور تصدیق کرنی تھی۔ اس وقت شام کے تقریباً 6 بجے تھے۔ مجھے 8 بجے تک آن ایئر جانا تھا۔ میں نے درخواست کر کے ڈاکٹر دانش کے لیے مخصوص وقت لیا تھا کہ میں صرف پیر تا جمعرات ٹی وی پر آتا ہوں۔ لاہور میں میرے سینئر پروڈیوسر راؤ اویس کی زیر قیادت میری ٹیم پورے جوش و جنون سے اس معمے کے باقی ٹکڑے جوڑنے کے لیے کام کر رہی تھی۔ وہ چند لوگوں کو آن لائن لانے کی بھی بھرپور کوشش کر رہے تھے جو زیر الزام پارٹی کی نوعیت کے باعث بے حد جھجک کا شکار تھے۔ آخر کار ان کا داؤ لگ گیا۔ مجھے محمود شام صاحب (جنگ گروپ کے سابق گروپ ایڈیٹر) کا نیا

رابطہ نمبر مل گیا اور جب میں ایئر پورٹ سے سٹوڈیو جا رہا تھا تو میں ان سے بالآخر بات کرنے میں بھی کامیاب رہا۔ ''کیا یہ خبر درست ہے کہ آپ نے ہندوستان ٹائمز سے متعلق انٹرنیٹ پر تحقیقاتی سٹوری شائع کی ہے؟ میں نے پوچھا۔ ''ہاں ایسا ہی ہے اور میں اپنی خبر کی ذمے داری لیتا ہوں۔'' انہوں نے مجھے بتایا۔ خبر کے مختلف نکات کی تصدیق کے لیے میں نے ان سے کچھ سوالات کیے اور جس وقت تک میں مطمئن ہوا، میں سٹوڈیو پہنچ چکا تھا۔ وہاں مقامی طور پر میری معاونت کے لیے ایک سپیشل ٹیم مخصوص کر دی گئی تھی، میک اپ، انجینئرز، کیمرا مین، ایم سی آر سٹاف، ٹرانسمیشن، سپاٹ بوائز وغیرہ۔

ذرا سوچیں کہ مجھے تنہا ہی آن ایئر جانا تھا لیکن درجنوں لوگ اس بات کی یقین دہانی کے لیے محنت کر رہے تھے کہ میں پاکستان کی میڈیا تاریخ کی سب سے بڑی خبر بریک کر سکتا۔

شام تقریباً 7:35 بجے میں نے لندن کال کی اور اپنے چینل کے اعلیٰ سربراہان میں سے ایک سے بات کی اور انہیں بتایا کہ ہم نے حقائق اکٹھے کر لیے تھے اور یہ کہ سارے ثبوت ہمارے ہاتھوں میں تھے۔ 7:45 بجے میں نے لاہور میں نے سیف لائن پر اپنی ٹیم سے بات کی۔ وہ بہت سے شوز سے پہلے اس قسم کی کال اور ملاقات کے عادی تھے۔ صرف اسی برس ہم نے شو سے قبل اس طرح کی تقریباً چھے میٹنگز کی تھیں۔ ''کیا آپ اپنی نوکریوں سے محروم ہونے کے لیے تیار ہیں؟'' میں نے پوچھا۔ ''ہمارے استعفے تیار ہیں۔'' ان کا متفقہ جواب تھا۔ لیکن کیا ہمیں آگے بڑھنا چاہیے کیوں کہ اس سے قبل اس طرح کا کوئی کام نہیں کیا گیا اور اس کا سیدھا سادا مطلب ہمارے لیے سب کچھ کا خاتمہ ہو سکتا ہے؟ سب کا اجتماعی جواب یہی تھا کہ آگے بڑھا جائے۔ میں نے خود کو پُرسکون محسوس کیا۔ ایک ایسی ٹیم کا ساتھ جو پورے اتحاد کے ساتھ اور کسی نامعلوم خوف یا ذاتی مفادات کے حرص و لالچ کے بغیر مل کر کام کرتی ہو، انسپائریشن کا ایک بڑا ذریعہ ہے۔ چند ہفتے قبل میں نے ایک ایسی ہی ملاقات اپنے بچوں سے بھی کی تھی کیوں کہ میں جانتا تھا کہ میرے فیصلے ان پر بھی اثر انداز ہوں گے، سو بہتر تھا کہ ان کے ساتھ بھی بات کر لی جاتی۔ میں نے اپنے بچوں مصطفیٰ اور فجر کو بتایا کہ میں ایک ایسی سٹوری پر کام کر رہا تھا جو میری آخری سٹوری ثابت ہو سکتی تھی۔ یہ کہ اس کے بعد میرا پورا کیریئر تباہ اور ختم ہو سکتا تھا لیکن مجھے یقین تھا کہ یہ ایک بالکل درست سٹوری

تھی اور ایک پاکستانی کی حیثیت سے مجھے یہ ان کی نسلوں کے مستقبل کے لیے کرنی تھی۔ میں نے بتا دیا کہ ہم اپنی اعلیٰ گاڑی اور مہنگے طرزِ زندگی سے محروم ہو سکتے ہیں۔ یہ کہ ہم سڑک پر آ سکتے ہیں لیکن مجھے اس پر یقین تھا اور میں اس بات کا قائل تھا کہ مجھے یہ ضرور کرنا ہے۔

میرے بچے، خدا کا شکر کہ مجھ سے زیادہ پُرسکون تھے اور انہوں نے صرف یہ کہا کہ بابا اگر آپ کا ماننا ہے کہ یہ ہونا چاہیے تو بس پھر کر گزریں اور ہم کسی مادی چیزوں کو کھونے سے خوف زدہ نہیں ہیں، یہ میری طاقت و مضبوطی رہی ہے۔ میرے بچے، خدا انہیں اپنی رحمت کے سائے میں رکھے، بے حد مطمئن مزاج اور خوش باش بچے ہیں جنہیں خوش رہنے کے لیے دولت کی حاجت نہیں، اس کی بجائے وہ زندگی کی چھوٹی چھوٹی خوب صورتیوں، جیسا کہ آئس کریم شیئر کرنا یا ایک دوسرے کے ساتھ بیٹھنا اور ایک دوسرے کو کہانیاں سنانا، سے ہی مسرت کشید کر لیتے ہیں۔ ہفتہ وار چھٹی کے وقت انہیں کار کی بجائے سائیکل پر سوار ہونے یا شاپنگ کی بجائے کھیل سے زیادہ خوشی ملتی ہے۔ حتیٰ کہ جب ہم بیرون ملک سفر بھی کرتے ہیں تو انہوں نے کبھی مجھ سے ایسا کچھ مطالبہ نہیں کیا جو مہنگا ہو اور اخراجات کم رکھنے میں مدد دیتے ہیں تاکہ ان کی تعطیلات میرے لیے بوجھ نہ بن جائیں۔ خدا مجھ پر بہت مہربان ہے، میری ماں، میرے مرحوم بھائی اور اب میرے بچے، میرے دوست، سب میرے لیے مضبوطی کا ذریعہ رہے ہیں اور ہیں۔

7:50 بجے میں پروگرام کے لیے ساؤنڈ انجینئر مجھے تیار کر رہے تھے اور آڈیو وڈیو چیکس کیے جا رہے تھے۔ میں جانتا تھا کہ سینئر وائس پریزیڈنٹ عماد MCR میں تھے اور مجھے سن سکتے تھے۔ میں نے ٹاک بیک پر ان سے بات کی، سیٹلائٹ پر لاہور سے کراچی تک ہر کوئی ہمیں سن سکتا تھا۔ میں نے کہا، ''مجھ پر یقین کرنے اور مجھے موقع دینے کا شکریہ۔'' انہوں نے صرف اتنا کہا، ''بہت اچھے اور گڈ لک۔'' سپاٹ بوائے نے سائیڈ ٹیبل پر میرے لیے گرم چائے لا رکھی، بالکل میری پسند کی، تیز، دودھ کم اور بھاپ اڑاتی۔ لائن پروڈیوسر نے کاؤنٹ ڈاؤن شروع کیا، 2,3,4,5,6,7,8,9، ٹائٹل آن ایئر اور کٹ...... کیوسر...... میں نے ''کھرا سچ'' کا سپیشل پروگرام شروع کیا جو پورے ملک کو اور جہاں کہیں اے آر وائی کی نشریات دیکھی جا سکتی تھیں، نشر ہونا شروع ہو گیا۔ اگلے کم و بیش 44 منٹ میں، میں نے پاکستان میں میڈیا کی تاریخ کی سب سے بڑی خبر

بریک کی۔اس کی تلاش دو براعظموں اور تقریباً پانچ ممالک میں کی گئی تھی۔ میں نے تمام حقائق جمع کرنے اور اصل حقائق سے افواہوں کو الگ کرنے پر بڑے وسائل کا استعمال کیا تھا۔ حریف کمپنیوں کے درجنوں لوگوں نے ان ثبوتوں کی فراہمی کے لیے اپنی نوکریاں داؤ پر لگا دی تھیں، جو عدالتی مقدمے اور سرکاری تفتیش کے دوران انتہائی اہم اور فیصلہ کن ثابت ہو سکتے ہیں۔ حیرت انگیز طور پر اس قدر بڑی خبر کے لیے کوئی رقم خرچ نہ کی گئی تھی، سوائے سفری اور ہوٹل اخراجات کے۔ ایک ایک کر کے چیزیں جگہوں پر آنا شروع ہوئیں۔ پہلا حصہ سب سے زیادہ مشکل تھا۔ انڈیا سے اخبار کی اصل کا پیاں حاصل کرنا زیادہ اہم تھا کیوں کہ ہندوستان ٹائمز نے ابتدائی یا پہلی سٹوری اپنے ویب لنک سے ہٹا دی تھی اور ہمارے پاس اس کا کوئی ثبوت نہ تھا کہ اس کا کبھی کوئی وجود تھا، لیکن تب منیشا اور فرزانہ کے رابطے نے ہمیں مدد فراہم کی۔ لوگ مجھ سے پوچھتے رہے تھے کہ اس سٹوری کے بارے میں کیا خاص بات تھی۔ یہ بھارتی اخبارات کی ویسی ہی مخصوص خبر تھی جس میں انہوں نے پاک فوج، آئی ایس آئی اور داؤد ابراہیم کی دھجیاں اڑائی تھیں اور ان پر الزام لگایا تھا کہ انہوں نے ایک نیا ٹی وی چینل ''بول'' شروع کرنے میں سرمایہ کاری کی تھی، تو بڑی بات کیا تھی؟ بڑی بات یہ ہے کہ پاک فوج، آئی ایس آئی اور داؤد ابراہیم کے خلاف ہزاروں ایسی خبروں میں سے یہ خبر پہلی تھی جس سے بھارتی اخبار کو دستبردار ہونا اور اپنی ویب سائٹ سے ہٹانا پڑا کہ جس میں آئی ایس آئی پر ''جیو'' ٹی وی اور ''جنگ'' گروپ کو نقصان پہنچانے کا الزام لگایا گیا تھا۔ ہندوستان ٹائمز خود اپنی خبر کی ذمے داری نہ اُٹھا سکا اور نہ اُٹھائی کہ دعویٰ کیا گیا تھا یہ اس کے نمائندے کی جانب سے تھی۔ چند روز قبل انہوں نے ایک چھوٹی سی معذرت شائع کی تھی کہ وہ کسی بھی زحمت کے لیے معذرت خواہ ہیں لیکن وہ اس خبر کو واپس لیتے ہیں اور ویب سائٹ سے بھی ہٹا دیا جائے گا اور یہ کہ خبر درست نہ تھی انہیں پاکستان میں ایک کمپنی سے تردید موصول ہوئی ہے۔ کوئی بھارتی سرکردہ اخبار ایسا کیوں کرے گا؟ پہلے پاکستان کے اداروں کے خلاف خبر شائع کرنا اور یہ دعویٰ کرتے ہوئے ''جیو'' ٹی وی نیٹ ورک کی حمایت کرنا کہ آئی ایس آئی اسے نقصان پہنچانا چاہتی ہے اور پھر صرف چند ہی روز بعد خبر کو واپس لے لینا؟ اس کے پس پردہ کافی کچھ تھا۔

اسی اخبار کی جانب سے داخلی تفتیش یا چھان بین کے مطابق اور جیسا کہ بعد میں ورڈ

پریس گروپ پر جناب محمود شام کی جانب سے رپورٹ کیا گیا کہ ہندوستان ٹائمز کو معلوم ہوا تھا کہ ایک انڈین انٹیلی جینس افسر نے اخبار کے عملے کے ایک فرد کو فریب دیا تھا اور وہ سٹوری پلانٹ کی تھی جو چند ہفتے پہلے پاکستان میں روزنامہ ''جنگ'' اور ''دی نیوز'' دونوں شائع کر چکے تھے۔ صرف چند ایک نام تبدیل اور کچھ حذف کیے گئے تھے تا کہ اس کے اصل ہونے کا تاثر دیا جائے۔ انٹرنیٹ پر اس لیک کی گئی انکوائری رپورٹ کے مطابق جہانگیر صدیقی، ممبئی آئے تھے اور لندن سے میر شکیل الرحمٰن کی طرف سے بلائے گئے انڈین انٹیلی جینس کے لوگ، جنہوں نے یہ یقین دہانی کروائی کہ پلانٹڈ سٹوری کو ایک مؤقر اخبار نے شائع کیا تھا۔ تاہم، پورا کریڈٹ اس بھارتی اخبار کو دیا جانا چاہیے کہ جب انہیں معلوم ہوا کہ ان کے صفحات پر ایک من گھڑت کہانی شائع ہوئی ہے تو وہ نہ صرف اس سے دستبردار ہوئے بلکہ اس نادانستہ غلطی پر اپنے قارئین سے معذرت بھی طلب کی۔ شائع کی جانے والی خبر پاکستان کی سلامتی کے لیے شدید ضرر رساں تھی کہ اس میں پاکستان کی مسلح افواج اور انٹیلی ایجنسیوں پر الزامات عائد کیے گئے تھے کہ انہوں نے برصغیر کے انتہائی مطلوب مجرموں کے ساتھ مل کر سازش تیار کی تھی اور عقیل کریم ڈھیڈی جیسے ملک کے دوسرے ممتاز بزنس مینوں کو بھی ملوث کیا گیا تھا۔ تفصیلی سٹوری اور اس سے قبل ''جنگ'' اور ''دی نیوز'' جیسے مقامی اخبارات میں شائع ہونے والی خبر سب کو اس کتاب میں جمع کیا گیا ہے تا کہ آپ پر یہ حقیقت حال واضح کی جاسکے کہ یہ سب کیسے ظہور میں آیا۔ اس کے علاوہ ورڈ پریس سے ایک تفصیلی داخلی انکوائری رپورٹ بھی شائع کی گئی ہے۔

بلی کے تھیلے سے باہر آنے کے بعد ہر طرف غیر یقینی کی فضا تھی۔ سٹوڈیو جو عام طور پر ایک معروف جگہ ہوتی ہے اور جہاں کسی شو یا ٹرانسمیشن کے بعد شور وغل طاری ہوتا ہے، بدشگون طور پر خاموش تھا۔ سٹوڈیو اور ایم سی آر میں لوگ جانتے تھے کہ انہوں نے اپنے سامنے ان مٹ تاریخ کے ایک حصے کا مشاہدہ کیا ہے۔ پاکستان کے سب سے بڑا میڈیا گروپ پر ایک سے زائد چیزوں کے ماسٹر مائنڈ ہونے کا الزام تھا اور ان کی سرگرمیوں پر کچھ براہ راست روشنی ڈالی گئی تھی۔ ہوٹل تک پہنچنے کے دوران کوئی کال نہ آئی۔ عموماً جب میں کوئی شو ختم کرتا ہوں تو لاتعداد کالز موصول ہوتی ہیں اور لوگ اکثر ٹیکسٹ پیغامات کے ذریعے اپنی آراء کا اظہار کرتے ہیں۔ آج ہر کوئی محتاط

تھا۔ اگلے روز میرے پاس بتانے کے لیے اور بہت کچھ تھا اور آخر کار میں نے ہندوستان ٹائمز کی سٹوری کے دو بنیادی کرداروں کو سامنے آنے اور اپنا موقف یا ورژن سنانے پر راضی کر لیا۔ انہوں نے شرکت کی اور کسی برف پوش پہاڑ سے بہتے برفشار کی طرح کالز آنے لگیں۔ بابا جی میر شکیل الرحمٰن اور ان کے گروپ کو چیلنج کیا جا چکا تھا اور وہ بھی کسی روک رکاوٹ کے بغیر تک یعنی نام تک لیے گئے تھے، واقعات بیان کیے گئے تھے اور ثبوت کے طور پر دستاویزات پیش کی گئی تھیں۔ اگلے پانچ روز ہم پوری سٹوری دینا جاری رکھتے جیسا کہ ہم نے کیا اور اس تمام دورانیے میں ایک انجانی بے آرامی رہی۔ جیسا کہ میں اور ہر کوئی آگاہ ہے کہ جب میر شکیل الرحمٰن ردعمل دکھاتے تو وہ خاصا بڑا ہوتا اور یقیناً وہ مجھ پر خصوصاً گرم ہوتے۔ خیر پانچویں روز روزنامہ ''جنگ'' میں ایک بڑا سا اشتہار شائع ہوا جس میں کہا گیا کہ روزنامہ ''جنگ'' میڈیا کے ایک سیکشن کی جانب سے لگائے گئے کچھ الزامات کا جواب اگلے روز دے گا۔ وہ روز اور آنے والی شب بے حد صبر آزما تھے اور میں بے حد بے چین تھا۔ میں بس یہ امید کر رہا تھا کہ ہمارے پاس ثبوت کے لیے تمام شہادتیں اور دستاویزات موجود ہوں کہ اس کا مطلب ملک بھر میں کسی بھی میڈیا میں میری جاب کا خاتمہ ہو سکتا تھا۔ اگلے روز میں وقت سے کافی پہلے بیدار ہو گیا اور اخبار کے لیے ہاکر انتظار کرنے لگا۔ آخر کار انتظار ختم ہوا اور اخبار میرے ہاتھ میں آ گیا۔ صفحۂ اوّل پر ایک معذرت شائع کی گئی تھی کہ قارئین شام کو ''جنگ'' کے انٹرنیٹ ایڈیشن میں جواب پڑھ پائیں گے۔ میں اللہ کے سامنے جھک گیا اور اس کا شکر ادا کیا کیوں میں جانتا تھا کہ ''جنگ'' گروپ اپنی توقع کے برخلاف پھنس گیا تھا اور ان کے پاس دینے کو کوئی جواب نہ تھا۔ اب وہ بس یہ سمجھنے کی تگ و دو میں تھے کہ جواب میں کیا کہا جائے اور کیا نہ کہا جائے۔ میں یہ بھی جانتا تھا کہ وہ اب براہ راست اور ذاتی حملے پر اتریں گے، جو کہ میرے حق میں مناسب تھا جب تک کہ وہ میرے الزامات کی تردید نہ کر پاتے۔

اس شام بھی جواب نہ آیا۔ میں نے اس کا انتظار چھوڑ دیا، ماسوائے اس کے کہ اس شام آن ایئر جانے سے قبل میں نے یہ دیکھنے کو جواب آیا تھا یا نہیں، آن لائن ایڈیشن چیک کیا۔ میں یقین سے نہیں کہہ سکتا لیکن رات دیر گئے یا صبح سویرے ان کا جواب انٹرنیٹ پر شائع ہوا اور اگلے روز اخبار میں۔ پہلی تین سرخیاں پڑھنے کے بعد میں جان گیا کہ ان کے پاس اپنے دفاع میں کہنے

کے لیے کچھ نہ تھا۔ ''جنگ'' گروپ آخر کار انوسٹی گیٹو صحافت کا مزا چکھ رہا تھا۔ میں نے کبھی پورا جواب نہیں پڑھا کیوں کہ میں جانتا تھا کہ احمقانہ الزامات یا بھاری بھرکم لفاظی پر وقت ضائع کرنے کی کوئی ضرورت نہ تھی۔ میری ٹیم نے مگر پڑھا اور جب اگلے روز میں سٹوڈیو گیا تو اس وقت تک وہ ایک ایک لفظ کا تجزیہ کر چکے تھے اور اس جواب میں موجود تضادات اور اعترافِ جرم کو نشان زد کر چکے تھے۔ ''جنگ'' کے جواب نے بہت سے لوگوں کو حیرت زدہ کر دیا اور پہلی بار پروفیشنلز نے محسوس کرنا شروع کیا کہ الزامات ذاتی نوعیت کے نہ تھے اور اس سٹوری میں خاصا مواد موجود تھا جو ہم سامنے لا رہے تھے۔ ''جنگ'' گروپ کی طرف سے دیا جانے والا جواب بجائے خود تضادات سے بھرپور تھا جیسا کہ آپ اس کتاب کے اگلے صفحات میں دیکھیں گے۔ اللہ نے ہماری مدد کی اور خود اپنے جواب سے ''بابا جی'' نے اپنے جرم کا اعتراف کر لیا۔ ایک مثال کے طور پر، ان کے جواب میں کہا گیا کہ انہوں نے میرے الزامات کے مطابق لاکھوں پاؤنڈز نہیں لیے بلکہ صرف ایک ملین پاؤنڈز سے کچھ کم لیے ہیں۔ اس اعتراف نے واضح کر دیا کہ ''جنگ'' گروپ نے رقم کے عوض اپنی ایڈیٹوریل سپیس فروخت کرنے کو تسلیم کیا ہے۔

یہ کتاب کوئی اَدب پارہ ہے نہ ہی کسی شہکار کے طور پر لکھی گئی ہے۔ اس کی بجائے یہ دراصل ان حقائق اور شہادتوں کی دستاویز کے ریکارڈ ہیں جو ہمیں اس عمل کے دوران ملے۔ بہت سے حصے چھوڑ دیئے گئے ہیں ورنہ یہ کتاب اپنی ضخامت میں دگنی ہوتی۔ آخر وقت میں کچھ غیر اہم مواد کو حذف بھی کیا گیا ہے تاکہ کتاب کی روانی پر اثر نہ پڑے۔ ٹی وی پر ''جنگ'' گروپ کے جوابات کا جواب دینے کے عمل میں اور مختلف پہلوؤں پر ہم دو درجن سے زائد پروگرام کر چکے ہیں۔ ''جیو'' ٹی وی کے برعکس، اے آر وائی خود کسی اخبار کا مالک نہیں اور یوں سارے مواد کو کسی اور اخبار میں شائع کروانا ممکن نہ تھا۔ اس کتاب کا خیال اسی سبب سے آیا اور یہ بے حد مختصر وقت میں تحریر اور شائع کی گئی۔ بہت سے ابواب میں آپ دیکھیں گے کہ ایک سے زائد شوز کے لیے براہ راست ٹرانسکرپشن کی گئی ہے اور انہیں کتاب کی صورت پیش کیا گیا ہے۔ اس کے لیے میں ''جنگ'' گروپ کا بے پناہ شکریہ ادا کرنا چاہوں کہ ان کی بھرپور اور مکمل مدد کے بغیر یہ بالکل ممکن نہ ہوتا۔ میری مراد اس سے طنز واستہزا نہیں ہے بلکہ میری حقیقت میں یہی مراد ہے۔ آپ جانتے

ہیں کہ انہوں نے ملک بھر میں میرے خلاف ہتک عزت کے بہت سے مقدمے درج کروا رہے ہیں۔ ہررٹ پٹیشن پر وہ اپنی پٹیشن کے ہمراہ میرے شوز کے تحریری ٹرانسکرپشن کو لف کرتے ہیں۔ اس طرح ہمیں جس کام میں مہینوں لگتے، اس کام کو ''جنگ'' گروپ نے بے حد محنت اور لگن سے صرف دو ہفتے میں انجام دیا ہے۔

اس عرصے میں ہم نے میر شکیل الرحمٰن کو بھی شو میں مدعو کیا اور بذریعہ ای میل دعوت بھیجی۔ اس کے ساتھ ساتھ ان کے کراچی آفس کالز کیں لیکن انہوں نے کبھی جواب نہ دیا۔ ہم نے انہیں رہائش کی سہولیات اور فضائی ٹکٹس بھیجنے کی بھی پیشکش کی یا کسی دوسرے ملک سے لائیو شو کی بھی لیکن ان کی طرف سے مثبت ردِعمل سامنے نہ آیا۔ میری ذاتی رائے میں اور بہت سے دوسرے لوگوں کی رائے میں ''جیو'' نیٹ ورک بیشتر بڑے سیاست دانوں، حتیٰ کہ علما اور ملک بھر کے دیگر ممتاز لوگوں کا مضحکہ اڑانے کا بھی قصوروار ہے۔ تاہم، انہوں نے کبھی بھی اپنے مالکین یا افتخار چودھری یا جنرل کیانی کا مذاق نہیں اڑایا، جسے میں ہمیشہ ایک استثنا کے طور پر لیتا ہوں۔ آپ خود سمیت ہر کسی پر طنز کریں یا پھر کسی پر نہیں۔ انہوں نے حتیٰ کہ مشہور رہنماؤں کی تحقیر کے لیے بولی ووڈ کے گھٹیا گانوں کا بھی استعمال کیا۔ میں ان کا بھی مذاق اڑانا چاہتا تھا تاکہ انہیں معلوم ہو کہ بالی ووڈ کی دھن پر رقص سے کیسا محسوس ہوتا ہے۔ تاہم ان کے نام میں رحمٰن بھی شامل ہے۔ یہ اللہ کا نام اور اس کی ایک خوب صورت صفت کا مظہر ہے، سو میں کبھی اس مکمل نام کا مذاق نہیں اڑا سکتا۔ میرا ایمان اس بات کی اجازت نہیں دیتا۔ یوں ہمیں انہیں دوسرا نام دینا پڑا، یہ جانتے ہوئے کہ وہ وِگ یا مصنوعی بال رکھتے ہیں اور وہ اب خاصی عمر کے ہیں تو میں نے انہیں ''باباجی'' کا نام دیا ہے۔ باباجی ایک پختہ عمر کے آدمی کی علامت ہے اور تضحیک آمیز بھی نہیں ہے۔ سو میرے لیے میر شکیل الرحمٰن اب سے باباجی ہوں گے، جب تک کہ وہ اپنے بہت سے شوز میں دوسرے لوگوں کا مذاق اڑانا بند اور ہر کسی کا احترام کرنا شروع نہ کردیں یا پھر ان میں خود اپنا مذاق اڑانے کا بھی حوصلہ ہو۔ یہ ہے باباجی تک تبدیلیٔ نام کی کہانی۔

پہلے چند ہفتوں میں کافی کچھ رونما ہوا۔ پہلے پرخچے اُڑانے کو کالم لکھے گئے، میرے امیج کو بگاڑنے یا مجھے بدنام کرنے کو سرخیاں لگائی گئیں، مجھے خاموش کروانے کو جعلی ایف آئی آر

اور عدالتوں میں لاتعداد پٹیشن درج کروائی گئیں۔ باباجی نے میرے کردار پر ذاتی الزامات لگائے اور نچلی ترین سطح پر گر گئے۔ البتہ میں ایسا کچھ بھی کرنے کا ارادہ نہیں رکھتا۔ میرے سوالات کے جواب نہیں دیئے گئے اور میرے سٹوڈیو میں رکھی ان کی سیٹ خالی ہے۔ ہم باباجی کے آگے آنے اور ان الزامات کا جواب دینے کا انتظار کریں گے، جو تمام شہادتوں اور ثبوت پر مبنی ہیں اور ایسے بے بنیاد نہیں ہیں کہ کوئی بھی انہیں بغیر ثبوت کے الزامات کہہ سکے۔ یہ حقیقت ہے کہ باباجی نے من گھڑت پروگرام کرنے اور مہم چلانے کے لیے بیرون ملک سے رقم حاصل کی تھی۔ یہ بھی ہے کہ انہیں مہمیں چلانے کے لیے رقم ملتی ہے جنہیں وہ اشتہاری مواد یا PAID کہہ کر نشر نہیں کرتے جو کہ انہیں اخلاقی اور پیشہ ورانہ طور پر کرنا چاہیے۔ یہ بھی حقیقت ہے کہ وہ شوز میں ایڈیٹوریل سپیس دینے کی پیشکش کرتے ہیں اور کسی مخصوص مہم کی تشہیر کے لیے شائع کرتے ہیں جسے مہذب دنیا میں اور کہیں بھی ناپسندیدگی کی نظر سے دیکھا جاتا ہے۔ یہ بھی ثابت شدہ حقیقت ہے کہ انہیں نیشنل بینک اور دیگر کو ایک بے اندازہ بڑا قرض ادا کرنا ہے اور وہ ٹیکس کی مد میں حکومت کے نادہندہ ہیں۔ یہ بھی سچ ہے کہ انہوں نے بہت سے معاملوں میں عوام کو اکثر گمراہ کیا اور بعض درپردہ مفادات کے فروغ کی خاطر جھوٹی اور من گھڑت خبریں شائع کیں۔

اب جب کہ سب ثبوت اور گواہ سامنے آچکے ہیں، میں سمجھتا ہوں کہ باباجی کے احتساب کا بھی وقت آگیا ہے۔ پہلے فوری طور پر ان کا نام ای سی ایل لسٹ میں ڈال کر ان سب باتوں کی مکمل تحقیقات ہونی چاہئیں اور عوام کو پتا چلنا چاہیے کہ باباجی کا اصل روپ کیا ہے۔

میرے کئی پروگراموں میں حکومتی اہلکاروں نے یہ بھی تسلیم کیا ہے کہ بدلے میں کچھ حاصل کرنے کے لیے ان پر دباؤ ڈالنے کی کوششیں کی گئیں۔ یہ بھی حقیقت ہے کہ انہوں نے انہی لوگوں کی حفاظت بھی کی جن پر ماضی میں انہوں نے الزامات عائد کیے تھے، جیسا کہ جہانگیر صدیقی جیسے لوگ۔ ''جنگ'' گروپ اپنے ابھرنے یا عروج کی ایک رنگ برنگی تاریخ رکھتا ہے۔ نیوز پرنٹ فروخت کرنے اور اپنی سرکولیشن کے اعداد و شمار میں غلط بیانی کے الزامات سے لے کر اس پر مغربی حکومتوں کو خوش کرنے کے لیے بہت سی مہموں کو ماسٹر مائنڈ کرنے کے الزامات ہیں، بدلے میں آپ اندازہ لگا سکتے ہیں کہ کیا کچھ دکھانے اور چھاپنے کے لیے ''ذرا سوچیے'' جیسی

مہمیں اور جیسا کہ خود موصوف کے اعتراف کے مطابق کئی پروگراموں کا موضوع ہی بدل دیا گیا۔ اکثر یہ بھی سرگوشیاں سننے کو ملتی ہیں کہ کئی ایک ملازمین اگر وہ مطالبے کے مطابق لائن پر چلنے میں ناکام رہے تو انتظامیہ کی برہمی کا شکار ہوئے۔ یہ بھی الزام عائد کیا جاتا ہے، مجھے امید ہے کہ اس عرصے میں ہم معلوم بھی کر سکتے ہیں کہ لاہور میں کینال روڈ پر باباجی کا اپنا گھر اس زمین پر تعمیر کیا گیا ہے جو کمپنی کے ملازمین کے لیے حاصل کی گئی تھی۔ حتیٰ کہ یونین کے بہت سے ملازمین عدالت بھی گئے اور ابھی تک جدوجہد کر رہے ہیں۔ یہ بھی حقیقت ہے کہ باباجی کے خلاف بہت سی عدالتوں میں کئی مقدمے زیر التوا ہیں۔ یہ بھی الزام عائد کیا جاتا ہے کہ انہوں نے ایک ہی جائیداد پر ایک سے زائد قرضے حاصل کیے یا یہ کہ جائیداد کی مالیت اس پر حاصل کیے جانے والے قرضوں سے کہیں کم تھی۔ باباجی اور ''جنگ'' گروپ اور حلیف کمپنیوں کو بہت سے سوالات کے جواب دینے ہیں۔ میرا ذاتی طور پر یہ ماننا ہے کہ میڈیا میں بہت سے دوسرے لوگوں کے بھی مشکوک کام ہوں گے لیکن چوں کہ باباجی سب سے بڑے حصے کی نمائندگی کرتے ہیں اور یقیناً سب سے مضبوط اور طاقتور ترین ہیں، اس لیے آغاز ان سے ہونا چاہیے۔ میرا یہ بھی ماننا ہے کہ میڈیا تبھی دوسروں پر الزام عائد کرنے اور چیلنج کرنے کی اخلاقی اتھارٹی رکھتا ہے جب یہ خود اپنے اعمال کے لیے جواب دہ ہو۔ میرا یہ بھی یقین ہے کہ میڈیا ریاست کا چوتھا ستون نہیں جیسا کہ یہ اکثر بڑے شوق سے اعلان کرتا ہے۔ اس ملک یا ریاست کے صرف تین ستون ہیں جیسا کہ اس ملک کے آئین میں درج ہے اور ہم میڈیا کے طور پر اس ملک کے بہت سے دوسرے بزنس مین سے ایک ہیں۔ میرا یہ بھی ماننا ہے کہ میڈیا کا ایک ضابطہ اخلاق بھی ہونا چاہیے اور اسے اس پر سختی سے عمل کرنا چاہیے۔ خود اپنے ضمن میں میڈیا عمومی طور پر ایک برا آجر ہے کہ یہ ویج بورڈ کے نفاذ میں ناکام رہا ہے۔ صحافیوں کی حالت زار ذلت آمیز ہے کہ بہت سے مہذب اور ایمان دار صحافیوں کی گزر بسر بھی مشکل سے ہوتی ہے کیوں کہ ان کی اپنی آرگنائزیشنز انہیں باعزت معاوضے دینے میں ناکام ہیں۔ یہ بھی حقیقت ہے کہ فیلڈ میں کام کرنے والوں کی زندگی کا کوئی تحفظ نہیں اور اگر انہیں کچھ ہو جائے تو اکثر انہیں پینشن یا ملازمین کی دیگر سہولیات نہیں ملتیں۔ آپ قارئین کو یہ جان کر شدید حیرت ہوگی لیکن میڈیا انڈسٹری میں کام کرنے والے چند سرکردہ اینکرز یا ایڈیٹرز یا سینئر

عملے کے اراکین کے علاوہ بیشتر ملازمین کو معقول باعزت معاوضے نہیں ملتے۔ وہ لگاتار کام کرتے ہیں اور کچھ بھی جو غلط ہو جائے، اس کے لیے جواب دہ ہیں لیکن بدلے میں معاوضے نہیں پاتے۔ یہ حقیقت ہے کہ وہ صحافی جو اپنے اردگرد معاشرے میں موجود نظر انداز شدہ لوگوں کی زندگیاں بہتر بنانے کی جستجو کرتے ہیں، خود اکثر نظر انداز کر دیئے جاتے ہیں۔ وہ جو کئی ایک میڈیا آؤٹ لیٹس کے لیے کام کرتے ہیں، وہ خود معاشرے میں روا انسانی حقوق کی سنگین خلاف ورزیوں کا شکار ہیں۔ یہ بھی ایک حقیقت ہے کہ پیمرا اپنے ہی قوانین کے نفاذ میں ناکام رہا ہے اور یہ بھی ایک حقیقت ہے کہ پاکستان میں میڈیا اور خصوصاً بابا جی کی اخلاقیات پر خاصی بحث کی جا سکتی ہے۔

میں ایسے سسٹم کو چیلنج کرتا ہوں جو ایک جانب یک طرفہ طور پر مالکین کی حمایت کرتا ہے اور اس مالک کو جو اس ملک کے قوانین توڑ سکتا ہے اور ٹیکس ادا نہیں کرتا اور قرضے دبائے بیٹھا ہے اور بے حیائی سے غیر ممالک اور حکومتوں سے ان کے ایجنڈے چلانے کے لیے رقوم لیتا ہے اور اس ملک سے ذرہ برابر محبت نہیں رکھتا جو اسے سب کچھ فراہم کرتا ہے۔ چینلز جو پاکستان کے علاوہ دوسرے ممالک میں دکھائے جاتے ہیں، اکثر اپنی نشریات تبدیل کر لیتے ہیں جسے وہ اپنے ضابطہ اخلاق کو توڑنے کا خواب بھی نہیں دیکھ سکتے۔ یہ ایک دلچسپ تحقیق ہو گی کہ معلوم کیا جائے کہ ہمارے سرکردہ چینلز کو کتنی بار بیرون ملک جرمانہ ادا کرنا پڑا اور وہ بیرون ملک اپنے بلیٹن اور اپنے شوز کس طرح تبدیل کرتے ہیں یا مکمل شٹ ڈاؤن کا سامنا کرتے ہیں کہ وہ ان ممالک کے طے کردہ قوانین کے مکمل طور پر پابند رہیں۔ آپ کو یہ جان کر شدید حیرت ہو گی لیکن آپ کے سامنے صرف ایک مثال پیش کرنے کی خاطر عرض ہے کہ برطانیہ میں "نیوز" کبھی سپانسر نہیں ہوتیں۔ آپ اشتہارات لے سکتے ہیں لیکن سپانسر شپ کبھی نہیں...... انہی قوانین کا نفاذ پاکستان میں کبھی نہیں ہو گا کیوں کہ ہمارے میڈیا ٹائیکونز اس قدر طاقتور ہیں کہ کوئی حکومت ان کے معاملے میں دخل نہیں دے سکتی۔

ایک بات مگر میں پورے یقین سے جانتا ہوں کہ جلد یا بدیر مجھے خاموش کرنے کی کوششیں کی جائیں گی۔ ایسی دو کوششیں پہلے ہی ایک مصالحت کار کے ذریعے ہو چکی ہیں جس نے مجھے اس سٹوری سے دست بردار ہونے یا کسی خاص غضب ناک انجام کا سامنا کرنے کو کہا جس

سے مراد کچھ بھی ہوسکتی تھی۔ میرا جواب یہ کتاب ہے۔ اگر میں خوف زدہ ہوتا تو میں اس سب کا آغاز ہی نہ کرتا۔ بہر حال یہ ہے کہانی میری زبانی کہ کیسے ایک گروپ بہت سے قوانین توڑتا یا ان کی خلاف ورزی کرتا ہے، اسے رقوم فراہم کی جاتی ہیں اور وہ حکومتی اداروں کی بازو مروڑنے یا انہیں دھمکانے کی کوشش کرتا ہے تاکہ خود کو یا اپنے گہرے دوستوں کو فائدہ پہنچا سکے۔ یہ ہے کہانی کہ باباجی اتنے برسوں کیا کچھ کرتے رہے......

''جیو'' نیٹ ورک کو پیش آنے والا
ہندوستان ٹائمنر حادثہ سازش کی کڑیاں آشکار

اگلے صفحات میں بیان کی جانے والی کہانی اگرچہ کسی ہالی ووڈ فلم کے لیے بہترین سکرین پلے کیٹگری میں کوئی آسکر تو نہیں جیت سکتی مگر یہ کسی بھی ہالی ووڈ فلم کا ایک ایڈونچر سے بھرپور حصہ ضرور بن سکتی ہے، جس میں ایک بین الاقوامی سازش، ایک مافیا کا سردار، رات کی تاریکی میں کسی گہری تحقیقات کو منظر عام پر لے آتے ہیں مگر مزاح کے طور پر ہم اسے جیو نیٹ ورک کو ہندوستان ٹائمنر کے ہاتھوں پیش آنے والا ایک شدید حادثہ قرار دے سکتے ہیں۔ یہ کہانی اس وقت سامنے آتی ہے جب ہندوستان ٹائمنر کی انتظامیہ اپنے اخبار میں چھپنے والے ایک مضمون کی چھان بین کیسے کراتی ہے تاکہ وہ ایسے جھوٹی خبر شائع کرنے کی پاداش میں قانونی کارروائی سے بچ سکے۔

مذکورہ مضمون 29 ستمبر 2013ء کو اتوار کے روز شائع ہوا۔ اس میں دعویٰ کیا گیا کہ انڈر ورلڈ کا داؤد ابراہیم، پاکستان سے مستقبل قریب میں شروع ہونے والے بول نیٹ ورک کا حقیقی مالک ہے۔

اس کی اشاعت کے چند روز بعد ہی مضمون کو ہندوستان ٹائمنر کی ویب سائٹ سے ہٹا دیا جاتا ہے اور ساتھ ہی یہ وضاحت شائع کی جاتی ہے کہ مضمون میں شائع کیے گئے دعووں پر

تحقیقات کی جا رہی ہیں، یہ سب اس قانونی اظہارِ وجوہ کے نوٹس کے جواب میں کیا جاتا ہے جو ہندوستان ٹائمنز کی انتظامیہ کو موصول ہوتا ہے۔ ہندوستان ٹائمنز اخبار کے چیئر پرسن اور ایڈیٹوریل ڈائریکٹر ادارہ جاتی تحقیقات کا حکم دیتے ہیں جس کے لیے فارن ایڈیٹر پریت پال چودھری اور لیگل کنسلٹنٹ کرن جوالا لینڈر کمپنی پر مشتمل کمیٹی تشکیل دی جاتی ہے تا کہ مضمون کی اشاعت کے ذرائع کا پتا چلایا جا سکے اور یہ بھی معلوم کیا جائے کہ کیسے ایک غیر اہم خبر کو اخبار کے صفحہ اوّل پر شائع کیا گیا۔ ہندوستان ٹائمنز کی انکوائری کمیٹی اس بات کی تہ تک پہنچنے میں کامیاب ہو جاتی ہے کہ کیسے پاکستان کے جنگ/ جیو گروپ کے مالک میر شکیل الرحمٰن ایک بھارتی خفیہ ایجنسی کے اہلکار کی مدد سے ہندوستان ٹائمنز کے سینئر ایڈیٹر کو ایک بے سروپا کہانی اخبار میں شائع کرنے اور ویب سائٹ پر صفحہ اوّل پر اس کی سرخی لگانے پر قائل کر لیتے ہیں۔ چیئر پرسن کو یہ معلوم کر کے شدید صدمہ ہوتا ہے کہ کیسے جنگ/ جیو گروپ میں 90 روز پہلے شائع ہونے والی خبر کو بول سے مقابلہ کے خوف کی وجہ سے ہندوستان ٹائمنز میں شائع کروایا جاتا ہے۔ ہندوستان ٹائمنز کا ایڈیٹر اپنے مالکان کو خبر شائع کرنے کی کوئی واضح وضاحت پیش نہیں کر پاتا۔ خبر میں پاکستانی بزنس مین عقیل کریم ڈھیڈی (AKD) کا تعلق داؤد ابراہیم سے جوڑنے کی بھی کوشش کی جاتی ہے جس کا سبب میر شکیل الرحمٰن اور اس کے سمدھی جہانگیر صدیقی کی AKD سے کاروباری مسابقت ہے۔ AKD نے خیر شکیل الرحمٰن اور جہانگیر صدیقی کے خلاف متعدد مقدمات دائر کر رکھے ہیں اور ان کے درمیان ایک سخت قانونی جنگ جاری ہے۔

یہ ایک حقیقت ہی ہندوستان ٹائمنز کی انتظامیہ کے لیے کافی تھی کہ اخبار میں شائع ہونے والی خبر کے پیچھے میر شکیل الرحمٰن کا ہاتھ ہے۔ ہندوستان ٹائمنز کی انکوائری رپورٹ کے مندرجات ذیل میں ہیں:

اس میں کوئی شک نہیں کہ میر شکیل الرحمٰن نے اپنے دو بڑے مخالفین سے ملاقات طے کی (بول میڈیا گروپ اور عقیل کریم ڈھیڈی) کی ساکھ کو تباہ کرنے کے لیے خبر شائع کروائی۔ اس مقصد کے لیے میر شکیل الرحمٰن نے بھارتی انٹیلی جینس میں اپنے ذرائع کو استعمال کرتے ہوئے ہندوستان ٹائمنز کے سینئر اہلکار (CN) انکوائری رپورٹ میں مکمل نام کی بجائے صرف نام کے

ابتدائی الفاظ دیئے گئے ہیں)۔

27 ستمبر 2013ء کو جمعہ کے روز طے شدہ ملاقات گرینڈ حیات ہوٹل ممبئی میں بھارتی وقت کے مطابق رات ساڑھے آٹھ بجے ہوئی۔ یہ ایک خفیہ ملاقات تھی جس میں ناموں کو بھی پوشیدہ رکھا گیا۔اس ملاقات میں ہندوستان ٹائمنر کے سینئر اہلکار (C.N)، بھارتی انٹیلی جینس کا خفیہ اہلکار بطور مددگار اور جہانگیر صدیقی جنگ گروپ کی نمائندگی کرتے ہوئے شریک ہوئے۔

جہانگیر صدیقی کے دورۂ بھارت کو ان کے دفتر میں بھی پوشیدہ رکھا گیا، حالاں کہ ان کی ممبئی میں موجودگی کی تصدیق ان کے پاسپورٹ سے کی جاسکتی ہے۔اس وقت لندن میں موجود شکیل الرحمٰن نے بھی ٹیلی فون کے ذریعے اس ملاقات میں شریک ہوئے۔

ملاقات میں طے کیا گیا کہ ایسے وقت میں جب پاکستان اور ہندوستان کے وزرائے اعظم کی ملاقات ہو رہی ہے، انڈر ورلڈ ڈان داؤد ابراہیم کو جنگ گروپ اور جہانگیر صدیقی کے مخالفین کے ساتھ جوڑنا بہت فائدہ مند ثابت ہوگا۔اس کہانی کا مواد جنگ اور دی نیوز میں 3 ماہ قبل شائع کی گئی اس خبر سے لیا گیا جو بول کے خلاف شر انگیز پراپیگنڈا کرنے کے لیے تیار کی گئی تھی۔

دونوں وزرائے اعظم کی طے شدہ ملاقات کی وجہ سے وقت کم تھا، اس لیے تیار شدہ مضمون کو شائع کرنے کا فیصلہ کرلیا گیا، حالاں کہ اس بے سروپا مواد کا کوئی سر پیر نہ تھا اور نہ ہی 28 ستمبر 2013ء کو اس کے پیش منظر کو درست کرنے کا وقت تھا۔اس طرح جلدی میں کیے گئے فیصلہ کو منطقی انجام تک پہنچانے کے لیے ضروری تھا کہ اخبار ہندوستان ٹائمنر کے ایڈیٹر (C.N) کو بھی سکیم میں شامل کیا جائے۔29 ستمبر 2013ء کو ہندوستان ٹائمنر کے اتوار کے تمام ایڈیشنز میں اس خبر کو شائع کیا گیا۔اس خبر کو بنیاد بنا کر کچھ ٹی وی چینل نے بھی خبر کو نشر کیا۔

4 اکتوبر 2013ء کو انکوائری رپورٹ چیئر پرسن کو پیش کی گئی جس میں CN کے ممالک کردار خاص ذکر کیا گیا اور تفتیش میں شامل کرلیا گیا۔تاہم نوکری سے برخاست نہ کرنے اور کسی طرح کی بھی تادیبی کارروائی نہ کرنے کی شرط پر (CN) نے انکشاف کیا کہ اس نے خبر شائع کرنے کا فیصلہ انٹیلی جینس ادارے کے شدید دباؤ پر کیا جو میر شکیل الرحمٰن کے ساتھ مل کر اس سکیم پر کام کر رہے تھے۔اس انکشاف کے بعد چیئر پرسن نے ہندوستان ٹائمنر کی ویب سائٹ سے خبر کو فوری طور

پر ہٹانے کا فیصلہ کیا۔

ابتدائی طور پر بول نیٹ ورک اور Axact کے ترجمان نے ہندوستان ٹائمنز کی ویب سائٹ سے خبر کے ہٹائے جانے اور تمام معاملے میں جنگ/ جیو گروپ کے ملوث ہونے پر تبصرہ کرنے سے انکار کر دیا۔ تاہم بعد میں اپنے سرکاری ردِعمل میں اس بات کی تصدیق کی کہ خبر ہندوستان ٹائمنز کو بھجوائے گئے اظہارِ وجوہ کے قانونی نوٹس کا نتیجہ تھا۔

بابا جی کے ایما پر ہندوستان ٹائمنز میں شائع ہونے والی خبر

داؤد ابراہیم، آئی ایس آئی پاکستان میں ٹی وی چینل قائم کر رہے ہیں۔ 29 ستمبر 2013ء

پاکستان کا میڈیا، الیکٹرانک میڈیا میں ایک نئے کھلاڑی کی آمد کی خبروں سے بھرا ہوا ہے، مگر جانے مانے ٹی وی چینل کے برعکس نئے میڈیا گروپ ''بول'' کے پیچھے ایک منفرد نام داؤد ابراہیم کا ہے۔ بول بڑے پیمانے پر تقرریاں کر رہا ہے تاکہ اپنی نشریات کا آغاز سال کے اختتام تک شروع کر سکے۔ بول نیٹ ورک کا دعویٰ ہے کہ سال کے شروع میں دیئے گئے اشتہار کے نتیجے میں اب تک ملازمت کے حصول کے لیے چالیس ہزار درخواستیں موصول ہو چکی ہیں، بول کی ڈائریکٹنگ حکمت عملی پہلے سے موجود چالیس سے زائد ٹی وی چینلوں سے مختلف ہے۔ یہ تمام چینل ایک دوسرے پر سبقت لے جانے کی کوششوں میں مصروف ہیں تاکہ ناظرین کی توجہ حاصل کریں۔ بول بہترین تنخواہوں کے ساتھ دیگر پُرکشش سہولتیں مہیا کرنے کا وعدہ ایک ایسی میڈیا مارکیٹ میں کر رہا ہے جہاں کم از کم تین چینل فنڈز کی کمی کی وجہ سے سال کے خاتمے تک بند ہونے کے قریب ہیں۔ ان سہولتوں میں بہترین تنخواہیں، گھر، اور کاریں حتیٰ کہ معروف اینکر پرسن اور ٹی وی شو کے میزبانوں کے لیے باڈی گارڈز بھی شامل ہیں۔

اس چینل نے، پاکستان کے سب سے بڑے چینل جیو کے سربراہ کو ایک کروڑ روپے ماہانہ، جب کہ ٹی وی چینل کے اندرونی ذرائع کے مطابق 60 لاکھ روپے ماہانہ کی تنخواہ پر ملازمت دے دی ہے، جب کہ بڑی تعداد میں دیگر ٹی وی چینلز کے ملازمین بھی نئے چینل میں شامل ہونے کی قطار میں ہیں۔ اس کے نتیجے میں تمام ٹی وی چینلز اپنے ملازمین کی تنخواہوں میں اضافہ کر رہے

ہیں تا کہ ان کی خدمات سے استفادہ جاری رکھ سکیں۔

جیو ٹی وی کے کامران خان بھی بول ٹی وی کے ساتھ رابطہ میں تھے مگر جیو ٹی وی انتظامیہ نے ان کو مزید مراعات دے کر واپس اپنے پاس لے آئے ہیں۔

تاہم بول چینل کے بارے میں سب سے اہم معاملہ اس کے پیچھے موجود ہاتھ ہیں۔ نئے چینل کو قائم کرنے والی ٹیم کے ذرائع اس بات کی تصدیق کرر ہے ہیں کہ دہشت گرد داؤد ابراہیم اور آئی ایس آئی اس منصوبہ کی بھر پور اعانت کرر ہے ہیں۔ ان کا کہنا ہے کہ آئی ایس آئی کی حکمت عملی کے مطابق اس چینل کی ضرورت اس وجہ سے بھی ہے کہ پاکستانی الیکٹرانک میڈیا اس کی سرگرمیوں کا سخت ناقد بن چکا ہے۔

داؤد ابراہیم نے اس چینل کے مالی معاملات دیکھنے کی ذمہ داری چھوٹا شکیل کو سونپ دی ہے، شکیل نے ذاتی حیثیت میں ان افراد سے ملاقاتیں بھی کی ہیں جو جلد ہی اس چینل میں ملازمت اختیار کرنے کا ارادہ رکھتے ہیں۔

سرکاری طور پر، بول ٹی وی کی مالک کراچی کی ایک آئی ٹی کمپنی ہے۔ اس کمپنی کا دعویٰ ہے کہ وہ ملک کی سب سے زیادہ ترقی کرنے والی کمپنی ہے اور اس کے 5 ہزار ملازمین ہیں۔ یہ کمپنی جعلی ڈگریاں فروخت کرنے اور بدنامِ زمانہ سائٹس رکھنے کی وجہ سے کافی بدنام ہے۔ تاہم کمپنی ایسے الزامات کی تردید کرتی ہے۔ Axact کمپنی کے مالک شعیب شیخ ہیں جو برطانوی اخبارات کی رپورٹس کا حصہ رہے ہیں جن میں جعلی ڈگریوں کی فروخت اور دیگر الزامات شامل ہیں۔

Axact کمپنی کو پاکستانی اسٹیبلشمنٹ کے کافی قریب سمجھا جاتا ہے۔ اندرونی ذرائع کے مطابق سافٹ ویئر کاروبار اور ملکی انٹیلی جینس ایجنسیوں سے قریبی رابطوں کی وجہ سے ایک ٹی وی چینل قائم کرنے کا بہترین ذریعہ ثابت ہوسکتی ہے۔ Axact آئی ایس آئیس کی بے شمار سائبر کارروائیوں میں اس کی معاون بھی رہی ہے۔ کمپنی نے پاکستان کی دفاعی انڈسٹری اور ڈیفنس ہاؤسنگ سوسائٹیز میں قابل قدر کام کیا ہے، جس پر وہ بھر پور فخر بھی کرتی ہے، مگر اندرونی ذرائع کا کہنا ہے کہ ایسی سرگرمیوں میں کمپنی کا صرف نام استعمال کیا جاتا ہے، جب کہ اندرونی ہاتھ خفیہ ہی ہیں۔

پاکستانی صنعت سے رابطہ ذرائع کے مطابق، Axact کمپنی کا کردار اپنی جگہ مگر ''بول''

کے لیے تمام سرمایہ داؤد ابراہیم ہی لگا رہے ہیں۔ داؤد ابراہیم اب دبئی میں رہتے ہیں جب کہ کراچی میں ان کے کاروبار کو شہر کے بڑی کاروباری شخص عقیل کریم ڈھیڈی سنبھالتے ہیں۔

ڈھیڈی، کراچی سٹاک مارکیٹ کے ایک بڑے کھلاڑی سمجھے جاتے ہیں۔ یہ دراصل داؤد ابراہیم کے سرمایہ کو سنبھالتے ہیں جب کہ دوسرا اہم کھلاڑی چھوٹا شکیل ہے۔ داؤد ابراہیم کا کراچی کے کلفٹن میں واقع مکان اکثر خالی رہتا ہے کیوں کہ وہ اپنا زیادہ تر وقت دبئی میں گزارتے ہیں۔اس کے باوجود ان کا کاروبار وسیع سے وسیع تر ہوتا جا رہا ہے، جس کی وجہ عقیل کریم ڈھیڈی کے توسط سے حال ہی میں شروع کی جانے والی ایک بڑی ہاؤسنگ سکیم ہے جس میں سرمایہ حقیقت میں داؤد ابراہیم کا ہے۔

ڈھیڈی اس سے پہلے سن نمبر SunBiz-TV-TV چلانے کا تجربہ بھی کر چکے ہیں۔ یہ چینل گھاٹے میں رہنے کی وجہ سے چند سال پہلے بند کر دیا گیا تھا۔

''بول'' کا بڑا مقصد جیو ٹی وی کی پاکستانی میڈیا میں حاصل مرکزیت کو ختم کرنا ہے۔ جنگ گروپ جو پہلے حکومت کا حمایتی سمجھا جاتا تھا، اب پاکستانی فوج اور انٹیلی جنس اداروں جیسے کہ آئی ایس آئی پر تنقید کی وجہ سے جانا جاتا ہے۔

بول ایک نیوز اور تفریحی چینل سے کاروبار کا آغاز کرنے کا ارادہ رکھتا ہے، مگر جلد ہی سپورٹس چینل اور بعد میں پرنٹ میڈیا میں جگہ بنانے کا ارادہ رکھتا ہے، جس میں بڑا مقصد ایک انگریزی اور ایک اردو اخبار کی اشاعت ہے۔

میڈیا کی صنعت سے وابستہ افراد اتنے بڑے پیمانے پر شروع ہونے والے پراجیکٹ کی کامیابی پر سوالیہ نشان لگاتے ہوئے کہتے ہیں کہ زیادہ تعداد میں یونٹ شروع کرنے سے کامیابی حاصل نہیں ہوتی۔ سرکاری اہلکاروں کا کہنا ہے کہ بول پراجیکٹ کے لیے مختلف کاروباری شخصیات کو شامل کیا گیا ہے، جن میں سے ایک رئیل اسٹیٹ کے کاروبار کی بڑی شخصیت ہیں، جن کا نام اس سے پہلے نمایاں صحافیوں کو چیف جسٹس کے خلاف استعمال کرنے کے لیے آیا تھا۔ بول ٹی وی کے ریونیو میں سرکاری اشتہارات کی مد میں آنے والی آمدنی کا بظاہر ایک بڑا حصہ ہوگا۔

بھارتی حکومت کے ذرائع کے مطابق آئی ایس آئی جو اس سے پہلے صحافیوں کو

خریدنے، ٹی وی چینلز کو پیسے دینے اور مختلف پروگرامز پر اپنا اثرورسوخ دکھانے کی وجہ سے جانی جاتی تھی، خود ایک چینل کو شروع کررہی ہے۔

ہندوستان ٹائمز، نئی دہلی، 15 اکتوبر 2013ء

ایک وضاحت

ایک نیوز آرٹیکل بعنوان ''پاکستان میں داؤد ابراہیم اور آئی ایس آئی کے مشترکہ ٹی وی چینل کے قیام کی تیاری''، جو 29 ستمبر 2013ء کو نئی دہلی، ہندوستان سے ہماری ویب سائٹ www.hindustantimes.com پر اَپ لوڈ کیا گیا ہے، میسرز ایگزیکٹ پرائیویٹ لمیٹڈ نے ایسے کسی تعلق کی تردید کی ہے۔ مذکورہ وضاحت کی روشنی میں بیان کردہ مضمون کو پہلے ہی اس ویب سائٹ سے ہٹا دیا گیا اور اس سے پیدا ہونے والی کسی پریشانی پر معذرت کی گئی ہے۔

htt:/www.hindustantimes.com/storypage/print 1135524.aspx

محمود شام: ہندوستان ٹائمز کی اندرونی تحقیقاتی رپورٹ لیک

Geo Network's Indian Misadventure with Hindustan Times -A tale of conspiracy gone haywire!

☆ **Internal Investigation Report of Hindustan Times after publishing the false Dawood Ibrahim - BOL story LEAKED!**

☆ **GEO/Jang Owner Mir Shakeel ur Rahman, Businessman Jahangir Siddiqui and their rendezvous with Indian Intelligence & Hindustan Times Senior official unraveled.**

The story mentioned below might not win an Oscar for best screenplay for a motion picture but it sure does consist of all elements for an exciting Hollywood Noir Thriller- an international conspiracy, a mafia lord, meetings in the dark of the night and a toe-curling investigation. For the sake of amusement, let's call it the grand script for "Geo Network's Indian Misadventure with Hindustan Times - A tale of conspiracy gone haywire!" The story is told by the leaked internal investigation report carried out by Hindustan Times after publishing an article based on nothing but thin air, that resulted in facing litigation from the offended parties. The article, that was published on Sunday - 29 September 2013,claimed that internationally renowned underworld don Dawood ibrahim is the actual owner of the upcoming Pakistani media enterprise, BOL Network.

The article was taken down within a few days after publication from Hindustan Times Website and a clarification has also been made regarding the authenticity of the claims made. It all happened when a high level internal inquiry was ordered by the chairpersons office of Hindustan times upon receiving a legal notice. The Chairperson and Editorial Director, Hindustan Times initiated an internal inquiry with the help of the Foreign editor of Hindustan Times, Pramit Pal Chaudhuri and their legal consultants Karanjawala & Co. regarding the source of this published news article and the internal source behind making this non-story a front page article. The HT enquiry team uncovered involvement of Pakistan's Jang/Geo Media Group owner, Mir Shakeel ur Rahman, whose allegiance with an Indian intelligence official made it possible for a senior Hindustan Times Editor to get a source-less story on the front page of a nationwide newspaper as well as a headlining story on their web edition. The chairpersons office was shocked to find out that HT published a story that was already published by Jang/Geo group on their newspapers and website 90 days ago out of fear of competition that BOL has unleashed. The HT editor has no explanation for publishing that story against BOL without even referring to the rivalry and the originally published story. The story also linked Aqeel Karim Dedhi (AKD) a Pakistani businessman with Dawood Ibrahim for no reason other than the fact that there is a fierce rivalry between AKD and Mir Shakeel-ur-Rahman of Jang/Geo group along with Shakeel's Samdhi (daughter's father-in-law) Mr Jehangir Siddiqui. Mr AKD has filed several cases against Mir Shakeel and Jehangir Siddiqui and there is an intense fight going on between them.

This fact alone was enough for the HT enquiry team to believe that Jang/geo group is behind this publication. The following are the findings of the leaked internal investigation report of Hindustan times: It can be safely assumed that Mir Shakeel ur Rahman sought for a way out that would tarnish the reputation of 2 of its biggest rivals (Upcoming media group BOL Media and AKD) who have already gone into defamation lawsuits against him. For this purpose, Mir Shakeel ur Rahman, using his contacts in Indian Intelligence, took a senior official of Hindustan Times, C.N. (Only Initials of the HT employee mentioned in the leaked report) into the fold and scheduled a meeting.

On Friday 27th September 2013, the scheduled meeting was held at Grand Hyatt Hotel, Mumbai at 8:30 PM IST. The meeting was a hushed private affair booked under aliases to avoid trace, in a pure Hollywood Noir fashion. The said meeting was attended by the senior official of Hindustan Times (C.N.), the representative of Indian Intelligence serving the liaison role and Mr. Jahangir Siddiqui, representing Jang/Geo Group and who being a stock broker is in direct competition with Aqeel Karim Dhedi (AKD) who himself owns several stock broking firms and is his biggest business rival for many years. Mr. Jahangir Siddiqui's visit to India was kept under wraps even from his own office staff although the source warrants his presence claiming that Mr. Siddiqui's passport can be used as an evidence of his presence in Mumbai during the time meeting was held. Mir Shakeel ur Rahman, who was in London at that time, participated in the meeting through telephone.

It was decided that associating the underworld element of Dawood Ibrahim with the competitors of Jang/Geo and Jahangir Siddiqui, right at the time when the Indian and Pakistani Prime Ministers are about to meet will make a desirable impact for all the parties involved in this scheme. The material for this story came from the previous defamatory activities including the anti-BOL article once published (and taken down) by The News International and Daily jang of Jang/Geo group, three months ago.

With limited time in hand given the scheduled meeting of the premiers of both countries, the prepared article was given OK to be published as front-page news with absolutely no source quoted and no background check made in the evening of 28th September 2013. Such a hasty action was only possible through the persuading power of C.N. and overbearing pressure from intelligence given the foreseen discussions to be made in the scheduled meeting of both countries' delegates the next day.

The news article was published in all editions of Sunday's Hindustan Times nationwide on 29 September 2013. Catching up on the published story, few electronic media groups also broadcasted news reports regarding this story.

On 4th October 2013, the Chairperson was presented the outcome of internally conducted inspection regarding the faux pass committed by Hindustan Times. As per the inspection report, the involvement of C.N. being the lead conspirator of the news came into light, which brought him into circle of interrogation. Upon being assured job security as well as indemnification of any action, C.N. revealed that he forwarded the story for publication because of excessive pressure from intelligence,which was working in allegiance with the Pakistani Geo/Jang Media Group. Upon receiving this information, the Chairperson decided to take down the published news report from the Hindustan Times website.

When asked to comment on this removal of the story and the involvement of the Jang/Geo group, the representatives of BOL Network and Axact denied to make a comment regarding the story. Later they communicated their official response through an update posted on the "Response" page of their official website; confirming that after initiating litigation against Hindustan Times for publishing the slanderous article, Hindustan times has removed the article "realizing the fallacy of the article and maintaining high journalistic ethics."

''کھرا سچ'' پروگرام سے چند ابواب

29 ستمبر 2013ء کو ہندوستان ٹائمز میں ایک خبر شائع ہوئی جس میں دیگر الزامات کے ساتھ ساتھ پاکستان کی سکیورٹی اداروں کا تبرا فرمایا گیا۔ چند دنوں بعد ایک انٹرنیشنل لاء فرم ہندوستان ٹائمز کو قانونی نوٹس بھجواتی ہے جس کے تحت اخبار ایک ادارہ جاتی انکوائری کا حکم دیتا ہے۔ یہ انکوائری رپورٹ افشا ہو جاتی ہے جس کو جنگ گروپ کے سابق گروپ ایڈیٹر شائع کر دیتے ہیں۔ پندرہ دن تک وہ رپورٹ اس انٹرنیٹ صفحے پر رہتی ہے اور پندرہ ہزار صحافی اس گروپ کا حصہ بن جاتے ہیں۔ ہندوستان ٹائمز بغیر وجہ بتائے صرف یہ کہہ کر خبر اپنے صفحے سے ہٹا دے کہ ادارہ اس خبر کو صفحے سے ہٹا رہا ہے۔ یہ پہلی خبر تھی جو آئی ایس آئی کی بدنامی کا باعث تھی مگر یہ خبر انہوں نے ہٹا دی۔ اس سے پہلے کبھی انہوں نے کسی خبر کو نہیں ہٹایا۔ یہ خبر آئی ایس آئی کی شکایت پر نہیں ہٹائی گئی۔ انکوائری کمیٹی کی رپورٹ یہ کہتی ہے کہ ایک شخص پاکستان سے آیا اور اس کو میر شکیل الرحمٰن نے فون کیا اور انڈیا کے خفیہ ادارے کے اہلکار سے ملوایا جنہوں نے ہندوستان ٹائمز کے اہلکاروں کو مجبور کر کے اس فرضی خبر کو شائع کروایا۔ جب ان کو معلوم ہوا کہ فرضی خبر ہے تو انہوں نے خبر واپس لے لی اور صفحے سے ہٹا دیا اور معذرت بھی کی۔ چند دنوں بعد اس کے جواب میں دلچسپ باتیں شائع کی گئی جن میں سے ایک یہ بات بھی تھی کہ ہندوستان ٹائمز ایڈیٹر ان چیف سنجے نرائن سے ٹیلی فون پر بات کی گئی تو انہوں نے اس خبر کو جعلی اور مضحکہ خیز قرار دیا۔ ہندوستان ٹائمز کہہ رہا ہے کہ یہ خبر غلط ہے، لیکن معاملہ یہ ہے کہ یہی خبر 3 ماہ قبل 9 جولائی 2013ء کو جنگ اور دی

نیوز میں شائع ہوئی ہے کہ عدالت نے کاغذی میڈیا کمپنی کے خلاف تحقیقات کا حکم دے دیا ہے۔

حقیقت میں جو خبر ہندوستان ٹائمز میں شائع اور بعد میں معذرت کے ساتھ واپس لے لی جاتی وہی خبر 3 ماہ قبل 9 جولائی کو جنگ اور دی نیوز میں شائع ہوتی ہے۔ مگر اہم معاملہ مخصوص پاکستانی میڈیا گروپ کا بھارتی خفیہ اداروں سے رابطے کا ہے۔ اس سنگین معاملے کا وگ والے بابا جی میر شکیل الرحمٰن کو جواب دینا ہوگا۔ جعلی اور جھوٹی خبریں شائع کرنے کا جواب دینا ہوگا۔ جس عدالتی حکم کو بنیاد بنا کر 9 جولائی 2013ء کو جنگ/ دی نیوز میں خبر شائع کی گئی، وہ یہ ہے، ''اس درخواست کی ایک کاپی مدعا علیہ نمبر 3 کو بھیجی جائے جو درخواست گزار کی درخواست پر سختی سے قانون کے مطابق متعلقہ پارٹیوں کو سن کر 15 روز کے اندر فیصلہ کرے۔''

اس طرح عدالتی حکم کو بنیاد بنا کر خواہشات پر مبنی نکات اٹھا کر ایک لمبی چوڑی جعلی اور بے بنیاد خبر شائع کی گئی، یعنی جو نکات درخواست میں بیان کیے گئے، ان کو مدعا علیہان کے خلاف عدالتی حکم کے طور پر شائع کیا گیا۔ اس خبر میں پاکستان کی واحد ٹی وی ریٹنگ کمپنی میڈیا لاجک کے بارے میں بھی لکھوا گیا مگر میڈیا لاجک نے ایک ای میل کے ذریعے اپنے وکلاء کے توسط سے بڑی بات کو مسترد کر دیا جس کا ذکر کمپنی کے حوالے سے خبر میں کیا گیا تھا۔ میڈیا لاجک کمپنی کے سلمان دانش نے ایک ای میل کے ذریعے میر ابراہیم الرحمٰن جو میر شکیل الرحمٰن کے فرزند ہیں، سے کہا کہ ان سے جھوٹی باتیں منسوب کی گئی ہیں مگر انہوں نے اس بات کو اخبار میں شائع کیا نہ ہی ٹی وی پر بتایا۔ نہ ہی جنگ/ دی نیوز میں شائع جعلی اور جھوٹی خبر کو واپس کیا نہ ہی کسی بات پر معافی مانگی بلکہ جنگ/ دی نیوز نے دنیا کو پاک فوج اور آئی ایس آئی کی جگ ہنسائی کا موقع دیا اور بعد میں پھر مجرمانہ طور پر ان تمام خبروں کو اپنی ویب سائٹس سے ہٹانے کی کوشش بھی کی گئی۔ میڈیا لاجک کی جانب سے جیو گروپ کو ہتک عزت کا نوٹس نمبر 907/2013 بھجوایا۔ تاہم جنگ/ جیو گروپ نے یہ حرکت کوئی پہلی بار نہیں کی وہ ایسا بار بار کر چکے ہیں۔ جنگ/ دی نیوز یہ خبر شائع کر چکے ہیں۔

’’دی نیوز‘‘ کی من گھڑت رپورٹ

قتل کرنے کا لائسنس

عدلیہ کا پیپر میڈیا میں تحقیقات کا حکم

محمد صالح ظافر

اسلام آباد۔عدالت کے خیال میں ایک ٹی وی چینل کے اجرا کے معاملات اوراس میں موجود سازش کے عناصر کو سامنے لانے کے لیے تحقیقات کا حکم دیا ہے۔عدالت نے کہا ہے کہ اس چینل کے اندرون و بیرون ملک رابطوں ، مالی معاملات کی بھی تحقیقات کی جائیں،جن کے بارے میں کہا جارہا ہے کہ منصوبے میں مالی معاونت فراہم کرنے والے ذرائع نہ صرف خفیہ ہیں بلکہ 99فیصد کی ملکیت بیرون ملک ہے۔

عدالت نے یہ حکم ایک درخواست پر دیا،جس میں الزام لگایا گیا ہے کہ یہ کمپنی ایک ایسے کاروباری شخص سے حاصل کی گئی ہے،جس کا راولپنڈی، اسلام آباد میں وسیع کاروبار ہے اور اس کے اقتدار کے کھلاڑیوں سے قریبی تعلقات ہیں۔

درخواست میں کہا گیا ہے کہ یہ نئی پیپر میڈیا کمپنی، جو کہ بظاہر پاکستانی ڈائریکٹرز کے کنٹرول میں ہے جن کی کمپنی میں ملکیت صرف ایک فیصد ہے جب کہ 99فیصد حصص ایک ایسے غیرملکی کے ہیں جس کے بارے میں کوئی کچھ نہیں جانتا۔

یہ نیوز ٹی وی چینل بظاہر جس کمپنی کی ملکیت پر ہے، وہ ایک آئی ٹی کمپنی ہے جو بظاہر اس میں سرمایہ کاری کرے گی۔ تاہم اس کمپنی کے اپنے مالکان کے بارے میں معاملات پیچیدہ ہیں اور اس کے بارے میں بہت سارا میٹریل اور الزامات جن میں جائز الزامات بھی ہیں، سامنے آئے ہیں۔ کمپنی نے ابھی تک ان معاملات پر اپنی پوزیشن بھی واضح کرنے کی ضرورت محسوس نہیں کی۔ کمپنی کا صدر دفتر پاکستان میں ہے اور نیٹ ورک بھی مگر اس کے 99 فیصد حصہ داروں کا تعلق بیرون ملک سے ہے۔

یہ ایک ایسی بے مثال کمپنی ہے کہ اس کو چلانے والوں کا تعلق پاکستان سے ہے مگر اس کے منافع کا 99 فیصد بیرون ملک منتقل ہو جاتا ہے کیوں کہ اس کے حصہ داروں کا تعلق بیرون ممالک سے ہے۔

دائر درخواست نے ان الزامات کی جانب بھی توجہ مبذول کروائی ہے جن کا قومی احتساب بیورو یا وزارت داخلہ، ایف بی آر، سٹیٹ بینک آف پاکستان، سکیورٹی اینڈ ایکسچینج کمیشن آف پاکستان اور الیکٹرانک میڈیا ریگولیٹری اتھارٹی جیسے اداروں نے نوٹس نہیں لیا۔

معزز عدالت نے درخواست متعلقہ اداروں کو بھجواتے ہوئے اس میں لگائے گئے الزامات کی 15 روز میں تفتیش اور ان پر کارروائی کا حکم جاری کر دیا ہے۔ درخواست میں کہا گیا ہے کہ پیمرا قوانین تقاضا کرتے ہیں کہ ہر اس گروپ جو ٹی وی چینل شروع کرنے کا ارادہ رکھتا ہے، اس کمپنی کے مالکان اور حصہ داروں کی مالی معاملات کی مکمل چھان بین کی جائے۔ کمپنی کی ساکھ اور ماضی کا کردار سامنے رکھتے ہوئے ہی نئے چینل کے لائسنس کا اجرا کیا جاتا ہے۔ تاہم مجوزہ نیوز چینل کے معاملات میں ان تمام ضروریات کو پس پشت ڈال دیا گیا کیوں کہ اس کے مالکان کا تعلق راولپنڈی کے ایک با اثر کاروباری خاندان سے ہے۔

پیمرا کے قوانین تقاضا کرتے ہیں کہ ٹی وی چینل کے مکمل کاروباری منصوبہ بندی، مالی پوزیشن بھی درخواست کے ساتھ شامل ہوں مگر مجوزہ چینل کے معاملے میں ان قوانین کو بھی پس پشت ڈال دیا گیا ہے۔

تاہم موجودہ کیس میں معلوم ہوا ہے کہ مالکان بظاہر اس سوفٹ ویئر کمپنی کی ملکیت رکھتے

ہیں مگر اس میں ان کے حصص صرف ایک فیصد ہیں جب کہ 99 فیصد حصص کے مالکان کا کوئی اتا پتا نہیں۔

درخواست میں کہا گیا ہے کہ راولپنڈی، اسلام آباد سے تعلق رکھنے والی کاروباری شخصیت نے پیمرا سے ٹی وی چینل کے لائسنس نام کی تبدیلی کے لیے بھی درخواست دے رکھی ہے جب کہ خریدار کمپنی کے ڈائریکٹر نے ہی ٹی وی چینل کے عام حصص خرید رکھے ہیں۔ پیمرا نے درخواست گزاروں کے عام معاملات کی منظوری بھی صرف چند روز کے اندر دے دی ہے۔

بظاہر اس کمپنی کا تمام سرمایہ بیرون ممالک سے تعلق رکھنے والے حصہ داروں سے آیا ہے جب کہ پیمرا قوانین کے مطابق بیرون ممالک سے تعلق رکھنے والے افراد پاکستان میں براڈ کاسٹ کے حقوق حاصل نہیں کر سکتے۔ اس چینل کے نئے مالکان کے دعویٰ کے مطابق وہ 12 ہزار ایکڑ پر محیط ایک وسیع عمارت تعمیر کرنے کا ارادہ رکھتے ہیں۔ گلاس کے ڈھانچے کی یہ عمارت دنیا کی سب سے اونچی عمارت ہوگی جس میں ہیلی پیڈ، سوئمنگ پول، ریستوران، مساج پارلر بھی ہوگا اور اپنے ملازمین کو رولز رائس اور مرسڈیز گاڑیاں بھی دیں گے جب کہ اس کے اعلان کردہ سرمایہ صرف 5 لاکھ روپے ہے۔ سوال یہ ہے کہ ان تمام اربوں روپے کی آسائشوں کے لیے پیسہ کہاں سے آئے گا؟

اس کے علاوہ درخواست گزار کا کہنا ہے کہ پیمرا نے اس چینل کا لائسنس اب تک کیوں منسوخ نہیں کیا، کیوں کہ یہ چینل پچھلے پانچ سال میں اپنی نشریات شروع کرنے میں ناکام رہا ہے جب کہ لائسنس کا اجرا 2008 میں کیا گیا اور معاہدے کے مطابق وہ اگلے بارہ مہینوں میں نشریات کو شروع کرنے کا پابند ہے۔ یہ لائسنس رولز کے مطابق منسوخ ہو جانا چاہیے تھا کیوں کہ اس کو نہ بیچا گیا اور نہ ہی کسی پاکستانی یا غیر ملکی کمپنیوں کو نیلام کیا گیا۔

کمپنی کے ملازمتوں کے لیے شائع کیے گئے اشتہار، جو کہ سوشل میڈیا اور اخبارات پر جاری کیا گیا، کے مطابق چینل میں 99 فیصد سرمایہ غیر ملکی لگا رہے ہیں، جب کہ پیمرا سے لائسنس ایک دوسری کمپنی کے نام پر حاصل کیا گیا۔ یہ اس لیے کیا گیا کہ ایسی کمپنی پیمرا سے لائسنس حاصل کرنے کی مجاز نہیں ہے جس کے 99 فیصد حصص غیر ملکی افراد کے پاس ہوں۔ میڈیا کے لوگوں کے

مطابق کمپنی نے ایسا کر کے بڑی غلطی کی ہے کہ وہ جلد بازی میں چینل شروع کرنے کا دعویٰ کر رہی ہے۔ وہ اس امر پر بھی حیران ہیں کہ کیسے ان حالات میں ایک عدالت اس کمپنی کے حق میں فیصلہ جاری کر سکتی ہے۔

پیمرا کو دو ہفتوں میں معاملہ نمٹانے کا حکم دیا گیا ہے جب کہ اس نے خود ہی اس چینل کا لائسنس جاری کیا۔ دوسری طرف وزارتِ داخلہ کے ذرائع تصدیق کر رہے ہیں کہ اس چینل کے اجرا کے لیے انہوں نے سکیورٹی کلیرنس نہیں دی ہے۔ اس لیے چینل کے نئے مالکان اس کی نشریات شروع کرنے کے مجاز نہیں ہیں۔ وزارت داخلہ کو اس چینل کے اجرا کے بارے میں مزید تحقیقات کی ضرورت ہے، خاص طور پر اس معاملے میں کہ اس کمپنی کہ مالکان کا تعلق بیرون ملک سے ہے۔

یہ سوالات بھی اُٹھائے جا رہے ہیں کہ اس چینل کے غیر ملکی مالکان کس بنیاد پر یہ دعویٰ کر رہے ہیں کہ ان کو وفاقی انٹیلی جینس ایجنسی کے ایک اعلیٰ عہدے دار کی سر پرستی حاصل ہے جو اسلام آباد سے پہلے کراچی میں تعینات رہے ہیں۔

وزارتِ اطلاعات، داخلہ اور خزانہ نے کمپنی کے معاملات پر تفتیش شروع کر دی ہے تا کہ پتا کیا جا سکے کہ اس کے پیچھے کون سے ہاتھ کار فرما ہیں اور اس کے مالی معاملات کیسے ہیں۔

عدالت نے درخواست کی ایک کاپی اور عدالتی حکم پیمرا کو بھجوا دیا ہے۔ اظہر صدیق ایڈووکیٹ نے درخواست پر عدالت کے سامنے دلائل دیئے ہیں۔

کمپنی کے ترجمان کے مطابق کمپنی کے بارے میں کی جانے والی باتیں بے سروپا اور بے بنیاد ہیں۔ ترجمان کا کہنا ہے کہ کمپنی پر لگائے جانے والے تمام الزامات جھوٹ کا پلندا اور منفی پروپیگنڈا کا حصہ ہیں اور یہ تمام الزامات ان حلقوں کی طرف سے آ رہے ہیں جو کمپنی کی ترقی سے ناخوش ہیں۔ ترجمان کا کہنا ہے کہ کمپنی کاروبار کرنا چاہتی ہے جب کہ اس کے خلاف بے بنیاد پراپیگنڈا کیا جا رہا ہے۔ ترجمان کا مزید کہنا ہے کہ سوشل میڈیا پر کیا جانے والا پراپیگنڈا بھی بے بنیاد اور جھوٹ پر مبنی ہے۔

19 جولائی 2013ء "جنگ" اور "دی نیوز" کی بے بنیاد خبر پر قانونی نوٹس

LEXIUM

اٹارنی ایٹ لاء (ولید اقبال، رضا رحمان)

عنوان

ہتک آمیز مضمون جس کی بنیاد ایک عدالتی حکم کو بتایا ہے جو کہ حقیقت میں کوئی وجود نہیں رکھتا۔ یہ مضمون ہتک عزت کے دعویٰ مبلغ 5 ارب روپے اور فوجداری کاروائی کا متقاضی بنتا ہے۔

جناب! آپ کے موکل میسرز ایگسکٹ کی جانب سے لکھے گئے مورخہ 11 جولائی 2013ء کے خط کا جواب الجواب درج ذیل ہے، جو ٹی آر جی پاکستان کی جانب سے بھجوایا جا رہا ہے۔

آپ کا خط بظاہر کہتا ہے کہ وہ مضامین بعنوان "عدالت کا میڈیا کمپنی کے معاملات میں تفتیش کا حکم"، "جنگ" اور "دی نیوز" میں مورخہ 19 جولائی 2013ء کو شائع ہوا۔ ان متنازع مضامین میں آپ کے مؤکل پر سنجیدہ نوعیت کے الزامات عائد کیے گئے ہیں۔ خط میں زیر بحث مضامین کے کچھ حصے بھی شامل کیے گئے ہیں جن میں ایک بے نام سینئر منیجر کا نام نہاد بیان بھی شامل ہے۔ آپ کے خط کے تمام مندرجات کی سختی سے تردید کی جاتی ہے جو کہ ہتک آمیز جھوٹ پر مبنی، بے بنیاد اور ہمارے مؤکل کے نام، ساکھ اور کاروبار کو متاثر کرنے کے مترادف ہے۔ لہٰذا اس بات

کی تصحیح اور تصدیق اور ریکارڈ کی درستی کی جاتی ہے کہ بے نام ''سینئر منیجر'' سے منسوب کیا گیا۔ بیان آپ کے موکل کی منشا اور مرضی کے برخلاف ہے اور آپ کے موکل کی واضح پوزیشن کا عکاس نہیں ہے۔ ہمارا موکل متنازع مضامین سے ہر طرح سے تعلق کی سختی سے تردید کرتا ہے اور اس امر کی بھی اندرون و بیرون ملک سختی سے تردید کرتا ہے کہ ان مضامین کی اشاعت میں اس کا کوئی بلاواسطہ یا بالواسطہ کوئی تعلق ہے۔

لہٰذا آپ کے مؤکل کی جانب سے ہمارے موکل کے خلاف کی گئی کوئی بھی ملکی سطح یا بیرون ملک کی گئی کوئی بھی کارروائی بلاجواز اور حقائق کے منافی ہوگی۔

ولید اقبال، ایڈووکیٹ ہائیکورٹ ہاؤس آف لارڈز

سرکاری رپورٹ، آرڈر آف بزنس

''کھرا سچ'' پروگرام سے چند مزید ابواب

بھارتی اخبارات اور ٹیلی ویژن چینلز پر بلا مبالغہ لاکھوں ایسی خبر شائع اور نشر ہوئی ہوں گی جن میں آئی ایس آئی اور داؤد ابراہیم کو نشانہ بنایا گیا ہوگا، مگر آج تک ایسا نہیں ہوا کہ ان میں سے کسی ایک خبر کو واپس لے لیا گیا ہو۔ خواہ وہ کتنی ہی جھوٹی ہو۔ ہمارا دفتر خارجہ چیخ چیخ کر کہتا رہا۔ تمام ٹی وی چینلز اور اخبارات کہتے رہے کہ اجمل قصاب ہمارا بندہ نہیں ہے، ہم نے نہیں بھیجا مگر وہ خبر واپس نہ لی گئی۔ مگر ایک خبر کو ہندوستان ٹائمز نے فوری طور پر واپس لے لیا حالاں کہ اس میں بھی آئی ایس آئی اور داؤد ابراہیم کا ذکر تھا، مگر ابھی تک معلوم نہیں ہو سکا کہ ایسے کیا معاملات ہوئے کہ جب بھارتی اخبار کو مناسب نہ لگا تو انہوں نے خبر واپس لے لی۔ مگر ہندوستان ٹائمز نہیں بتا رہا کہ ان کی ادارہ جاتی انکوائری میں کیا بات سامنے آئی۔ بھارتی خفیہ اداروں کے کسی کے ساتھ تعلقات تھے اور بھارتی خفیہ اداروں نے کس کے لیے وہ خبر چھپوائی تھی۔ یہ کیسی خبر ہے جس پر انڈیا میں کوئی ردعمل نہیں ہوا۔

ان سوالات کو اٹھائے ابھی 5 دن ہی گزرے تھے کہ عدالت کی طرف سے میری زبان بندی کا حکم آ گیا۔ تاہم، جنگ گروپ نے اس دوران یہ تسلیم کر لیا انہوں نے اپنے ادارتی مواد کو بیچا اور اس کے بدلے میں 20 ملین پاؤنڈ نہیں 9 لاکھ پاؤنڈ ملے، حالاں کہ یہ حقیقت ہے کہ 20 ملین پاؤنڈ ہی موصول کیے گئے، جس کی تصدیق برطانیہ کا ہاؤس آف لارڈز کر رہا ہے۔ جنگ گروپ نے یہ بھی تسلیم کر لیا ہے کہ چیئرمین ایس ای سی پی اور گورنر سٹیٹ بینک کو دھمکایا گیا یا کہا

گیا کہ یہ HSBC بینک ایک خاص شخص کو دے دیا جائے۔ دنیا کا 168 سال پرانا ہفتہ وار ٹیلا ئیڈ نیوز آف دی ورلڈ تھا جس کی برطانیہ میں 75 لاکھ سرکولیشن تھی مگر اتنے پرانے اخبار کو بند ہونا پڑا کیوں کہ اس کے متعلق یہ شواہد آ گئے کہ اس نے کسی کا فون ٹیپ کیا اور کسی پر اثر انداز ہونے کی کوشش کی اور اخبار کا اثر ورسوخ استعمال کیا۔

یہاں یہ سوال اہم ہے کہ ملک میں 20 ملین پاؤنڈ کس قانون کے تحت اور کس بینک کے ذریعے وصول کیے گئے۔ کیا اس رقم پر ٹیکس ادا کیا گیا؟ مگر اب پاکستان میں ہر ایک کا احتساب ہوگا۔ اس میڈیا کا بھی جو ہر سیاست دان پر انگلیاں اٹھاتا ہے۔ معلومات لیتے ہیں کہ بتاؤ یہ سب مال کہاں سے آیا۔

برطانیہ کے ہاؤس آف لارڈ کے رکن لارڈ نذیر کا کہنا ہے کہ جو معلومات انہوں نے MKRF کے بارے میں مہیا کی ہیں وہ برطانیہ کے پارلیمانی ریکارڈ کا حصہ ہے اور یہ سب معلومات انٹرنیٹ پر بھی موجود ہیں۔ اس کے بعد پھر پرنس نورتھ نے 3 دسمبر 2013 کو بھی پورے بجٹ کے بارے میں بتایا تھا جو 20 ملین پاؤنڈ ہے، تاہم یہ بھی بتانا ضروری ہے کہ میں اس کے علاوہ دیگر موضوعات جیسے ڈرون حملے یا MKRF کے بارے میں بھی سوال پوچھتا رہتا ہوں۔ یعنی ہر اس مسئلہ پر بات کرتا ہوں اور سوال پوچھتا ہوں جن کا مفاد پاکستان سے جڑا ہوا ہے۔ اس معاملے میں میری دلچسپی اس بات سے بھی تھی کہ DFID کے تحت پاکستان پر کتنا روپیہ خرچ کیا جا رہا ہے۔ جسے 13-2012ء میں 266 ملین، 14-2013ء میں 412 ملین اور 15-2014ء میں 446 ملین پاؤنڈ خرچ کیے جائیں گے جس میں بھی میڈیا مہم اور شہری تنظیموں کی شمولیت جسے پروگرام پر پیسے خرچ کیے جائیں۔ اس میں سے ایک حصہ میر خلیل الرحمٰن فاؤنڈیشن کو دیا جا رہا ہے اور یہ پچھلے سال یعنی نومبر 2012ء تک 90 ہزار پاؤنڈ خرچ کر چکا تھا۔ میرا سوال کا مرکزی نقطہ یہ تھا کہ یہ پیسہ کس طرح خرچ کیا گیا، کیوں کہ یہاں رولز کے مطابق ہر پیسہ جو خرچ ہوتا ہے، اس کے لیے پہلے ٹینڈر طلب کیا جاتا ہے اور پھر یہ رقم ٹینڈر کے بعد MRKF کو کیسے دی گئی۔ آپ کو یہ بتانا مناسب ہوگا کہ لیبر پارٹی لیڈر نے مجھ سے اس بارے میں رائے مانگی ہے۔ اس کا مطلب تو یہ بھی لیا جا سکتا ہے کہ ان لوگوں کے ہاتھ بہت لمبے ہیں یا پھر ان کی لابی بہت ہے اور یہ دباؤ بھی ڈلوا

سکتے ہیں۔

لارڈ نذیر کا کہنا تھا کہ ان پر اس مسئلہ کی وجہ سے شدید دباؤ ڈالا جارہا ہے۔ملکی کورٹ آرڈر کی بھی دھمکی دی گئی اور ہوسکتا ہے اس طرح کا کوئی عدالتی حکم لینے کی بھی کوشش رہی۔ مجھے تو یہ پیغام دیا گیا ہے کہ جو گروپ مجھ پر کیس کرنا چاہتا ہے جس پر میں نے پیغام دینے والے سے کہا کہ خدا کی قسم میں اس پر آپ کو مبارک باد دوں گا، کیوں کہ میرا کام ہی پارلیمانی سوالات پوچھنا اور ان کا جواب حاصل کرنا ہے اور اگر ان پر پارلیمنٹ کی توہین لگے گی کہ یہ میری خبریں روک رہے ہیں۔مگر چلیں وہ اور معاملہ ہے، لیکن اصل بات یہ ہے کہ یہی لوگ پہلے مجھے کہتے تھے کہ امن کی آشا پر بات کرو مگر یہ امن کی آشا مجھے مقامی نہیں لگتی کہ آشا پاکستان کا لفظ نہیں۔ دوسرا جب تک کشمیر کا مسئلہ حل نہیں ہوجاتا اس وقت تک آپ کون ہیں جو اس طرح کی باتیں کررہے ہیں۔

لارڈ نذیر نے ایک اہم انکشاف کرتے ہوئے بتایا کہ جس شخص نے مجھ سے امن کی آشا پر بات کرنے کے لیے کہا، اس کا تعلق پاکستان یا ہندوستان سے نہیں بلکہ برطانیہ سے تھا تو معاملہ یہ ہے کہ اس میں کچھ اور لوگ بھی شامل ہیں۔ یہ بات میں کسی بھی عدالت میں کرنے کو تیار ہوں مگر خیر جنہوں نے مجھ سے امن کی آشا پر بات کرنے کا کہا، وہ بھی میری دوست ہیں انگریزی میں اور ہندی میں۔تاہم میں یہ نہیں کہہ سکتا کہ ''امن کی آشا'' بھی خریدی ہوئی ہے۔

آئندہ ہفتے متعلقہ وزیر سے اس معاملے پر پوچھا جائے گا کہ کسی بنیاد پر ایک غیر سرکاری تنظیم کے معاہدہ کیا گیا جس کا ایک اپنا میڈیا نیٹ ورک موجود ہے۔اس تنظیم کا ماضی کیا ہے اور اس کو کُل کتنی رقم ادا کی گئی ہے۔

عدالتی حکم اور آزادیٔ اظہار

ایک بار پھر مجھے ایک عدالتی حکم کے ذریعے اس بات کا پابند بنایا گیا ہے کہ میں جو تحقیقاتی خبریں پیش کر رہا ہوں، ان میں کسی قسم کی تضحیک آمیز بات نہ کروں۔ اب ہتک آمیز بات کرنے کی بھی بہت سے تعریفیں ہوسکتی ہیں کہ آئین پاکستان کی آرٹیکل 19 مجھے آزادیٔ اظہار کا پورا حق دیتی ہے۔ ہمیں بتایا جاتا ہے کہ پریس آزاد ہے۔ آزادی تحریر وتقریر سب کا حق ہے۔ اگر کسی کا کرپشن کا معاملہ ثبوت کے ساتھ پیش کیا جائے تو ہتک عزت نہیں بلکہ آزادیٔ اظہار ہے۔ جب بھی کسی بااثر شخص کی کرپشن کا معاملہ اٹھایا جاتا ہے تو کہیں نہ کہیں سے پابندی لگانے کا حکم آجاتا ہے بلکہ یہ کہا جائے تو غلط نہ ہوگا کہ خبردار کیا جاتا ہے کہ خاموش ہو جاؤ اور جواب دینے کے لیے اتنا لمبا وقت دے دیا جاتا ہے کہ جب تک معاملہ کی دوبارہ سماعت تب تک تمام نشانیوں اور ثبوتوں کو مٹا دیا جائے۔ اسلام آباد ہائی کورٹ کے چیف جسٹس کا فیصلہ سر آنکھوں پر مگر یہ الگ بات ہے کہ راقم کا موقف سنے بغیر حکم نامہ جاری کر دیا گیا۔ میرے وکیل کو بھی سنا نہیں گیا اور صرف ایک درخواست کو چند منٹ سننے کے بعد فیصلہ دے دیا گیا۔ یہ راقم کا حق تھا کہ فیصلہ کرنے سے پہلے اس کو سنا جاتا یا میرا موقف میرے وکیل سے پوچھ لیا جاتا، مگر شاید ہمارے قانون میں اس بات کی اجازت نہیں دی گئی ہے۔

ہمایوں گوہر کا کہنا ہے کہ ایسا ان کے علم میں نہیں ہے کہ کتنی ایسی خبریں بھارتی اخبارات نے واپس لی ہیں جن میں آئی ایس آئی کا ذکر کیا گیا ہے۔ تاہم، یہ بڑی حیران کن بات ہوگی۔

تاہم ہندوستان ٹائمز نے ابھی تک خبر تو واپس لے لی ہے مگر معافی نہیں مانگی۔

اور دوسرا یہ کہ ہندوستانیوں کی پرانی عادت ہے۔ تاہم، اب تک کی اطلاعات کے مطابق ہندوستان ٹائمز نے معافی طلب نہیں کی۔ بغیر ثبوت کے الزام نہیں لگانا چاہیے مگر یہ حقیقت ہے کہ معاملہ پر بہت شکوک وشبہات جنم لے رہے ہیں اور یہ صرف ایک چینل نہیں بہت سارے چینلوں کے بارے میں ہیں۔ جنرل مشرف نے ان سب کو چینل تو دے دیئے مگر کوئی ضابطہ اور قانون نہ دیا تو ان کو بے انتہا آزادی مل گئی جس کو بہت سوں نے آزادانہ طور پر بیچنا شروع کر دیا، ان قوتوں کو جن میں بہت ساری غیر ملکی بھی ہیں۔

ہمایوں گوہر کا کہنا تھا کہ سب اداروں کا احتساب ہونا چاہیے اور ثبوتوں کے ساتھ ہونا چاہیے۔ ان کا کہنا تھا کہ قانون لکھنا، بنانا بہت آسان کام ہے، یہ کوئی بھی کر سکتا ہے مگر قانون پر عملدرآمد بہت مشکل ہے کہ اس کا تعلق نیت سے ہے۔ عدالتیں بھی حکومت کا حصہ ہوتی ہیں۔ انتظامیہ، عدلیہ اور مقننّہ تینوں مل کر حکومت بناتے ہیں اور اب حکومت اپنے ہی بنائے ہوئے قانون کو توڑتی پھرے تو اللہ ہی حافظ ہے۔

میڈیا پر بھنڈ گیری عام ہوگئی ہے جس کی چاہے ان کے ہاتھوں کردار کشی کروا دیتے ہیں جس کی چاہے عزت اچھال دیتے ہیں اور کوئی ان کو چپ بھی نہیں کرا سکتا کہ آزادیٔ اظہار پر قدغن لگ جاتی ہے۔

صابر شاکر کے مطابق، پچھلے 8 یا 10 سال سے یہ انتظار ہی ہوتا رہا کہ شاید چیف جسٹس صاحب یا اعلیٰ عدلیہ میں سے کوئی اس بات کا نوٹس لے جس طریقہ سے صدر کی تضحیک کی جا رہی ہے، آرمی کو تضحیک کا نشانہ بنایا جا رہا ہے، اداروں کو تضحیک کا نشانہ بنایا جا رہا ہے اور اب بھی اس میں کوئی کمی نہیں آئی بلکہ اب تو اسلامی شعائر کا بھی مذاق اڑایا جا رہا ہے، قومی وقار، تقدس نام کو کوئی چیز باقی نہیں رہ گئی۔

تاہم، اب کسی کی زبان بندی سے فل سٹاپ نہیں لگایا جا سکتا کہ سوشل میڈیا کسی بھی بات کو بہت زیادہ پھیلا دیتا ہے۔ اب کوئی ایسا ذریعہ باقی نہیں رہا جو معلومات کی ترسیل کو روک سکے۔ باقی جو موڈ چل رہا ہے، وہ بھی 5 یا 6 ہفتے انتظار کر لیں شاید بعد میں کوئی تبدیلی آجائے۔ یہ

حقیقت ہے کہ پاکستان کی صحیح خدمت سوشل میڈیا کر رہا ہے۔

عامر غوری نے بتایا کہ نیوز آف دی ورلڈ صرف ایک اخبار نہ تھا بلکہ دنیا کی سب سے بڑی نیوز کارپوریشن تھی اور برطانیہ میں اس کے آپریشنز نیوز انٹرنیشنل کے تحت آتے تھے جس کے اندر نیوز آف دی ورلڈ سنڈے پیپر تھا، لیکن ان کا ذیلی اخبار سن تھا جس کی سرکولیشن 44 لاکھ تھی اور اس کا دوسرا اخبار سنڈے ٹائمز، نیوز آف دی ورلڈ اور سن وغیرہ عام برٹش آرمی کے لیے تھے اور ان کا معیار یا خاصا عام میڈیا جیسا نہیں تھا۔ یہ عام لوگوں کی خواہش کے مطابق مصالحہ دار خبریں شائع کرتے تھے۔ انہی اخبارات میں سکینڈلز اور عریاں تصویر، رائل فیملی کی یا بڑی بڑی مشہور شخصیات کی تصویر اور خبریں شائع ہوتی تھیں، اسی وجہ سے یہ عام آدمی کے اخبار تھے اور جو معاملہ سکینڈل بنا۔ جب ایک سکول جانے والی لڑکی کا قتل ہوا۔ 7/7 کے دھماکے ہوئے۔ برٹش سولجرز جو افغانستان میں لڑ رہے تھے ان کے خاندان والوں کے مسائل کہ ان کو پیسے مل رہے ہیں کہ نہیں۔ اس کے بارے میں انہوں نے باقاعدہ میرا پیچھا کرنے کو خفیہ لوگوں کی خدمات معاوضہ پر حاصل کیں، پولیس کو رشوت دی اور ان کے فون ٹیپ کروائے۔ سب سے بڑا الزام یہ تھا کہ یہ بہت بڑا اخبار ہے، بہت بڑا گروپ ہے، اس نے اپنی خبریں حاصل کرنے کے لیے ناجائز ذرائع استعمال کیے جس پر وزیراعظم کو ان کے خلاف دو انکوائری کا حکم دینا پڑا۔ اس کے لیے ایک جج کی خدمات حاصل کی گئیں کہ دیکھا جائے کہ اخبار کے رپورٹرز اور ایڈیٹرز نے رشوت دی ہے اور کہا کہ عام لوگوں کے فون ہیک ہوئے ہیں یعنی اس میں عزت صرف عام آدمی کی تھی۔

دوسری انکوائری اس معاملہ پر کروائی کہ دیکھا جائے کہ برٹش میڈیا کا کلچر کیا ہے اور میڈیا اخلاقیات کیسی ہیں۔ اہم بات یہ ہے کہ دونوں باپ بیٹا کو برٹش پارلیمنٹ کے سامنے پیش ہونا پڑا اور پھر 10 جولائی 2011ء کو اخبار بند کرنا پڑا تو انہوں نے اپنے اخبار کے صفحہ اوّل پر ''شکریہ اور خدا حافظ'' شائع کر کے اخبار کو بند کیا۔ اس میں لکھا کہ اخبار دوسرے کا محاسبہ کرتا ہے، یہ اب ناکام ہو گیا ہے، اس کو اب اپنا محاسبہ کرنا ہے۔ تو حقیقت میں یہ کہنا کہ پاکستان کا میڈیا عرش سے اترا ہے، یہ غلط ہے بالکل، یہ اب مادر پدر آزاد میڈیا ہو چکا ہے۔

صابر شاکر کا کہنا تھا کہ حکم امتناعی حاصل کر کے زبان بندی کروانے سے بہتر تھا کہ ان

کے پاس جو اتنا بڑا فورم ہے، اس کو استعمال میں لاتے ان باتوں کا جواب دینے کے لیے جس پر وہ عدالت کا حکم نامہ لے آئے ہیں۔ میڈیا کے سب سے طاقتور گروپ ہیں۔ دنیا بھر میں ان کے اخبار پڑھے جاتے ہیں اور چینل دیکھے جاتے ہیں۔ میر شکیل الرحمٰن کو چاہیے تھا کہ خاموش کروانے کی بجائے کہ وہ اپنی پوزیشن کو واضح کریں مگر جس طرح عدالت کے ذریعے زبان بند کروائی جارہی ہے اس سے شکوک وشبہات میں اضافہ ہورہا ہے جس کا حتمی طور پر ان کو نقصان ہوگا۔

عارف حمید کا کہنا تھا کہ پاکستان میں ''کھرا سچ'' بہت مشکل کام ہے کہ طاقت ور طبقہ کے لیے آزادیٔ صحافت ہمیشہ سے ایک گالی رہی ہے جب چیف جسٹس افتخار محمد چودھری عدلیہ کی بحالی کی تحریک چلا رہے تھے تو انہوں نے لاہور کی مال روڈ پر نافذ دفعہ 144 کی خلاف ورزی کر کے جلوس نکالا تب عبدالحمید ڈوگر چیف جسٹس آف پاکستان تھے۔ جلوس میں ''گوڈوگر گو'' کے نعرے لگائے جارہے تھے۔ کیا اس وقت عدلیہ کی توہین نہیں کی جارہی تھی؟ کل جو سیاسی جماعت اقتدار میں آئے گی وہ جو ایکسپریس، دنیا اور ARY سے کہے کہ کوئی اس کے خلاف بات نہ کرے تو اس کا مطلب ہے کہ یہ عام ادارے بند ہو جائیں گے۔

کاشف عباسی کا کہنا تھا کسی بھی معاملہ پر فیصلہ دینے سے پہلے بہتر یہی ہوتا ہے کہ اپوزیشن کو سن لیا جائے تا کہ کسی کو کوئی رنجشیں نہ رہیں۔ عدالت نے کیا فیصلہ دیا ہے، وہ بہتر جانتے ہیں کہ یہ ان کا میدان ہے مگر انصاف کا شاید یہی تقاضا تھا کہ دونوں فریق کو سن کر فیصلہ کیا جاتا۔

مگر الزام تو ہر ایک پر لگے۔ ان پر لگے جو دوسروں پر الزام لگا رہے ہیں۔ میڈیا اپنے اوپر لگائے گئے الزامات کا جواب میڈیا کے ذریعے دے۔ مگر الزامات کا جواب بھی نہیں دیا جارہا۔ مگر اخبار کی اطلاع کے مطابق آپ سچ بات تو کر رہے ہیں۔ اس سے آپ کو کوئی نہیں روک سکتا۔

مگر یہ کیا کہ سچ صرف شاید وہی ہے جو دوسرا گروپ بول رہا ہے؟

ایسا معاملہ پہلے بھی ہو چکا ہے کہ ایک کیس میں میرے خلاف بھی حکم امتناعی مانگا گیا معاملہ جن جج صاحب کے پاس تھے وہ میڈیا کے معاملے میں بہت نرم تھے ان کا آزادیٔ اظہارِ رائے کے لیے بہت کام تھا، انہوں نے حکم امتناعی جاری نہیں کیا۔

کاشف عباسی کا کہنا تھا کہ صحافی کا کام معاملے کو سامنے لے کر آنا ہے اور وہ یہ سب

بغیر ثبوت کے نہیں کر سکے گا۔ تاہم ایسا معاملہ جلد از جلد نمٹایا جانا چاہیے نہ کہ مہینوں کیس پر سماعت ہی نہ ہو۔ صحافی جب اچھے اخلاق کے ساتھ کام کرنا چاہے تو اس کو مکمل آزادی ہونی چاہیے۔ ہر صحافی کو اپنا موقف پیش کرنے کی آزادی ہونی چاہیے۔ میرا موقف ہے کہ عدالت میں جانا چاہے اپنا موقف پیش کرنا چاہیے اپنے اوپر لگے الزامات کی صفائی پیش کرنی چاہیے، دفاع کرنا چاہیے۔ ہم سب آزادی رائے پر یقین رکھتے ہیں اور سب کو اپنا دفاع کرنے کا پورا حق ہے۔

اقرار الحسن کا کہنا ہے کہ جس چور، ڈاکو، لٹیرے کو بھی پکڑیں وہ سب سے پہلے آپ پر ڈھیروں مقدمے کرنے کی دھمکی دے گا۔ پانچ منٹ میں عدالت سے حکم امتناعی مل جائے گا۔ ہر دغاباز قریبی عدالت کی اوٹ میں چھپنے کی کوشش کرتا ہے۔ ایک عامل کے بارے میں خبر شائع کی تو اس نے عدالت سے حکم امتناعی لے لیا۔ اب اس کو تمام دو نمبر کا کام اس حکم امتناعی کے ذریعے جاری ہے۔ مگر یہاں تو معاملہ بڑے بڑے مگرمچھوں کا ہے۔ وہ آپ کو کیسے اجازت دے سکتے ہیں کہ آپ ان کے بارے میں معاملات کو لوگوں کے سامنے لاتے رہیں اور وہ خاموشی سے دیکھتے رہیں۔ عدالت کا فرض ہے کہ کسی بھی معاملہ پر حکم امتناعی جاری کرنے سے پہلے دوسرے فریق کی بات سنے، ثبوت مانگے اور مقدمہ کی صحت کے مطابق فیصلہ کرے۔ یہ ایک گمبھیر معاملہ ہے جس پر عدالت والوں کو بھی سوچنا چاہیے اور قانون بنانے والوں کو بھی سوچنا پڑے گا۔

عدلیہ کی آزادی کے لیے بہت سے وکلاء نے کام کیا۔ احمد اویس نے جدوجہد کی۔ اعتزاز احسن نے بھی بڑا کام کیا، چیف جسٹس کی بحالی کے لیے قانون کو توڑا۔ میڈیا کی زبانیں کاٹ دینی چاہئیں تھیں۔ ڈوگر صاحب کو میڈیا کی باتیں سننے والوں کانوں میں سیسہ پگھلا کر ڈال دینا چاہیے تھا کیوں کہ وہ تو اس وقت چیف جسٹس آف پاکستان تھے اور لوگ ان کے خلاف ''گو ڈوگر گو'' کے نعرے لگا رہے تھے۔

احمد اویس کا کہنا ہے کہ عدلیہ بحالی کے متعلق ہونے والی باتیں بہت حد تک درست ہیں۔ ان کا کہنا تھا کہ اسلام آباد ہائی کورٹ کا جاری کردہ حکم امتناعی بظاہر قابل سماعت نہیں لگتا ہے۔ عدالت کو اس دعویٰ پر حکم امتناعی جاری نہیں کرنا چاہیے تھا۔ کیوں یہ حکم مانگ رہا ہے اور یہ مل نہیں سکتا۔ جیو آپ کو عدالت میں چیلنج کر سکتا تھا، جیو کو چاہیے تھا کہ وہ ہرجانے کا دعویٰ کرتا جب کہ

اس میں حکم امتناعی مانگا جاتا ہے اور وہ دے دیا جاتا ہے تو اس معاملے کی نوعیت کچھ اور ہے اور جو دعویٰ دائر کیا گیا ہے وہ آسان زبان میں قابل سماعت نہیں ہے اور اس پر حکم امتناعی غلط طور پر جاری کیا گیا ہے۔ اس کو چیلنج کریں گے تو یہ خارج ہو جائے گا اور دوسری بات یہ ہے کہ یہ حکم آپ پر کوئی قدغن نہیں لگاتی۔ اور اگر آپ سچ بول رہے ہیں تو اس سے کسی کی ہتک نہیں ہو رہی اور اس پر عدالت نے آپ کو بالکل نہیں روکا۔ آپ اس معاملے پر بلا جھجک بات کر سکتے ہیں کہ کس معاملہ پر حکم امتناعی جاری کیا گیا ہے وہ ہمارے سامنے نہیں ہے۔

احمد اویس کا کہنا تھا کہ عدالت کا اختیار ہے کہ وہ عبوری حکم جاری کرے اور قانون بڑا واضح ہے جو کہتا ہے کہ کسی بڑے سے بڑے جج کو بھی اختیار حاصل نہیں کہ وہ اپنے اختیار کا غلط استعمال کرے کوئی اپنے اختیارات کا غلط استعمال کرے، قانون اس کی بالکل اجازت نہیں دیتا۔

عارف حمید کا کہنا تھا کہ ویج ایوارڈ کا مقدمہ 13 سال سے چل رہا ہے۔ 2000ء میں ویج ایوارڈ نافذ ہونا تھا، ایک ادارے نے اس پر حکم امتناعی حاصل کر لیا۔ حقیقت میں اخباری مالکان ان صحافیوں کو پسند نہیں کرتے جو برابری کی سطح پر ان سے بات کرتے ہیں۔ وہ صحافیوں کو اپنا غلام اور مزارعہ سمجھتے ہیں۔ عارف حمید کا کہنا ہے کہ اس صورتِ حال میں بہتر ہے کہ ایک آرڈیننس جاری ہو جس میں کہا جائے کہ کوئی خبر کسی جج کی مرضی کے بغیر شائع نہیں ہوگی۔ یہاں لوگوں کی خواہشوں پر مبنی خبریں بناتے دیکھا ہے اور خبروں کو عدالتی فیصلہ بنتے دیکھا ہے۔

اقرار الحسن کا کہنا ہے اپنے صحافی کیریئر میں انہوں نے بہت دباؤ جھیلے ہیں۔ سفارشیں اور لالچ ٹھکرایا ہے مگر ان کو سب سے زیادہ مایوسی ملک کے عدالتی نظام سے ہوئی ہے۔ صحافی تو ثبوت کے ساتھ کام کرتا ہے اور توقع رکھتا ہے کہ عدالت حکم امتناعی جاری کرنے سے پہلے اس کو بھی سنے گی اور اس کے کام کی تعریف کرتے ہوئے حکم امتناعی مانگنے والے کو الٹا لٹکا دے گی۔ مگر حکم امتناعی جاری کر دیا جاتا ہے اور کئی کئی سال اس کیس کی سماعت نہیں ہوتی۔ آزاد میڈیا کے ذریعے بڑے بڑے ہاتھیوں پر ہاتھ ڈالنے کی کوششوں کو دیکھ کر بہت خوشی بھی ہوتی ہے۔ نوجوان صحافی سینہ چوڑا کر کے چلتا ہے کہ وہ سچ بول رہا ہے۔

احمد اویس ایڈووکیٹ کا کہنا ہے کہ اگر کوئی کسی کے متعلق بات کرتا ہے اور اس کو ثبوت

سے ثابت کر سکتا ہے تو قانون کی زبان میں کہا جاتا ہے، سچ ہی آخری تحفظ یا پناہ گاہ ہے۔ ایسا کرنا غلط ہوگا کہ کوئی چینل بھارتی صحافیوں کو بلا کر پاکستان کو گالیاں دلوائے۔ ان کا کہنا تھا کہ جس انداز سے کرپشن کے بارے میں مہم چلائی جا رہی ہے یا آپ سمجھتے ہیں کہ آپ ایک اچھا کام کر رہے ہے تو آپ پر کوئی پابندی نہیں ہے۔ ان کا کہنا تھا کہ وہ ان تمام معاملات پر راقم کا دفاع کر سکتے ہیں کیوں کہ جس دعویٰ پر حکم امتناعی جاری کیا گیا ہے، وہ قابل سماعت نہیں ہے۔ یہ حکم امتناعی سچ کو نہیں روک سکتا اور یہ عدالت کے حکم میں بھی لکھا ہوا ہے۔

باباجی کا جواب

’’جنگ‘‘ گروپ نے بالآخر چپ کا روزہ توڑ دیا اور ’’کھرا سچ‘‘ میں ثبوتوں کے ساتھ لگائے گئے الزامات پر ایک اشتہار کے ذریعے اعلان کیا کہ الزامات کا جواب دیا جائے گا کہ انتظامیہ جنگ اور جیو گروپ میڈیا کے ایک حلقے میں جنگ گروپ کے خلاف جو کچھ بھی کہا جا رہا ہے اس کا بغور جائزہ لے رہی ہے۔ جواب اس شکل میں سامنے آیا۔

جنگ، جیو گروپ پر الزامات کے جوابات

’’آج جنگ، جیو اور دی نیوز کی ویب سائٹ پر ملاحظہ فرمائیں۔ قارئین کرام جنگ/جیو گروپ پر لگائے جانے والے تمام الزامات کے تفصیلی جوابات اور الزام لگانے والی کٹھ پتلیوں کے پیچھے چھپے ہاتھوں کے بارے میں چونکا دینے والے انکشافات جو دراصل ہمارے باوقار اداروں کو بدنام کرنے کا باعث بنے ہوئے ہیں۔ آج شام جنگ، دی نیوز اور جیو کی ویب سائٹس اور سوشل میڈیا پر ملاحظہ فرمائیں۔ اللہ تبارک وتعالیٰ ہماری ان مثبت کاوشوں کے لیے ہماری مدد فرمائے۔‘‘

مگر وعدہ کے باوجود ویب سائٹس پر کوئی جواب نہ آیا۔ لوگوں کو بہت دکھ بھی رہا کہ جتنے منہ اتنی باتیں۔ اس سے ان کی ساکھ پر سوالیہ نشان اٹھا۔ ہوسکتا ہے قانونی تقاضوں کے پیش نظر جوابات وکلاء کو دکھا رہے ہوں اور جواب دیر سے آیا ہو۔ مگر جواب نہیں آیا مگر یہ کیا بات ہوئی کہ

جب سے کرپشن کے خلاف مہم چلائی جیو، جنگ گروپ کے یہ دفتر میں رات 10 بجے پر ٹی وی پر صرف ARY ہی لگا ہوتا ہے۔

تاہم جیو کی طرف سے سپریم کورٹ میں دیا گیا بیان، معلومات غلط ہیں۔ میڈیا کمیشن کی رپورٹ جو سپریم کورٹ میں جمع کرائی گئی ہے اس میں پیمرا نے جنگ، جیو گروپ پر سنگین الزامات عائد کیے ہیں۔ میڈیا کمیشن جسٹس (ر) ناصر زاہد اور جاوید جبار ان کی سربراہی میں یہ دو رکنی کمیشن بنا تھا جس نے تمام سٹیک ہولڈر اور پیمرا اہلکاروں کے بیانات درج کیے اور ایک رپورٹ قلمبند کر کے سپریم کورٹ میں پیش کی۔ اس رپورٹ میں لگائے گئے الزامات یہ ہیں:

...... یہ بات نوٹس میں آئی ہے کہ بہت سارے فنڈز میڈیا کو دیئے جا رہے ہیں۔ مثال کے طور پر ''ذرا سوچئے'' پروگرام کی مد میں 20 ملین پونڈ (3 ارب 3 کروڑ روپے)۔ میڈیا کمیشن کو یہ بھی پتا چلا ہے کہ انڈین پروڈیوسرز کے تیار کردہ ڈرامے دبئی میں فروخت کیے جاتے ہیں اور پھر ان پروگراموں کو دبئی کے ذریعے پاکستان میں لایا جاتا ہے۔ اس کی مثال یہ دی گئی کہ ''امن کی آشا'' پروگرام کی، ناروے کی ایک غیر سرکاری تنظیم Friend Wiarth boveler، نے مالی مدد کی ہے، جب کہ اس فنڈنگ کے تانے بانے انڈیا میں بنے جاتے ہیں جس میں انڈین سٹیٹ چینل دوردرشن بھی شامل ہے۔

اس طرح معاملات سامنے آنے پر جنگ گروپ نے اپنے اخبارات میں خود ہی خبریں لگانا شروع کر دیں جیسے ''جنگ اور جیو گروپ کے خلاف الزامات، پیمرا کے پانچ افسران کی معذرت'' رپورٹ سے الفاظ حذف کرنے کی استدعا۔ میڈیا کمیشن کے سامنے کسی نے الزام نہیں لگایا۔

پیمرا سے کہا، ''فریقین دس روز میں جواب داخل کرائیں، عدالت عظمیٰ کا حکم کوئی سروکار نہیں کہ فنڈز کہاں سے مل رہے ہیں، قانون کی خلاف ورزی ہوئی تو کارروائی ہو گی۔''

جسٹس گلزار

یہ 20 ملین پاؤنڈ کی بات پیمرا کی پٹیشن میں ہوئی تھی۔ برطانیہ کے ہاؤس آف لارڈز نے یہ بات ثابت کر دی اور بتایا کہ کس طرح کئی ملین پاؤنڈ میر خلیل الرحمٰن فاؤنڈیشن کے ذریعے جیو، جنگ اور دی نیوز کو دیئے گئے کس طرح سے ان کو مختلف حصوں میں بانٹا گیا۔

عدالت میں پیمرا کو بہت ذلیل وخوار کیا گیا۔ اس کی کیا وجہ تھی۔ پیمرا کا کیا قصور تھا کہ ایک کیس میں سپریم کورٹ نے 15 جنوری 2013ء کو اس وقت کے قائم مقام چیئرمین پیمرا عبدالجبار کو فارغ کیا تو جیو ٹی وی کی جانب سے 22 جنوری 2013ء کو وزارت اطلاعات ونشریات کے خلاف اسلام آباد ہائی کورٹ میں ایک پٹیشن نمبر 264 دائر کی۔ جیو نے ابتدعا کی حکم امتناعی کی اور استدعا کی کہ چیئرمین پیمرا کی تقرری کے لیے تمام ممبران سے مشاورت کی جائے۔ یعنی پیمرا میں ممبران کی تقرری جیو کی مشاورت سے کی جائے جیسے نیب چیئرمین کی تقرری تمام سیاسی جماعتوں سے مشاورت کی جاتی ہے۔ 6 جنوری کو سپریم کورٹ کی ہدایت پر چیئرمین پیمرا کی تقرری کر دی گئی اور 10 فروری 2013ء کو پیمرا نے جیو کی رٹ پٹیشن کا جواب داخل کیا۔ جس میں کہا گیا کہ جیو اپنی مرضی کا چیئرمین لانا چاہتی ہے، کیوں کہ جیو ٹی وی پیمرا کے 3 ارب 73 کروڑ 43 لاکھ روپے کے واجبات کا نادہندہ ہے اور جیو نے اس رقم کی ادائیگی سے بچنے کے لیے پیمرا کے خلاف ملک کی مختلف علاقوں میں 80 سے زائد جھوٹے مقدمات دائر کر رکھے ہیں۔ آج تک جیو نے پیمرا کی جانب سے داخل کیے گئے جواب پر کوئی ردعمل دیا اور نہ ہی اسے کہیں چیلنج کیا بلکہ خاموشی پر اتفاق کیا، کیوں کہ بات نکلی تو پھر دور تک جائے گی۔ جیو نے پیمرا کے جواب کا جواب نہ دینے کا فیصلہ کیا تا کہ چیزیں چھپی رہیں۔

دوسرا معاملہ تقریباً ایک ارب روپے کے سیلز ٹیکس کا ہے جو جیو نے ادا نہیں کیا۔ حکومت سندھ نے 7 جنوری 2013ء کو جنرل منیجر ٹیکنیکل میسرز پیمرا کو لکھا کہ کوئی بھی ٹیکس واجبات نادہندہ یا قرض نادہندہ براڈ کاسٹ لائسنس نہیں رکھ سکتا۔ خط میں کہا گیا کہ جیو، جنگ گروپ 99 کروڑ 90 لاکھ 22 روپے کا نادہندہ ہے اور میسرز انڈیپنڈنٹ میڈیا کو کہا جائے کہ وہ حکومت کو ٹیکس ادا کرے۔ نیشنل بینک کا ایک ارب 70 کروڑ روپے کا نادہندہ ہے۔ اس سے پہلے ہندوستان ٹائمز میں ادارہ جاتی سکوائر پورٹ ویب سائٹ پر آتی ہے۔ گوگل گروپس پر آتی ہے۔ جب وہاں سے اٹھا کر رپورٹ کیا گیا تو ایک دم واویلہ مچل گیا اور رپورٹ کو سائٹ سے اڑا دیا جاتا ہے۔

پھر ہاؤس آف لارڈز میں آتا ہے کہ تعلیم کی مد میں مدد کی گئی میر خلیل الرحمٰن فاؤنڈیشن کی جو کہ ایک تعلیم سے آگاہی کا پروگرام چلا رہی ہے مگر جنگ، دی نیوز، جیو اور MKRF کے ایڈریسز اور فون نمبرز ایک ہی ہیں۔ اب یہ نہیں معلوم کہ 20 ملین پاؤنڈ پاکستانی بینک میں جمع

ہوئے تو کیا اس کو ظاہر کیا گیا۔ کیا اس پر کوئی ٹیکس ادا کیا گیا؟

مگر سب سے اہم سوال یہ ہے کہ اگر آپ کے پروگرام باہر کی امداد سے چل رہے ہیں تو ان پر Paid Content کیوں نہیں لکھا گیا؟ یہ ملک، عدالت، عوام، حکومت سب سے جھوٹ بولا گیا کیوں کہ Paid Content کو ظاہر کرنا ذمہ داری ہے کہ کوئی بھی اخبار یا چینل ایسے Paid Content کو Content Editorial کے طور پر نہیں چلا سکتا۔ امریکہ سے پیسے لینے کے لیے بابا جی کی کمپنی سے ٹینڈر بھیجا گیا تو اس میں یہ سب وہ الزامات ہیں جن کے بارے بابا جی کو جواب دہ ہونا چاہیے مگر وہ اپنے آپ کو ہر قانون سے بالاتر سمجھتے ہیں۔

اپنے پروگراموں کے نام لکھے کہ ذرا سوچیے کے لیے اپنے پروگرام دیں گے، اتنے کیپٹل ٹاک میں اس کے فلاں فلاں یعنی آپ کے پروگرام برائے فروخت ہیں۔ یعنی کوئی بھی غیر ملکی حکومت یا فرد یعنی اگر اسرائیل چاہے تو وہ پچاس ملین ڈالر یا پانچ بلین ڈالر دے کر خدانخواستہ ARY سے اپنی خارجہ پالیسی چلوا سکتا ہے اور عوام کو یہ بھی معلوم نہ ہو کہ یہ اسرائیل کا اشتہار دیا جا رہا ہے یا ARY خود ادارتی طور پر چلا رہا ہے۔

دستاویزات میں کہا گیا ہے کہ ''امن کی آشا'' ایک مہم ہے۔ یعنی امن کی آشا کے لیے پیسے ملے ہیں۔ جب آپ کو رقم مل رہی ہے تو آپ پاکستانی ڈرامہ، سٹیج، فلم، میوزک سب کی ایسی کر رہے ہیں، کیوں کہ آپ نے پیسے پکڑے ہوئے ہیں۔ ایسا مواد چلانے کے لیے جو ہماری ثقافت اور معاشرتی اقدار کے منافی ہے۔ فلم اچھی نہیں بن رہی تو انڈیا سے درآمد کر لو۔ پولیس اچھا کام نہیں کر رہی تو انڈیا کی پولیس لے آؤ، افغانستان بارڈر پر مسئلہ ہے تو وہاں پر انڈیا کی فوج لے آؤ۔ سب کچھ اگر ایسے ہی کرنا تھا تو الگ ملک کیوں بنایا تھا جو مختلف مہم چلائی گئیں ان میں امن کی آشا اور حدود آرڈیننس یعنی حدود آرڈیننس کو بھی مہم کے طور پر چلایا گیا۔

وکی لیکس پر مبنی ایک خبر ڈان اخبار نے 2008ء میں شائع کی جس میں کہا گیا کہ پیسوں کے لیے شیئرز ہولڈنگ بڑھانے کے لیے، ریٹنگ بڑھانے کے لیے، جرائم کے مناظر اور مار دھاڑ دکھائی گئی۔ رپورٹ میں یہ بھی کہا گیا ہے کہ 6 گھنٹے کی نشریات بند کر دی اور الزام لگایا کہ ایک سیاسی جماعت کے دباؤ پر کیا گیا ہے جب کہ حقیقت میں خود ہی چینل کو بند کر دیا تا کہ ریٹنگ بڑھے۔

باباجی کی بیشتر خبریں ذاتی مفادات پر مبنی

جنگ اخبار کے سابق ایڈیٹر محمود شام نے ہندوستان ٹائمز کی انٹرنل انکوائری کی رپورٹ گوگل گروپس پر شائع جس کے بعد وہ کئی اور جگہوں پر بھی پوسٹ ہوئی۔ اس رپورٹ میں بتایا گیا ہے کہ جنگ گروپ کے میر شکیل الرحمٰن نے بھارتی انٹیلی جینس ایجنسیوں سے رابطے کر کے پاکستان میں شروع ہونے والے ایک نئے ٹی وی چینل کے متعلق جھوٹی اور بے بنیاد معلومات کو شائع کروایا۔ پاکستان کی خفیہ ایجنسیوں اور افواجِ پاکستان کو بدنام کیا اور بھارت کو مطلوب داؤد ابراہیم کا نام بھی اس پراجیکٹ میں لیا گیا کہ آئی ایس آئی اور داؤد ابراہیم کے اشتراک سے چینل شروع ہو رہا ہے، جو جیو کو ٹارگٹ کرے گا۔

دوسری طرف جنگ گروپ کے اخبارات میں گورنر سٹیٹ بینک کے بارے میں جس طرح خبریں شائع کی جارہی ہیں، اس سے لگ رہا ہے کہ ان کو دباؤ میں لایا جارہا ہے۔ یہ دباؤ ان پر ایک بلٹ پروف گاڑی کے سلسلے میں آرہا ہے۔

گورنر سٹیٹ بینک نے بتایا کہ ان پر میر شکیل الرحمٰن کی جانب سے بہت دباؤ ڈالا جارہا ہے کہ ان کے سمدھی جہانگیر صدیقی کو بینک دے دوں۔ انہوں نے بتایا کہ میر شکیل الرحمٰن نے انہیں اور سکیورٹیز اینڈ ایکسچینج کمیشن کے چیئرمین محمد علی کو ایک خاص جگہ بلایا اور دھمکایا کہ جہانگیر صدیقی کو بینک دے دو۔ یاد رکھیں کہ اسی طرح ایک بینک مسلم کمرشل بینک، کچھ سال پہلے میاں محمد منشا کو غلط طریقے سے پرائیویٹائزیشن کے بہانے دے دیا گیا۔ یہ میاں صاحب نے پہلے دورِ حکومت بحیثیت وزیر اعظم ہوا تھا کہ جس بینک کی بولی 69 بلین روپے لگی، اس بینک کو 119 ارب روپے میں بیچ دیا گیا اور بینک پر جو 8 ارب روپے کے واجبات تھے، حکومت نے ان کو بھی معاف کر دیا۔ یعنی کہ بینک صرف 11 ارب روپے کے عوض میاں منشا کو دے دیا گیا۔ اسی طریقے کو اپنانے پر میر شکیل الرحمٰن اپنے سمدھی جہانگیر صدیقی کو گورنر سٹیٹ بینک پر دباؤ ڈال کر دلوانا چاہتے ہیں، جب کہ گورنر سٹیٹ بینک کا کہنا ہے کہ ان کو سکیورٹیز اینڈ ایکسچینج کمیشن آف پاکستان کے سربراہ نے تحریری طور پر موصول ہوا ہے کہ جہانگیر صدیقی ایک مشتبہ شخص ہے اور اس کے خلاف بہت سی

چھان بین ہو رہی ہے اور جب تک ان کے خلاف انکوائری مکمل نہیں ہوتی ان کے ساتھ کسی طرح کا لین دین نہیں ہونا چاہیے۔

اب جب گورنر سٹیٹ بینک نے بینک دینے سے انکار کر دیا تو میر شکیل الرحمٰن ان کو دھمکیاں دے رہے ہیں، ان کے خلاف اپنے اخبارات میں جھوٹا پراپیگنڈا کر رہے ہیں۔ جیسا کہ یہ خبر گورنر سٹیٹ بینک نے بلٹ پروف گاڑی منگوانے کے لیے اپنے اختیارات سے تجاوز کیا ہے۔ گورنر سٹیٹ بینک کا کہنا ہے کہ اس سلسلے میں اخبارات کو تمام دستاویزات دیئے گئے کہ وزارتِ خزانہ کی بھی منظوری حاصل کی گئی مگر انہوں نے یک طرفہ خبر چھاپی اور گورنر سٹیٹ بینک کا موقف شائع نہ کیا، جو پیشہ ورانہ بددیانتی ہے کہ یک طرفہ طور پر بغیر مؤقف شائع کیے۔ اگر اس سطح پر ہونے والے معاملات کا کوئی نوٹس نہیں لیا جا رہا کہ گورنر سٹیٹ بینک کو دھمکیاں دی جا رہی ہیں تو بہت سے لوگوں کے بہت سے سوالات بغیر جواب کے ہی رہ جاتے ہیں۔

جعلی ووٹ کی طاقت

چیئرمین نادرا کی ملازمت سے برخاستگی سے متعلق تو اہم معلومات مضمون میں آگے جا کر بیان کی جائیں گی۔ پہلے یہ بیان کر دوں کہ یہاں جنگ/ جیو گروپ سے کوئی ذاتی لڑائی نہیں ہو رہی۔ یہ معاملہ حقائق سے پردہ اُٹھانے اور یہ ثابت کرنے کا ہے کہ میڈیا احتساب سے بالاتر نہیں ہے۔ میڈیا میں ان سب کا احتساب ہونا چاہیے جو رشوت لیتے ہیں اور ان سب کا بھی احتساب ہونا چاہیے کہ جو رشوت دیتے ہیں اور لوگوں کو اس کام میں پھانستے ہیں۔

3 دسمبر 2013ء کو اسلام آباد ہائی کورٹ نے چیئرمین نادرا طارق ملک کو حکومت کا نوٹیفکیشن معطل کرتے ہوئے بحال کر دیا ہے۔ طارق ملک کی بطور چیئرمین نادرا مدت ملازمت میں تین سے چار مہینے باقی ہیں۔ طارق ملک پر مسلم لیگ ن نے عام انتخابات سے پہلے ہی ''توجہ دینا شروع کر دی تھی۔ عام انتخابات سے پہلے بیرسٹر علی ظفر آف ماندی والا اینڈ ظفر نے میری درخواست پر سپریم کورٹ میں ایک پٹیشن دائر کی جس میں جعلی ووٹوں کی تنسیخ کی درخواست کی گئی۔ درخواست میں الیکشن کمیشن آف پاکستان اور نادرا کو پارٹی بنایا گیا تھا۔ درخواست کی سماعت

کے دوران نادرا نے نہایت مثبت کردار ادا کیا اور عدالت کو بتایا کہ بڑی تعداد میں جعلی ووٹ ووٹرز لسٹوں میں درج کیے گئے ہیں بلکہ نادرا نے بتایا کہ درخواست گزار کی معلومات سے زیادہ بڑی تعداد میں جعلی ووٹوں کا اندراج ہوا ہے۔ نادرا نے جعلی ووٹوں کی تعداد 3 کروڑ 71 لاکھ 72 ہزار بتائی تھی۔ اس بات کا انکشاف جس دن سپریم کورٹ میں ہوا، اسی دن نادرا کے اعلیٰ اہلکاروں پر نشان لگا دیا گیا تھا کہ کس طرح ان کو ایک ایک کر کے نادرا سے فارغ کر دیا جائے گا، اس جرم کی بنیاد پر کہ انہوں نے انکشاف کر دیا کہ ماضی میں کس طرح جعلی ووٹوں کے اندراج سے دھاندلی کی جاتی رہی ہے اور آئندہ کس طرح کی جائے گی۔ غالباً ہمارے حکمرانوں کے نزدیک جو لوگ چوری نہیں کرتے، جھوٹ نہیں بولتے اور نیک نیتی اور ایمانداری سے کام کرتے ہیں، وہ اس ملک کی ترقی کی راہ میں رکاوٹ ہیں۔ اگرچہ سپریم کورٹ کے سامنے الیکشن کمیشن ووٹرز لسٹوں کی تصحیح کے معاملے پر بضد رہا مگر نادرا حکام نے بتایا کہ ابھی بھی ووٹرز لسٹ مکمل طور پر جعلی ووٹوں سے پاک نہیں ہوئی۔ حتیٰ کہ دوران انتخابات بھی نادرا حکام ببانگ دہل یہ بات دہراتے رہے کہ الیکشن کمیشن کی جاری کردہ ووٹرز فہرستیں نادرا کے ڈیٹا سے متصادم تھیں، اس لیے یہ طے کر لیا گیا کہ انتخابات میں دھاندلی کی نشاندہی کرنے پر نادرا حکام کو سبق سکھایا جائے۔ پہلا شکار نادرا چیئرمین کو بنایا گیا جس نے انگوٹھے کے نشان کی تصدیق کے عمل کی بات کی۔ اس کا مقصد یہ بھی تھا کہ نادرا میں دیگر اہلکاروں کو بھی بتا دیا جائے کہ اس معاملے پر زور دینے والوں کے ساتھ بدترین سلوک کیا جائے گا۔

ایک محتاط اندازے کے مطابق حالیہ انتخابات (2013ء) قومی اسمبلی کے ایک سو گیارہ حلقوں میں دھاندلی کی گئی ہے جس کے بہت ثبوت سامنے آ چکے ہیں۔ اس میں دستاویزی شہادتیں اور جعلی بیلٹ پیپرز کی چھپائی اور انتخابات میں استعمال کی شہادت واضح کر چکی ہیں کہ انتخابات میں فرشتوں نے ووٹ ڈالے اور وہ کامیاب بھی ہو گئے۔ تحریک انصاف کی رہنما شیریں مزاری نے بھی چیئرمین نادرا کی ملازمت سے برخاستگی کو Cover-up معاملہ قرار دیا ہے۔ یعنی تحریک انصاف کی جانب سے قومی اسمبلی کے چار حلقوں میں انگلیوں کے نشانات سے ووٹروں کی تصدیق کے معاملے کو وہی رنگ دیا جائے جو کہ حکمران چاہتے ہیں، یعنی دھاندلی کو ایک اور دھاندلی سے چھپا دیا جائے۔ عوام کی ایک بڑی اکثریت اس معاملے پر تحریک انصاف کے موقف

کی حمایت کر رہی ہے۔

جیو کا ''کھرا سچ'' بند کروانے کے لیے پیمرا کو خط

دوسری طرف راقم کو پیمرا کی جانب سے ایک خط موصول ہوا ہے جس میں چیئرمین پیمرا نے اس خط کے مندرجات بیان کیے ہیں جو میر شکیل الرحمٰن کے ادارے جیو/ جنگ گروپ نے ان کو لکھے ہیں۔ خط میں جنگ گروپ چیئرمین پیمرا کو حکم دیتا ہے کہ راقم کے خلاف اسی روز کارروائی کی جائے جس دن خط لکھا گیا ہے تو عرض ہے کہ معاملہ عدالت میں ہے اور تمام ادارے عدالت کے حکم کے مطابق چلنے کے پابند ہیں۔ راقم نے جنگ/ جیو گروپ کے جن معاملات کی نشاندہی کی ہے، وہ اصل میں ویسے ہی ہیں، جیسا کہ جنگ گروپ ان معاملات کو خود بیان کرتا آرہا ہے۔ وہی باتیں دہرائی گئی ہیں جو جیو پر چلائی گئی ہیں یا جنگ اخبار میں چھاپی گئی ہیں۔

جیو گروپ پیمرا کا ڈیفالٹر

میر شکیل الرحمٰن صاحب آپ کو یاد دلا دوں کے اسلام آباد ہائی کورٹ میں آپ کا ایک مقدمہ چل رہا ہے جس میں جنگ گروپ پر الزام لگایا گیا ہے کہ وہ 3 ارب 73 کروڑ 43 لاکھ 93 ہزار 781 روپے کا ڈیفالٹر ہے۔ یہ مقدمہ آپ کی جانب سے حکومت پاکستان کے خلاف دائر کیا گیا میں تو صرف اس کیس کو یہاں رپورٹ کر رہا ہوں کہ جیو نیوز اور آگ ٹی وی اور جیو انگلش کی مد میں آپ ایک ارب 13 کروڑ 35 لاکھ کے ڈیفالٹر ہیں اور جیو سوپر کے حوالے سے آپ نے حکومت پاکستان کو 3 کروڑ 50 لاکھ 78 ہزار 668 روپے ادا کرنے ہیں اور لینڈنگ رائٹس کی مد میں آپ نے 76 کروڑ 9 لاکھ 62 ہزار 170 روپے ادا کرنے ہیں، جب کہ حکومت سندھ کو بھی آپ نے 73 کروڑ 31 لاکھ 21 ہزار 793 روپے ادا کرنے ہیں۔ یہ تمام پیسہ جو آپ دبا کر بیٹھے ہوئے ہیں۔ عوام کا پیسہ ہے، عوام کا حق ہے، جب کہ آپ نے جب حکومتی اداروں سے اپنی رقم حاصل کرنا ہوتی ہے تو آپ کے سامنے کوئی رکاوٹ کھڑی کرنے کی جرأت نہیں کر سکتا۔ آپ اپنے کاروبار میں خسارہ ظاہر کرتے ہیں تو یہ اتنی آمدنی کہاں سے ہو رہی ہے؟ یہ بھی ایک سائنس ہے۔

لوگوں کو رشوت دے کر خرید نے کی ایک مثال

کچھ عرصہ پہلے آصف رضا میر کا موقف تھا کہ بھارتی پروگرام آنے سے پاکستانیوں کی زبان بدل گئی ہے، بچوں کی قدریں بدل گئی ہیں۔ ہماری فلم انڈسٹری تب ہی ترقی کرے گی جب چار پانچ سال کے لیے بھارتی پروگراموں اور فلموں پر پابندی عائد ہوگی مگر جب آصف رضا میر کو جیو کا مینجنگ ڈائریکٹر بنا دیا گیا تو ان کی ناک کے عین نیچے پاکستان آئیڈل بن گیا ہے، جس میں بھارتی گانے گائے جا رہے ہیں۔ بھارتی گانے گائیں مگر کاپی رائٹس ایکٹ کی خلاف ورزی تو نہ کریں۔ غیر ملکی فنڈز لے کر ملکی قوانین کی خلاف ورزی نہ کریں۔ عدلیہ پر اثر انداز ہونے کے لیے تین ملین ڈالرز نہ مانگیں نہ اپنے ایڈیٹوریل مواد کو بیچیں۔ اپنے پروگرام امریکی خواہشات کے مطابق مت بنائیں۔ اب آصف میر کے لیے یہ سب جائز ہو گیا ہے۔

میر شکیل الرحمٰن صاحب اس بات پر خفا نہ ہوں جب آپ سے پوچھا جائے کہ "امن کی آشا" پر سوالیہ نشانات کیوں ہیں، آپ جواب دیں کہ پاکستان میں پاکستانی قانون سے کیسے کوئی مبرا ہو سکتا ہے۔ آپ میں اور سب میڈیا کے لوگ قانون کے مطابق جواب دہ ہیں، میڈیا ریاست کا چوتھا ستون نہیں ہے کیوں کہ ملک کا آئین صرف تین اداروں کو آئین کا ستون کہتا ہے یہ آئین کی آرٹیکل 6 کی خلاف ورزی ہے۔

پاکستان کے بعد بیرون ملک بھی دھوکہ اور فراڈ

یہاں یہ بتانا ضروری ہے کہ (باباجی) میر شکیل الرحمٰن صاحب ایک پروگرام کی تیاری کا خرچ تین چار مختلف جگہوں یعنی پاکستان، دبئی، برطانیہ اور امریکہ میں ظاہر کرتے ہیں، جب کہ ان پروگراموں سے ہونے والی آمدنی صرف ایک جگہ پر کر کے دو جگہوں سے ٹیکس سے بچ نکلتے ہیں۔ میر شکیل الرحمٰن صاحب کو سمجھنا چاہیے کہ یہ بھی خلافِ قانون ہے اور فراڈ کے زمرے میں آتا ہے۔ جیسا کہ ایمنسٹی انٹرنیشنل کی رپورٹ میں بیان کیا گیا ہے صرف سال 2012ء میں 17 لاکھ پاؤنڈ کی رقم ہے جو آمدنی کی مد ظاہر نہیں کی گئی اور یہی معاملہ دبئی اور امریکہ سے ہونے والی آمدنی کا ہے جس کا ذکر پاکستان میں ظاہر کی گئی آمدنی میں نہیں ہے۔

بابا جی کیا آپ نظریہ پاکستان کے خلاف کام نہیں کر رہے ہیں؟ آپ نے نظریہ پاکستان پر حملہ کیا ہے، آپ تو ملکوں کے درمیان جنگ کرانے کی کوشش کرتے رہے ہیں۔ قراردادِ پاکستان یعنی 23 مارچ کے دن بھی اگر کوئی بھی پاکستانی چینل کوئی انڈین فلم دکھاتا ہے تو وہ میرے مطابق پاکستانی چینل نہیں کہلوا سکتا، جب کہ جیو ایک چینل نہ صرف انڈین فلمیں دکھاتا ہے بلکہ منظور شدہ غیر ملکی مواد سے 400 فیصد زیادہ دکھا کر اس قانون کی خلاف ورزی بھی کر رہا ہوتا ہے جس کے تحت اس چینل کو لائسنس کا جاری کیا گیا ہے۔

کردار کشی کے اوچھے ہتھکنڈے

سب جانتے ہیں کہ جیو نے گورنر سٹیٹ بینک یاسین انور کی کردار کشی کی مہم صرف اس وجہ سے چلائی کہ انہوں نے آپ کے سمدھی کی کمپنی کی حدود کے بارے میں آپ کی مرضی کا فیصلہ دھمکیوں کے باوجود کرنے سے انکار کر دیا۔ ایس ای سی پی کے چیئرمین کی کردار کشی جیو پر اس وقت شروع ہوئی جب انہوں نے جہانگیر صدیقی اور میاں منشا کو بچانے کے لیے آپ کی کرپشن کا حصہ بننے سے انکار کر دیا۔

میر شکیل الرحمٰن نے بول ٹی وی کے ساتھ بھی یہی معاملہ کیا۔ وہ جانتے ہیں کہ یہ نیا ٹی وی چینل ان کی اجارہ داری کو چیلنج کر سکتا ہے اور بڑے دھوم دھڑکے سے اپنی نشریات شروع کرنے کا ارادہ رکھتا ہے۔ بول ٹی وی کے خلاف بے بنیاد خبریں جنگ، دی نیوز میں شائع کروائی گئیں جن میں آئی ایس آئی پر اس ٹی وی چینل کی حمایت کرنے کا الزام بھی لگایا گیا، حتیٰ کہ بھارتی اخبار ہندوستان ٹائمز میں بھی جعلی خبر شائع کروائی گئی۔ ہندوستان ٹائمز نے تو جعلی اور بے بنیاد خبر شائع کرنے پر معذرت کر لی مگر بابا جی نے یا ان کے اخباروں نے پھر بھی کسی اخلاقی جرأت کا مظاہرہ نہ کیا۔ جنگ/دی نیوز نے پوری دنیا میں آئی ایس آئی جو حقیقت میں پاکستانی فوج ہی ہے، کو بدنام کیا اور بار بار کیا۔

نظریہ پاکستان پر حملہ

جیسا کہ پہلے بیان کیا گیا ہے کہ جیو/جنگ گروپ نے نظریہ پاکستان پر حملہ کیا ہے جس

کی ایک مثال ''ذرا سوچیے'' کا نعرہ ہے۔ ذرا سوچیے کہ کیوں ''پاکستان کا مطلب کیا۔ لاالہ الااللہ'' کو بدل کے یہ پڑھنا کہ ''پاکستان کا مطلب کیا...... پڑھنے لکھنے کے سوا'' میں تبدیل کر دیا گیا؟ دوقومی نظریہ ہماری شناخت ہے اس نعرے کو بگاڑنے کا حق کسی کو نہیں، خاص طور پر کاروباری مقاصد کے لیے۔ غالباً اس لیے یہ مطالبہ کیا جارہا ہے کہ منظور شدہ حد سے 400 فیصد غیر ملکی خاص طور پر بھارتی مواد نشر کرنے پر آپ کا لائسنس منسوخ کیا جاسکتا ہے۔

بابا جی یعنی میر شکیل الرحمٰن پر لگائے گئے الزامات کی فہرست بہت طویل ہے۔ اس میں یہ الزام بھی شامل ہے کہ کیسے اپنے سمدھی کے کاروباری مفادات اور کرپشن پر پردہ ڈالنے کے لیے پاکستان کی پوری سٹاک مارکیٹ کو داؤ پر لگا دیا گیا اور کیسے اپنے سمدھی کو پاکستان انٹرنیشنل کنٹینر ٹرمینل میں کروڑوں کے گھپلوں، جو بس بیر بینک (غیر ملکی بینک) کے ذریعے کالے دھن کو سفید بنانے کے خلاف شروع کیے جانے والے مقدمات کو بند کروا کر پاکستان کی معیشت میں سٹاک مارکیٹ کو داؤ پر لگا دیا گیا۔ ان میں سے کوئی بھی الزام ثابت سچ نہیں ہوا کیوں کہ کبھی ان کے خلاف غیر جانبدار انکوائری ہی نہیں کی گئی۔

سول سوسائٹی کی آواز

5 دسمبر 2013ء لاہور ہائی کورٹ بار ایسوسی ایشن کی تاریخ کا ایک اہم دن تھا۔ جب بار نے پاکستان میں غیر قانونی طور پر دکھائی جانے والی بھارتی فلموں پر پابندی لگانے کا مطالبہ کیا۔ اس موقع کی تصاویر میں پاکستان کے ایک مخصوص میڈیا ہاؤس کی جانب سے ''اَمن کی آشا'' کی آڑ میں ملک کی ثقافت اور اسلوب کی پامالی کی خدمت کی۔ اس معاملے کا ذکر مضمون کے اگلے حصے میں آئے گا۔ پہلے اس بات کا ذکر ضروری ہے، ملک کے اہم مستند روزنامہ ''نوائے وقت'' نے 23 دسمبر 1998ء کو جنگ گروپ کے سربراہ میر شکیل الرحمٰن کے خلاف کروڑوں روپے کے اثاثے چھپانے کے متعلق ایک خبر شائع کی تھی۔ یہ خبر اس مقدمہ کی بنیاد پر شائع کی گئی جو سپیشل جج کراچی کی عدالت میں بھیجا گیا۔ ملکی قانون کے مطابق اثاثے ظاہر نہ کرنا ایک جرم ہے جس کی سزا تین سال ہے۔ ''نوائے وقت'' کی خبر ایک سرکاری پریس ریلیز پر مبنی تھی جس میں بتایا گیا کہ ''جنگ'' گروپ

کے سربراہ میر شکیل الرحمٰن نے انکم ٹیکس اور دولت ٹیکس ادا نہیں کیا۔ اس بارے میں شکیل الرحمٰن کو نوٹس جاری کیا گیا جس کے جواب میں ان کے نمائندے نے ڈیفالٹ کو تسلیم کر لیا اور انکم ٹیکس حکام ان کی جائیداد، آمدنی، جیولری اور دیگر معاملات کی چھان بین کر رہے ہیں جو میر خلیل الرحمٰن اور بعد ازاں ان کے قانونی ورثا ظاہر نہیں کر رہے۔ یہاں یہ بات بھی اہمیت کی حامل ہے کہ میر شکیل الرحمٰن اپنے باپ میر خلیل الرحمٰن کے قانونی وارث نہیں ہیں جس کا ذکر بھی بعد میں آئے گا۔ یہاں یہ بتانا بھی اہم ہے کہ میر خلیل الرحمٰن کی کروڑوں روپے کی جائیداد میں پرنٹنگ پریس سمیت کراچی، مری، راولپنڈی، اسلام آباد، لاہور، گوجرانوالہ، حیدرآباد میں واقع پلاٹ و مکانات اور زرعی اراضی شامل ہے۔ اس سلسلے میں اس وقت کے وزیر اعظم میاں نواز شریف کا بیان بھی دلچسپی کا حامل ہے جو ''نوائے وقت'' میں چھپا اور جس میں آپ کا کہنا تھا کہ کوئی شخص یا ادارہ مقدس گائے نہیں ہے۔ ان کا کہنا تھا کہ حکومت آزادئ صحافت کی قائل ہے، لیکن ٹیکس وصول کرنے کے لیے چھاپے بھی مارنے پڑے تو گریز نہیں کیا جائے گا۔ میاں نواز شریف صاحب سے بھی گزارش ہے کہ وہ اپنے اس بیان کو دوبارہ پڑھ لیں تو انہیں علم ہوگا کہ تب کے کروڑوں روپے آج کے نہ جانے کتنے اربوں روپے بن چکے ہیں اور آپ کے ہی بقول ایک ممبر قومی اسمبلی کے ذمے چودہ ارب روپے واجب الادا ہیں۔ آپ اپنے وزیر اطلاعات جناب پرویز رشید صاحب سے بھی پوچھیئے کہ وہ باباجی (میر شکیل الرحمٰن) کے اتنے دوست اور مہربان کیوں بن گئے ہیں۔ اس وقت کے آپ کے وزیر اطلاعات سید مشاہد حسین نے کہا تھا کہ جنگ گروپ قانون سے بالاتر نہیں ہے۔ ٹیکس کی ادائیگی کے معاملے کو آزادئ صحافت کا مسئلہ نہ بنایا جائے جب کہ اسی جنگ گروپ کے کارکن بیگار کیمپ کے ماحول میں کرتے ہیں، جہاں روزگار کا تحفظ نہیں ہے۔

باباجی کا اپنے ہی بھائی سے فراڈ

دوسری طرف باباجی کے بڑے بھائی میر جاوید الرحمٰن کے خط کا ذکر بھی اہم ہے جو انہوں نے پریس انفارمیشن ڈیپارٹمنٹ کو لکھا اور اس کو بھی ''نوائے وقت'' نے شائع کیا۔ خط میں میر جاوید الرحمٰن نے لکھا کہ وہ عمرے کے لیے گئے ہوئے تھے کہ ان کے بھائی میر شکیل الرحمٰن نے

ان کے گھر اور دفتر پر چھاپہ مارا اور وہاں سے اہم دستاویزات لے گئے۔ میر جاوید نے خط میں مزید لکھا کہ ان کی عدم موجودگی میں شکیل الرحمٰن نے خود کو ادارہ کا پرنٹر/ پبلشر مقرر کرا لیا۔ خط میں دی گئی تفصیلات کے مطابق میر جاوید الرحمٰن اپنی والدہ محمودہ خلیل جو کہ خود بھی جنگ گروپ کی مختلف کمپنیوں کی ڈائریکٹر ہیں، کے ہمراہ 13 جنوری سے 30 جنوری تک عمرے کی ادائیگی کے لیے سعودی عرب چلے گئے۔ ان دونوں کی عدم موجودگی میں میر شکیل الرحمٰن نے جنگ گروپ کے دیگر ایگزیکٹوز کے ساتھ ملی بھگت کے ذریعے خود کو پرنٹر اور پبلشر مقرر کرا لیا اور میرے دفتر میں غیر قانونی طور پر گھس کر اہم کاغذات، شیئرز سرٹیفکیٹ لے گئے تا کہ ان کو میرے مفادات کے خلاف استعمال کر سکیں۔ یعنی میر شکیل الرحمٰن نے اپنے بھائی اور ماں کے مفادات پر ڈاکا ڈالا۔ جو شخص اپنے بھائی اور ماں کے ساتھ ایسا کر سکتا ہے، وہ کیسے ''امن کی آشا'' ہو یا امن کا تماشا یا امن کی بتاشا، کے نام پر ملک کے مفاد میں کام کر سکتا ہے؟

لاہور ہائیکورٹ بار کا افتخار چودھری کے خلاف ریفرنس

اب لاہور ہائی کورٹ بار ایسوسی ایشن کی قرارداد کا ذکر۔ اس سلسلے میں یہ بتانا چاہوں گا کہ بار کے صدر عابد ساقی نے کچھ عرصہ قبل چیف جسٹس آف پاکستان سمیت تین مختلف ججوں کے خلاف ضابطہ اخلاق کی خلاف ورزی پر ایک ریفرنس دائر کیا تھا۔ عابد ساقی نے بتایا کہ وہ ریفرنس آئین کی آرٹیکل 209 کے تحت دائر کیا گیا جس کے تحت اگر کوئی جج کوئی غیر قانونی کام کرتا ہے تو اس کو عہدے سے ہٹایا جا سکتا ہے۔ عابد ساقی کا کہنا تھا کہ ریفرنس دائر کرنے کا مقصد ان وکلاء کی ترجمانی کرنا تھا جو آئینی عدالتوں میں جاری معاملات پر تشویش میں مبتلا ہیں۔ وکلاء خاموش تھے کہ انہوں نے ایک طویل اور سخت جدوجہد کے نتیجے میں عدلیہ کو بحال کروایا اور اس سے امید وابستہ کیے ہوئے تھے، مگر محروموں اور پسے ہوئے طبقوں کو عدلیہ کی بحالی کے باوجود انصاف نہ مل سکا۔ عدلیہ بحالی تحریک کے قافلے سے میر کارواں ایک ایک کر کے علیحدہ ہوتے گئے اور دبے لفظوں اپنے تحفظات کا اظہار کرنے لگے۔ عابد ساقی نے بتایا کہ ہائی کورٹ بار کی قرارداد میں مطالبہ کیا گیا ہے کہ 12 اکتوبر 1999ء کو مشرف کے خلاف کارروائی کا آغاز کیا جائے، جب کہ

صرف 3 نومبر 2007ء کی ایمرجینسی کو بنیاد بنا کر کارروائی کرنا اس بات کی عکاسی کرتا ہے کہ ذاتی انتظام کو سامنے رکھا جارہا ہے، جب کہ حقیقی قانونی معاملے کو دبایا جارہا ہے۔ اگر آئین کے مطابق کارروائی مقصود ہو تو 12 اکتوبر 1999ء سے شروع کی جائے اور ان تمام کرداروں کا احتساب کیا جائے جو اس میں شامل رہے ہیں۔

یہاں یہ بات قابل ذکر ہے کہ پرویز مشرف کے بدترین مخالفین نے بھی اس پر مالی بدعنوانی کا الزام نہیں لگایا جب کہ افتخار چودھری کے حامی بھی ان کی کرپشن کی باتوں پر سر جھکا لیتے ہیں۔ اس پر عابد ساقی کا کہنا تھا کہ یہ بڑی بدقسمتی کی بات ہے کہ وکلاء کو چیف جسٹس اور ان کے بیٹے کے معاملات پر شدید ندامت کا سامنا کرنا پڑ رہا ہے۔ عابد ساقی کا کہنا تھا کہ دنیا کی تاریخ ایسے لوگوں کے ذکر سے بھری پڑی ہے جنہوں نے حق اور سچ کے لیے آواز اُٹھائی اور اس کی پاداش میں قید و بند، جائیداد کی ضبطی اور جان سے بھی گزر گئے۔ ان کا کہنا تھا کہ چیف جسٹس کے خلاف موجود مواد کی تحقیقات کر کے دودھ کا دودھ اور پانی کا پانی ہونا چاہیے۔ عابد ساقی کا کہنا تھا کہ چیف جسٹس افتخار چودھری بڑے بڑے میڈیا ہاؤس کے ساتھ مل کر ان کے مفادات کو تحفظ دے رہے ہیں، جب کہ دیگر چینلز کی جانب سے زیارت جیسے واقع کی رپورٹنگ پر از خود نوٹس لے لیتے ہیں۔ ''نوائے وقت'' میں 1998ء میں چھپی اس خبر کے بارے میں کوئی نوٹس نہیں لیا جاتا کہ کس طرح جنگ گروپ نے دو برسوں میں دو ارب روپے کا ٹیکس چوری کیا۔ اب حساب کیا جائے تو اس وقت کے دو ارب روپے کی مالیت آج کتنی ہوگی؟ جنگ گروپ اور افتخار چودھری کی ملی بھگت تو بالکل واضح ہو چکی ہے۔ عابد ساقی کا مزید کہنا تھا کہ ایک چینل 24 گھنٹے ایک شخص کی کردار سازی کا کام کرتا ہے، اس کا مقصد صرف یہی ہے کہ پورے ملک کا نظام اس شخص کے گرد گھومے اور یہ معاملہ بھی آشکار ہوگا کہ 3 ملین ڈالرز امریکہ سے لے کر ملکی عدلیہ پر اثر انداز ہونے کی کوشش کی گئی۔

عابد ساقی نے بتایا کہ بار ایسوسی ایشنز کا افتخار چودھری اور دیگر ججوں کے خلاف ریفرنس دائر کرنے کا مقصد ملکی آئین کی پامالی کو روکنا تھا۔ آئین ہر ادارے کے دائرہ کار کا تعین کرتا ہے، جب کہ سپریم کورٹ نے خود کو ایک متوازی طاقت کا مرکز بنا لیا ہے جو کہ آئین کے تقاضوں کے برخلاف ہے۔ آئین میں آزادانہ، منصفانہ اور شفاف انتخابات کروانے کی ذمہ داری الیکشن کمیشن

آف پاکستان کو سونپی ہے، اس معاملے میں کسی دوسرے ادارے کو مداخلت کا حق نہیں ہے۔ عابد ساقی کا کہنا تھا کہ اگر کوئی جج صرف وکیل کا چہرہ دیکھ کر فیصلہ کرتا ہے تو وہ بھی انصاف کے تقاضے پورے نہیں کر رہا۔ عدالت کو گمراہ کرنا ایک دوسرا معاملہ ہے، عدالت میں ہر وکیل اپنا مقدمہ لے کر پیش ہوتا ہے۔ عدالت کو انصاف تک پہنچنے میں دلائل کے ذریعے مدد کرتا ہے اور جج کا کام دونوں فریقوں کو سن کر اس بات کا فیصلہ کرنا ہے کہ قانون کے مطابق کون درست ہے اور کون حق پر ہے۔

عابد ساقی کا جسٹس عظمت سعید کے بارے میں کہنا تھا کہ وہ ایک آزاد منش، روشن خیال اور بہترین جج تھے مگر ان کو بھی یرغمال بنالیا گیا ہے۔ ان کا کہنا تھا کہ شیخ عظمت سعید پڑھے لکھے آدمی ہیں مگر عدالت عظمیٰ میں جا کر ان کو نہ جانے کیا ہو گیا ہے اور غیر آئینی معاملات میں حصہ دار بن گئے ہیں۔

جسٹس شیخ عظمت سعید کے بارے میں عابد ساقی کا مزید کہنا تھا کہ وہ ایک اصول پسند آدمی تھے۔ ان پر مالی کرپشن کا کوئی الزام نہیں مگر سپریم کورٹ میں جا کر نہ جانے کیوں وہ یرغمالی نظر آتے ہیں۔ مگر وہ بھی اس بنچ کا حصہ تھے جس نے الیکشن کمیشن کے کام میں مداخلت کرنے کا فیصلہ دیا اور وہ بھی ایک خانہ ساز پٹیشن پر جس سے صدارتی انتخاب مکمل طور پر متنازع ہو گیا اور سیاسی جماعتوں کو اس الیکشن کا بائیکاٹ کرنا پڑ گیا۔ ان کا کہنا تھا کہ عدلیہ یا ججوں کو سیاسی عمل کی شفافیت اور اس عمل پر سیاسی اعتماد کو سبوتاژ کرنے کا کوئی حق یا اختیار حاصل نہیں ہے۔ صدارتی انتخاب میں آئین کی آرٹیکل 62 اور 63 کی خلاف ورزی کے بارے میں عابد ساقی کا کہنا تھا کہ آئین میں ان آرٹیکلز کو جنرل ضیا نے خاص طور پر اس لیے شامل کیا تھا کہ وہ ملک کے طاقت کے مراکز پر ایک خاص ذہن کو مسلط کرنا چاہتا تھا۔ اب اگر کوئی جج آرٹیکل 62 اور 63 کی بنیاد بنا کر کوئی فیصلہ کرتا ہے تو پہلے اس جج کو خود ان آرٹیکلز کے معیار پر پورا اترنا ہوگا جو یقینی طور پر خود اس معیار کے سامنے اہل قرار پائیں گے۔ دراصل اس طرح کے معاملات کو آئین کے تحت حل نہیں کیا جا سکتا، یہ ناقابل عمل ہے کہ یہ کسی کے نظریہ یا ایمان کا معاملہ ہے جو صرف انسان اور اس کے خدا کے درمیان کا معاملہ ہے۔ اگر کوئی شخص اقرار کر رہا ہے کہ فلاں معاملہ اس کے ایمان کا حصہ ہے تو وہ سب کو تسلیم کرنا چاہیے۔ اس کے علاوہ کوئی چارۂ کار نہیں ہے۔ معاشرے میں سارا فساد، مذہبی دہشت گردی، ضیا دور کا شاخسانہ ہے جو کہ جاری وساری ہے۔

مگر سوال اور ایک مذہبی سوال یہ بھی ہے کہ بہر حال ہم ایک مذہبی ملک میں رہتے ہیں کہ حضرت عمر فاروقؓ سے بھرے مجمع میں کوئی عام آدمی سوال کرے اور وہ اس کو مطمئن کریں، مگر جب ہم اپنے بڑوں جیسے افتخار چودھری صاحب یا بابا جی سے سوال کریں تو وہ اس طرح برا کیوں منا لیتے ہیں؟

جیسے کوئی خود اپنا ڈاکٹر نہیں بن سکتا، ایسے ہی کوئی جج اپنے بارے میں مقدمے میں فیصلہ نہیں دے سکتا ہے۔ جیسا کہ عابد ساقی کا کہنا ہے کہ یہ قانون کا پرانا ضابطہ ہے کہ کوئی بھی اپنے معاملے پر خود جج نہیں بن سکتا، مگر عدلیہ اپنے قرض اس طرح اتار رہی ہے کہ پرویز مشرف پر غلط مقدمے بنائے جا رہے ہیں۔ تاہم، عابد ساقی کا کہنا ہے کہ پرویز مشرف پر مقدمہ 12 اکتوبر 1999ء کا چلنا چاہیے۔ اس کو نقطہ آغاز ہونا چاہیے۔ مشرف کے ساتھ ساتھ اس کے ساتھی جنرلوں اور ان جج صاحبان کا جنہوں نے اس کے اقدام کو جواز فراہم کیا اور اس کو ایک شخص کو آئین میں ترمیم کرنے کا اختیار دیا۔ یعنی ایک ایسا اختیار دیا جو خود سپریم کورٹ کو حاصل نہیں ہے تو ان سب لوگوں کا آرٹیکل 6 کے تحت مقدمہ چلنا چاہیے۔ ان کے خلاف بھی جو آئین کو توڑنے یا توڑنے کے عمل میں شامل رہے یا اس کو جواز فراہم کیا جیسا کہ افتخار محمد چودھری نے 12 اکتوبر 1999ء کے بارے عدالتی فیصلے میں کیا تو پھر اس معاملے میں جنرل کیانی بھی آئیں گے اور بہت سارے لوگ ملوث ہو جائیں گے۔

افتخار چودھری اور جنگ گروپ کا ایک دوسرے کے مفادات کا تحفظ

میڈیا ٹرائل، جب چاہے کوئی بھی شروع کر دیتا ہے اور افتخار چودھری اور جنگ گروپ تو بالکل ایک دوسرے کے مفادات کو تحفظ دے رہے ہیں اور اسی وجہ سے جنگ گروپ کے خلاف واضح ثبوتوں کے باوجود کوئی از خود نوٹس نہیں لیا جا رہا۔ عابد ساقی کا ماننا ہے کہ افتخار چودھری، جنگ گروپ کے خلاف نہیں بولیں گے کہ وہ تو ان کے ایجنڈے کے مطابق کام کر رہا ہے۔ افتخار چودھری کو ہیرو بنا کر پیش کرتا ہے۔ حقیقت میں سب نے ہی صحیح یا غلط وکلاء کو استعمال کیا۔ وہ ماتحت عدلیہ ہو یا اعلیٰ عدلیہ، سب ان کو استعمال کرتے ہیں مگر دوسری طرف وکلاء کی سماج میں حقیقت یہ

ہے کہ کوئی بینک ان کو پٹے پر گاڑی دینے کو تیار نہیں، کوئی ان کو کریڈٹ کارڈ جاری نہیں کرتا، حالاں کہ یہ ایک مقدس پیشہ ہے مگر ان کے بنیادی حقوق سلب ہو رہے ہیں اور عدلیہ اس کا کوئی نوٹس نہیں لیتی کہ خود ان کا حال ٹھیک نہیں ہے۔ ان معاملات کے بارے میں عابد ساقی نے بتایا کہ سول کورٹس اور سیشن کورٹس میں حالات کار بہت خراب ہو چکے ہیں، وہاں قابل عزت بیٹھنے کی جگہ نہیں۔

میڈیا کو اس معاملے میں کردار ادا کرنے کی ضرورت ہے کہ ماتحت عدالتوں کے حالات کار بہتر ہوں۔ وکلاء کی عزت ہو ان کو بھی دیگر شہریوں جیسے بنیادی حقوق جسے کریڈیٹ کارڈ، بینک سے قرضہ یا مکان کے لیے قرضہ ملنا چاہیے۔ صوبوں کے اندر ہائی کورٹس کے مزید بنچ بننے چاہئیں جیسا کہ پنجاب میں 5 ڈویژن میں یہ مطالبہ زور پکڑ رہا ہے۔

بھارتی مفادات کی جنگ پاکستان میں

25 نومبر کو ہندوستان کے اخبار ''ٹائمز آف انڈیا''، جس کا پاکستان کے اخبارات ''جنگ'' اور ''دی نیوز'' کے ساتھ ''امن کی آشا'' پر گٹھ جوڑ ہے، نے ایک بہت بڑی خبر شائع کی۔ حالاں کہ ''جنگ'' اور ''دی نیوز'' کے لیے اچھی خبریں ''ہندوستان ٹائمز'' شائع کرتا ہے۔ ''ہندوستان ٹائمز'' اور ''ٹائمز آف انڈیا'' کے درمیان مفادات کی جنگ ہے۔ ''ٹائمز آف انڈیا'' نے خبر شائع کی کہ امریکہ نے ہیڈلے کو میدان میں رکھنے کے لیے ممبئی (حملوں) کی قربانی دے دی۔ خبر میں بتایا گیا ہے کہ امریکی شہریت کا حامل ڈیوڈ ہیڈلے دہشت گردی کے لیے آزاد اور خود مختار آپریشن کرتا تھا، وہ کسی طرح سے پاکستان میں موجود لشکر طیبہ میں شامل ہو کر القاعدہ کے قریب ہو گیا اور پھر اس نے ممبئی حملوں کی منصوبہ بندی کی۔ خبر میں بتایا گیا ہے امریکی انٹیلی جینس ایجنسی سی آئی اے نے بھارتی خفیہ ایجنسی ''را'' کو بھی اس بارے میں آگاہ کر دیا تھا مگر انہوں نے ہیڈلے کو بچا کر رکھا اور حملوں کا سارا الزام پاکستان اور پاکستانی اداروں کے سر تھوپ دیا۔ مگر یہ خبر پاکستان میں شائع نہیں ہوئی صرف اس اخبار میں شائع ہوئی جس اخبار کا پاکستان کے ''جنگ'' اور ''دی نیوز'' کے ساتھ گٹھ جوڑ ہے۔

مگر ان پاکستانی اخبارات میں کیا شائع ہوتا ہے، ایک آدھے صفحے کا اشتہار جس میں

جنگ گروپ کی جانب سے 3 روزہ بزنس کانفرنس کی تشہیر کی جاتی ہے۔ عجیب اتفاق ہے کہ یہ اشتہار عین اس دن شائع ہوتا ہے جس روز پاکستان کے حساس اداروں میں تقرریاں ہو رہی ہیں۔ چیف جسٹس آف پاکستان کی تقرری ہو رہی ہے۔ دوسری طرف کہنے کو تو یہ ایک جنوبی ایشیا کے ممالک پر مشتمل کانفرنس ہے مگر اس میں شریک ہونے والے صرف بھارتی ہیں جن کو ان حساس دنوں میں پاکستان میں کاروباری مواقع فراہم کرنے کی کوشش کی جا رہی ہے۔ جو کشمیر میں ہماری کئی شہریوں اور فوجیوں کو شہید کر چکا ہے۔ کتنی عورتوں کی عصمت دری کرانے، بچوں بچیوں کو یتیم کرنے کا ذمہ دار ہے مگر اسی ملک سے آٹھ لوگوں کو پاکستان میں ایک میوزک پروگرام میں شریک ہونے کی آڑ میں بلوایا گیا۔ ان افراد میں نہ کوئی گائیک تھا اور نہ ہی کوئی پروگرام کا جج۔ مگر بعد میں پتلا چلا ہے کہ ان سب کو پوچھ گچھ کے لیے حراست میں لے لیا گیا ہے۔ یہ حقیقت ہے پاکستان آئیڈل پروگرام کی۔ قرین قیاس یہی ہے کہ مذکورہ ملک سے ہمارے ملک کے چند گروپ کئی لوگوں کو جعلی ویزوں پر پر پاکستان میں بلواتے ہیں مگر بڑے بڑے مگر مچھ ان کو بچانے میں کامیاب ہو جاتے ہیں۔ یہ لوگ مختلف کام جیسے لائٹنگ، ساؤنڈ وغیرہ کیلیے لائے گئے ہیں مگر پاکستان میں ان کا داخلہ بطور پروگرام کے جج اور باقی کے گلوکار کے طور پر کرایا گیا ہے۔ ان تمام افراد پر انٹیلی جینس ایجنسیوں کو شک ہے کہ یہ انڈر کور ایجنٹ ہیں۔ ان کے نام درج ذیل ہیں: 1- ساندرائے، پاسپورٹ نمبر A-1913602، 2- منشا شندر جے سنگھ پاسپورٹ نمبر N-4341287 -3 کپل بڑا پاسپورٹ نمبر J-5241082 -4 محمد جاوید شیخ پاسپورٹ نمبر J-1586198 -5 انیل کمار شرما، پاسپورٹ نمبر F-2910985 -6 بھرت شرما، پاسپورٹ نمبر Z-2197573 -7 گوری شرمانواس پاسپورٹ 72346129-

ان تمام افراد کو بغیر اجازت پاکستان لایا گیا۔ یہ سب پاکستان آئیڈل کے لیے کام کر رہے ہیں مگر قانونی طریقہ نہیں اپنایا گیا۔ مگر جب پاکستانی، بھارت جاتے ہیں تو ان کی طرح طرح سے چھان بین کی جاتی ہے، پاؤں کے انگوٹھے لگوائے جاتے ہیں۔ ایجنسیاں پیچھے پڑ جاتی ہیں۔ جگہ جگہ اندراج کرانا پڑتا ہے۔ بغیر مناسب طریقہ اپنائے اور اندراج کیے یہ افراد پاکستان آئے اور پھر محفوظ انداز سے بغیر پوچھ گچھ کے واپس چلے گئے۔

جنگ گروپ اور صحافتی اخلاقیات

مضمون کے شروع میں ہم نے جنگ اور دی نیوز کے صحافتی ''اخلاقیات'' پر بات کی تھی کہ کس طرح ہتک آمیز سرخیاں لگائی جاتی ہیں، ٹوپی والا کہہ کر مخاطب کیا جاتا ہے۔ تاہم، یہ معاملہ ثانوی حیثیت کا رہ جاتا ہے جب اس طرح کی خبریں تسلسل سے شائع ہو رہی ہوں کہ ''ایف آئی اے کی تحقیقات میں پیمرا اہلکار گناہ گار ثابت'' تو سب سے پہلے جنگ، جیو گروپ نے بول ٹی وی کے خلاف پراپیگنڈا شروع کیا کہ اس کے پیچھے آئی ایس آئی ہے۔ داؤد ابراہیم، عقیل ڈیڈھی اس میں پیسہ دے رہے ہیں اور ہندوستان ٹائمز اس بارے میں خبریں شائع کر رہا ہے اور یہ اطلاعات کہ جنگ، جیو گروپ بھارتی انٹیلی جینس اداروں کے ساتھ مل کر خبریں شائع کرا رہا ہے۔ سوال صرف یہ ہے کہ جنگ، جیو گروپ کو بھارتی ایجنسیوں کی ضرورت کیوں آن پڑی۔ جب یہ سوال پوچھا گیا تو راقم پر حملے شروع ہو گئے کہ یہ گاڑی والا اینکر، جہاز والا اینکر، فلاں والا اینکر۔ سوال یہ اٹھتا ہے کہ وِگ والے بابا جی کو سب سے پہلے کس نے بلیک میل کیا اور یہ دعویٰ ہے کہ میر شکیل الرحمٰن نے گورنر سٹیٹ بینک یٰسین انور کو اسلام آباد کے ایک گیسٹ ہاؤس میں بلوا کر دو لوگوں کی موجودگی میں کہا کہ HSBC بینک جہانگیر صدیقی کو دیا جائے۔ اس کے جواب میں شکیل الرحمٰن نے تسلیم کیا کہ جنگ کے منتظم نے کہا کہ ایسا کر لیتے ہیں۔ پھر ایس ای سی پی کے سابق چیئرمین محمد علی کے خلاف معاملات شروع کیے گئے کہ اس نے IPPs کی تحقیقات شروع کروا دی تھیں اور Azgard-9 کی تحقیقات شروع کروادی تھیں۔ اسی گروپ کی جس کی برائیاں جنگ اور دی نیوز میں کی گئیں۔ بڑے بڑے کالم نگاروں نے اس کے خلاف کالم لکھے۔ لیکن جب شکیل الرحمٰن اور جہانگیر سمدھی بن گئے تو ان کی ہر برائی اچھائی میں بدل گئی۔ شکیل الرحمٰن نے محمد علی کو حکم دیا کہ Azgard-9 کی تحقیقات ختم کر دے اور میاں منشا کے آئی پی پیز کے خلاف تحقیقات نہیں ہونی چاہئیں۔ جب محمد علی نے ذمہ دار افسر کے طور پر ان تمام باتوں سے انکار کیا تو اس کے خلاف خبریں شائع ہونا شروع ہو گئیں جیسے کہ گورنمنٹ سٹیٹ بینک کے ساتھ ہوا۔ محمد علی کو ایک عدالتی حکم کے ذریعے ملازمت سے برطرف کرایا گیا۔ بالکل اسی طرح جیسا سابق نیب چیئرمین فصیح بخاری نے

آپ پر الزام لگایا کہ آپ دھمکیاں دیا کرتے تھے، مگر جب فصیح بخاری نے ایسا کرنے سے انکار کیا تو ان کے خلاف خبریں شائع ہونا شروع ہوگئیں۔

اب شکیل الرحمٰن پیمرا پر حملہ آور ہیں کہ انہوں نے آپ کو ڈیفالٹر ہونے کی بنا پر مزید ٹی وی چینل کے لائسنس دینے سے انکار کر دیا ہے۔ اربوں روپوں کے ڈیفالٹر، پیمرا کا قصور یہ کہ اس نے پوچھا کہ اجمل قصاب کے معاملے پر کیا کیا۔ ''اَمن کی آشا'' کے بدلے کتنے پیسے ملے۔ پیمرا نے یہ سب پوچھا تو اس کی برائیاں شروع ہوگئیں۔ اب یہ سارے حقائق عوام کے سامنے آکر رہیں گے۔

جھوٹ کے کھلاڑی اور برطانوی فنڈنگ

پاکستانی عوام کے ساتھ ایک میڈیا گروپ مسلسل جھوٹ بول رہا ہے۔ اس میڈیا گروپ کا کہنا ہے کہ ''ایک ٹی وی اینکر نے لارڈ نذیر کے اُٹھائے ہوئے سوالات اور برطانوی وزیر کے جوابات کے بارے میں غلط بیانی کی ہے۔ برطانوی وزیر اعظم نے بتایا تھا کہ گزشتہ سال تعلیم سے آگاہی کے پروگرام کے ضمن میں میر خلیل الرحمٰن فاؤنڈیشن کو 9 لاکھ پچاس ہزار پونڈ ادا کیے گئے جب کہ اینکر پرسن نے ظاہر کیا کہ MKRF کو 20 ملین پاؤنڈ مل چکے ہیں اور یہ کہ یہ فنڈ تعلیم کے فروغ کے ضمن میں عوام کی آگاہی کے لیے منظور کیے گئے تھے۔''

راقم کا اصرار ہے کہ (باباجی) جھوٹ بول رہے ہیں جس پر ان کے خلاف عدالت میں بھی کارروائی کی جا سکتی ہے...... یہ بھی بتایا جا سکتا ہے کہ دبئی کے ''ارمانی کلب'' میں ان کی حرکات کی تصاویر بھی موجود ہیں، مگر ان کو صاف اس لیے دبایا جا رہا ہے کہ یہ کسی کا ذاتی معاملہ ہے۔ تاہم MKRF کے حوالے سے سب سے اہم جواب برطانوی ہاؤس آف لارڈ کی ترجمانی بیرو ولنس نارتھ اوور کا ہے جو 2011ء سے وہاں کام کر رہی ہیں۔ ان کا کہنا ہے کہ ''ایم کے آر ایف نے پاکستان میں تعلیم نظام میں بہتری کے لیے تمام میڈیا مہم چلائی جس کے لیے 4.6 ملین پاؤنڈ ادا کیے۔'' جب کہ میر شکیل الرحمٰن کے اخبار میں کہا گیا ہے کہ 9 لاکھ 50 ہزار پاؤنڈ ملے۔

لارڈ نذیر احمد کا بھی کہنا ہے کہ بیرلنس نارتھ اور کا بیان درست ہے کیوں کہ یہ بیان ان

کے ہی دو ہفتے قبل اُٹھائے گئے سوالوں کے جواب میں دیا گیا ہے۔

''جنگ'' میں شائع کیے گئے جواب میں ادارے کے منتظم کا حوالہ دیا گیا ہے جو کہ میر شکیل الرحمٰن ہے۔ لارڈ نذیر احمد نے بتایا کہ 9 لاکھ 50 ہزار پاؤنڈ کی ایم کے آر ایف کو ادائیگی پچھلے سال کا معاملہ ہے، اب تک ان کو 4.6 ملین پاؤنڈ کی ادائیگی ہو چکی ہے۔ تاہم، بڑا معاملہ اب یہ ہے کہ اس ادارے کو بغیر کسی مسابقت کے کیوں چنا گیا۔ حالاں کہ اس ادارے کی تعلیم کے شعبہ میں کوئی مہارت حاصل نہیں ہے۔ ہم برطانوی حکومت کے شکر گزار ہیں کہ انہوں نے پاکستان میں تعلیم کی بہتری کے لیے رقم مہیا کی جس سے ٹیچرز کی تربیت کا پروگرام شروع ہوا۔ 40 لاکھ بچے سکولوں میں جائیں گے۔ خیبر پختونخوا میں 20 ہزار کلاس روم بنیں گے، لیکن میر خلیل الرحمٰن فاؤنڈیشن کو پیسے دینے کا کیا مقصد ہے۔

لارڈ نذیر احمد کا ''امن کی آشا'' کے بارے میں کہنا تھا کہ اس پر بہتر بات وہ لوگ کر سکتے ہیں جن کا تعلق ہندوستان سے رہا ہے۔ یہ اتنا بڑا معاملہ ہے مگر ایسی صورتِ حال میں پاکستان کی سیاسی قیادت اور عدالتیں کہاں ہیں؟ یہ رقم ''ذرا سوچیئے'' کے اشتہار پر جو صرف جیو پر چلنے کے لیے تھا؟ اگر کسی کو دینا تھا تو اور بھی بہت سے ٹی وی چینلز ہیں۔ معلوم ہوا ہے کہ دو دیگر چینلز کو بھی پیسے دیئے گئے۔ ان میں سے ایک کو کُل 32 ہزار روپے دیئے گئے۔

لارڈ نذیر کا کہنا تھا کہ وہ 4.6 ملین پاؤنڈ کی رقم کے بارے میں یہ نہیں کہنا چاہتے ہیں کہ جنگ / جیو جھوٹ بول رہا ہے مگر وہ یہ ضرور کہنا چاہتے ہیں کہ وہ سچ نہیں بول رہے۔ ابھی یہ معاملات آگے چلیں گے یہ معاملہ برطانوی پارلیمنٹ میں جائے گا اور اس کا مکمل احتساب ہوگا۔

جہانگیر صدیقی اور بابا جی کے کارنامے

اب یہ بات کہ جہانگیر صدیقی کو HSBC بینک کی شاخیں خریدنے کی اس لیے اجازت نہ دی گئی کہ اس کی ایک دیگر کمپنی Azgard-9 کے خلاف SECP میں انکوائری چل رہی تھی۔ یہ کئی سالوں سے زیر التوا تھی کہ ''جنگ'' کے منتظم اعلیٰ نے SECP کو کہا تھا کہ انصاف کریں۔ خود جنگ اور دی نیوز نے 10 دسمبر 2010ء میں جہانگیر صدیقی کے خلاف خبر شائع کی تھی کہ جہانگیر صدیقی

کمپنی لمیٹڈ کے حصص کی قیمت اس لیے گر گئی تھی کہ اس کے چیئرمین جہانگیر صدیقی کا نام ایگزٹ کنٹرول لسٹ میں ڈال دیا گیا تھا اور یہ کہ کارپوریٹ سیکٹر میں اندرونِ خانہ حصص کی فروخت میں جے ایس گروپ نے ملکی تاریخ کا سب سے بڑا فراڈ کیا اور یہ کہ Azgard-9 لمیٹڈ نے اندرون خانہ خریداری کے ذریعے 28 اپریل 2007ء میں 22 روپے سے جولائی 2007ء میں 132 فیصد اضافہ کر کے 53 روپے تک پہنچادی۔ اس طرح نومبر 2007ء سے اپریل 2008ء تک قیمت میں مصنوعی طور پر 174 فیصد کا اضافہ کر کے اربوں روپے کمائے۔ اس رپورٹ پر کوئی کارروائی نہ ہو سکی۔ اس رپورٹ کی تیاری تک کئی افسران تبدیل ہوئے اور کئی خاموشی سے ایس ای سی پی چھوڑ گئے۔ مگر کچھ عرصہ بعد ہی جہانگیر صدیقی اچھے ہو جاتے ہیں جب ان کے بیٹے کی شادی ''جنگ'' کے منتظم کی بیٹی سے ہو جاتی ہے اور دبئی میں ہونے والی اس شادی میں سینکڑوں بھارتیوں کو دبئی مدعو کیا جاتا ہے۔

کہتے ہیں کہ بڑے لوگ ہی بڑے اداروں کو تباہ کرتے ہیں اور بڑے ادارے اور بڑے لوگ مل کر ملکوں کو تباہ کر دیتے ہیں۔ پاکستان کے ساتھ بھی یہی کچھ ہو رہا ہے۔ من پسند افراد کی تقرریاں کی جاتی ہیں اور ادارے تباہ ہو جاتے ہیں۔

جنگ گروپ نے انتخابات میں ن لیگ کو فائدہ پہنچانے کے لیے دباؤ ڈالا

فصیح بخاری کا کہنا ہے کہ اس طرح کی تقرریاں کرنے پر حکومتوں اور سیاست دانوں کو جواب دہ ہونا ہوگا۔ نیب کے چیئرمین کے حیثیت میں ادارہ جاتی دباؤ تھا کہ سابق چیئرمین ایس ای سی پی محمد علی کا نام ایگزٹ کنٹرول لسٹ میں ڈالا جائے۔ نیب کے اعلیٰ عہدیداروں کے ذریعے پریس کو معلومات مہیا کی جا رہی تھی جب بھی کوئی ایسا فیصلہ کرنا ہوتا تھا تو پہلے سے ہی خبر چھپ جاتی تھی اور نیب کی دستاویزات تک اخبارات میں چھپ جاتی تھیں جس سے ادارہ بہت دباؤ میں آجاتا تھا۔ حقیقت میں نیب کے ذریعے مجھ یعنی بخاری پر بہت دباؤ ڈالا جا رہا تھا۔ محمد علی سے خود ملاقات کی گفتگو کی اور وہ ایک مضبوط ریگولیٹر کے طور پر سامنے آیا۔ انہوں نے بتایا کہ ان پر دو سابق منتخب وزرائے اعظم کو گرفتار کرنے کے لیے تو سپریم کورٹ نے بھی کہا تھا اور اس مقدمے میں بھی خاصا

دباؤ تھا لیکن تفتیشی ادارے انتہائی سنجیدگی سے کام کرتے ہیں۔

پاکستان میں کرپشن کی بنیادی وجہ کمزور ادارے ہیں، ریاست کمزور ہے اور دیگر مسائل بھی ہیں مگر پاکستانی میڈیا کا ایک حصہ ریاستی اداروں کو کمزور کرنے میں ملوث ہے۔ کچھ ادارے بھی شامل ہیں جس سے ریاستی ادارے اور خود ریاست کمزور ہو رہی ہے۔ انتخابات سے قبل دھاندلی کے سلسلے میں وزیراعظم کو گرفتار کرنے کے لیے بھی نیب پر بہت دباؤ تھا۔ کہا جاتا تھا کہ وزیراعظم کو گرفتار کرکے تفتیش مکمل کی جائے کیوں کہ ہونے والے الیکشن نزدیک تھے۔ اس کا یقیناً انتخابات پر اثر پڑتا مگر ہمارے پاس ان کو گرفتار کرنے کا کوئی معقول جواز نہ تھا۔ ہم ایسا کچھ ثابت کرنے کی پوزیشن میں نہ تھے کہ بغیر تفتیش مکمل کیے کسی کو گرفتار کر لیا جائے، دباؤ بہرحال بہت آرہا تھا۔

اس گفتگو سے ثابت ہوتا ہے کہ وزیراعظم کو گرفتار کرنے کا مقصد صرف یہ تھا کہ مسلم لیگ (ن) کے لیے راستہ ہموار کرنے کے لیے انتخابات سے قبل دھاندلی کروائی جائے اور اس کے لیے اہم عہدوں پر بھی تعیناتیاں کی جارہی تھیں۔

فصیح بخاری صاحب کو بھی تقریباً یہی بات سمجھ میں آئی تھی جو انتخابات سے قبل دھاندلی کے ضمن میں اوپر تحریر کی گئی ہے۔ فصیح بخاری کا یہ بھی کہنا تھا کہ ان کے صدر کو لکھے گئے خط میں یہی ذکر ہے کہ معاملات کو انتخابات سے قبل دھاندلی کی طرف لے جایا جارہا ہے۔

ایڈمرل فصیح بخاری پر جنگ اور دی نیوز کے دباؤ ڈالنے کے محرکات میں الیکشن سے قبل دھاندلی کے علاوہ SECP کے معاملات پر کنٹرول حاصل کرنا بھی تھا جس میں ایمان دار افسر محمد علی کو راستے سے ہٹا کر اپنے من پسند افراد کی تقرری کرنا تھا۔ نیب کے جونیئر افسروں کے ذریعے دستاویزات چوری کروا کر جنگ اور دی نیوز میں شائع کرانا بھی اس سارے عمل کا حصہ تھا جس سے افسروں کے بارے میں عوامی رائے بدل جاتی اور محمد علی جیسے ایمان دار افسروں کی جگہ من پسند افراد کی تقرری آسان ہو جاتی اور پھر اس طریقے سے دو افراد طاہر محمود اور امتیاز صاحب کو آمنے سامنے لاکر طاہر محمود کی اخبارات کے ذریعے خوب تشہیر کی گئی کہ نہایت قابل افسر ہیں جب کہ امتیاز کے بارے میں منفی پراپیگنڈا کیا گیا۔ بالآخر 26 اپریل 2013ء کو طاہر محمود کو قائم مقام چیئرمین بنوا دیا گیا۔

طاہر محمود کے خلاف مختلف کمپنیوں کے معاملات میں بے ضابطگیوں کے حوالے سے

سندھ ہائی کورٹ میں ایک درخواست دائر ہوئی جس کے فیصلے میں ان کو عہدے سے ہٹا دیا گیا مگر طاہر محمود نے سپریم کورٹ سے اپنے حق میں فیصلہ لے کر دوبارہ عہدہ سنبھال لیا۔ یوں طاہر محمود سنگین الزامات کے باوجود نہ صرف قائم چیئر مین بن گئے بلکہ قوانین کی خلاف ورزی کرتے ہوئے حکومت نے ان کو دوبارہ تین سال کے لیے قائم مقام چیئر مین ایس ای سی پی تعینات کر دیا۔ طاہر محمود نے بیمہ پاکستان لمیٹڈ کے 72.9 ملین جعلی شیئرز جاری کیے جن کی مالیت 73 کروڑ روپے تھی۔ ہالا انٹر پرائز کا مقدمہ روک دیا گیا۔ جعلی شیئرز فروخت کرنا بہت بڑا جرم ہے۔ طاہر محمود کے پاس یہی گیدڑ سنگھی تھی جس کے تحت اس نے جہانگیر صدیقی کے خلاف تمام مقدمات اور تحقیقات کو رکوا دیا جس کے نتیجے میں وہ سندھ ہائی کورٹ سے حکم امتناعی حاصل کرنے میں کامیاب ہو گئے۔

اس طرح کا ایک خریدار کردار ندیم احمد ہے جو احمد اینڈ قاضی لاء کمپنی میں حصہ دار ہے۔ یہی ندیم احمد جنگ گروپ کے مقدمات لڑتے ہیں۔ خود ان پر 17 سال پہلے فوج داری مقدمہ قائم ہوا تھا جو Callmate Telips میں فراڈ کا مقدمہ تھا جس میں عوام کا بہت پیسہ لوٹا گیا۔ ندیم احمد کا نام 4 سال تک اس فوج داری مقدمہ کا حصہ رہا مگر طاہر محمود نے قائم مقام چیئر مین بنتے ہی ندیم احمد کا نام اس مقدمے سے نکلوا دیا اور Azgard-9 کا مقدمہ بھی سرد خانے میں ڈال دیا اور ان کو مکمل قانونی مکتی دلا دی گئی۔ پھر اسی ندیم احمد کو جو جنگ گروپ کے مقدمے لڑ چکا تھا، ایس ای سی پی میں قانونی مشیر کے طور پر تعینات کر دیا گیا۔ دوسری طرف ایس ای سی پی کے ایک کمشنر ظفر عبداللہ اچانک اپنے عہدے سے استعفیٰ دے کر Crossby-Securities کمپنی میں ملازمت اختیار کر لیتے ہیں۔ ذرائع کا کہنا ہے Crossby-Securities اور جہانگیر صدیقی کا آپس میں گہرا تعلق ہے کہ دونوں کے بورڈ پر موجود ڈائریکٹرز ایک ہی ہیں۔ یوں تھوڑے عرصے کے بعد ظفر احمد کو واپس کمشنر ایس ای سی پی بلوا لیا گیا۔ اس طرح Azgard-9 کی تحقیقات ختم ہو جاتی ہیں۔

ان تمام معاملات میں اولاد کا بھی خیال رکھنا ہوتا ہے تو جہانگیر صدیقی اپنے بیٹے علی صدیقی کو اسی سال کے شروع میں 42 کروڑ روپے بونس کے طور پر دیتے ہیں جس پر شیئرز مالکان نے شور مچایا مگر وہ 42 کروڑ روپیہ ڈوب گیا۔ کوئی احتساب نہ ہوا۔ یہ جہانگیر صدیقی کا وتیرہ ہے کہ وہ تمام کمپنیوں سے پیسہ نکال کر انہیں نقصان میں ظاہر کرتا ہے اور شیئرز ہولڈرز کو منافع نہیں ملتا۔

DFIDاور ''جنگ'' گروپ کا مالیاتی اسکینڈل

http://www.thenews.com.pk/today_news_13_19881_pakistani_journalist_arressted_in_London

لندن۔ سینئر صحافی محمد سرور کو لندن پولیس نے ایک خاتون کو جنسی طور پر ہراساں کرنے کے الزام میں گرفتار کر لیا۔ خاتون نے، جس کا تعلق پاکستان سے بتایا جاتا ہے، ایسٹ لندن پولیس کو ایک شکایت داخل کرائی تھی کہ محمد سرور اس کو جنسی طور پر ہراساں کر رہا ہے۔ چیف ایڈیٹر ہفت روزہ ''دی نیشن'' اور کشمیر نیوز کو پولیس نے لی برج روڈ سے مسجد کے باہر سے گرفتار کر لیا جس کی تصدیق مسجد کی انتظامیہ نے بھی کی۔

سکاٹ لینڈ یارڈ کی ایک پریس ریلیز میں بتایا ہے کہ 56 سالہ پاکستانی صحافی کو 29 دسمبر کو ویلتھم نارسیٹ پولیس نے جنسی طور پر ہراساں کرنے کے الزام میں گرفتار کیا۔ سرور کو ایک خاتون کی جانب سے دی گئی درخواست پر گرفتار کیا گیا۔ مذکورہ شخص ایسٹ لندن پولیس کی تحویل میں ہے اور اس سنگین الزام کے بارے میں اس سے تفتیش کی جا رہی ہے۔

لی برج روڈ کی غوثیہ مسجد میں اس وقت 200 کے قریب افراد موجود تھے جب 2 پولیس اہلکار سرور کو گرفتار کرنے کے لیے وہاں پہنچے۔ پولیس اہلکاروں نے سرور کی گرفتاری کے لیے تعاون کی درخواست کی، جس پر مسجد سے ایک اعلان کیا گیا کہ جو کوئی بھی سرور ہے، وہ اپنی گرفتاری کے لیے پولیس سے تعاون کرے تاکہ مسجد کا تقدس پامال نہ ہو۔ اعلان کے بعد وہاں موجود سرور نامی 3 اشخاص کھڑے ہوئے جن میں سے مطلوبہ سرور کو، جو کہ ہفت روزہ اخبار کا ایڈیٹر تھا، گرفتار کر لیا گیا۔ مسجد انتظامیہ کے مطابق پولیس کا کہنا تھا کہ سرور پر صرف الزام لگایا گیا ہے جس کی تفتیش کی

جائے گی۔ تفصیلات کے مطابق، 6 پولیس اہلکار سرور کے ہفت روزہ کے دفتر کے باہر ہفتے کے روز شام 7 بجے آئے۔ عینی شاہدین کے مطابق پولیس اہلکار کچھ دیر تک دفتر کے باہر کھڑے رہے۔ وہ ہر طرح کے آلات سے لیس تھے جو اس طرح کے مقدمات میں استعمال کیے جاسکتے ہیں۔ پولیس کے ساتھ وہ اہلکار بھی موجود تھے جو دروازوں یا تالوں کو توڑنے کا سامان اپنے ساتھ لائے تھے۔ اگلے روز پولیس اہلکار دوبارہ ہفت روزہ کے دفتر آ گئے انہوں نے وہاں موجود سامان کی تلاشی بھی لی، پولیس اس کو اس کے دفتر سے گرفتار کرنے میں ناکامی کے بعد غوثیہ مسجد پر آئی۔ یہ بات بھی یقین سے کہی جاسکتی ہے کہ سرور کی گرفتاری میں پولیس کو مقامی افراد کی مدد حاصل تھی جوان کو سرور کی موجودگی کے بارے میں اطلاعات فراہم کررہے تھے۔ پولیس کا کہنا ہے کہ انہوں نے اتوار کی شام کو سرور کو ہائی بلڈ پریشر کی وجہ سے ہسپتال منتقل کر دیا ہے جہاں وہ پولیس کی تحویل میں ہے اور اس کو طبیعت سنبھلنے پر دوبارہ پولیس سٹیشن لے جایا جائے گا۔

ہاؤس آف لارڈز، 3 دسمبر کو لارڈ نذیر نے ملکہ برطانیہ کی حکومت سے پوچھا کہ میر خلیل الرحمٰن فاؤنڈیشن کے پاس ایسا کیا تعلیمی تجربہ ہے کہ اسے پاکستان میں تعلیمی آگاہی کا منصوبہ سونپ دیا گیا ہے۔

بیرونیز نارتھ اور (Beroaness Northover) کا جواب: میر خلیل الرحمٰن فاؤنڈیشن اپنے آغاز سے ہی پاکستان میں سماجی اور معاشی ترقی کے لیے میڈیا کو سول سوسائٹی اور پالیسی سازوں کو تعلیم کے شعبے سے آگاہی کے لیے کام کررہی ہے، جس میں ٹیلی ویژن، اخبارات اور آن لائن میڈیا کا مؤثر اور بھرپور استعمال کیا گیا ہے۔ فاؤنڈیشن نے دفتروں میں جنسی طور پر ہراساں کرنے کے خلاف بھرپور مہم چلائی ہے۔ اس کے ساتھ اس نے 2010 کے سیلاب میں بھی متاثرہ خاندانوں کی بحالی کے پروگرام کامیابی سے چلائے ہیں۔ فاؤنڈیشن کے اغراض ومقاصد میں پاکستان میں پڑھنے کی موجودہ تعداد بڑھانا بھی شامل ہے۔

لارڈ نذیر کا سوال: پاکستان میں کون سی میڈیا آرگنائزیشن اور تعلقاتِ عامہ کے ادارے DFD کے پاکستان میں آگاہی کے پروگرام پر کام کررہے ہیں؟

بیرونیز نارتھ اور: DFD پاکستان نے بغیر منافع پر چلنے والی میر خلیل الرحمٰن فاؤنڈیشن

اور TSPE کو تعلیم کے بارے میں آگاہی کے کام کے لیے اپنے ساتھ منسلک کیا ہے۔

ایم کے آر ایف نے اس پراجیکٹ کا ٹھیکہ احسن مدارین دیگر میڈیا کمپنیز کو بھی سونپا ہے۔

لارڈ نذیر کا سوال: DFD منصوبہ کا کل بجٹ کیا ہے؟

بیرونیز نارتھ اور: پاکستان میں تعلیم کے پھیلاؤ پروگرام کا کل بجٹ 20 ملین پاؤنڈ ہے جو 2012 تک کے لیے ہے۔ یہ DFD کے پاکستان کے لیے تعلیمی بجٹ کا کل 3 فیصد ہے۔

لارڈ نذیر کا سوال: ''جنگ'' گروپ اور میر خلیل الرحمٰن فاؤنڈیشن کے آپس میں ناتے کے بارے میں حکومت نے کیا اندازے لگائے ہیں؟

بیرونیز نارتھ اور: میر خلیل الرحمٰن فاؤنڈیشن اور جنگ/ جیو گروپ کے آپس میں تعلق کے بارے میں امداد مہیا کرنے سے قبل ہی اس معاملے کو پرکھ لیا گیا تھا۔ ایم کے آر ایف ایک آزاد غیر منافع بخش ادارہ ہے جس کے اپنے بینک اکاؤنٹس اور علیحدہ بورڈ آف ڈائریکٹرز ہے۔ ایم کے آر ایف معاہدے کے مطابق اس پروگرام کو دیگر اداروں کے ذریعے سے آگے بڑھا رہا ہے جس میں پاکستان ٹیلی ویژن، اپنا ٹی وی اور ویب ٹی وی شامل ہیں۔

لارڈ نذیر کا سوال: اس پروگرام کا کنٹریکٹ میر خلیل الرحمٰن فاؤنڈیشن کو کسی مقابلے کے بعد دیا گیا؟

بیرونیز نارتھ اور: یہ پروگرام میر خلیل الرحمٰن فاؤنڈیشن کو اس کی جانب سے دی گئی ایک درخواست کے نتیجے میں دیا گیا۔ DFID ایسے منصوبوں کو فنڈز مہیا کرتا ہے جو غیر منافع بخش اور رضا کارانہ کام کر رہے ہوں۔ اس لیے کنٹریکٹ دینے کے لیے کسی مسابقت کی ضرورت نہیں تھی۔ DFID کے پروگرام کا آزادانہ طور پر مشاہدہ کیا جاتا ہے اور اس کے اکاؤنٹس کی سختی سے مانیٹرنگ کی جاتی ہے تاکہ اس بات کو یقینی بنایا جا سکے کہ برطانیہ کے ٹیکس دینے والوں کا پیسہ غریب لوگوں تک پہنچ سکے۔

ذرا سوچیے

ہمارا مقصد اپنے معاملات کو سامنے لانا ہے جو معاشرے میں موجود عدم توازن اور ناانصافی اور ہماری تقسیم کے ذمہ دار ہیں۔ اب پاکستان میں تعلیمی اصلاحات کی مہم چلا رہے ہیں۔

''جنگ'' گروپ کی میر خلیل الرحمٰن فاؤنڈیشن (MKRF) نے پاکستان میں تعلیم کے فروغ کے لیے 3ارب روپے کی گرانٹ حاصل کی جس کو بعد میں ''جیو'' نیوز کو دے دیا گیا۔ ''جیو'' نے ''ذرا سوچئے'' کے نام سے مہم شروع کی مگر کہیں یہ نہ بتایا کہ گرانٹ DFID سے حاصل کی گئی تھی۔ لارڈ نذیر نے ہاؤس آف لارڈز میں اس گرانٹ کی مخالفت کی اور مختلف سوالات اُٹھائے۔ لندن میں مقیم پاکستانی صحافی سرور نے ہفت روزہ نیشن لندن میں یہ خبر شائع کی۔

بابا جی (میر شکیل الرحمٰن) اس معاملے پر بہت زیادہ حساس تھے۔ انہوں نے سرور پر کام کرنے کے لیے ایک لڑکی کو مامور کیا جس نے بعد میں سرور پر جنسی طور پر ہراساں کرنے کا الزام لگایا۔ جب مقامی پولیس نے ہفت روزہ لندن پر چھاپہ مارا، اس وقت ''جیو'' نیوز کی ٹیم وہاں موجود تھی، جس نے واقع کی بھرپور کوریج کی۔

برطانوی فنڈنگ اور لارڈ نذیر کی کردار کشی

ملک کی بحال عدلیہ سے بصد احترام عرض کرتے ہیں کہ میڈیا ہر کوئی خبر یا سوال اٹھانے کا خدانخواستہ مقصد کسی کی توہین کرنا نہیں ہے۔ جنگ گروپ کی آڈٹ رپورٹس کے مطابق، اسی کمپنی کے ٹریول اخراجات اس کمپنی کے ملازمین کی کل تنخواہوں سے زیادہ ہیں۔

لارڈ نذیر احمد نے بتایا کہ جب سے انہوں نے برطانیہ کے ڈیپارٹمنٹ آف انٹرنیشنل ڈویلپمنٹ کے حوالے سے میر خلیل الرحمٰن فاؤنڈیشن کے بارے میں پارلیمنٹ میں کچھ سوالات کیے ہیں۔ اس کے بعد سے ان کے نام سے کسی نے ٹوئٹر اکاؤنٹ کھولا اور میرا ایک امیج دکھانے کے لیے اس کو ٹویٹ کیا گیا۔ اس میں لکھا گیا تھا کہ حکومت فوری طور پر طالبان سے مذاکرات کرے۔ پھر اسی طرح ایک گندی قسم کی ویڈیو فیس بک پر چلائی گئی۔ اسی طرح ایک خاتون جو کچھ عرصہ قبل جنگ میگزین میں لکھتی تھیں، وہ ذہنی طور پر بیمار ہیں، انہوں نے میرے حوالے سے کچھ الزامات لگائے تھے۔ جب میرے علم میں یہ بات آئی تو ان کے خاندان والوں سے رابطے میں معلوم ہوا کہ یہ سب تو جیو گروپ کر رہا ہے۔ اس وقت سے جب نے پارلیمنٹ میں ان کو برطانوی بین الاقوامی ترقی کے ادارے سے بغیر مسابقت کے فیڈر جاری کرنے کا معاملہ اٹھایا ہے۔ میری

معلومات کے مطابق، MKRF پاکستان میں غربت کے خاتمہ کے پروگرام پر کام کر رہی ہے تو پھر تعلیم کے حوالے سے منصوبے پر اس ادارے کو اتنی بڑی رقم دینا، اس کی بظاہر کوئی وجہ نہیں ہے۔

میں نے پارلیمنٹ میں مطالبہ کیا تھا کہ جنگ گروپ کے چیف ایگزیکٹو آفیسر کو بلوایا جائے تا کہ پتا چلے کہ وہ کس طرح سے میر خلیل الرحمٰن فاؤنڈیشن کے بھی چیف ایگزیکٹو ہیں۔ لارڈ نذیر احمد کا کہنا تھا کہ وہ جنگ گروپ کے بارے میں بڑی اچھی طرح سے جانتے ہیں کہ اپنے کارکنان کو پوری تنخواہیں دیتے۔ جو لوگ کئی کئی سال سے جیو کے ملازمین ہیں ان کو تنخواہ ہی نہیں دی جا رہی جو وہ قانونی طور پر ادا کرنے کے پابند ہیں اور اگر حکومت اس قسم کی کمپنی کے ساتھ کام کر رہی ہے تو پھر پارلیمنٹ میں اس بارے میں سوالات اٹھانے کا پورا حق رکھتا ہوں۔ جہاں تک مجھ پر جنسی طور پر ہراساں کرنے کا الزام ہے تو جو خاتون ہیں، میں ان کی اور ان کے خاندان کی بڑی عزت کرتا ہوں اور ان کو اس مسئلہ میں ملوث نہیں کرنا چاہتا ہوں، مگر جو ویڈیو میرے نام کا ٹویٹر اکاؤنٹ بنا کر چلائی گئی ہے، اس کا تعلق تو جیو کے لندن میں رپورٹر نے ایک انٹرویو میں کیا تھا تو پھر جب اس ویڈیو ٹیپ کے بارے میں رابطے کیے تو سارے معاملات میر خلیل الرحمٰن فاؤنڈیشن کے بارے میں کیے گئے سوالات سے جڑ جاتے ہیں۔

MKRF کو غیر شفاف طریقے سے ٹینڈر ملا

اب جنگ / جیو گروپ کے ٹیکس ریٹرن پر بات کریں تو جو ایڈورٹائزنگ اور پبلسٹی کا بجٹ 55 کروڑ روپے ظاہر کیا گیا ہے۔ یعنی اپنے ہی چینل پر چلنے والے پروگرام کا اشتہار اسی کمپنی کے اخبارات میں شائع کرنے کا معاوضے کو بھی کمرشل اکاؤنٹ کیا جاتا ہے، مگر کیا DFIF کو اس بات کا علم تھا کہ اس طرح سے روپیہ کا کمرشل استعمال ہو رہا ہے۔ دوسرا معاملہ ہے کہ MKRF کو کل کتنی رقم DFID سے دینے کا معاہدہ ہوا ہے کیوں کہ جنگ گروپ کا کہنا ہے انہوں نے 9 لاکھ پچاس ہزار پاؤنڈ لیے ہیں، جب کہ اطلاعات کے مطابق یہ پروگرام 2015ء تک چلے گا اور اس کی کل رقم 20 ملین پاؤنڈ ملے گی۔ اب باقی رقم کس طرح سے آئے گی اور کس طرح خرچ ہوگی اور کہاں کوئی External Auditor تعینات کیا گیا ہے۔ DFID کا دعویٰ ہے کہ MKRF کو شفاف

طریقے سے ٹینڈر کے لیے چنا گیا تو MKRF اور تین کمرشل آرگنائزیشن یعنی جیو/ جنگ/ نیوز کے پتے ایک جیسے ہیں، ان کے ٹیلی فون نمبرز بھی وہی ہیں اور ان کے ایگزیکٹوز بھی تو وہی ہیں تو کیا پھر یہ مفادات کے ٹکراؤ کا معاملہ نہیں ہے۔ کیا اس طرح کے سوالات پوچھنے پر زبان بندی ہونی چاہیے کیا توہین عدالت کا نوٹس ملنا چاہیے۔ لارڈ نذیر کا کہنا ہے کہ ان کے بارے میں جاری کی گئی ویڈیو پاکستان سے اپ لوڈ کی گئی اور اس کے لیے میڈیا کمیشن کے نام سے اپ لوڈ ہوئی۔ پھر لائیکا فون کی سم کال خریدی گئی اور اس سے ٹیکسٹ میسج بھجوائے گئے۔ لائیو کا کمپنی سے جب معلوم کروایا تو ان کا کہنا تھا کہ جس سم سے پیغامات بھجوائے گئے، وہ سم رجسٹرڈ ہی نہیں ہے۔

لارڈ نذیر نے اپنے اس عزم کو دہرایا کہ MKRF کو ملنے والے DFID فنڈز کی مکمل چھان بین کرائیں گے۔ ان کا کہنا تھا کہ میڈیا گروپ بڑا ہو یا چھوٹا، اس کو عزت و احترام کے دائرہ میں رہنا چاہیے۔ یہ بچوں والی حرکتیں ہیں کہ جعلی ویڈیو کو فس بک پر چڑھا دیں۔ یہ اگر بدمعاشی ہے تو پھر بھی کوئی بات نہیں کہ اس طرح کی حرکتوں سے ان کی چوری تو چھپ نہیں سکے گی۔ ''امن کی آشا'' پر بھی ہمیشہ کھل کر اور ثبوت کے ساتھ بات کی ہے کہ اس کے پیچھے کون لوگ ہیں اور 20 ملین پاؤنڈ کے حوالے سے معاملے کے فنڈ تک جائیں گے اور برطانوی پارلیمنٹ سے سوالات پوچھنے کا سلسلہ جاری رہے گا۔

کوئی بھی کمرشل آرگنائزیشن مفت کا کام یا کوئی کام کسی کی محبت میں نہیں کرتی۔ اگر محبت سے کر رہی ہوتی تو سیاست دانوں پر کیچڑ نہ اچھالتی۔ وہ کبھی فوج پر تنقید نہ کرتی اور نہ ہی مختلف سازشوں میں ملوث ہوئی یہ سب معاملات پیسے کی وجہ سے ہیں۔

''ذرا سوچیے'' ہمیں کیا پڑھنا ہے!

ہمارے نیوز چینلز کے لیے کرینہ کپور کی سیف علی خان کے بچوں سے دوستی کی خبر بہت اہم ہے، (لاحول والا قوۃ الاباللہ) یعنی جس کے خلاف ہم لڑ رہے ہیں، جن فرسودہ باتوں کے خلاف جہاد کر رہے ہیں، ان کو ہمارے نیوز چینل خبر بنا کر نشر اور شائع کر رہے ہیں۔ یہی خبر بظاہر پاکستانی معیشت، سیاست اور ثقافت سے زیادہ اہم طور پر بیان کی جا رہی ہے ہمیں اس پر

شدید احتجاج کرنا چاہیے ایسی فضول خبروں کا بائیکاٹ کرنا چاہیے۔ انٹرٹیمنٹ میں پہلے اپنا تھیٹر، فلم، میوزک، ثقافت اور آرٹ کلچر دکھائیں، فوک میوزک دکھائیں، پھر وقت بچے تو اس طرح کی خبریں بھی دکھائیں۔

تاہم، یو ایس ایڈ کی جانب سے جنگ گروپ/ جیو اور میر شکیل الرحمٰن کو ملنے والے فنڈز پر بات کریں یا یو ایس ایڈ اور برٹش ایڈ کے فنڈز کی جو تعلیم کے فروغ پر خرچ ہو رہے ہیں تو یہ بات سامنے آتی ہے کہ ملک میں بڑی عجیب عجیب چیزیں سامنے آ رہی ہیں۔ ڈاکٹر محمد سلیم کے مطابق، میڈیا میں بہت اشتہار آ رہے ہیں کہ یو ایس ایڈ ایجوکیشن سیکٹر میں بہت کام کر رہا ہے اور اس میں نصابِ تعلیم میں اصلاحات کی بھی بات کی جا رہی ہے جو کہ

(SRHR) Sexual and Reproductive Health Rights کے حوالے سے سامنے آ رہی ہے، اس سے بظاہر لگتا ہے کہ شاید صحت عامہ کے حوالے سے گفتگو ہو گی، مگر بنیادی طور پر اس میں چار چیزیں ہیں جن میں جنس، جنسی صحت اور جنسی حقوق پر زور دیا جا رہا ہے۔ ان تمام حقوق کی تعریف اقوامِ متحدہ دے چکا ہے اور اس پر ایک رپورٹ بھی موجود ہے۔

پروگرام ''کھرا سچ'' میں ''جیو'' ٹی وی کی پلانٹڈ پریس کانفرنس کا منہ توڑ جواب

جیو جنگ کے جواب دینے کی بجائے اوچھے ہتھکنڈے

عماد خالد نے جو دھواں دار پریس کانفرنس کی، بار بار اس میں کہا کہ ابھی وہ پیسے لے کر پریس کانفرنس نہیں کر رہے نہ ہی کسی سے ملے ہوئے ہیں۔ عماد خالد کی کچھ ٹیپس میرے پاس بھی پڑی ہوئی ہیں جن کی فرانزک رپورٹ کے لیے انہیں ایف آئی اے کو بھجواؤں گا۔ اس میں ایک طرف عماد خالد کی آواز ہے مگر دوسری طرف بڑے خوفناک آوازیں ہیں جن کا فرانزک ٹیسٹ بھی ہونا چاہیے مگر وہ جانی پہچانی آوازیں ہیں۔ یہ میر شکیل الرحمٰن کے لیے لمحہ فکریہ ہے کہ دوسری طرف جو آوازیں ہیں وہ جنگ / جیو گروپ کے لوگوں کی آوازیں ہیں۔ عماد خالد سے ان کی گفتگو کی آواز ہیں۔ عماد خالد نے پوری منصوبہ بندی کی گئی کہ کسے گاڑی دینی ہے، کسے بنگلہ دینا ہے، کسے کمرا دینا ہے، کہاں پر آنا اور کیا کرنا ہے۔ کون کس وقت کہاں ملے گا۔ کون سے میر صاحب نے کیا ہدایات دی ہیں، تاہم بعد میں اس کی تردید کی جاتی رہی ہے۔ میر صاحب، آپ نہیں جانتے یہ لوگ ایسے ہی ہوتے ہیں۔ ہر ایک پر اعتبار نہیں کرنا چاہیے۔ آپ کے ساتھ تھے مگر آپ کے بندوں کی جتنی فون کالز آئیں ان کو خود ریکارڈ کرتے رہے۔ کسی دوسرے کو ریکارڈ نہیں کرنا پڑیں۔ کسی کو چوری نہیں کرنا پڑی۔ بعد میں انہوں وہی ٹیپس اپنے چند خاص رفقائے کار کو مہیا کر دیں کہ اگر انہیں کبھی

کچھ ہوجائے اور یہ چینل میرے سے پیچھے ہٹ جائے یا انعام دینے سے انکاری ہوجائے تو پھر یہ ٹیپس منظرِ عام پر لائیں۔ میر صاحب آپ سے صرف اتنی درخواست ہے کہ جو کہیں سچ تو کہیں۔ اجمل قصاب کو جس طرح آپ نے ڈھونڈ لیا تھا، اسی طرح میرے متعلق بھی بتانا شروع کردیں کہ خدانا خواستہ میں کسی گستاخ رسول کو بچانے کی کوشش کررہا ہوں۔ میں جھوٹے نبی پر لعنت بھیجتا ہوں۔ میں نہ صرف حضورﷺ سے عشق کرتا ہوں بلکہ صحابہ کرامؓ، اہل بیتؓ وہ سب میرے دل کے اندر ہیں۔ ہماری تو جان ان کے لیے حاضر ہے۔ کوئی گستاخ رسول تو بڑی دور کی بات ہے کوئی گستاخ اہل بیت آجائے، کوئی گستاخ صحابہ آجائے، ہم اس سے بھی لڑنے کو تیار ہیں۔ الحمدللہ، ہمارا مذہب، ہمارا ایمان بہت واضح ہے مگر جیو گروپ کے چند سینئر ایگزیکٹوز کی جو گفتگو عماد خالد نے ریکارڈ کی اور یہ ثبوت ہے، اس خانہ ساز پریس کانفرنس کا۔ کیوں کہ ہر چیز پر بات ہوتی تھی جو ریکارڈ پر ہے کہ کیسے کیا کیا ہوا۔ گاڑی کہاں آئے گی۔ کمرا چاہیے یا نہیں چاہیے۔ کیا کیا بات ہوئی، سب موجود ہے اس ٹیپ میں۔

1- پہلی کال:

گاڑی کا بندوست کروں۔

کس گاڑی کا؟

بھجوانے کے لیے

ہم اسی گاڑی میں بیٹھ گئے ہیں۔

ارے واہ بھئی واہ......

آج تو Autopilot پر معاملہ لگا ہوا ہے۔

اچھا اچھا، اچھی بات ہے...... ہاہاہاں۔

اگر کبھی ایسا ہوا تو آپ پہلے مجھے پندرہ بیس منٹ پہلے نکلنے سے پہلے بتادیں گے......

میں آپ کو ضرور پہلے بتاؤں گا اور صرف یہ کہ آج انشاءاللہ جو ہے نہ آپ کے ادارے کی بڑے والی گاڑی آئی ہوئی تھی......

جی جی وہ انتہائی بحالت مجبوری راستے میں جب وہ آیا۔ میں بولا بھائی یہ پرنٹ والی نہ

لے جانا......آئندہ......

احتیاطاً میں نے اس کو تھوڑا آگے کھڑا کر دیا تھا۔

بحث کرالی تو انشاء باقی سب خیر ہے، نہیں نہیں وہ آئندہ نہیں ہوگا۔

اصل میں ہوا یہ کہ آج جن صاحب نے بھیجی، وہ نئے ہیں۔ عدنان جو ہیں۔ ورنہ احمد جو ہیں ان کو میں نے بتایا تھا بھائی الگ تھلگ ہے سارا معاملہ ٹھیک ہے۔

انشاء اللہ آج بڑی زبردست ملاقات ہوئی اور جو وہ بڑے والے صاحب ہیں۔ بوڑھے صاحب ان سے تو ملاقات نہیں ہوسکی، کیوں کہ ہماری مصروفیت ایسی ہوگئی تھی تو انشاء اللہ وہ کہہ رہے تھے کہ کل پرسوں ملاقات کریں گے بس دعا کریں......

بالکل......

اور اس ڈرائیور سے میری بات کرا دیں۔ تو پھر ان کو پتہ رہتا ہے کہ میں کسی خاص کام کے لیے کر رہا ہوں۔ جو میں ان کو نہیں بتا سکتا۔

بالکل ٹھیک ہے۔ بالکل ٹھیک ہے۔ Hourly Basis پر ہے؟

ہاں یہ Hourly Basis پر ہوتا ہے۔

چلیں الحمد اللہ مجھے تسلی ہوگئی۔

آپ Recpetion پر آجائیں گے تو گراؤنڈ فلور پر......

جی جی۔

تو ہمارے ایڈمن کالڑ کا اظہر جعفری ہے اس کا نام......

اظہر جعفری......ٹھیک......

وہ آرہا ہے نیچے۔ وہ آپ کو گیسٹ ہاؤس لے جائے گا۔ اس کو نہ آپ کے بارے پتہ ہے اور نہ کچھ ہے۔

بالکل ٹھیک ہے۔

اور نہ کچھ اور ہے بس آپ ساتھ چلتے جائیں۔

سمجھ گیا۔ سمجھ گیا۔

بس آپ اس کے ساتھ چلیں جائیں تو گیسٹ ہاؤس دیکھ لیں۔

2- دوسری کال:

السلام علیکم

وعلیکم السلام

جناب کیا حال ہے۔آپ خیریت سے ہیں، ٹھیک ہیں۔

جی جی اَللہ کا شکر۔

ہماری گپ شپ تو ہوئی ہے ماشاء اللہ بھائی سے۔اچھا ذرا اس سے مشورہ کرلیں۔ اس سے یہ مشورہ کریں کہ ابھی ہم جو یہ Documented چیز بنا رہے ہیں ناں۔اس میں یعنی اس کی Timing کیا ہوگی، کیوں کہ آگے دو تین اور کام کرنے ہیں ناں جو اس سے زیادہ ضروری ہیں۔

جی بالکل صحیح۔اگر میرے خیال میں عثمان بھائی خود ان سے معلوم کرلیں تو زیادہ بہتر نہیں ہے؟

چلو ٹھیک ہے، میں عثمان کو بول دیتا ہوں۔

اس کی وجہ یہ ہے کہ Content بھی دیکھ رہا ہے اس لیے۔

ہاں بالکل بالکل۔ٹھیک ہے۔

وہ خود کرتا رہے گا اور فوراً فوراً جواب ملتا رہے گا۔

بالکل ٹھیک ہے۔

تو جناب والا اللہ خوش رکھے میری بات ہوگئی۔عثمان صاحب سے ان کا فون آگیا تھا۔

جی بالکل آپ نے مجھے بتایا۔

وہ مجھے کہہ رہے تھے کہ جواد بھائی کی بھی آپ سے بات ہوگئی ہے۔میں نے کہا جی ہو گئی تو وہ کہہ رہے تھے کہ بس آپ کے Arrangements کرنا ہیں تو وہ جواد بھائی Coordinate کریں گے تو میں نے کہا کہ ہاں جی میں انشاء اللہ جواد بھائی سے بات کرلوں گا۔تو بس انشاء اللہ بس ہم آپ کی کال کے لیے انتظار کررہے ہیں جیسے ہی آپ کو فرصت ملتی ہے ناں۔

جی جی……اس پر تو میں ہوں ہی۔

میں نے جو ہمارے پاس ایڈمن میں ایک صاحب ہیں میں نے ان کو لگا دیا ہے۔
تین جگہ کی بات سنی ہے ان سے میں نے۔ ان سے کہنا آپ مجھے ایک تو کسی ہوٹل پر کر کے دیں۔

ٹھیک ہے۔

کہ کچھ ایسا کہ اگر ہم Monthly Basis کے اوپر کمرا ایسا لے لیتے ہیں جو ایک کمرا اور لاؤنج کے ساتھ روم ہو۔ لاؤنج بھی بے شک نہ ہو۔ صرف ایک کمرا ہو اچھا بڑا کمرا اور ایک اچھا باتھ روم بس۔ صاف شفاف باتھ روم۔

وہ تو ہم جگہ آپ سے دیکھیں گے ناں، تو اگر آپ مناسب سمجھتے ہیں تو آپ ایڈمن والے بندے کے ساتھ جتنا بھی State Work ہے نا آگے پیچھے۔ بھاگم بھاگ اگر آپ چاہیں تو اس میں بھی ہم آپ سمجھتے ہیں کہ مناسب ہے کہ اس سٹیج پر Enter ہو تو ہم وہ بھی کرنے کے لیے تیار ہیں لیکن اگر آپ چاہتے ہیں کہ آپ Initial Work کر کے دے دیں اور آپ کے ساتھ جائیں دیکھئے تین، چار جگہ تو وہ بھی آپ انشاء اللہ جیسے بہتر سمجھتے ہیں، ہم چلنے کو تیار ہیں۔

جی جی اللہ کا شکر ہے، دو جگہ دیکھ لیں ایک جگہ اس میں ماشاء اللہ بالکل ٹھیک ہے اور وہ میں نے اظہر بھائی کو بتا دیا ہے کہ بک کر لیں۔

3- تیسری کال:

جی جی، اللہ کا شکر ہے الحمدللہ۔

بزرگ کا میسج آیا تھا، کہہ رہے تھے آٹھ بجے آئیں۔

جی جی، میں پہلے آپ کے لیے بندوبست کر رہا تھا۔ اس کے بعد میں نے کہا کہ آپ کو......

جی جی، بڑی مہربانی، بہت شکریہ......

آپ کو تھوڑی دیر میں کال کرلے گا۔ یا میں آپ کو کال کر کے آپ کو نمبر دوں گا۔

بہت شکریہ، اللہ خوش رکھے۔

اور اگر بس سے میٹنگ ہو جائے نا 5-10 منٹس کی۔

جی جی، میں ان کو آپ کا میسج دے دوں گا کہ ادھر بیٹھے ہوئے ہیں۔

بالکل بالکل، آنا چاہیں تو آجائیں۔

ان کو بولیں کے ان کے ARY والے دوست کے بارے میں ان کو کچھ بتانا ہے......

اچھا ٹھیک ہے۔

ARY والے دوست کے بارے میں ان کو کچھ بتانا ہے۔

ٹھیک ہے، میں بتادیتا ہوں۔

Ok, Ok۔مہربانی، مہربانی۔

اللہ حافظ

4۔ چوتھی کال:

السلام علیکم۔

وعلیکم السلام۔

عماد بھائی، ابراہیم صاحب کہہ رہے ہیں کہ کچھ نہ کچھ Funny Element مس ہے۔

آپ کی آواز کٹ رہی ہے۔

عماد بھائی ابراہیم صاحب کہہ رہے ہیں کہ ایک فنی ایلیمنٹ مس ہے۔

آپ کی آواز کٹ رہی ہے، دوبارہ بولیں۔

ابراہیم صاحب کہہ رہے ہیں کہ ایک فنی ایلیمنٹ مس ہے۔

....

میر شکیل الرحمٰن صاحب، یہ سب تو ہونا ہی تھا میرے ساتھ کہ آپ کے خلاف کفن باندھ کر نکلا ہوں۔ تحقیقاتی جرنلزم کر رہا ہوں۔ کدو نہیں بیچ رہا، برف نہیں بیچ رہا۔ میں بھی اپنی تیاری کر کے بیٹھا ہوں۔ بس میرے سوالات کا جواب دے دیں۔ غلط سوال ہوئے تو خود معافی مانگ لوں گا۔

مجھے بتائیں، اس ملک کے شہری کی حیثیت سے، ایک ٹیکس ادا کرنے والے کی حیثیت سے کہ آپ کو انڈیا سے پیسے آئے کہ نہیں آئے۔ انگلینڈ سے آئے۔ وہ کیوں آئے؟ امریکہ میں جو

پیسے لیے تو ان کا کیا استعمال ہوا؟ کیا یہ سارے پیسے ٹیکسوں میں ظاہر کیے جا رہے ہیں یا نہیں؟ غیر قانونی طور پر بھارتی فلمیں کیوں آئیں اور ان پر کتنا ریونیو دیا گیا؟

یہ صرف سوالات ہیں، میں کسی کی ذات پر کوئی الزام نہیں لگا رہا۔ میں اجمل قصاب نہیں ہوں اور نہ ہی میں بھارتی جیل میں بند ہوں کہ میرے اوپر کوئی الزام لگاتا جائے اور میں اس کا جواب نہ دے سکوں، میں جواب دے رہا ہوں اور (باباجی) آپ کے جوابات کا شدت سے منتظر ہوں۔

یہ 20 نومبر کو 45 منٹ دورانیہ کی ایک پریس کانفرنس ہوئی اور اس کے بعد سڑکیں سنسان ہوگئیں۔ میرے خلاف اور زید حامد کو رسوا کرنے کے لیے فواد نامی ایک گمنام بندے سے بہت لمبی پریس کانفرنس کروائی گئی جو صرف بابا کے چینل نے تقریباً 45 منٹ کور کی۔ بار بار قسمیں کھائیں کہ اس میں کوئی ملی بھگت نہیں۔ اللہ کا کرنا یہ ہوا اسی رات میں نے اس فرضی شخص کی فون کی ٹیپ ٹی وی پر سنوا دیں۔ بھانڈا پھوٹ گیا۔ اگلے ہی روز باباجی کے دونوں اخبارات سے اس کی کوریج نہیں دی۔ یہ باباجی کے لیے بہت پریشان کن اور شرمندگی کی بات تھی اس بری طرح Expozl ہو جانا۔ وہ دن اور آج کا دن بابا پاکستان واپس ابھی تک نہیں آئے۔ ان تمام ٹیپس کا ذکر کرنا جو بعد میں ''کھرا سچ'' پروگرام میں سنائی گئیں۔ اس پریس کانفرنس کا ڈرامہ لگانے کے لیے میڈیا کے بڑے بڑے سینٹر ایگزیکٹو کام کر رہے تھے۔ اس کا ثبوت وہ فون کالز ہے، (فون پر بات) جو درج ذیل ہے:

مولانا طاہر اشرفی اور عماد خالد کی ٹیلیفونک گفتگو:

عماد خالد: السلام علیکم ورحمت اللہ وبرکاتہ۔

مولانا طاہر اشرفی: وعلیکم السلام۔ کیا حال ہیں؟ آپ خیریت سے ہیں؟

مولانا طاہر اشرفی: بالکل پہچان لیا۔ آپ تو ایسے غائب ہوئے تھے بالکل ہی۔

عماد خالد: جناب، غائب اس لیے ہوئے تھے کہ اپنے عزیز کے خلاف سپریم کورٹ

میں مقدمہ دائر کر رہے تھے۔آپ کے عزیز حشمت علی، حبیب صاحب کے ساتھ مل کر۔

مولانا طاہر اشرفی: اچھا اچھا، واہ واہ۔

عماد خالد: اور کل دائر کر دیا اور الحمدللہ نیوز رپورٹس بھی چلنا شروع ہوگئی ہیں۔ٹی وی پر اور دو چینلز نے بھی دکھایا ہے۔ بغاوت کا مقدمہ ہے۔

مولانا طاہر اشرفی: ماشاءاللہ بڑی اچھی بات ہے عماد بھائی۔

عماد خالد: اور اس کی ابھی۔ ابھی تین چار دن کے بعد پتہ لگے گا کہ وہ Accept کرتے ہیں کہ نہیں کرتے وہ ابھی اسکروٹنائز ڈ چیک کر رہے ہیں اس کا ایک طریقہ کار جو ہوتا ہے نا سپریم کورٹ کا......

مولانا طاہر اشرفی: صحیح ہے، صحیح ہے۔

عماد خالد: اس کے بعد وہ والا کام کرنا ہے جو آپ نے جس کا ذکر 22 جولائی والے پروگرام میں کیا تھا۔ وہ دوسرا کیس بنے گا۔ وہ دوسرا کیس کیا آپ سمجھ گئے......؟

مولانا طاہر اشرفی: بالکل......بالکل۔صحیح ہے۔

عماد خالد: اس کے لیے آپ جیسے حضرات کی ظاہری بات ہے، ضرورت پڑے گی۔

مولانا طاہر اشرفی: انشاءاللہ۔

عماد خالد: اور آپ نے ماشاءاللہ جو ایک فضا قائم کی ابھی، الحمدللہ دوبارہ میڈیا پر آ کر۔ آپ کا میں نے ماشاءاللہ وہ کربلا کا پروگرام دیکھا تین بار۔ وہ کیپٹل ٹی وی پر ماشاءاللہ بڑا مزہ آیا دیکھ کر۔ آپ نے جو بات کی ماشاءاللہ۔

اور اب یہ علماء اور مفتیان والا یہ جو نگر ہے نا۔ اس نگری میں آپ نے ہمیں لے کر چلنا ہے۔

مولانا طاہر اشرفی: انشاءاللہ۔ انشاءاللہ۔ اللہ خیر کرے گا۔

....

یہ جن جواد ملک کا ذکر ہوا ہے، وہ جیو ٹی وی کراچی سے ہیں۔ لاجسٹک ڈیپارٹمنٹ سے ہیں۔ ان کا نمبر 03222007911 استعمال ہوا۔ ایم عثمان، نیوز ڈیسک کے انچارج ہیں اور ان

کا جیو تیز سے تعلق ہے اور 0308-22023896 اور Content دیکھتے ہیں۔ سلیمان اس کھیل کا بہت اہم کردار ہے۔ یہ ایگزیکٹو آفیسر ہیں اور میر شکیل الرحمٰن کے خاص بندے ہیں۔ 0300-8299448۔ اظہر جعفری ایڈمن آفیسر ہیں۔

پروفیشنل آڈیٹر خالد انصاری، جو اٹھارہ سے 20 سال تک جنگ، جیو گروپ کی 20 سے 22 کمپنیوں کا آڈٹ کرتے رہے ہیں، کا کہنا ہے کہ جیو، جنگ گروپ کی آڈٹ رپورٹ پر یقیناً سوال بنتے ہیں اور ان کے جواب بھی ملنے چاہئیں۔ یہ ایک مشینی عمل ہوتا ہے اور مسلسل جاری رہتا ہے۔ مگر سنجیدہ نوعیت کے اعتراضات ادارے کے متعلقہ لوگوں تک پہنچائے گئے جہاں انہوں نے اتفاق کیا ہم خاموش ہو گئے مگر جہاں انہوں نے اتفاق نہ کیا۔ صحیح جواب نہ ملے تو اس کو آڈٹ رپورٹ میں لکھ دیا گیا۔

جواب نہ ملنے پر مشکلات پیدا کی گئی تو معاملہ عدالت میں چلا گیا۔ مگر المیہ یہ ہے کہ جہاں تک عدالت پہنچ گئی یا جس کا فیصلہ محفوظ ہو گیا وہ فیصلہ 7 ماہ ہو گئے، سنایا نہیں جا رہا۔ بار بار درخواست بھی کی گئی مگر محفوظ فیصلہ سنایا نہیں جا رہا۔ ان کا کہنا ہے جیو اور جنگ کے آڈٹ اور اکاؤنٹس میں بہت زیادہ بے ضابطگیاں جو کے اب سامنے آنی چاہئیں، مگر بلی کے گلے میں گھنٹی کون باندھے؟

یہاں یہ ثابت ہوا کہ ایک انتہائی بھونڈے اور مکروہ طریقے سے بابا جی نے عماد خالد سے مکمل جھوٹی اور بے بنیاد پریس کانفرنس کروائی اور عوام اور دیگر ممالک میں جھوٹا پروپیگنڈہ کیا۔ مجھ پر جھوٹے الزام لگائے گئے اور چند گھنٹوں کے اندر اُن کی زرد صحافت بے نقاب ہو گئی۔ اس کے بعد بابا جی بمع اہل و عیال دبئی بھاگ گئے اور آج تک وہیں ہیں۔ اتنا سنگین جھوٹ پکڑا جانے کے باوجود کوئی معافی یا وضاحت سامنے نہیں آئی بلکہ ڈھٹائی سے مجھ پر مزید عدالتوں میں الزام تراشیاں کی گئیں۔ بہرحال جسے اللہ رکھے اُسے کون چکھے لیکن کیا یہ بابا جی اور "جیو" ٹی وی کے جھوٹے ہونے کا مکمل ثبوت نہیں! مگر نہ تو کوئی سوموٹو نوٹس لیا گیا اور نہ ہی حکومتی اداروں کی جانب سے کوئی کارروائی ہوئی۔

اخلاقیات کا درس اور اپنا ہی دامن داغ دار

''امن کی آشا'' والوں اور ''را'' کے دوستوں اور حامیوں کو یہ بتانا ضروری ہے کہ بھارتی خفیہ ایجنسی "Research and Analysis Wing" (RAW) کے متعلق خود ہندوستانیوں کی کیا رائے ہے۔ 300 سکھوں کا ایک وفد پاکستان یاترا پر آیا۔ اس وفد کے ایک رکن سردار منموہن سنگھ نے ARY کے فیصل آباد کے رپورٹر کو جو بتایا وہ درج ذیل ہے۔

من موہن سنگھ (چیئر مین ورلڈ مسلم سکھ کرسچین فیڈریشن)

پاکستان جنوبی ایشیا کے اندر، دنیا کی سب سے بڑی ایٹمی قوت بن چکا ہے۔ اس کو تباہ کرنے کے لیے یورپی ممالک کی ایجنسیاں بھی زور لگا رہی ہیں۔ انڈیا کی ''را'' اور روس اور ان جیسے دوسرے ملک نہیں چاہتے کہ پاکستان میں امن ہو۔ روس سے علیحدہ ہو کر جو ملک بنے، ان کے نوجوان بچے انڈیا پڑھتے جاتے ہیں تو انہیں تربیت دے کر پاکستان بھیجا جاتا ہے کیوں کہ ان کے چہرے، زبان اور لہجے پاکستانیوں جیسے ہوتے ہیں۔ وہی دہشت گردی پھیلا رہے ہیں۔ ایسا کبھی نہیں ہوسکتا کہ کوئی سچا مسلمان کسی چرچ یا اپنی ہی مسجد کو اڑا دے۔

سردار من موہن سنگھ، آپ چوں کہ سکھ ہیں اور سکھ سچے ہوتے ہیں، اس لیے آپ نے سچ بول کر ''را'' کا بھانڈا پھوڑ دیا ہے۔ مگر پاکستان میں ایسے لوگ ہیں جو کوشش کر کے دنیا کو فوٹیج دکھا کر یہ بتاتے ہیں کہ اجمل اسی گاؤں کا ہے جو پاکستان میں ہے، پورا نام اجمل قصاب بھی نہیں لیتے۔

سردار موہن سنگھ کہتے ہیں کہ ”را“ سب کچھ کروا رہی ہے اور یہاں لوگ امن کی آشا چلا رہے ہیں۔

سردار منموہن سنگھ کی یہ خبر پاکستان کے کسی اخبار میں شائع نہ ہوئی کہ وہ کوئی کترینہ کیف کی طرح خوش شکل نہیں اور نہ ہی ان کی ساڑھی میں سے کمر نظر آتی ہے، اچھے ٹھمکے بھی نہیں لگا سکتے۔ پاکستان کے پرنٹ میڈیا کی اکثریت کو بڑا زعم ہے کہ وہ اخلاقیات کے ٹھیکیدار ہیں، مگر ان کی کمائی کے ذرائع کیا ہیں، کس طرح کے ہیجان انگیز اشتہار شائع کر کے وہ نوجوان نسل کو نفسیاتی اور جذباتی طور پر تباہ کر رہے ہیں۔ آپ نے ایسے اشتہارات ضرور دیکھے ہوں گے مگر شاید نوٹس نہ کیا ہو کہ ورنیکلر پریس کے ڈائجسٹوں میں کیا اشتہارات شائع کیے جاتے ہیں۔ مثلاً اولاد کا نہ ہونا، جادو ٹونہ، گھریلو جھگڑے، محبوب آپ کے قدموں میں، میچوں کا رزلٹ، قرآنی آیات سے تمام مسائل کا حل، چھوٹے قد کا علاج، نسوانی حسن میں اضافہ، کستوری خاص، شادی کورس وغیرہ وغیرہ پر اشتہارات خاص طور پر اردو اخبارات میں اور ایک آدھ انگریزی اخبار میں بھی شائع ہوتے ہیں۔ انتہائی بے شرمی اور ڈھٹائی سے۔ مگر کیا کوئی ان کو روکنے والا ہے، کیا ہماری قدریں مر چکی ہے، ہم صرف اسلام کا نام ہی لینے والے لوگ ہیں۔ کیا قرآن مجید میں یہ چیزیں حرام نہیں ہیں، جادو ٹونہ وغیرہ؟ کیا ان اشتہارات کو چھاپنے والوں کی کمائی حلال ہے؟ میرے نزدیک حلال نہیں ہے۔

اخلاقیات کا درس دینے والے یہ پرنٹ میڈیا والے بتاتے ہیں کہ وزیر اعظم کو کیا کرنا چاہیے، کابینہ کو کیا کرنا ہے، کرپشن کیسے ختم کرنی ہے۔ اس طرح کے اشتہار شائع کرنا کرپشن نہیں ہے؟ کیا یہ کمائی حرام نہیں ہے؟

عارف بھٹی کا کہنا ہے کہ رزق حلال عین عبادت ہے۔ ضرورت کے لیے سب کمائی کرتے ہیں۔ اگر حلال ہے تو اللہ کا انعام ہے۔ ناجائز ہے تو اس کا حساب دینا ہے۔ انسان کا اگر اللہ پر بھروسا نہ رہے تو دولت کمانے کی ہوس اس کو شیطانی کاموں کی طرف لے جاتی ہے۔ عامل، نجومیوں کے دھندے میں یہ اشتہار شائع کرنے والے برابر کے شریک ہیں کہ وہ لوگوں کو ورغلانے کا کام کر رہے ہیں۔

مگر سوال یہ ہے کہ جس طرح کی زبان میں اشتہار شائع ہو رہے ہیں، کیا ان کو چھاپنے والوں کی بہو بیٹیاں بھی ان کو پڑھ رہی ہیں؟ کیا وہ یہ زبان اپنے گھر میں اپنی بیٹی کو پڑھانا پسند

کریں گے؟ اس کو تو کوئی اپنے بیٹے کو بھی پڑھانا پسند نہ کرے، بیٹی تو دُور کی بات ہے۔

روزنامہ ''اوصاف'' ذوالفقار راحت کے مطابق، میڈیا کو دوسرے کی تمام برائیاں نظر آتی ہیں مگر اپنی آنکھ کا شہتیر نظر نہیں آتا اور اپنے گریبان میں جھانکنے کا ہمارے پاس وقت نہیں ہے۔ روزنامہ ''اوصاف'' میں اس طرح کے اشتہار جن کے ذریعے لوگوں کو ورغلایا جا سکے، شائع کرنے پر سختی سے پابندی ہے۔ اس طرح کا اشتہار شائع کرنا صحافت ہے نہ ہی قوم کی کوئی خدمت ہے۔ آج لاہور میں کوئی چور، ڈاکو پیر یا عامل لوگوں سے ایک کروڑ روپیہ لوٹ کر اس میں سے 10 لاکھ میڈیا پر خرچ کر دے تو اس کو برا نہیں بلکہ کلائنٹ کہا جاتا ہے، اشتہاری پارٹی کہا جاتا ہے اور اس کے خلاف کوئی خبر شائع نہیں کی جاتی۔ جب عورت بکتی ہے تو اس کا صرف جسم بکتا ہے، روح بکتی ہے۔ مگر جب صحافی کا قلم بکتا ہے تو پوری قوم بک جاتی ہے۔ پرنٹ میڈیا سمجھتا ہے کہ الیکٹرونک میڈیا میں ایڈیٹر کا رول ختم ہو گیا ہے مگر پرنٹ میڈیا میں اب صرف مالکان کی خواہش چلتی ہے اور پیسے کے حصول کے لیے وہ کچھ بھی کر گزرتے ہیں۔

مذہبی سکالر میمونہ مرتضیٰ کا کہنا ہے کہ اسلام میں اس طرح کی فروعات کی کوئی گنجائش نہیں ہے۔ یہ حکومت اور علمائے امت کا فرض ہے کہ اس طرح کی اشتہار بازی پر پابندی عائد کرے۔ اس طرح کے اشتہارات سے لوگوں کو معذور بنایا جا رہا ہے، مسلمان امت پوری طرح معذور ہو چکی ہے۔ اللہ پر توکل تو بڑی بات ہے، اپنی محنت بھی چھوڑ کر بیٹھ جائیں گے۔ اللہ کے حبیب ﷺ نے بھی منع فرمایا ہے اور ویسی بھی ان چیزوں کی کوئی منطق نہیں، جہاں سائنس اتنی ترقی کر چکی ہے۔

کسی کے مسلک کے بارے میں بات کی جائے تو فون کالز اور دھمکیاں آ جاتی ہیں، مگر جہاں قرآن اور اسلام کو چیلنج کیا جا رہا ہو، وہاں پر کوئی دھمکی نہیں آتی۔ اس بات پر کوئی میڈیا کی مخالفت مول نہیں لے رہا کہ چلنے دو ہم نے بھی تو میڈیا پر آ کر اپنی شکل دکھانی ہے۔ میمونہ مرتضیٰ ملک کا کہنا ہے کہ قرآن و حدیث کے مطابق کسی بھی مسلک میں چاہے وہ اہل سنت کا ہو یا اہل تشیع کا، کسی میں بھی اس کی اجازت نہیں ہے۔ جہاں تک مسلک پر لڑائی کا معاملہ ہے تو یہ قیامت کی نشانی ہے۔ آج کے علماء سُو کی بقا تو انہیں فروعات میں ہے۔

عارف بھٹی کا کہنا تھا کہ اخباری مالکان سے گزارش کی جانی چاہیے کہ صحافت ایک

مقدس پیشہ ہے، اس کا مطلب ہی سچ لکھنا اور سچ دکھانا ہے۔

مذہبی سکالر محمد ایوب کے مطابق قرآن مجید کی روح سے ایسا کام کرنے والے مشرک ہیں اور شرک 100 فیصد جہنم میں لے جاتا ہے۔ یہ اشتہار میں نفع یا نقصان کی بات ہو رہی ہے جب کہ اللہ تعالیٰ کہتا ہے کہ کسی کو بھی مدد کے لیے مت پکارو کیوں کہ اللہ کے سوا کوئی نفع یا نقصان پہنچانے والا نہیں ہے۔ ایسا کرنا کفر اور شرک ہے اور اللہ تعالیٰ کو شرک پسند نہیں ہے۔

میڈیا میں کام کرنے والوں کو جو پیشہ ورانہ فرائض کی ادائیگی میں ہلاک یا شہید ہو جاتے ہیں جیسا کہ جیو ٹیلی ویژن کا نوجوان صحافی کیا اس کا ادارہ اس کے والدین کو پنشن ادا کرے گا۔ ایسا نہیں ہو گا کہ اشتہارات کی کمائی کھائیں گے مگر ورکرز کا خیال نہیں رکھیں گے۔ میڈیا کو ریاست کا چوتھا ستون کیوں کہا جاتا ہے، میڈیا پورا ٹیکس تک ادا نہیں کرتا۔ اکثر ناجائز زمینوں پر قبضہ کر کے بیٹھے ہوئے ہیں۔ قانون شکنی کرتے ہیں۔ اخلاقیات سے گرے اشتہارات شائع کر کے کمائی کرتے ہیں۔ جھوٹ لکھتے ہیں۔ شائع کیے گئے جھوٹ کی تردید تک نہیں چھاپتے۔ یہ کیسا چوتھا ستون ہے ریاست کا جو ذرا سی بھی اپنی ذمہ داری نہیں نبھاتا؟

عارف بھٹی کا کہنا تھا کہ گندی مچھلیوں کی وجہ سے سارے تالاب کو گندا نہیں کہنا چاہیے۔ صحافت ایک مقدس پیشہ ہے، گندے لوگ اس میں شامل ہو کر اس کو بدنام کر رہے ہیں۔ مگر میڈیا کا احتساب کون کرے گا۔ پیمرا الیکٹرونک میڈیا سے ڈرتا ہے۔ اے پی این ایس مالکان کی اپنی تنظیم ہے، سی پی این ای ایڈیٹرز کے لیے ہیں۔ ورکرز کے لیے پریس کلب ہے جو ہر وقت مانگ مانگ کر ٹونیاں لگواتے ہیں، مگر ورکرز کے لیے کیا کیا جاتا ہے۔

ذوالفقار راحت کا کہنا ہے کہ میڈیا کی اخلاقیات ہونی چاہیے۔ ضابطہ اخلاق ہونا چاہیے جیسا کہ پوری دنیا میں ہے۔ مگر پاکستان میں ہم سب سمجھتے ہیں کہ کوئی ہمیں پوچھنے والا نہیں ہے۔ کوئی چھوٹی سی بات ہو جائے تو اسے آزادئ صحافت کی جنگ بنا دیتے ہیں۔ میڈیا کو اپنا احتساب کرنا ہو گا۔

اے آر وائی پر فلم سرٹیفکیٹ کے حوالے سے چلنے والی خبر کی تفصیل

اس بات کو لاہور ہائی کورٹ نے خوب داد دی کہ میڈیا والوں کی کرپشن نشاندہی میڈیا ہی کر سکتا ہے تو یہ ARY نے بڑا کام کیا ہے۔ یہ ریمارکس لاہور ہائی کورٹ کے ایک معزز جج صاحب کے تھے جن کی عدالت میں کیس چلا کہ جیو ٹیلی ویژن کے بینر تلے غیر قانونی طور پر بہت سی فلمیں پاکستان لائی گئی ہیں۔ امید ہے کہ اب سب کو پاکستان کے آئین اور قانون کے تحت جواب دہ ہونا پڑے گا۔

پاکستان میں تمام ملکوں کی بشمول بھارت سے فلمیں اگر آتی ہیں تو آئیں، مگر یہ سب قانون کے دائرہ کے اندر ہونا چاہیے۔ مگر پاکستان میں ہر فلم قانون توڑ کر لگائی جاتی ہے، جیسے ہی فلم انڈیا میں ریلیز ہوتی ہے اسی ہفتے پاکستان میں بھی ریلیز ہو جاتی ہے۔ جس طرح کی فحش اور گھٹیا فلمیں ریلیز ہو رہی ہیں اس پر سنسر بورڈ بھی کچھ نہیں کر رہا۔ بحثیت ایک بیٹے اور ایک بیٹی کے باپ کے میں ان فلموں کا میٹریل دیکھ کر خوف زدہ ہو جاتا ہوں کہ ہمارے بچوں کے سامنے کس طرح کا گھٹیا ماحول پیش کیا جا رہا ہے۔

ہماری مذہبی اقدار ہیں، ہماری اپنی ثقافت اپنی روایات میں ان سب کو پس پشت ڈال کر اپنے ہنر مند آرٹسٹوں، اپنے سٹارز کو ہم زیرو بنا رہے ہیں اور وہ بھی صرف ایک فراڈ آشا کے لیے مگر اب یہ رک جانا چاہیے اور لاہور ہائی کورٹ میں درخواست دائر کر کے بارش کا پہلا قطرہ بننے کی سعی کی ہے۔

ہماری خواہش ہے کہ اس درخواست کو سنسر بورڈ چیلنج کرے تا کہ یہ ثابت کرنے کا موقع ملے کہ سنسر بورڈ نے کس طرح غیر قانونی طریقے اپنائے ہوئے ہیں۔ خواہش ہے کہ ان اہلکاروں کو ہائی کورٹ فوج داری مقدمات میں سزا دے کر جیل بھجوائے کیوں کہ یہ فلمیں بھارت سے باہر بنی ہوئی ہیں اور یہ فلمیں بھارت کے اندر بھی ہیں جیسے چنائی ایکسپریس، جو کہ بھارتی فنکاروں کی مدد سے بھارتی سرزمین پر بھارتی لیبارٹریوں میں بنی، تو یہ فلم برطانیہ میں کیسے پروڈیوس ہوئی ہے۔ اس کا مطلب یہ ٹریڈ لائسنس ہے۔ ہر فلم کے پیچھے کریڈیٹس لکھے ہوتے ہیں۔ ہر فلم کا پرنٹ عدالت میں جمع کرارہے ہیں جو فیصلہ کرے گی کہ سچ کیا اور جھوٹ کیا۔ اگر سنسر بورڈ آڑے آیا تو اس کے خلاف بھی قانونی کارروائی کی جائے گی۔

بھارتی فلموں کی برآمد میں بڑے بڑے میڈیا گروپس بھی شامل ہیں، جیسے جیو ٹیلی ویژن نے درجنوں فلمیں درآمد کیں اور نجانے کتنے روپے کمائے مگر ملک کو کوئی ٹیکس نہ دیا اور نہ ہی ملکی قوانین کی پاسداری کی گئی۔ پاکستان کا قانون کہتا ہے کہ صرف وہ بھارتی فلم درآمد ہوگی جو انڈیا سے باہر پروڈیوس ہوئی ہے، جس کو ایک سرٹیفکیٹ آف اوریجن (Certificate of Origin) دیتے ہیں، جس سے پاکستان میں ریلیز ہو جاتی ہے۔ یہ میڈیا والے اخبار والے پاکستانی فلموں پر کہتے ہیں کہ یہاں اچھی فلمیں نہیں بنائی جاتیں تو پاکستان میں اچھے اخبار بھی شائع نہیں ہوتے۔ نہ جنگ پسند ہے، نہ نیوز، تو یہ بھی ہم انڈیا سے منگوا لیتے ہیں، اگر یہاں کی سب چیز خراب ہیں تو یہ سب چھوڑ چھاڑ یہاں سے چلے کیوں نہیں جاتے۔ پاکستان اور پاکستان کی فلم انڈسٹری کو ہم ہی سپورٹ کر سکتے ہیں۔ 2006ء سے ملکی قانون توڑ کر بھارتی فلمیں منگوائی جارہی ہیں۔ فلم سنسر بورڈ کے انتہائی بدعنوان لوگ اس دھندے میں شامل ہیں۔ کسٹم، ایف آئی اے کے اہلکار اس میں شامل ہیں۔ ملک میں بائیس ہزار دکانیں ہیں جو CDS اور ویڈیو ٹیپس کا غیر قانونی دھندہ کر رہے ہیں ان کو کوئی روک نہیں رہا۔ ایسی صورتِ حال میں فلم انڈسٹری کیسے بچے گی۔ امید ہے لاہور ہائی کورٹ اس پر تفصیلی حکم جاری کر کے پاکستان کے ہنرمندوں کی مدد کرے گی۔ فلموں کے موقف پر موثر پیش رفت ہوئی ہے لیکن گزشتہ کئی سالوں سے ہونے والی بدعنوانیاں کیا ماضی کی طرح ایک بار پھر دفن ہو جائیں گی؟ اس کا جواب آنے والا وقت ہی دے گا۔

عمران خان کا جیو جنگ کے خلاف انکوائری کا مطالبہ

عمران خان نے کہا کہ میڈیا کی کرپشن کے معاملات کے بارے میں سنا ہے۔ یہ بڑا سنجیدہ معاملہ ہے۔ اس پر انکوائری ہونی چاہیے، کیوں کہ یہ جھوٹا الزام نہیں ہے کہ ملک کے اندر ایک چینل باہر سے پیسے اور خاص طرح ایجنسیوں سے متاثر ہو کر ملک کے اندر کوئی پراپیگنڈا کرے۔ یہ بالکل غلط ہے۔ اس پر انکوائری ہونی چاہیے مگر انڈیا سے اچھے تعلقات ہونے چاہئیں۔لڑائی کے باعث برصغیر پیچھے رہ گیا ہے۔ دونوں ملکوں میں غربت ہے،ہمیں یورپی یونین کی طرح کے تعلقات برصغیر میں بنانا چاہئیں۔

جب تک ملک اپنے پیروں پر کھڑا نہیں ہوگا یہ ملک تبدیل نہیں ہوسکتا۔ان لوگوں سے ٹیکس لینا ہوگا جو ٹیکس ادا کر سکتے ہیں۔ ملک میں ٹوٹل سات ساڑھے لاکھ لوگ ٹیکس دیتے ہیں۔ 18 کروڑ کی آبادی میں سے سارا بوجھ عوام پر ڈال دیا گیا ہے۔لوگ ٹیکس بچانے کے لیے ہر طرح کے حربے استعمال کرتے ہیں۔کالے دھن کو سفید کرنے کے بیرون ملک پاکستانیوں سے آئے پیسہ کو دکھا دیتے ہیں۔ سٹاک مارکیٹ، پراپرٹی میں اربوں روپے کمانے والے ٹیکس نہیں دیتے۔ عام آدمی سارا دن محنت کرتا ہے، ملازمت کرتا ہے، اس پر فوراً ٹیکس لگ جاتا ہے۔ٹیکس کے نظام میں ناانصافی کو دور کرنا ہوگا۔

جب تک کرپشن پر قابو نہیں پایا جاتا اور ٹیکس کا نظام ٹھیک نہیں ہوتا، ملک میں حقیقی تبدیلی نہیں آسکتی۔ بھیک مانگ کر اور قرضے لے کر خرید کتنی دیر ملک کو چلائیں گے آج ٹوٹل ٹیکس 2 ہزار

ارب روپے اکٹھا ہوتا ہے۔ تیرہ سو ارب روپیہ قرض کی قسط اتارنے میں نکل جاتا ہے۔ باقی اس فوج پر خرچ ہو جاتا ہے تو ملک کیسے چلے گا۔ بھکاریوں کی طرح آئی ایم ایف کے پاس جاتے ہیں۔ وہ اپنا پیسہ وصول کرنے کے لیے بجلی مہنگی کرواتے ہیں، مہنگائی میں اضافہ ہوتا ہے۔ عوام کی پرواہ حکومت کو ہونی چاہیے۔

عمران نے مزید کہا کہ ہمارا احتساب بل تیار ہو گیا ہے۔ اور یہ جو مفادات کی جنگ کی بات ہے تو دیکھیں کہ کرکٹ کے رائٹس پر پی ٹی وی نے پیسہ بنایا تھا اور یہ ادارہ عام آدمی کے ٹیکس پر چلتا ہے۔ اس سے ایک ارب یا کچھ زیادہ پیسہ بناتا ہے۔ اب یہ ہوا کہ کرکٹ کے رائٹس پر پی ٹی وی بولی میں شریک ہی نہیں ہوا، یہ بہت بڑا جرم ہے۔ ذمہ داروں کو اس کی سزا ملنی چاہیے جس نے یہ کہا ہے کہ نہ کرو۔ پہلے تو پی ٹی وی سے پوچھیں کہ بولی میں حصہ کیوں نہیں لیا کہ کرکٹ رائٹس تو اس وقت سونے کا انڈہ دینے والی مرغی ہے۔

ملک تب ٹھیک ہوگا، جب ملک کے اندر ٹیکس اکٹھا ہوگا، کم از کم 4 ہزار ارب روپے کا ٹیکس اکٹھا کرنا ہوگا۔ ان 3 لاکھ لوگوں پر ٹیکس کی معافی ختم کریں۔

عمران خان نے اس کے علاوہ کہا کہ نجم سیٹھی پر کاری ضرب لگائی اور کہا کہ جیو کے ملازم کو PCB کا چیئرمین اس لیے بنایا گیا تا کہ وہ کرکٹ کے رائٹس PTV کی جگہ جیو کو دے اور یوں ایک قومی ادارے کو نقصان پہنچایا گیا ہے۔

بابا جی کو مہارت حاصل ہے خبر کو توڑ موڑ کے بیان کرنے کی یا سرے سے غائب کر دینے کے مندرجہ ذیل کیوں کہ ان کی مرضی کے خلاف ہوا تو ان کے اخباروں نے اس کا شاید ذکر کرنا بھی مناسب نہیں سمجھا۔

اس بارے میں تحریک انصاف کے سربراہ عمران خان نے کہا کہ کوئی بھی ٹی وی چینل بیرون ملک سے اور خاص طور پر دوسرے ملک کی انٹیلی جینس ایجنسیوں کے زیر اثر ملک کے اندر کوئی پراپیگنڈا کرے گا تو یہ بالکل غلط ہے اور اس کے بارے میں انکوائری ہونی چاہیے۔ جو جیو کے ملازم ہیں وہی کرکٹ بورڈ کے سربراہ بنے ہوئے ہیں۔ انہوں نے ایسے رولز بنائے کہ جیو کو 6 ماہ کے ٹی وی حقوق کا کنٹریکٹ مل گیا۔ دلچسپ بات یہ ہے کہ ایک ٹی وی چینل کو 6 ماہ کے لیے

حقوق دیئے گئے ہندوستان میں سارا سال، پانچ پانچ سال تک رائٹس دیتے ہیں۔6 ماہ کے لیے رائٹس دینے کا مطلب ہے کہ حکومت اس میڈیا ہاؤس پر دباؤ رکھے گی کہ اچھی ''کارکردگی'' دکھائی تو آگے بھی رائٹس ملیں گے۔اس کا بھی مطلب نظر آتا ہے؟

عمران خان کا یہ بھی کہنا تھا کہ ہندوستان ٹائمز کی خبر کے حوالے سے شائع ہونے والی معلومات کی روشنی میں انکوائری ہونی چاہیے اور کسی کو بھی اس معاملے میں معاف نہ کیا جائے۔ دوسرا انہوں نے جیو کو ملنے والے رائٹس پر کہا کہ یہ بالکل غلط ہے۔ مفادات کا ٹکراؤ ہے کہ جس طرح جیو کو یہ کنٹریکٹ دلوایا گیا کہ پی ٹی وی کو نیلامی میں شریک ہونے سے روک دیا گیا جس سے اس آرگنائزیشن کو مالی نقصان ہوا۔ پی ٹی وی نے ہمیشہ کرکٹ رائٹس حاصل کر کے پیسہ کمایا ہے مگر اس دفعہ اس کو نیلامی میں حصہ لینے سے ہی روک دیا گیا۔اس کی بھی انکوائری ہونی چاہیے۔

پاکستان کے اخبارات اور چینلز امریکہ اور برطانیہ سے پیسہ لے رہے ہیں، اس بات کا تو خود اوبامہ اعتراف کر چکے ہیں۔

ایک طرف یہ ثابت کر دیا کہ میڈیا کرپشن کر رہا ہے اور میر شکیل الرحمٰن نے بھی مان لیا کہ اتنے نہیں مگر اتنے پیسے لیے ہیں مگر اس بات کو ملک میں کوئی حکومت، ٹربیونل، کوئی جج حکم امتناعی جاری نہیں کرتا۔

ایک سینئر صحافی کے مطابق ان لوگوں نے اپنے گھر میں ڈالروں کا بت بنایا ہوا ہے اور اس کی پوجا کرتے ہیں۔ ہم نے پوری مہم چلائی ہے، اسمبلی کے اندر اور باہر کہ بتایا جائے کہ کون کون سا میڈیا باہر سے پیسہ لے رہا ہے۔ جاوید جبار نے کہا ہے کہ میڈیا ہاؤسز کو باہر سے پیسہ مل رہا ہے تو جن کو باہر سے پیسہ مل رہا ہے، کیا وہ ملک کی خدمت کر رہے ہیں یا ان کی خدمت کریں گے جن سے پیسہ مل رہا ہے۔

عمران خان نے مبشر لقمان کی میڈیا میں کرپشن پر تعریف کرتے ہوئے کہا کہ ان کا اٹیک تو دو دھاری تلوار کے حملے جیسا ہے کہ وہ دوست اور دشمن دونوں پر حملہ کر دیتی ہے۔ تحریک انصاف اسمبلی میں پوچھے گی کہ ہمیں پتا تھا۔ سیاسی جماعتوں کو تو آپ نے کہا کہ باہر سے پیسہ ملتا ہے۔ ایک سیاسی جماعت کے سینئر رہنما نے کہا کہ اس کی پارٹی کے دو لوگوں نے امریکہ سے پیسے

لیے اور پختونخوا میں امریکہ کی حمایتی پالیسی بنائی، سیاسی جماعتوں پر باہر سے پیسہ لینا منع ہے۔ جو میڈیا والے باہر سے پیسہ لے رہے ہیں وہ ہماری سیاسی پالیسی کی حمایت کریں گی یا ان کی جن سے وہ پیسہ لے رہے ہیں، ان کی جوان کے دوست سیاست دان ہیں۔ ہمیں ولن بنا دیا گیا ہے۔ طالبان کا حمایتی، بنیاد پرست اور طالبان خان کہتے ہیں۔ ہم عوام کی نمائندہ جماعت ہیں مگر ان کی نمائندگی کر رہے ہیں ان کی جو کہتے ہیں اور مارو، اور کرو۔ کون لوگ ہیں جو پانچ سال سے کہہ رہے ہیں کہ شمالی وزیرستان پر حملہ کرو، امریکہ کی طرح یہ لوگ بھی ڈومور، ڈومور کہتے ہیں۔

عمران خان کا کہنا ہے کہ وہ بھی بھارت سے دوستی کے حامی ہیں۔ نریندر مودی اگر بھارت کا وزیراعظم منتخب ہو جاتا ہے تو اس کا کیا مطلب ہے کہ مودی سے دوستی ہونی چاہیے؟ ہم مذاکرات کے ذریعے مسائل کے حل کی حمایت کرتے ہیں، مگر یہ نہیں کہتے کہ ہم حکیم اللہ محسود کے دوست ہیں۔ بھارت سے مذاکرات کرنے والے کیا نریندر مودی کے دوست ہیں؟ یہ غیر جمہوری راستے پر ہیں۔ ہر کسی اور کے ایجنڈا پر کام کر رہے ہیں جو پاکستان کی تباہی کا ایجنڈا ہے۔ اس جنگ پر سالانہ 90 ارب روپے کا خرچ ہے اس میں ڈیڑھ لاکھ پاکستانی فوجی پھنسا ہوا ہے۔

نواز شریف سے پوچھا جانا چاہیے کہ وہ کب پاکستان کا دورہ کریں گے۔ 9 مئی کو انہوں نے کیپیٹل ٹاک میں انٹرویو میں کہا کہ اللہ کرے، حامد میر کو اس کے مالکان وہ چلانے کی اجازت دے دیں کہ امریکہ سے اتنی سخت زبان میں بات کروں گا کہ ڈرون حملے ہوں گے ہی نہیں۔ مگر جب اوبامہ سے نوٹس پکڑ کر بات کر رہے تھے تو اس میں سخت زبان تو ایک طرف ڈرون کا ذکر تک نہ تھا۔ ایک ہی بات امریکہ سے کرنی چاہیے تھی کہ پہلی دفعہ امن کا موقع مل رہا ہے اس دوران حملہ نہیں ہونا چاہیے۔ چودھری نثار کہہ رہا ہے کہ ڈرون حملے نہ مذاکرات کا عمل سبوتاژ کیا مگر وزیراعظم کسی دوسرے ملک کے دورے پر روانہ ہو گئے ہیں۔ ہمارا مغل اعظم لائف سٹائل ہے، کرکٹ بورڈ کا چیئرمین لگا دیا ہے، نگران حکومت میں انہوں نے ن لیگ کی خوب خدمت کی، اوپر سے وہ ایک میڈیا چینل جیو کے ملازم ہیں۔ یہی بہت بڑا انقاد ہے۔ کرکٹ بورڈ جو کنٹریکٹ دیتا ہے سب سے زیادہ پیسہ ٹی وی رائٹس پر بنتا ہے اور ٹی وی رائٹس (TV Rights) جیو کو مل جاتے ہیں۔

عمران خان نے مزید کہا کہ PTV ارب، ڈیڑھ ارب روپیہ بناتا ہے۔ غریب گھرانوں

سے لوگ چالیس روپے ماہوار دیتے ہیں۔ پی ٹی وی حکومتی پیسے سے چلتا ہے، لیکن جس سے ارب، ڈیڑھ ارب روپے منافع بنا تا ہے لیکن کرکٹ رائٹس میں بولی بھی نہیں دیتا۔ یہ ایک فراڈ ہے اس پر مقدمہ ہوسکتا ہے، کرکٹ بورڈ چلانا نجم سیٹھی کا کام نہیں ہے۔

نجم سیٹھی کا قصور نہیں ہے، قصور اس کو چیئرمین بنانے والے کا ہے۔ ان کی کیا قابلیت تھی، ساری دنیا میں الگ سسٹم ہے اور یہاں بادشاہ سلامت نے بنانا ہے اب تو کرکٹ میں اربوں روپے کے ٹی وی رائٹس کنٹریکٹ ہیں۔ یہاں ان باتوں کا لکھنا اس لیے ضروری سمجھا کہ سیاست دان اور حکمران سب جانتے ہیں بابا جی کے کرتوت پر ہمت شاید نہیں کہ قانون اپنی گرفت میں ان کو لے۔ شاید یہاں چور صرف غریب آدمی ہی ہے ابھی تو ایسا ہی لگ رہا ہے۔

پی ٹی آئی کا جنگ گروپ کے قانونی نوٹس کے حوالے سے موقف

جنگ گروپ کا اقدام غیر جمہوری، غیر قانونی ہے، لہٰذا قانونی نوٹس واپس لیا جائے۔ کسی میڈیا آرگنائزیشن سے مخالفت کے کبھی خواہش مند نہیں رہے۔ عمران خان نے جنگ گروپ پر الزامات کی تحقیقات کا مطالبہ کیا۔ ہماری جماعت انصاف اور سچائی کے ساتھ کھڑا ہونا پسند کرتی ہے۔ عمران خان کو جیو کے ایک پروگرام میں ذاتی عناد کا نشانہ بنایا گیا۔ ایک کالم نگار عمران خان کو ذاتی انتقام کا نشانہ بنا رہا ہے۔

ترجمان پاکستان تحریک انصاف

”جیو“ اور ”جنگ“ گروپ کی امریکی محکمہ خارجہ سے پاکستانی کے خلاف 3 ملین ڈالر کی امداد کی درخواست

یہ جنگ / جیو گروپ چلانے والے میر خلیل الرحمان فاؤنڈیشن کی خفیہ دستاویز ہے، جو افشا ہو رہی ہے۔ یہ دستاویز امریکی محکمہ خارجہ کے بیورو برائے جمہوریت، انسانی حقائق اور محنت کو الفاظ تک رسائی کے لیے میڈیا مہم کے لیے 30 جون 2013 کو جمع کروائی گئی۔ اس تحریر کا مقصد امریکی 3 ملین ڈالر کی مدد سے عدلیہ کو جنگ / جیو کی منشا و رضا کے مطابق ڈھالنا ہے۔

ایم کے آر ایف فاؤنڈیشن اپنی دستاویزات میں پاکستان میں چلائی گئی مختلف مہم / کمپین کا دعویٰ کرتی ہے۔ اس دستاویز میں اسلامی قوانین (حدود آرڈیننس) اور ”اَمن کی آشا“ جیسی مہم کا فخر سے ذکر کیا گیا ہے۔ پاکستان کا وجود بے معنی ہے جب ایک پاکستانی چینل ملک میں اسلامی قوانین کے خلاف تحریک / مہم چلانے کا کام کرتا ہے۔

”اَمن کی آشا“ کی حقیقت بھی میڈیا کمیشن رپورٹ ایم کے آر ایف کی دستاویزات سے ہو چکی ہے۔ کیا اب بھی کسی کو بشمول سلیم صافی اور انصار عباسی کے، اس بارے میں کوئی شک باقی ہے کہ ”جیو“ بیرونی امداد پر چلنے والا ایک چینل ہے، اگر اب بھی جیو کے ملازمین یہ دعویٰ کرتے ہیں کہ وہ محبّ وطن پاکستانی ہیں تو وہ بھی اس سازش میں شامل ہیں۔

اس دستاویز کا یہ اہم پہلو ہے کہ وہ اکتوبر 2013ء سے عدلیہ کے خلاف مہم چلانے کی منصوبہ بندی کر رہے ہیں۔ جب موجودہ چیف جسٹس افتخار چودھری منظر سے ہٹ رہے ہوں

گے۔ موجودہ حالات میں آپ دیکھ رہے ہوں گے کہ جنگ / جیو گروپ عدلیہ کے بارے میں کوئی بات یا حقائق کو توڑ مروڑ نہیں رہے ہیں مگر وہ اکتوبر میں عدلیہ کے خلاف کیا منصوبے بنا رہے ہیں۔ مندرجہ ذیل ہیں:

http://docs.google.com/file/d/obg_6b2xSKGNRERa.RkpvdiN&dtedit2oli-t

26 نومبر 2008ء

پبلک لائبریری آف یو ایس ڈپلومیسی "جنگ" گروپ کے رویہ نے جیو ٹی وی کے ساتھ کام کو مشکل بنا دیا......

1: خط کے مطابق وقت آ گیا ہے کہ بی بی جی کا جیو ٹی وی نیٹ ورک کے ساتھ کیا گیا معاہدہ ختم کر کے کسی دوسری ذمہ دار آرگنائزیشن کو دے دیا جائے۔ جیو / جنگ گروپ کا ایک ملٹی میڈیا ادارہ ہے جو اردو اور انگریزی اخبارات اور میگزین اور اردو چینل چلاتا ہے جس کی کوریج پورے پاکستان میں دیکھی جاتی ہے اور اس کے امریکہ اور دنیا کے دوسرے حصوں میں کیبل ٹی وی کے معاہدے ہیں۔

2: جنگ گروپ دعویٰ کرتا ہے کہ وہ یو ایس جی (USG) کی پالیسیوں کے مطابق چلنے والا ایک متوازن چینل ہے مگر حال ہی میں چینل نے اپنے ٹی وی پروگراموں کے ذریعے USG اور اس کی پالیسیوں پر تنقید میں اضافہ کر دیا ہے۔ یہودیوں کے خلاف رویہ میں بھی سختی لے آیا ہے اور خاص طور پر احمدیوں کو نشانہ بنانا شروع کر دیا ہے جس کی وجہ سے دو احمدیوں کی موت بھی واقع ہو گئی ہے۔

3: ہمارے پاس اس بات کے واضح ثبوت بھی موجود ہیں کہ "جنگ" گروپ نے جانتے بوجھتے جھوٹی اور شر انگیز رپورٹ شائع اور نشر کی ہیں، جن سے امریکیوں کے خلاف اشتعال اور امریکی مفادات کو زک پہنچ سکتی ہے۔

"جنگ" گروپ نے ایک مقصد کے تحت نفرت پر مبنی مواد کی تشہیر کی اور اشتعال انگیزی کو بڑھاوا دیا ہے تاکہ وہ اپنی مارکیٹ میں بگڑتی ہوئی معاشی صورتِ حال میں پھیلتی ہوئی افادیت میں مزید اضافہ کر سکے۔ "جنگ" گروپ کو مطلع کر دیا جائے کہ بی بی جی (BBG)، وائس

آف امریکہ (VOA) کے پروگراموں کو "جیو" پر نشر کرنے کا معاہدہ منسوخ کرتا ہے۔

4: "جنگ" گروپ ایک ملٹی میڈیا کارپوریشن ہے جن کی ملکیت میں پاکستان کی تمام بڑی میڈیا مارکیٹس میں اُردو اور انگریزی اخبارات، میگزین اور ٹیلی ویژن سٹیشن ہیں جنہیں پورے ملک میں رسائی حاصل ہے۔ ادارے کی بنیاد دوسری جنگ عظیم کے خاتمے کے بعد میر خلیل الرحمٰن نے رکھی۔ کمپنی کے تین بڑے گروپ ہیں۔ انڈی پینڈنٹ نیوز پیپر کارپوریشن پرائیویٹ لمیٹڈ، نیوز پبلیکیشنز رائٹرز لمیٹڈ اور انڈی پینڈنٹ میڈیا کارپوریشن۔ میر جاوید الرحمٰن، گروپ چیئر مین اور ایگزیکٹو ڈائریکٹر ہیں، جو میر خلیل الرحمٰن کے سب سے بڑے صاحبزادے ہیں۔ میر شکیل الرحمٰن گروپ چیف ایگزیکٹو اور ایڈیٹر انچیف ہیں جو میر جاوید الرحمٰن کے چھوٹے بھائی ہیں۔

روزنامہ "جنگ" کے ایڈیشن کراچی، لاہور، راولپنڈی، کوئٹہ، ملتان اور لندن سے شائع ہوتے ہیں۔ انڈی پینڈنٹ نیوز پیپرز کارپوریشن پرائیویٹ لمیٹڈ کی ملکیت ہیں۔ ان کی مجموعی اشاعت 3 لاکھ روزانہ سے زائد ہے جو ملک کے کسی بھی دوسرے اشاعتی ادارے سے زیادہ ہے۔

"آواز" لاہور، شام کا اخبار "عوام" کراچی، شام کا اخبار "انقلاب" لاہور، ہفت روزہ "اخبارِ جہاں" کراچی، انگریزی ہفت روزہ "MAG" کراچی اور ویب سائٹ www.jang.com.pk، "جنگ" گروپ کے دیگر اداروں میں شامل ہیں۔ نیوز پبلیکیشنز پرائیویٹ لمیٹڈ کی ملکیت میں انگریزی روزنامہ "The News" شامل ہے جس کے ایڈیشن کراچی، لاہور اور اسلام آباد سے شائع ہوتے ہیں۔ ان کی مجموعی اشاعت 50 ہزار سے زائد ہے۔ انڈی پینڈنٹ میڈیا کارپوریشن لمیٹڈ کی ملکیت میں "جیو" ٹی وی نیٹ ورک ہے۔ اس سیٹلائٹ ٹی وی چینل کا ہیڈ کوارٹر متحدہ عرب امارات میں ہے۔ اس کے دفاتر اور سٹوڈیوز کراچی، لاہور اور اسلام آباد میں ہیں۔ "جیو" ٹی وی نیٹ ورک کا آغاز 2002ء میں ہوا جس کا بڑا ادارہ "جیو" ٹی وی ہے، بعد میں اس کو "جیو" ٹی نیوز اور "جیو" انٹرٹینمنٹ کی الگ الگ شاخیں قائم کی گئی۔ بعد میں "جیو سوپر (سپورٹس) اور "AAg" کا آغاز ہوا، جن کے انٹرنیشنل ایڈیشنز، "جیو" یو کے، "جیو" مڈل ایسٹ، "جیو" کینیڈا، "جیو" یورپ اور جیو جاپان ہیں۔ ادارے کا چیف ایگزیکٹو میر ابراہیم، میر شکیل الرحمٰن کے صاحبزادے ہیں اور کراچی میں بیٹھے ہیں۔

انصاف تک رسائی کے لیے
میر خلیل الرحمٰن کی میڈیا مہم کا منصوبہ

پہلا حصہ، مہم کا جواز: پاکستان کے عدالتی نظام کو تاریخی طور پر آمروں اور مفاد پرست سیاست دانوں نے اپنے مقاصد کے لیے استعمال کیا ہے۔ عوام کو انصاف مہیا کرنے کی بجائے عدلیہ کا استعمال طاقت ور کو فائدہ پہنچانے کے لیے کیا جاتا رہا ہے۔ نتیجتاً، پاکستان کے عدالتی نظام میں کسی قسم کی جدیدیت یا اصلاحات نہیں لائی جاسکیں جس کی وجہ سے آج وہ اس قابل ہے کہ عوام کی ضروریات کو پورا کرسکے، جس کی واضح مثال وہ 13 لاکھ مقدمات ہیں جن کا فیصلہ پاکستان کی مختلف عدالتوں نے کرنا ہے۔ پاکستان میں ججوں کی کُل تعداد 1,983 ہے، یعنی ہر 10 لاکھ آبادی کے لیے ایک جج۔ ہر جج کو ایک سال میں 684 مقدمے سننے ہوتے ہیں۔ پولیس کا کمزور تفتیشی نظام، وکیلوں کا تاخیری حربے، نااہل وکیل اور مختصر عدالتی عملے کی وجہ سے پاکستان میں مقدمات پر فیصلے دہائیوں گزرنے کے بعد بھی نہیں ہو پاتے۔ پاکستان میں ایک عام معاہدے کے مقدمہ پر فیصلے میں اوسطاً 880 دن لگتے ہیں، جب کہ اس پر عمل درآمد کا دورانیہ الگ ہے۔ اس نوعیت کے مقدمات کا فیصلہ نیوزی لینڈ میں 109 دنوں میں، سنگاپور میں 120 دنوں میں جب کہ تاجکستان اور الجیریا جیسے ملکوں میں بالترتیب 257 اور 397 دنوں میں فیصلہ ہو جاتا ہے۔

ایم کے آر ایف، جنگ اور جیو کا یقین ہے کہ پاکستان میں عدالتی نظام میں اصلاحات

لانے کی ضرورت ہے تا کہ انصاف کی عوام تک رسائی اور اس کے حصول کے اخراجات قابل برداشت ہوں۔

MKRF تعارف: ایم کے آر ایف کا قیام ایک خیراتی ادارے کے طور پر ہوا اور اس کی ایک غیر سرکاری تنظیم کے طور پر رجسٹریشن 2005ء میں ہوئی۔ اس کے بعد سے فاؤنڈیشن نے پاکستان کی تعمیر و ترقی کے لیے سول سوسائٹی تنظیموں پالیسی ساز داروں کو سماجی، سیاسی اور معاشی ترقی کے سفر میں آگے بڑھنے کے لیے پرنٹ، الیکٹرانک اور آن لائن میڈیا کے ذریعے کوششوں کا آغاز کر دیا۔

ایم کے آر ایف کا یقین ہے کہ میڈیا کو عوامی شعور کی بیداری اور عوام کو اپنے حقوق کے حصول کے لیے حوصلہ مند بنانے میں اہم کردار حاصل ہے۔ اس سلسلے میں فاؤنڈیشن بڑی پیمانے پر کامیاب مہم چلا چکی ہے۔ ایم کے آر ایف اس سلسلے میں نہ صرف جنگ اور جیو بلکہ دیگر میڈیا کے اداروں کے ساتھ مل کر بھی کام کر چکی ہے، جن میں مقامی زبانوں کے چینل اور سرکاری کنٹرول میں چلنے والا پاکستان ٹیلی ویژن بھی شامل ہے۔

''جنگ'' گروپ اور جیو نیٹ ورک نے کاروباری معاملات سے آگے بڑھ کر ملک کی ترقی اور عوام کی بہتری کے لیے میڈیا مارکیٹ میں اپنے قائدانہ کردار کا بھرپور استعمال کیا ہے۔ اپنے اس مشن پر کاربند رہنے کی ''جیو'' نے بھاری قیمت بھی چکائی ہے جس میں ایک لمبے عرصے کے لیے اس کی بندش اور / سرکاری اور غیر سرکاری اشتہاروں کے حق سے محروم کرنا شامل ہے۔

ایم کے آر ایف اور جنگ / جیو کا اس سلسلے میں سب سے اہم کردار پاکستان میں عدلیہ کی بحالی کے لیے وکلاء تحریک کی حمایت کرنا تھا۔ اس تحریک کی حمایت ''جنگ'' گروپ کے بانی میر خلیل الرحمٰن کے اس نظریہ میں پیوست ہے کہ کوئی بھی معاشرہ انصاف کی فراہمی کے بغیر ترقی کی منازل طے نہیں کر سکتا۔ ہمارا یقین ہے کہ ہمارا یہ مقصد ابھی پورا نہیں ہوا ہے اور اس کو مندرجہ ذیل مقاصد کے تحت آگے بڑھانا ابھی باقی ہے۔

1- آئین پاکستان میں دیئے گئے بنیادی انسانی حقوق سے عوام کی آگاہی۔

2- انصاف کے حصول میں پائی جانے والی رکاوٹوں سے عوام کو آگاہ کرنا اور ان کو

انصاف نہ ملنے سے پیدا ہونے والی مایوسی کی نشاندہی کرنا۔

3-وکلاء اور انصاف کی فراہمی میں مددگار گروپوں کی مدد سے عدالتی اور پولیس کے نظام میں بامعنی اصلاحات کرنا اور اس امر کی نشاندہی کرنا کہ دنیا میں رائج نظام کس طرح عام لوگوں کو انصاف فراہم کرر ہے ہیں اور ان کو اپنے نظام کا حصہ بنانے کی جدوجہد کرنا۔

4-مقنّنہ پر زور دینا کہ وہ اصلاحات کے ایجنڈا پر قانون سازی کریں۔ ایم کے آر ایف/جنگ/جیو گروپ کی طرف سے ماضی میں کی گئی مہم کی چند مثالیں۔

حدود آرڈیننس کے بارے میں آگاہی مہم: 1979ء میں منظور کیا جانے والے حدود آرڈیننس ایک ایسا قانون ہے جس کے ذریعے شریعت لاء نافذ کرنے کی کوشش کی گئی اس قانون کے تحت زنا، قذف، جائیداد کے متعلق قواب اور شراب نوشی پر سزائیں عائد کی گئیں۔ اس قانون سے سب سے متاثرہ خواتین ہوئیں، جنہیں زنا بالجبر کا شکار بنایا گیا مگر عدالت میں جرم کو ثابت نہ کر سکنے کی پاداش میں انہیں قذف کے قانون کے تحت سزائیں دی گئیں۔ 2006ء میں سول سوسائٹی اور عورتوں کے حقوق کی تنظیموں اور میڈیا کے دباؤ پر قومی اسمبلی نے عورتوں کے حقوق کے تحفظ کا بل پاس کیا۔ اس قانون کا مقصد اسلامی قانون کے متاثر کردہ زنا آرڈیننس میں موجود عدم مساوات کو دور کرنا تھا۔

جولائی 2006ء میں نیویارک ٹائمز نے مجوزہ تبدیلیوں پر ایک مضمون شائع کیا۔ اس مضمون میں ''جیو'' ٹی وی نیٹ ورک کی مہم ''ذرا سوچیے'' کی ماہِ جون میں نشر کی گئی ان چار قسطوں کا خاص طور پر ذکر کیا گیا جس میں 27 علماء نے حدود آرڈیننس پر بحث کی اور قانون میں ترامیم پر اتفاق کیا۔ ایک سال بعد SOAS کے مارٹن لاؤ نے حدود آرڈیننس اصلاحات پر واشنگٹن اور پی لاء ریویو میں مضمون شائع کیا۔ اس مضمون میں قانونی اصلاحات پر ''جنگ'' گروپ کی کوششوں کو انتہائی اہم قرار دیا۔

''اَمن کی آشا'': ''اَمن کی آشا'' ''جنگ'' گروپ اور ٹائمز آف انڈیا کا ایک مشترکہ منصوبہ ہے، جو جنوری 2010ء ممبئی حملوں کے بعد شروع کیا گیا۔ ''اَمن کی آشا'' کا مقصد میڈیا کے ذریعے دونوں ملکوں کے درمیان امن کے قیام اور پاکستان اور انڈیا کے سیاست دانوں کو ایسی

قانون سازی کے لیے تیار کرنا ہے جو دونوں ملکوں کے درمیان دیرپا امن کو یقینی بنائے۔

MKRF پیسے مانگنے کا ایک بہانہ

انتہائی اہم معاملات جو لارڈ نذیر احمد کی خبر سے بننا شروع ہوئے تھے، اب آگے بڑھ رہے ہیں۔ پہلے لارڈ نذیر احمد کی MKRF کو دیئے گئے 20 ملین پاؤنڈ کی خبر آئی، جو تعلیم کے فروغ پر خرچ ہوتے تھے مگر انہوں نے خوب اچھی طرح جیو پر خرچ کیے۔ جنگ پر خرچ کیے، دی نیوز پر خرچ کیے۔ تعلیم کے فروغ کے لیے آنے والا پیسہ اپنی کمرشل آرگنائزیشن کے اوپر خرچ کر دیا۔ اوپر سے ان کا یہ دعویٰ ہے کہ انہوں نے معاہدہ حاصل کرنے کے لیے شفاف طریقے سے بولی میں گئے مگر سب سے سنسنی خیز خبر تو ہندوستان ٹائمز میں چھپی اور اس کے بعد محمود شام کی رپورٹ جو ''جنگ'' کے ایڈیٹر رہ چکے ہیں۔ ایک زمانے میں میر شکیل ارحمٰن کے بھارتی ایجنسیوں کے ساتھ بڑے روابط تھے اور ایک بھارتی صحافی کے مطابق ہندوستان ٹائمز پر بھارتی خفیہ ایجنسیاں شدید دباؤ ڈال رہی ہیں کہ وہ متنازع خبر جو انہوں نے شائع اس کو واپس لے لیں۔ تاہم، ایک تیسرا پہلوا بھی سامنے آیا ہے کہ جنگ گروپ کے میر شکیل الرحمٰن نے بذاتِ خود براہ راست سی آئی اے سے یا امریکہ سے پیسہ طلب کیا ہے۔ MKRF ایک ایسا بہانہ جنگ گروپ نے بنایا ہے جس کی مدد سے کسی سے بھی پیسے مانگ سکتے ہیں۔

30 جون 2013ء کو MKRF کی طرف سے امریکہ کو یہ تجویز دی گئی کہ ان کا پاکستان میں امیج بہتر بنایا جا سکتا ہے۔ امریکہ کے خلاف پاکستانی عوام کے ردعمل کو کم کریں گے اور یہ کہ اس سے پہلے بھی جنگ/ جیو گروپ اسلام شریعہ قانون، حدود آرڈیننس کو ختم کرانے کے لیے 2006ء میں بہت کامیاب مہم چلا چکا ہے اور جنگ، جیو گروپ نے حکومت کو ان قوانین کی تبدیلی کا مکمل جواز مہیا کیا اور اس کے لیے راستہ ہموار کیا اور یہ بھی کہ جنگ گروپ، ٹائمز آف انڈیا کے ساتھ مل کر امن کی آشا آگے بڑھا رہا ہے۔ یہ امن کا پٹاخہ ہے یا امن کا کاروبار یا آشا۔ تاہم یہ منصوبہ چل رہا ہے اس کا مقصد پاکستان کی عوام کے دل میں بھارت کے لیے نرم گوشہ پیدا کرنا ہے جب کہ دوسری طرف بھارت پاکستان کی سرحدوں پر گولے برسا کر ہمارے فوجی جوانوں کو شہید کر رہا

ہے۔خود باباجی کے ادارے نے امریکنوں کوایک درخواست دی کہ کیونکر ان کو پیسے دیئے جائیں اور یہ ان کے لیے کیا کیا کر سکتے ہیں۔ایک خبر کے مطابق انہوں نے اپنے پرپوزل میں کہا کہ پاکستان میں قانون کی خلاف ورزیاں جاری رہیں گی۔ دہشت گردی کے خلاف جنگ میں پاکستان جوکررہاہے، کرتا رہے گا۔سیاسی عدم استحکام جاری رہے گا۔توانائی کا بحران بھی جاری رہے گا۔قرضوں کی ادائیگی کا مسئلہ بھی باقی رہے گا۔اگر یہ سب معاملات غلط ہیں تو باباجی میر شکیل الرحمٰن ان کا جواب کیوں نہیں دیتے۔ایک ایڈوائزری بورڈ بنایا ہے جس میں سابق جسٹس ناصر اسلم زاہد، بیرسٹر مخدوم علی خان، بابر ستار، علیزے حیدر، آئی اے رحمٰن، ندیم احمد، ذوالفقار چیمہ، طارق کھوسہ اور MKRF کے جیونیٹ ورک کے ایگزیکٹو سلیم شاہد، میر ابراہیم رحمان، عمران اسلم، سلیمان لالانی، معاذ ایم احسن غامدی شامل ہیں۔معاذ غامدی، جاوید غامدی کے صاحبزادے ہیں جو یقیناً اس بات پر دکھی ہوں گے۔ملائیشیا میں یہ پروگرام دیکھ کر دکھی ہوں گے۔یہ کہ اس کمپٹیشن کے تحت کیپٹل ٹاک کے آٹھ پروگرام کیے جائیں گے۔ہم عوام، گریٹ ڈیبٹ شامل ہیں۔

اخباری ملازمین حقوق سے محروم

11 نومبر 2013ء کو سندھ ہائی کورٹ نے اخباری ملازمین کے حقوق کے لیے حکم امتناعی ختم کر دیا۔ حکم امتناعی جنگ / جیو گروپ کا حصہ انڈی پینڈنٹ اور کمبائن میڈیا نے اپنے ملازمین کی جانب سے ان درخواستوں کے خلاف حاصل کیا تھا۔ انہوں نے اداروں کو حقوق سے محروم کرنے پر لیبر کورٹ میں دائر کی تھی۔ سندھ ہائی کورٹ نے حکم دیا ہے انڈی پینڈنٹ گروپ اور کمبائن میڈیا گروپ کے ملازمین سے کہا ہے کہ دادرسی کے لیے لیبر کورٹ سے رجوع کریں اور لیبر کورٹ کو حکم دیا ہے کہ ملازمین / درخواست گزاروں کی دادرسی کریں۔

اس بارے میں پاکستان فیڈرل یونین آف جرنلسٹس کے سیکریٹری جنرل امین یوسف نے سندھ ہائی کورٹ کے فیصلے کو خوش آئند قرار دیا۔ ان کا کہنا تھا کہ پہلے بھی سندھ ہائی کورٹ نے ہی ساتویں ویج بورڈ ایوارڈ کے بارے میں ملازمین کے حقوق کے تحفظ کرنے میں فیصلے دیئے تھے جس کے بعد اخباری مالکان نے سپریم کورٹ میں اپیل دائر کی مگر وہاں سے بھی الحمدللہ ملازمین کی ہی جیت ہوئی اور بعد میں مالکان کی نظر ثانی کی درخواستیں بھی مسترد ہوئیں اور سپریم کورٹ نے اخباری ملازمین کے ویج ایوارڈ کے عمل درآمدی ٹربیونل کو حکم دیا کہ وہ ایوارڈ پر عمل درآمد کرائے۔ ان کا کہنا تھا کہ ITNE کے جج بہت اچھا کام کر رہے ہیں ان کو مزید اختیارات دیئے جائیں۔ ITNE کو کام سے روکنے کے حوالے سے مختلف طریقوں سے اس قسم کی کارروائیاں ہوتی رہی ہیں، لیکن اب عدالتیں آزاد ہیں اس کی وجہ سے ملازمین کو ان کے حقوق ملیں گے۔ پی ایف یو جے

ہمیشہ سے ملازمین کے حقوق کی بات کرتی رہی ہے۔اسی وجہ سے اب آٹھواں ویج ایوارڈ بھی قائم کر دیا گیا ہے اور ہم حکومت سے مطالبہ کرتے ہیں وہ آٹھویں ایوارڈ کی کارروائی جلد شروع کرائے تا کہ ملازمین اپنے حقوق حاصل کر سکے۔اہم بات یہ ہے کہ ساتواں ویج ایوارڈ 2001ء میں آیا تھا اور اخبارات کے ملازمین 12 سال پرانی تنخواہیں/واجبات ادا نہیں کیے جا رہے جو انتہائی ظلم ہے۔ اب سپریم کورٹ اور ہائی کورٹ نے جو فیصلے دیئے ہیں ان کی روشنی میں حکومت کو چاہیے کہ ITNE کے چیئرمین کو مزید اختیارات دینا چاہئیں تا کہ یہ معاملہ جلد سے جلد مکمل ہو سکے۔

امین یوسف کا کہنا تھا کہ اخباری ملازمین کے حقوق کے لیے PFUJ قانونی جنگ لڑ رہی ہے، لوگوں کے حقوق کی بات کر رہے ہیں اور اتحاد سے آگے بڑھ رہے ہیں۔بعض ایسے ادارے بھی ہیں جہاں چھ چھ ماہ سے تنخواہیں دی جا رہی ہیں، جن سے اخباری کارکنان شدید مشکلات کا شکار ہیں۔اخباری مالکان کے گروپ ہمیشہ رکاوٹیں پیدا کرتے رہے ہیں۔مگر اخباری ملازمین کو ان کے حقوق کے تحفظ کا قانون 1973ء میں پارلیمنٹ سے متفقہ طور پر منظور ہوا تھا۔ہمارا صرف یہی مطالبہ ہے کہ جس قانون کے تحت ویج ایوارڈ بنا ہے، اس پر عملدرآمد کیا جائے۔ملازمین نے کبھی اخباری مالکان کی جائیدادوں/اثاثوں میں سے حصہ مانگا نہ ہی منافع میں سے حصہ مانگا۔ہم نے ہمیشہ یہی مطالبہ کیا ہے کہ معاوضہ ملنا چاہیے۔

امین یوسف کا کہنا تھا کہ اخباری مالکان کی ہٹ دھرمی صرف ساتویں ویج ایوارڈ کو عملدرآمد کے وقت سامنے نہیں آئی بلکہ یہ پہلے ویج ایوارڈ سے ہی ایسا کر رہے ہیں مگر ملازمین نے ہمیشہ ان کا ڈٹ کر مقابلہ کیا اور آئندہ بھی کریں گے۔آٹھواں ایوارڈ بھی حاصل کریں گے اور نواں بھی۔اخباری ملازمین کے حقوق سے کبھی دست بردار ہوں گے۔

پی ایف یو جے کے رہنما جی ایم جمالی کا کہنا تھا کہ سندھ ہائی کورٹ کے دورکنی بنچ نے جنگ گروپ کو حاصل حکم امتناعی خارج کر دیا کیوں کہ جنگ گروپ کے وکیل نے بنچ کو اس بابت موجود سپریم کورٹ کے حکم سے آگاہ نہیں کیا تھا۔اخباری کارکنان کے وکیل نے عدالت کو بتایا کہ گزشتہ 8 سال سے لٹکے ہوئے معاملے پر بالآخر سپریم کورٹ کے حکم سے عمل درآمد ہو رہا تھا اور سپریم کورٹ کا واضح حکم نامہ بھی موجود تھا۔اس پر سندھ ہائی کورٹ کے بنچ نے بھی حیرت کا اظہار کیا

اور کہا کہ انہیں سپریم کورٹ کے فیصلے کے بارے میں نہیں بتایا گیا تھا۔انہوں نے جنگ گروپ کے وکیل کو تنبیہ بھی کی اور مقدمہ خارج کر دیا اور عمل درآمدی ٹربیونل کو حکم دیا ہے کہ صحافیوں کی تنخواہوں، واجبات اور دیگر مراعات کے حوالے سے مقدمات کی سماعت دوبارہ شروع کرے۔

جی ایم جمالی کا کہنا تھا کہ صحافتی تنظیموں نے اپنے حقوق کے لیے عدالتی جنگ لڑی ہے۔سندھ ہائی کورٹ سے مقدمہ جیتا پھر سپریم کورٹ سے مقدمہ جیتا۔عدلیہ کو بھی سلام کرتے ہیں کہ مالکان کے خلاف اس جنگ میں انہوں نے اخباری کارکنوں کو انصاف دیا اور چیف جسٹس افتخار محمد چودھری نے ایک واضح حکم کے تحت جنگ گروپ کو ملازمین کے ویج ایوارڈ پر فوری عمل درآمد کا حکم جاری کیا تھا۔

جنگ گروپ کی ہرزہ سرائی

جب راقم نے جنگ / جیو گروپ کے خلاف تین چار پروگرام کیے تو کہا گیا کہ الزامات لگانے والے عدالتوں میں کیوں نہیں چلے جاتے تو معاملہ یہ ہے کہ جنگ، جیو گروپ کے خلاف تو سندھ حکومت، نیشنل بینک آف پاکستان اور نہ جانے کس کس کمپنی کے معاملات عدالتوں میں ہیں مگران کو کوئی سننے والا نہیں ہے تو نئے مقدمات کون سنے گا۔ سپریم کورٹ کے معزز ججوں سے متعلق متنازع انٹرویو میں منفی باتیں کرنے والے اس اینکر، جہاز والے کا مکروہ چہرہ بے نقاب کر دیا۔ اگر یہ توہین نہیں ہے تو اور کیا ہے، کیوں کہ یہ کسی اخبار نے نہیں لکھا کہ جسٹس کھوسہ نے اس مقدمہ میں کیا ریمارکس دیئے اور اپنے آپ کو اور بنچ سے علیحدہ کر لیا۔

ہندوستانی اخبار میں شائع ہونے والی خبر کے بارے میں کہتے ہیں کہ ''جعلی ای میل کو بنیاد بنا کر جنگ گروپ کے خلاف ہرزہ سرائی کی گئی اور اخبار نے انکوائری کی بھی تردید کی ہے۔'' ہندوستانی اخبار نے تو جو چھاپا سوچھاپا مگر اس سے 3 ماہ پہلے جنگ اخبار نے جو خبر شائع کی تو کیا اس خبر کو بھی میر شکیل الرحمٰن نے واپس لیا تھا؟ اور جن دیگر کمپنیوں کا نام اس خبر میں شائع کیا گیا تو کیا ان کی تردید کو شائع کیا گیا؟ کیا اس خبر کو ویب سائٹ سے ہٹایا گیا تو کیا یہ سائبر کرائم نہیں ہے؟

یہ اور اس جیسے دیگر سوالات کے جواب معلوم کرنا ہوں گے۔ ان کو جواب میر شکیل الرحمٰن کو دینا ہوں گے اور لارڈ نذیر کو بھی ہاؤس آف لارڈز میں MKRF کے معاملے پر سوالات کرنے پر سزا دی جا رہی ہے۔ لارڈ نذیر نے ہمیشہ پاکستان کی فلاح و بہبود کے لیے کام کیا ہے۔

ان کے دل میں پاکستان کی محبت ہے۔

ایک سینئر ایڈووکیٹ نے بتایا کہ میڈیا کی آزادی اظہار کے بارے میں 2006ء سے سپریم کورٹ نے بہت سے فیصلہ دیئے ہیں۔ میڈیا بہت سے سکینڈلز سامنے لایا، کرپشن کے معاملات رپورٹ ہوئے، خود جیو اور جنگ گروپ ایسے بہت سے سکینڈلز سامنے لے کر آیا اور جب بھی ان کے خلاف ہتک عزت کا مقدمہ آئے تو سپریم کورٹ نے تسلسل کے ساتھ ان کے آزادی اظہار کے حق کو محفوظ کیا۔ عدالت کا کہنا تھا کہ وہ آزادی صحافت میں مداخلت نہیں کرے گی کیوں کہ میڈیا کا ایک اہم کام کرپشن کو سامنے لانا ہے، مگر اب معاملہ یہ ہے کہ جو لوگ دوسروں کی کرپشن پر خبریں شائع کرتے تھے اب ان کی کرپشن کا معاملات بھی میڈیا پر آ گئے ہیں۔

ایک مقدمہ میں اس راقم کے بارے میں چیف جسٹس افتخار محمد چودھری نے ریمارکس دیئے کہ جو کام مبشر لقمان کر رہا ہے، یہ حکومتوں کے کرنے والے کام ہیں۔

مضمون کے شروع میں ذکر کیا گیا تھا کہ ایسا کوئی ادارہ ہے کہ جس کے ملازمین کی تنخواہ کے بجٹ سے اس کمپنی کا ٹریولنگ بجٹ زیادہ ہے تو یہ بھی جنگ، جیو گروپ میں ہوتا ہے۔ اگر ملازمین کی تنخواہ کی مد میں 26 کروڑ 20 لاکھ خرچ ہوتے ہیں تو ٹریولنگ اور کنوینس الاؤنس کی مد میں 26 کروڑ 70 لاکھ روپے خرچ ہوتے ہیں۔ یہ وہی چینل دکھاتا ہے کہ پانی سے گاڑی چل سکتی ہے!

جیو/جنگ گروپ اور میر شکیل الرحمٰن کے فراڈ کا ثبوت: نیشنل بینک آف پاکستان نے ایک ارب 70 کروڑ روپے کے قرضے کی ادائیگی کے جنگ/جیو گروپ کے خلاف سندھ ہائی کورٹ میں مقدمہ نمبر (Suit B-II/2010) دائر کیا، مگر قرض کی اس عدم ادائیگی کو کبھی بھی سٹیٹ بینک کی CIB رپورٹ میں شامل نہ کیا گیا جب کہ یہ ایکٹ لازم امر ہوتا ہے، یہ بھی ممکن ہے کہ سٹیٹ بینک نے یہ نام اس فہرست سے نکال دیا ہو۔ بینک قرض کی عدم ادائیگی کو رپورٹ کرنے کا پابند ہے، چاہے اس کی مالیت 10 ہزار روپے ہی کیوں نہ اور وہ ایک کریڈٹ کارڈ کی مد میں ہی کیوں نہ ہوا ہو۔

مگر جیو کے معاملے میں ایسا کیوں نہیں کیا گیا...... کیوں؟

اس وجہ سے جیو اب تک قرض کی ادائیگی نہ کرنے کے باوجود مختلف بینکوں سے قرضے حاصل کر رہا ہے اور اس سلسلے میں اس نے 30 ستمبر 2013ء کو برج بینک سے 30 کروڑ روپے کا

قرضہ حاصل کیا ہے۔

یہ بینک فراڈ ہے۔ سٹیٹ بینک کیوں میر شکیل الرحمٰن اور جیو/ جنگ گروپ کے ڈائریکٹرز کا نام CIB میں ڈالنے سے احتراز کر رہا ہے؟

یہ حیرت ناک اور خطرناک بات ہے کہ کیسے جیونیٹ ورک / جنگ گروپ ان سب معاملات کے باوجود سپریم کورٹ یا حکومتی اہلکاروں سے بچتا چلا آ رہا ہے۔ ہم امید رکھتے ہیں کہ یہ سب معاملات بھی عوام کے سامنے لائیں جائیں گے۔

جنگ گروپ پیمرا کا بھی 3 ارب 73 کروڑ 40 لاکھ روپے کا نادہندہ ہے اور رقم کی ادائیگی سے بچنے کے لیے پیمرا پر ہی ملک کی مختلف عدالتوں میں مقدمات دائر کر رکھے ہیں اور کیا پیمرا کو بلیک میل نہیں کیا جا رہا۔ جنگ گروپ کیا جواب دے گا کہ وہ کیوں سندھ حکومت کا 7 کروڑ 31 لاکھ روپے کا ٹیکس نادہندہ ہے۔ اس بابت حکومت سندھ نے 7 جنوری 2013ء کو پیمرا کو ایک خط بھی بھجوایا۔ کیا شکیل الرحمٰن بتائیں گے کہ انڈیپنڈنٹ میڈیا کارپوریشن اور میر شکیل الرحمٰن ولد میر خلیل الرحمٰن نے نیشنل بینک آف پاکستان کا ایک ارب 77 کروڑ روپے کا قرضہ ابھی تک ادا نہیں کیا۔ کیا شکیل الرحمٰن بتا سکتے ہیں کہ امریکہ سے چند ڈالرز کیسے لیے۔ انہوں نے جیو پر ایسے پروگرام چلانے کا منصوبہ کیوں دیا۔ کیا آپ عوام کو جواب دہ نہیں ہیں۔ برطانیہ سے 46 لاکھ پاؤنڈ کیوں لیے اور 2015ء تک کتنے پاؤنڈ لینے کا ارادہ رکھتے ہیں، کیا آپ عوام کو نہیں بتا سکتے کہ اب تک کتنی بھارتی فلمیں درآمد کیں اور کس قانون کے تحت؟ ان سوالات کا جواب مانگنا ایک صحافی کا حق ہے مگر ایک نہ ایک دن اس ملک میں کوئی نہ کوئی ادارہ یا حکومت یا کوئی عدالت پکڑ کر پوچھے گی کہ پاکستانیوں کا کیا قصور ہے۔ کیا پاکستان ان لوگوں کو اس لیے عزت دیتا ہے کہ پاکستانیوں پر انڈیا تھوپ دو۔ پاکستان کی فلمیں اچھی نہیں تو میر شکیل الرحمٰن صاحب بھارت کی فلمیں لے آئے ہیں، بہت سے لوگ کہتے ہیں کہ پنجاب پولیس اچھی نہیں کیا ہریانہ سے پولیس منگوالیں گے؟ بہت سے لوگ کہتے ہیں کہ ہماری حکومت اچھی نہیں تو کیا انڈیا کی حکومت بلائیں گے؟ اپنے اداروں کو ٹھیک کیا جاتا ہے یا دوسروں کو لوگوں پر تھوپ دیا جاتا ہے؟

ہمارا میڈیا ہمارے ہیروز کے ساتھ کیا سلوک کرتا ہے۔ ایم ایم عالم اگر فوت ہو جائیں

تو ایک چھوٹی خبر صرف اس لیے شائع ہو جاتی ہے کہ خبر ہے شائع کر دو۔ لیکن اگر راجیش کھنہ کی ارتھی جلائی جانے والی ہو یا بال ٹھاکرے کی تو ایسا جو ہمیشہ پاکستان کے خلاف بات کرتا رہا، پاکستان کو تباہ کرنے کی بات کرتا رہا، اس آدمی کے لیے تو اتنا سارا ٹائم دیں گے۔ ایسی صحافت پر لعنت ہے، لعنت ہے ایسی صحافت پر جس کو اپنے قومی ہیروز ایم ایم عالم، سرفراز رفیقی، سیسل چودھری یاد نہ ہوں بلکہ صرف بال ٹھاکرے یاد ہو۔

سب سے بڑا آمر میڈیا خود

راقم نے ایک مخصوص میڈیا گروپ کے بارے میں اب تک جو کچھ بھی کہا اور لکھا ہے، وہ کسی خواہش کی تکمیل کے لیے نہیں بلکہ دستاویزی ثبوت کے ساتھ کہا اور لکھا ہے۔ میڈیا کی ذمہ داری ہے کہ وہ حقائق کے مطابق بات کرے اور جو سوالات اٹھائے وہ ثبوت پر مبنی ہوں۔ میڈیا بھی قابل احتساب ہے۔ میڈیا کو ریگولیٹ کرنے والے اداروں کی بھی ذمہ داری ہے کہ قوانین پر عملدرآمد کروائیں جس کے تحت کسی اخبار کو ڈیکلریشن یا کسی ٹی وی چینل کو نشریات کے لیے لائسنس جاری کیا جاتا ہے۔ ٹی وی چینلز کو ریگولیٹ کرنے کے لیے 2007ء میں ایک قانون بنایا گیا تھا جس میں کہا گیا ہے کہ نشریات کے لیے ٹی وی چینلز نے کن معاملات کو ملحوظ خاطر رکھنا ہے۔ اگر کوئی ان کی خلاف ورزی کرتا ہے، اپنے دائرہ سے باہر نکل رہا ہے، ملک کو یا مذہب کو یا کسی دوسرے کے مذاہب کو کوئی نقصان پہنچاتا ہے۔ کسی کی تضحیک کر رہا ہے تو اس کا احتساب قانون کے تحت ہوگا، مگر کوئی اپنا اثر ورسوخ بنالے، مال ودولت بنالے۔ جس کے اوپر بھی سوالیہ نشان ہو کہ اتنی دولت کیسے اکٹھی کی، اسے ثابت کرنا ہوگا کہ آپ کی زندگی گزارنے کا طریقہ آپ کی آمدنی کے مطابق ہو تو سب کا احتساب ہونا چاہیے۔ یہ قانون ہر فرد اور ادارے پر لاگو ہوتا ہے، ہر میڈیا ادارہ پر بھی یہی قانون لاگو ہوتا ہے۔ مگر جب کوئی حکومت میڈیا کے بارے میں ایسے سوالات اٹھاتی ہے تو سارے میڈیا ہاؤسز اور تمام یونینز اکٹھی ہو کر اس طرح کی کارروائی کو میڈیا کی آزادی پر قدغن قرار دینے کے لیے اکٹھے ہو جاتے ہیں۔ ان کو حکومتی ہتھکنڈے اور میڈیا کے خلاف سازش

سے تعبیر کرنے تک جاتے ہیں، مگر بہت سے ادارے، میڈیا آرگنائزیشنز اپنے ملازمین کو تنخواہ ہی نہیں ادا کرتیں۔ کوئی میڈیکل کی سہولت نہیں دیتے ان سے اوقاتِ کار سے زیادہ کام لیتے ہیں۔ اس طرح ملک میں سب سے پیارا طبقہ صحافیوں کا ہے۔ یہ وہ طبقہ ہے جو پڑھا لکھا ہے، قلم مزدور ہیں اور یہ طبقہ سب سے زیادہ پس رہا ہے۔ ایک نیوز چینل نے پانچ ماہ سے اپنے ملازمین کو تنخواہیں ادا نہیں کی۔ اس چینل کا ایک 26 سالہ کیمرامین بیمار پڑ گیا تو سیٹھ کی بڑی منت سماجت کی گئی کہ اس کی تنخواہ ادا کر دیں۔ آج کل کا وعدہ کرتے کرتے کئی دن گزر گئے۔ بالآخر اس لڑکے کی بیماری کے ہاتھوں موت ہو گئی۔ چینل کے سٹاف نے پھر لڑکے کے کفن دفن کے لیے تنخواہ کا مطالبہ پھر مالکان نے یہ معاملہ کھڑا کر دیا کہ تنخواہ کی ادائیگی لڑکے کی ماں کو کریں کہ اس کی بیوی کو؟ یہ ایک سال پرانی بات ہے مگر ابھی تک وہ رقم لڑکے کے گھر والوں کو ادا نہیں کی گئی۔ اگر اس طرح کے موضوع کو زیرِ بحث لایا جائے تو میڈیا میں کاروباری مخاصمت، مسابقت سے تعبیر کر کے جان چھڑا لی جاتی ہے۔ تو کیا اس ملک کے رسم و رواج، تہذیب و ثقافت، روایات کے خلاف کام کرنے والوں کا احتساب نہیں ہونا چاہیے؟

"ARY" بیورو چیف عارف محمد بھٹی کے مطابق، ملک میں سب سے پہلے احتساب میڈیا کا ہونا چاہیے۔ یہی میڈیا اس ملک کے سیاست دان، جرنیل، جج غرض ہر طبقہ کو زیرِ بحث لاتا ہے مگر صحافی اگر خود پاک صاف نہیں تو اس کو کسی دوسرے پر کیچڑ اچھالنے کا کوئی حق حاصل نہیں۔ یہ حقیقت ہے کہ صحافیوں پر بہت ظلم اور زیادتی ہو رہی ہے۔ میڈیا میں 80 فیصد صحافیوں کی تنخواہ 20 ہزار روپے سے کم ہے، 20 ہزار کی تنخواہ میں ایک گھر کا خرچ کیسے پورا ہوتا ہے۔ سب زندہ لاشیں ہوتی ہیں۔ چند سرمایہ دار صحافیوں کی خون پسینے کی کمائی سے اربوں روپے کے مالک بن گئے ہیں۔ اللہ ان کو رزق حلال کمانے کی توفیق دے مگر یہ کارکن صحافی کو کچھ بھی نہیں دے رہے۔ مناسب معاوضہ ملے تو کوئی دو نمبر کام نہیں کرتا۔

جن اداروں نے اپنے ملازمین کی چار چار ماہ کی تنخواہ ادا کرنی ہے، ان کے اثاثوں کی تحقیق کریں تو سب لوگ دنگ رہ جائیں گے۔ یہ لوگ ٹی وی پر مختلف آئین اور احادیث سنائیں گے مگر کسی ایک پر بھی خود عمل نہیں کرتے۔ 3 نومبر کو جنرل مشرف نے ایمرجینسی نافذ کی، اسلام آباد

میں ایک غیر سرکاری تنظیم نے سیمینار کروایا اور میں خود بحیثیت صدر پنجاب یونین آف جرنلسٹس کے اس میں شریک ہوا۔ میریٹ میں سیمینار ہوا اور مال مفت دل بے رحم والا معاملہ تھا اور رات کے وقت شریک صحافیوں اور اینکر پرسنز کے سوا کوئی بھی ہوش میں نہ تھا۔ سیمینار میں ملک کے بڑے بڑے میڈیا ہاؤسز کے مالکان جن میں جنگ گروپ بھی شامل تھا، شریک ہوئے اور صحافیوں سے مشکل وقت میں قربانی کا تقاضا کر رہے تھے۔ جب مجھے بات کرنے کا موقع ملا تو میں نے جنگ گروپ کے مالکان سے کہا کہ جب آپ کے اربوں کھربوں ڈالر پر ہاتھ پڑتا ہے تو آپ کو آزادیٔ صحافت یاد آجاتی ہے۔ چند ایک صحافیوں کے سوا تمام نے مجھ پر تنقید شروع کر دی۔ حالاں کہ میں نے انہیں بتایا کہ کس طرح اس گروپ کے لیے چند سال پہلے ہم نے زبردست جدوجہد کی تھی مگر کارکن صحافیوں کو اس جدوجہد کا کوئی فائدہ نہ ملا۔

"ARY" اسلام آباد کے بیورو چیف صابر شاکر کا کہنا تھا کہ میڈیا سمیت عام اداروں کا احتساب ہونا چاہیے۔ میڈیا سب کا احتساب کرتا ہے تو میڈیا کا بھی احتساب ہونا چاہیے۔ انصاف کے تقاضے تب ہی پورے ہوتے ہیں جب احتساب پہلے خود سے شروع ہو۔ جب خود اپنا احتساب کریں گے تو دوسروں کے احتساب کا حق رکھیں گے۔ احتساب کے بغیر ہم ایک مافیا کے طور پر ضرور ایکٹ کر رہے ہوں گے مگر اس سے کوئی مثبت نکتہ نہیں ہوگا۔

سپریم کورٹ کے تین فیصلوں کے ذریعے میڈیا کی آزادی کو آزادیٔ اظہارِ رائے کو تحفظ دیا گیا ہے۔ صرف تین جگہوں پر قدغن ہے کہ افواجِ پاکستان کے خلاف بات نہ کریں۔ ملک اور عدلیہ کے خلاف بات نہ کریں۔ یعنی سیکنڈ لائز نہ کریں اور ہم عدلیہ کے تمام فیصلوں کو بھی زیر بحث لا سکتے ہیں اور ایک دائرہ کے اندر رہ کر ان فیصلوں پر تنقید بھی کر سکتے ہیں، جس کو تنقید برائے اصلاح کہا جاتا ہے مگر تضحیک فیصلوں کی نہیں کر سکتے جب کہ ثبوتوں کے ساتھ اور حقائق پر رہتے ہوئے کسی شخص یا ادارے کے معاملات کو میڈیا پر لانے میں کوئی قدغن نہیں ہے۔ آئین کے آرٹیکل 209 کے تحت ججز کے بارے میں ریفرنس بھی جوڈیشل کونسل میں لا سکتے ہیں۔ ان کے کنڈکٹ کا معاملہ بھی سامنے لا سکتے ہیں مگر اس میں ان کو تضحیک یا بدنام کرنے کا پہلو نہیں ہونا چاہیے۔

ابھی یہ باتیں ضرور ہو رہی ہیں کہ عدالتیں ایک فریق کو سن کر فیصلہ کر رہی ہیں مگر جب

معاملہ کھلی عدالت میں جائے گا تو دو طرف کے وکلاء کی بات سن کر ہی فیصلہ ہوگا اور کوئی حکم جاری ہوگا۔

مگر مسئلہ یہ ہے کہ کوئی بھی شخص جب دیوالیہ ہو جاتا ہے تو اس کا مقدمہ چلتا ہے۔ ایگزٹ کنٹرول لسٹ میں نام شامل ہو جاتا ہے۔ جائیداد کی قرقی کا حکم جاری ہو جاتا ہے، لیکن میڈیا گروپ اربوں روپے کا ڈیفالٹ کرتا ہے اور جب بینک اس کے خلاف مقدمہ دائر کرے تو میڈیا ہاؤس کو حکم امتناعی مل جاتا ہے اور پھر مقدمہ کی سماعت نہیں ہوتی اور جب اس پر بات کریں تو کہتے ہیں کہ یہ آزادیٔ صحافت پر قدغن ہے۔

عارف بھٹی کا کہنا تھا کہ وہ آئین جو بنیادی انسانی حقوق کے منافی ہو اس کے خلاف بغاوت کر دینی چاہیے۔ اگر وہ ایک لقمہ بھی حرام کا کھا رہے ہیں تو میاں نواز شریف، محمد افتخار چودھری کی عدالت میں جانے کے لیے تیار ہیں۔

تمام صحافیوں کا احتساب ہونا چاہیے اور میڈیا ہاؤسز کے مالکان کو اپنے تمام اثاثے ڈیکلیئر کرنے چاہئیں۔ کوئی صحافی قانون یا ضابطہ اخلاق سے بالاتر نہیں ہے، عدلیہ آزاد ہے مگر غیر جانب دار نہیں ہے۔ مادر پدر آزادی کسی کو بھی نہیں ملنی چاہیے۔ صحافی کو آزاد سے زیادہ غیر جانب دار ہونا چاہیے۔ صابر شاکر کا کہنا ہے کہ کمزور کے لیے تمام قوانین موجود ہیں مگر طاقتور مافیا کے خلاف کارروائی کرنے کو کوئی بھی تیار نہیں ہے۔ عارف بھٹی کا کہنا ہے کہ جب تک کشمیر کا مسئلہ حل نہیں ہو جاتا، بھارت سے فلمیں تو کیا کچھ بھی درآمد نہیں ہونا چاہیے۔ بھارت سے تعلقات کبھی بھی پاکستان کے حق میں بہتر نہیں ہو سکتے، کیوں کہ ہم بنیادی طور پر ایک دوسرے سے بہت مختلف ہیں جو لوگ پاکستان میں بھارتی کلچر کو فروغ دیتا ہے وہ محبّ وطن نہیں ہے۔ یہ بات بھی ایک حقیقت ہے کہ کسی ٹیلی ویژن چینل کے پرائم ٹائم کے دوران کسی 23 مارچ کو سالوں سے قومی ترانہ نہیں بجایا گیا۔ یعنی پرائم ٹائم پر قومی ترانہ بجانے کو وقت اور پیسے کا ضیاع سمجھا جاتا ہے۔ پاکستان میں لوگ کشمیر اور مسلمانوں کے مفاد کو بھول گئے ہیں۔ قائداعظم کے دیئے ہوئے دو قومی نظریے کو بھول چکے ہیں۔ اس لیے کہ ہم بہت سمجھ دار ہو چکے ہیں۔

صابر شاکر کے مطابق یہ سب کچھ سوچ سمجھ کر کیا جا رہا ہے۔ یہ میڈیا کے ذریعے کروایا جا رہا ہے اور میڈیا میں ایسے مافیاز موجود ہیں جو پیسے کی خاطر کچھ بھی کرنے کے لیے تیار ہیں۔

انسان کے پاس جتنا پیسہ آتا ہے اس کی ہوس دولت مزید بڑھ جاتی ہے۔ ایک مہم چلائی گئی کہ ''پاکستان کا مطلب کیا لا الہ الااللہ'' کو بھی بدل دیا اور قوم، ملک اور معاشرے کے نظریات اور شناخت کو جان بوجھ کر ختم کر رہے ہیں۔

"ARY" نے زیارت کی فوٹیج چلائی تھی، دہشت گردوں کی حرکت دکھائی تھی۔ موضوع یہ تھا کہ پاکستان کو گالیاں دینے والوں اور دہشت گردوں کا انجام کیا ہونا چاہیے مگر ہمارے خلاف ازخود نوٹس لے لیا گیا۔ دوسری طرف اجمل قصاب کی مثال ہے۔ اس سے بھی بڑی مثالیں موجود ہیں جو کچھ میمو کمیشن میں اور جوریمنڈ ڈیوس کے معاملہ پر ہوا۔ چند اور غیر ملکی طاقتوں کے ایجنڈے پر لوگ کام کر رہے ہیں، لیکن ان پر گرفت نہیں کی جاتی۔ برابری کا انصاف معاشرے میں نہیں ہے، انصاف صرف طاقتور کے لیے ہے۔ میڈیا ہاؤسز اربوں کے ٹیکس نادہندہ ہیں مگر عدالتوں میں ان کو حکم امتناعی مل چکا ہے اور یہ معاملہ سالوں سے ایسا ہی چل رہا ہے، انصاف سب کے لیے نہیں ہوگا تو عدالتی نظام مضبوط نہیں ہوگا۔

معاشرہ میں برائی ہے تو اس کی وجہ احتساب کا نہ ہونا ہے۔ اگر میڈیا کو کرپشن سے صاف کر دیں تو پورے معاشرے کی صفائی ہو جائے گی کہ چوکیدار چوروں سے نہیں ملے گا تو چوری نہیں ہوگی۔ تاہم یہ بات بھی درست ہے کہ ایک ٹیکس کے مقدمہ میں سالوں پر محیط حکم امتناعی کا کوئی قانونی جواز نہیں ہے کیوں کہ اس سے ملزم کو اپنے خلاف جرم کے نقوش مٹانے کا موقع اور وقت مل رہا ہے اور وہ مزید جرائم کا مرتکب ہو رہا ہے۔ اس حکم امتناعی کی آڑ میں۔

صابر شاکر کا کہنا ہے کہ عدالت کو قانون حکم امتناعی جاری کرنے کا اختیار دیتا ہے۔ یہ صحیح ہے یا غلط اس پر بحث ہوسکتی ہے۔ آئین عدلیہ کو ہر فیصلہ کرنے کی آزادی دیتا ہے ہر اس معاملے پر جو ان کے سامنے لایا جائے۔ وکلاء تاخیری حربے استعمال کرتے ہیں۔ وہ کیس کو لگنے نہیں دیتے اور پھر وہ کیس سماعت کے لیے لگایا ہی نہیں جاتا۔

لاہور شہر میں ٹریفک قوانین کی سب سے زیادہ خلاف ورزی صحافی کرتے ہیں۔ پولیس والوں کو دھمکیاں دیتے ہیں۔ ان کو معطل کرا دیتے ہیں، لیکن اگر جج کوئی اختیار استعمال کرے تو اس پر تنقید کرتے ہیں اور اخبار، ٹی وی کے مالکان بھی ان کے ساتھ مل کر جرائم کرتے ہیں، کیا ان

سب کا اور ان کو جو ٹیکس چوری کرتے ہیں ان کا احتساب نہیں ہونا چاہیے۔ صابر شاکر کا کہنا ہے کہ سب کا 100 فیصد احتساب ہونا چاہیے۔ آل پاکستان نیوز پیپرز سوسائٹی کی ساتویں ویج ایوارڈ کے خلاف درخواست سالوں تک سپریم کورٹ میں پڑی رہی۔ آٹھویں ایوارڈ کا وقت آ گیا مگر ساتویں ایوارڈ کا فیصلہ نہ ہوا۔ احتساب کب ہوگا جب ہمارا عدالتی نظام اور جمہوری نظام مضبوط ہوگا۔

عارف حمید کا کہنا ہے کہ صحافیوں کا احتساب ضرور ہونا چاہیے۔ جس طرح ہمارے تمام صحافی گندے لوگ نہیں ہیں، اسی طرح مالکان میں بھی اچھے لوگ موجود ہیں۔ تاہم ویج ایوارڈ کے معاملے پر جو تاخیر کی گئی تو بات صرف اتنی ہے کہ جتنا جرم چور اور فراڈ کرنے والا کرتا ہے، اتنا ہی جرم اس کو تحفظ دینے والا بھی کرتا ہے۔

ملک دشمن میڈیا بند ہونا چاہیے

منی کی بدنامی، شیلا کی جوانی، رنبیر کا الھڑپن، سلمان کا اکھڑپن، دپیکا کی تیاری اور رانی مکھرجی کی بیماری کے متعلق خبروں کے لیے آپ وہ چینل دیکھیں جو ہندوستان کی چیزوں کو پروموٹ کرنے کے لیے وہاں سے پیسے لیتے ہیں۔ میں تو اس پیسے پر لعنت بھیجتا ہوں جس سے پاکستان کو نقصان پہنچے، انڈسٹری تباہ ہو، ثقافت برباد ہو۔ ایک سروے کے مطابق جس میں ڈیڑھ لاکھ افراد شریک ہوئے، اس کے 93 فیصد نے اس امر کی حمایت کی ہے کہ ایسے میڈیا گروپ کو بند کر دینا چاہیے جو ملک دشمن عناصر کے ساتھ مل کر پاکستان کے خلاف نپی تلی کارروائی کر رہا ہو۔ 5 فیصد افراد نے کہا کہ بند نہیں ہونا چاہیے جب کہ صرف 2 فیصد نے کہ انہیں جواب معلوم نہیں۔

چوکیدار چوروں سے مل گیا

جہانگیر صدیقی کو HSBC بینک کی شاخیں خریدنے کی اجازت ہونی چاہیے کیوں کہ ان کی کمپنی Azgard-9 اور جے ایس بینک کے مالکان کے خلاف پہلے سے انکوائری چل رہی ہے اور سالوں سے زیرالتوا ہے۔ جنگ کے منتظم اعلیٰ نے ایس ای سی پی سے کہا تھا کہ آپ انکوائری میں انصاف کریں اور Azgard-9 کو بھی سماعت کا موقع دیں۔ پھر 10 دسمبر 2010ء کو دی نیوز میں خبر شائع کی گئی جس میں جہانگیر صدیقی کی کرپشن کا ذکر ہے۔

2010ء اور 2013ء میں شائع ہونے والی خبروں میں کیا فرق ہے؟ کہ 2013ء میں سٹیٹ بینک کے گورنر کو کہا جا رہا ہے کہ ایم HSBC بینک جہانگیر صدیقی کو دے دیا جائے اور ایس

ای سی پی کو دھمکی دی جا رہی ہے کہ خبردار جو اس معاملہ کی تحقیقات کروائی، ورنہ نوکری سے جاؤ گے۔ انکوائری کروانے والا نوکری سے گیا۔ ان تین سالوں میں صرف یہ ہوا کہ میر شکیل الرحمٰن کی بیٹی کی شادی جہانگیر صدیقی کے بیٹے ہوئی، دونوں قریبی رشتہ دار ہو گئے، سمدھی بن گئے۔ یہ وہی شادی تھی جس کے متعلق کہا جاتا ہے کہ 90 کروڑ روپے کی ادائیگی کر کے بھارتی فلم سٹارز کو مدعو کیا گیا۔ کوئی کہتا ہے کہ 20 کروڑ خرچ ہوئے تو کوئی کہتا ہے 120 کروڑ روپے خرچ ہوئے۔ خرچ کتنا آیا، یہ رہنے دیں کیوں کہ فلم سٹارز بہرحال اس شادی میں شریک ہوئے۔ مگر معلوم نہیں کہ اس شادی میں پاکستانی فلم سٹارز کو بھی مدعو کیا گیا یا نہیں۔ دونوں نے مل کر HSBC بینک کی خبر کو موت دے دی کیوں کہ مفادات کی جنگ تھی۔

باباجی نے بیشتر الزامات تسلیم کر لیے

میر شکیل الرحمٰن نے عدالتی حکم کے جواب میں یہ تسلیم تو کر لیا کہ انہوں نے 3 ملین ڈالر کے لیے امریکہ کو درخواست دی تھی۔ اس سے پہلے VOA چلانے کے کتنے پیسے ملے؟ برطانیہ سے بھی آپ نے 9.5 لاکھ پاؤنڈ کی وصولی کو تسلیم کیا ہے اور اس مواد کو اپنا ادارتی مواد کہہ کر چلاتے رہے اور اس پر Paid Content بھی نہیں لکھا جو عالمی قانون سمیت پیمرا قوانین کی خلاف ورزی ہے۔ میر شکیل الرحمٰن ہاؤس آف لارڈ کے ممبر کو دھمکی دے رہے ہیں کہ ان تحقیقات میں کیوں شامل ہو رہے ہو۔ آپ یہ بھی تسلیم کر چکے ہیں کہ آپ نے دیگر کئی مہم کے لیے پیسے لے کر کام کیا اور آپ یہ بھی کہتے ہیں کہ اس بات کا علم حکومت اور خفیہ ایجنسیوں کو بھی تھا۔ راقم سمیت مختلف لوگوں کو ایجنسیوں کے پے رول پر ہونے کا الزام لگاتے ہیں جب کہ خود آپ خفیہ ایجنسیوں سے پیسہ لے رہے ہیں یا لینے کے لیے ان سے رابطے میں ہیں۔ آپ نے دعویٰ کیا کہ MKRF نے مہم شفاف انداز سے کی، مگر حقیقت میں ایک ہی دفتر، ایک ہی ایڈریس اور ایک ہی طرح کے فون نمبرز والے ادارے کیسے الگ ہو سکتے ہیں۔ آپ نے MKRF سے جیو ٹی وی کے لیے کمرشل اشتہار لیے۔ تعلیم کا پیسہ آپ نے جیو ٹی وی پر اشتہار کے ذریعے اپنے اکاؤنٹ میں جمع کرا لیا۔ آپ کا دعویٰ ہے کہ اس میں سے "اپنا ٹی وی" اور "کے ٹی این" کو بھی حصہ دیا۔ یہ حصہ 20 ملین پاؤنڈ میں سے صرف 32 ہزار روپے ہے۔ اگر بعد میں اور دے دیا تو مجھے بھی پلیز بتا دیں۔

’’جیو/جنگ‘‘ کی جانب سے حقائق پر سے پردہ اُٹھانے پر مبشر لقمان کے خلاف مقدمہ

اسلام آباد ہائیکورٹ سول کیس 2013ء

1: انڈی پینڈنٹ نیوز کارپوریشن پرائیویٹ لمیٹڈ

2: انڈی پینڈنٹ میڈیا کارپوریشن پرائیویٹ لمیٹڈ

درخواست گزار نمبر 1 اور 2 پرائیویٹ لمیٹڈ کمپنیز ہیں، ان کا ہیڈ آفس الرحمان بلڈنگ، آئی آئی چندریگر روڈ پر ہے۔

بنام 1: مبشر لقمان۔ اینکر پروگرام ’’کھرا سچ‘‘ اے آر وائی ڈیجیٹل، مکان نمبر 8 ،سٹریٹ نمبر 62 ایف 7/4۔

2: سید زید خان حامد، رہائش مکان نمبر 45، عسکری روڈ عسکری 5۔ چکلالہ سکیم 3، راولپنڈی۔

دفتر: مکان نمبر 686۔ عسکری روڈ عسکری 5 چکلالہ سکیم 3، راولپنڈی۔

3: محمود شام ولد طارق محمود۔ پتہ 262-اے، بلاک 3، گلشن اقبال کراچی۔

گزارشات

1۔ یہ کہ درخواست میں دیئے گئے فریقین کے پتے درست ہیں جہاں پر عدالتی

احکامات پہنچائے جاسکتے ہیں۔

2۔ یہ کہ درخواست مدعین کی طرف سے میاں محمد علی ولد میاں برکت علی جن کو بورڈ آف ڈائریکٹرز کی طرف سے مکمل اختیار دیا گیا ہے، داخل کرائی گئی ہے اور ان کو مکمل اختیار دیا گیا ہے اور یہ کہ انہوں نے اس درخواست کی مکمل چھان بین کر کے اس پر دستخط کیے ہیں۔

بورڈ کی قراردادوں کی کاپی A سے A/1 درخواست کے ساتھ لف ہیں۔

3۔ یہ کہ درخواست گزار نمبر 1 روزنامہ ''جنگ'' کا پبلشر اور ''جیو کہانی'' کا ڈائریکٹر ہے۔ درخواست گزار نمبر 2 جیو ٹی وی نیٹ ورک کا آپریٹر ہے اور ''جیو'' نیوز اور ''جیو'' انٹرٹینمنٹ کو آپریٹ کرتا ہے۔ ''دی نیوز'' انٹرنیشنل درخواست گزار گروپ کا انگریزی زبان میں اخبار ہے جب کہ ''جیو سپر'' اور ''جیو تیز'' گروپ کے دیگر بڑے چینل ہیں۔

4۔ درخواست گزار فرد عام ہیں ''جنگ'' پبلیکیشنز گروپ کے نام سے جانے جاتے ہیں۔ اب ان کا ذکر ''جنگ'' کے نام سے کیا جائے گا۔

5۔ یہ کہ درخواست گزار اس سے پہلے ایک درخواست نمبر 52/2013 اس عدالت میں دائر کر چکے ہیں، جس میں مدعا علیہ نمبر 2 کے خلاف حکم جاری کرنے کی استدعا کی گئی تھی کہ وہ درخوست گزار کی جانب سے جاری کی گئی ''اَمن کی آشا'' اور ''ذرا سوچیۓ'' کو بدنام کرنے سے باز رہے۔

6۔ یہ کہ عدالت نے یکم اگست 2013ء کو مدعا علیہ نمبر 2 کو درخواست گزار کے خلاف معاندانہ مہم چلانے سے روک دینے کا حکم جاری کیا تھا۔ عدالت سے درخوست ہے کہ (فوٹو کاپی کے دوران پورا مواد نہیں آیا اور پڑھا نہیں جا رہا (Unreadable) نمبر 52/2013 کے ساتھ منسلک کرنے کا حکم جاری کرے۔ عدالتی حکم کا متعلقہ حصہ مندرجہ ذیل ہے:

''مدعا علیہ کو حکم دیا جاتا ہے کہ درخواست گزار کے خلاف کسی طرح کا بھی الزام لگانے شائع کرنے اور براڈ کاسٹ کرنے سے باز رہے۔

7۔ یہ کہ مدعا علیہ نمبر 1 ایک اینکر پرسن ہے اور ایک پاکستانی چینل پر ''کھرا سچ'' کے عنوان سے پروگرام کا میزبان ہے۔

8۔ یہ کہ مدعا علیہ نمبر 3 ''جنگ'' گروپ کا ایک سابق ایڈیٹر ہے۔

پس منظر

9۔ یہ کہ دو ماہ قبل سپریم کورٹ آف پاکستان کے حکم پر قائم ہونے والے میڈیا کمیشن کے سامنے پیمرا کے کچھ اہلکاروں نے درخواست گزار گروپ کے جاری کردہ ''اَمن کی آشا'' اور ''ذرا سوچئے'' کی میڈیا کمیشن پر بیرونی امداد حاصل کرنے کا الزام لگایا تھا۔

10۔ یہ کہ جب درخواست گزار نے پیمرا اہلکاروں کے میڈیا کمیشن کے روبرو الزام کا معاملہ معزز عدالت کے سامنے اُٹھایا تو عدالت عظمیٰ نے پیمرا چیئرمین اور دیگر اہلکاروں کو ملا کر ''جیو''، ''جنگ'' گروپ کے خلاف ان الزامات کے ثبوت مانگے کہ وہ بھارت سے روپیہ حاصل کر رہا ہے۔ پیمرا چیئرمین اور اہلکار کسی طرح کا کوئی ثبوت پیش کرنے میں ناکام رہے، بلکہ عدالت میں بیان کیا کہ انہوں نے اس قسم کا کوئی الزام عائد نہیں کیا۔ اس پر عدالت نے کہا ہے کہ ان کو کوئی حاصل نہیں کہ وہ کسی دوسرے کو بدنام کریں اور بے بنیاد الزامات لگائیں۔

11۔ یہ کہ عدالت نے پیمرا کو حکم دیا کہ وہ تحریری جواب بمعہ ثبوت کے عدالت میں جمع کرائیں۔ اس کے جواب میں پیمرا چیئرمین اور دیگر اہلکاروں نے تحریری جواب دائر کیا، جس میں انہوں نے اس بات کی تردید کی کہ انہوں نے ''جنگ'' گروپ پر کوئی الزام لگایا ہے یا ''اَمن کی آشا'' اور ''ذرا سوچئے'' پر کوئی الزام لگایا ہے۔ پیمرا کی سپریم کورٹ میں داخل کی گئی درخواست کا متعلقہ حصہ مندرجہ ذیل ہے:

''23، آخر میں یہ بیان کیا جاتا ہے کہ وہ پیمرا اہلکار جو مکمل طور پر ذمہ داری اور اپنے فرائض سے بخوبی واقف ہیں، کسی بھی ادارے بشمول جیو وغیرہ پر کسی بھی طرح کا الزام لگانے کو تصور بھی نہیں کر سکتے۔

یہ کہ مؤدبانہ طور پر درخواست کی جاتی ہے کہ انصاف کے تقاضے پورے کرتے ہوئے پیمرا اہلکاروں کی اوپر دی گئی وضاحت کے بعد میڈیا کمیشن کی رپورٹ میں پیمرا اہلکاروں سے منسوب کیے گئے بیان کو حذف کرنے کا حکم دیا جائے۔

12۔ کہ مدعا 2 نے درخواست گزار و کو بدنا کرنے کے اک کا آغاز

میں ''اَمن کی آشا'' اور ''ذرا سوچیئے'' کے خلاف بے بنیاد پراپیگنڈا شروع کردیا۔اس سلسلے میں درخوست گزار نے معزز عدالت کے روبرو ایک درخواست نمبر 52/2013 دائر کی اور مدعا علیہ نمبر 2 کے خلاف حکم امتناعی بھی حاصل کیا۔

موجودہ درخواست کے مختصر حقائق

13۔ یہ کہ مدعا علیہ نے مختلف عدالتوں میں جاری مقدمات کے باوجود دیگر مدعا علیہان کے ساتھ مل کر ایک بار پھر درخواست گزار کے خلاف بے بنیاد اور زہریلا پراپیگنڈا شروع کر دیا ہے، جن کی تفصیل مندرجہ ذیل ہے۔

میڈیا کمیشن رپورٹ اور ''جیو/جنگ'' کی قلابازیاں

3 صحافیوں کی درخواست پر سپریم کورٹ نے جاوید جبار (ممبر) اور جسٹس (ر) ناصر اسلم زاہد (چیئرمین) کی سربراہی میں ایک میڈیا کمیشن بنایا۔ جس کا مقصد وزارت اطلاعات کے خفیہ فنڈ سے فائدہ اُٹھانے والوں کے نام سامنے لانا تھا۔

جب میڈیا کمیشن رپورٹ منظر عام پر آئی تو اس میں جیو/جنگ گروپ پر بیرونی امداد سپونسر کی آڑ میں لینے کے سنگین الزامات سامنے آئے جو مندرجہ ذیل ہیں۔

☆...... اس چیز کا انکشاف ہوا ہے کہ بہت سارے فنڈ میڈیا ہاؤس کو سپونسر شپ کی صورت میں دیئے جا رہے ہیں جس کی ایک مثال ''ذرا سوچئے'' پروگرام ہے جس کو برطانوی حکومت سے 20 ملین پاؤنڈ ملے۔

☆...... کمیشن نے اس بات کا بھی انکشاف کیا کہ بھارتی پروڈیوسروں کی تیار کردہ فلمیں اور پروگراموں کو دوبئی میں نام نہاد پارٹیوں کو فروخت کیا جاتا ہے اور پھر اس مواد کو پاکستان لایا جاتا ہے جو غیر قانونی ہے۔

☆...... ''اَمن کی آشا'' پروگرام کو ناروے کی این جی او جس کا نام Friends With out Border ہے۔ فنڈ کر رہی ہے اور جب کمیشن نے مزید تحقیق کی تو پتہ چلا کہ اس فنڈنگ کے تانے بانے بھارتی فنڈز اور بھارتی سرکاری ٹی وی چینل دوردرشن سے ملتے ہیں......

پیمرا نے بتایا کہ جب پاکستان براڈ کاسٹ ایسوسی ایشن (چینل مالکان کی تنظیم) کو کہا

جاتا ہے کہ وہ قانون کی خلاف ورزی کرتے ہوئے غیر قانونی پروگرام نشر کر رہے ہیں تو وہ کوئی مثبت جواب دینے کی بجائے عدالتوں میں جانے کو ترجیح دیتے ہیں۔ جب بابا جی نے دیکھا کہ میڈیا کمیشن نے ان کا بھیانک چہرہ دکھا دیا ہے تو وہ فوری طور پر اپنے کارکنوں کے ذریعے عدالت سے پیمرا پر دباؤ ڈلوانے لگے کہ وہ ''جیو'' پر لگے الزامات کو واپس لے اور معافی مانگے (اُلٹا چور کوتوال کو ڈانٹے)......اور اپنے اخبارات کے ذریعے پیمرا کو بلیک میل کرنا شروع کر دیا ہے۔

پیمرا کو ٹی وی چینل کے خلاف لگائے الزامات ثابت کرنے کا حکم

29 جولائی 2013ء کو سپریم کورٹ نے پیمرا چیئرمین اور تین دیگر اہلکاروں کو نوٹس جاری کرتے ہوئے حکم دیا کہ وہ ''ذرا سوچیے'' پروگرام کو دیئے جانے والے 20 ملین پاؤنڈ کے دعویٰ کو ثابت کریں۔

سپریم کورٹ کا تین رکنی بنچ جس کی سربراہی چیف جسٹس افتخار محمد چودھری کر رہے تھے، جو اسلام آباد کے دو صحافیوں کی درخواستوں کی سماعت کر رہا تھا جن میں ''جیو'' ٹی وی کے خلاف پیمرا کی جانب سے بیرونی امداد حاصل کرنے کے دعویٰ کو چیلنج کیا گیا تھا۔ میڈیا کمیشن نے پیمرا چیئرمین اور دیگر اہلکاروں کی جانب سے کیے گئے ان دعووں کو اپنی رپورٹ کا حصہ بنایا ہے جس میں جیو/جنگ گروپ کی جانب سے بیرونی ممالک سے امداد حاصل کرنے کا الزام لگایا گیا ہے۔

سپریم کورٹ نے پیمرا چیئرمین اور دیگر اہلکاروں کو حکم دیا کہ وہ جمعہ تک اس الزام کے متعلق اپنی پوزیشن کو واضح کریں اور دعویٰ کے متعلق ثبوت فراہم کریں۔ (یہ ثبوت ''کھرا سچ'' پروگرام میں ناظرین کو دکھائے جا چکے ہیں)۔

پیمرا کے وکیل نے چیئرمین اور دیگر اہلکاروں پر لگائے گئے الزامات کی تردید کی جس

پر جسٹس جواد ایس خواجہ نے کہا کہ صرف الزامات کی تردید سے بات نہیں بنے گی۔ انہوں نے وکیل کو حکم دیا کہ وہ اس سلسلے میں ناقابل تردید ثبوت عدالت کو فراہم کریں۔

میڈیا گروپ کے وکیل نے عدلیہ کو بتایا کہ اس کے موکل کے خلاف ایک سازش کی جارہی ہے۔ سماعت کے دوران بنچ نے کہا ہے کہ اگرچہ پیمرا کے وکیل نے الزامات کی تردید کی ہے، تاہم اس تردید کا تسلیم کیا جانا مشکل نظر آتا ہے۔

جاوید جبار کی تصدیق

پیمرا نے جیو/جنگ پر بیرونی امداد لینے کا الزام لگایا

جواب الجواب: جاوید جبار نے پیمرا کا دعویٰ مسترد کر دیا۔ ایکسپریس ٹریبون

سپریم کورٹ کی جانب سے قائم کیے گئے میڈیا کمیشن کے اہم رکن جاوید جبار نے پیمرا کے دعویٰ کو مسترد کر دیا ہے اور کہا ہے کہ پیمرا نے کمیشن کے سامنے ایک مخصوص میڈیا گروپ کے خلاف بیرونی امداد حاصل کرنے کا دعویٰ کیا تھا۔

جاوید جبار نے اس سلسلے میں ایک تفصیلی بیان جاری کیا ہے جو سپریم کورٹ کے تین رکنی بنچ کے سامنے پیش کیا جائے گا۔ چیف جسٹس افتخار محمد چودھری کی سربراہی میں قائم بنچ جیو/جنگ گروپ کے خلاف بیرونی ممالک سے فنڈز حاصل کرنے کے مقدمے کی سماعت کر رہا ہے۔

بیان میں کہا گیا ہے کہ پیمرا نے دعویٰ کیا تھا کہ جیو/جنگ گروپ نے مبینہ طور پر اپنے پروگراموں کے لیے بیرونی امداد حاصل کی تھی۔ اس سے پہلے میڈیا کمیشن مقدمے کی سماعت کے دوران پیمرا چیئرمین نے یہ مؤقف اختیار کیا تھا کہ پیمرا اہلکاروں نے جیو/جنگ گروپ کی جانب سے بیرونی امداد وصول کرنے کا کوئی الزام نہیں لگایا تھا۔

جاوید جبار کا کہنا تھا کہ یہ ان کی ذمہ داری ہے کہ وہ بتائیں کہ پیمرا نے اپنے بیان میں دو غلط دعوے کیے ہیں۔ پہلے دعویٰ میں کہا گیا ہے کہ میڈیا کمیشن کے ساتھ اجلاس میں پیمرا اہلکار

نے یہ بات نہیں کی کہ ایک میڈیا گروپ بیرونی امداد لینے میں ملوث رہا ہے اور دوسرا یہ کہ یہ پیمرا کا اختیار نہیں ہے کہ وہ میڈیا گروپ کی جانب سے بیرونی امداد حاصل کرنے کے معاملے کی تحقیقات کرے۔ جاوید جبار کا کہنا تھا کہ یہ دونوں دعوے غلط ہیں۔ انہوں نے کہا کہ وہ اس اجلاس میں موجود تھے جس میں پیمرا چیئرمین رشید احمد نے میڈیا کمیشن کے سربراہ جسٹس (ریٹائرڈ) ناصر اسلم زاہد، سابق سیکریٹری اطلاعات اور کمیشن کے سیکریٹری سلیم گل شیخ کے سامنے اپنا بیان ریکارڈ کروایا تھا۔

انہوں نے کہا کہ میڈیا کمیشن کے 14 فروری 2013ء کے اجلاس میں پانچ عہدیدار شامل تھے جن میں پیمرا چیئرمین رشید احمد، ایگزیکٹو ممبرز ڈاکٹر اے جبار، ڈائریکٹر جنرل اشفاق جمالی، ڈائریکٹر جنرل لائسنسنگ سہیل احمد اور سیکریٹری لیگ ونگ ناصر نے پیمرا کی نمائندگی کی۔

جاوید جبار نے اپنے بیان میں کہا کہ پیمرا کے نمائندوں نے جو بیان ریکارڈ کروایا وہ انہوں نے خود اور کمیشن کے سیکریٹری نے ہاتھ سے تحریر کیا، جب کہ کمیشن کے سربراہ نے بھی مختلف مواقع پر بیانات اور خیالات کو درج کیا۔ انہوں نے کہا کہ کمیشن کی رپورٹ کے دوسرے حصے میں مخصوص میڈیا گروپ کی جانب سے بیرونی امداد کے بارے دعویٰ کو ویسے ہی درج کیا گیا ہے جیسا کہ کمیشن کے سامنے بیان میں کیا گیا تھا۔ انہوں نے کہا کہ میڈیا کمیشن کی رپورٹ کے ہر صفحے پر تفصیل سے نظر ثانی کی گئی اور سپریم کورٹ میں بھجوانے سے قبل کمیشن کے سربراہ اور ممبران نے اس پر سب کی موجودگی میں دستخط کیے۔

بابا جی نے پیمرا کے چیئرمین کو اِس حرکت کی سزا دینے کے لیے اپنے پرانے ہتھیار ''کردار کشی'' کا استعمال کیا اور چیئرمین پیمرا کے خلاف خبروں کا سلسلہ جاری ہوگیا۔

ایمٹی انٹرنیشنل کا پانچ وجوہات کی بنا پر ''جیو'' کالائسنس منسوخ کرنے کا مطالبہ

جیو نیوز، جیو کہانی اور جیو انٹرٹینمنٹ (IMCL & INCL) کی جانب سے درج ذیل رولز کی خلاف ورزیوں کے خلاف شکایت 1- بیرونی امداد 2- اجمل قصاب کا معاملہ 3- ذرا سوچیے، نظریہ پاکستان پر حملہ 4- غیر ملکی مواد کا رولز سے 400 فیصد سے بڑھ کر استعمال 5 ٹیکس قوانین کی خلاف ورزی اور مالی پوزیشن کا چھپانا، اَمن کی آشا، ملک کی مذہبی اور ثقافتی اقدام پر حملہ۔

درخواست گزار، ایمٹی انٹرنیشنل، ایک نامور غیر کمرشل اور غیر منافع بخش ادارہ ہے جو پاکستان کے شہریوں میں بھائی چارے، تعلیم، اسلامی علوم اور باہمی مدد کے فروغ کے لیے قائم کیا ہے۔ درخواست گزار کے مذکورہ چینل کے بارے میں ملک کی سلامتی، تحفظ، خودمختاری اور مذہبی اور معاشرتی اقدار کی خلاف ورزیوں کے بارے میں سخت تحفظات ہیں اور پاکستان کے قوانین کی خلاف ورزیوں جن میں پیمرا آرڈیننس 2002ء، پیمرا رولز 2009ء اور لائسنس کے اجرا کے ضوابط کی خلاف ورزیوں کے بارے میں بھی سخت تحفظات ہیں۔ پیمرا اتھارٹی پیمرا آرڈیننس کے تحت ملک میں براڈ کاسٹ میڈیا کے اجراء اور آپریشن ریڈیو اور ٹی وی کے ذریعے نشر کیے جانے والے غیر ملکی مواد کو ریگولیٹ کرے۔ اس لیے درخواست گزار درج ذیل گزارشات اتھارٹی کے سامنے پیش کر رہا ہے۔

1- غیر ملکی سرمایہ

a- یہ کہ پیمرا آرڈیننس کی دفعہ (d)25 کے تحت پیمرا اتھارٹی کسی ایسی تنظیم یا ادارہ یا فرد کو لائسنس کے اجراء کا مجاز نہیں ہے جس کو کسی غیر ملکی حکومت یا تنظیم کی مالی معاونت حاصل ہو۔ ان قوانین کا مقصد ملکی میڈیا کو غیر ملکی دباؤ اور مداخلت سے پاک رکھنا ہے مگر حال ہی میں یہ بات سامنے آئی ہے کہ جیو گروپ کے میر خلیل الرحمٰن فاؤنڈیشن کی آڑ میں امریکی سٹیٹ ڈیپارٹمنٹ کے بیورو برائے جمہوریت، انسانی حقوق اور لیبر کو 30 جون 2013ء کو پاکستان میں ایک تحریک، مہم چلانے کے لیے 3 ملین ڈالر کی درخواست دی ہے۔

یہ کہ جیو نیوز کے ادارتی مواد کو بیچنے کی تجویز مروجہ صحافتی اخلاقیات کے منافی اور پیمرا آرڈیننس کی دفعہ S.25(d) کی صریحاً خلاف ورزی سے ایم کے آر ایف کی جانب سے دی گئی تجاویز میں واضح ہے کہ جیو کے مشہور ٹی وی کے پروگرام کیپٹل ٹاک، آج کامران خان کے ساتھ، آپس کی بات، ہم عوام اور 50 دیگر ٹی وی نشریات کے سپاٹ اور 50 متعلقہ اشتہارات، دو گریٹ ڈیبیٹ کے خصوصی پروگرام، دو خصوصی نشریات، چار دستاویزی پروگرام اور 200 سے زائد نیوز سٹوری کے ذریعے اس مہم کو آگے بڑھایا جائے گا۔ ادارتی مواد کو بیچنے کی تجویز خود سے ہی ایک شرمناک اور غیر اخلاقی ہے جس کو کوئی مقامی پاکستانی بین الاقوامی صحافتی تاریخ میں نہیں ملتی۔

ادارتی مواد کو فروخت کرنا نہ صرف غیر قانونی بلکہ پیمرا ہذا کی سلیکشن (d)25 کی صریحاً ورزی ہے

B- مزید براں، مذکورہ تجویز پیمرا رولز 2009ء کی سیکشن S.1(g) کی بھی خلاف ورزی ہے۔ جس کے تحت پاکستان کی مسلح افواج اور عدلیہ کے خلاف کسی ایسے پروگرام کی نشریات ممنوع ہے جس میں ان مذکورہ دو اداروں کے بارے میں منفی تاثر ابھارا گیا ہوں۔ امریکی حکومت کو بھیجی گئی تجاویز میں پاکستانی عدلیہ، وکلاء اور عدالتی نظام کے بارے میں صنفی تاثر دیا گیا ہے، تاکہ فنڈز کی درخواست کو قبولیت حاصل ہو سکے۔ اصل میں اس مہم کا مقصد 3 ملین ڈالر کی مدد سے عدلیہ کو امریکی حکومت اور جیو، جنگ گروپ کی منشا اور خواہشات کے مطابق ڈھالنا ہے۔

یہ کہ مجاز اتھارٹی درج بالا معاملات کو لائسنس کے اجراء کی سیکشن 5.26 کے تحت جائزہ

لے اور مذکورہ ادارے کا لائسنس تحقیقات کے مکمل ہونے تک معطل کرنے کا حکم صادر فرمائے۔

2-اجمل قصاب کا قصہ

A- یہ کہ پیمرا قوانین 2009ء کے کوڈ آف کنڈکٹ کی سیکشن S.1(0) میں لکھا گیا ہے کہ کوئی ایسا پروگرام نشر نہیں کیا جائے گا۔ جس کا مواد پاکستان کے دوسرے ممالک سے تعلقات متاثر ہوں۔ ممبئی حملوں میں زندہ بچ جانے والے واحد دہشت گرد اجمل قصاب کا پاکستانی ٹاؤن فرید کوٹ سے تعلق جوڑ کر جیو نیوز نے عذارانہ اور غیر ذمہ دارانہ حرکت کی۔ جس سے دو نیوکلیائی ریاستیں نیوکلیئر جنگ کے دہانے پر پہنچ گئیں بلکہ جنوبی ایشیا اور عالمی امن کو خطرے میں ڈال دیا اور امن کے لیے برسوں کی سفارتی کوششوں پر پانی پھیر دیا۔

B- مزید برآں، پیمرا آرڈیننس 2002ء کی سیکشن S.2(a) کہتی ہے کہ جس شخص کو بھی لائسنس جاری کیا جائے گا وہ پاکستان کی خودمختاری، تحفظ اور سالمیت کو یقینی بنائے گا اور سیکشن S.1 کے مطابق ایسا کوئی مواد نشر نہیں کیا جائے گا جس سے پاکستان کی مسلح افواج اور عدلیہ کے بارے میں منفی تاثر پیدا ہو۔ ان کی توہین ہو یا پاکستان کے شہریوں کی توہین ہو۔

یہ کہ اجمل قصاب کے معاملے میں جیو نے ایک ایسی نیوز پکچر تیار کیا جس کے ذریعے حملہ آور کی پاکستان کے علاقے فرید ٹاؤن سے تعلق کے بارے میں پوری دنیا کو آگاہ کیا گیا۔ یہ وہ واحد چینل تھا جس نے بھارتی میڈیا کی طرز پر آئی ایس آئی پر 2008ء کے ممبئی حملوں کا الزام لگایا۔ پاکستان کے دیگر کی چینلوں نے بعد میں اس رپورٹ کو غلط ثابت کر کے جیو کی سازش کو بے نقاب کر دیا، تاہم ممبئی حملوں کے واقعات کے دوران اس طرح کی رپورٹنگ کر کے جیو نے پاکستان کے شہریوں، فوج اور آئی ایس آئی کے لیے شدید مشکلات پیدا کر دیں۔ اس بات کے واضح ثبوت موجود ہیں کہ اجمل قصاب کا پاسکتان کے علاقے فرید ٹاؤن سے کوئی تعلق نہ تھا، مگر جیو نیوز جو کہ پاکستانی میڈیا پر اجارہ داری رکھتا ہے نے بڑی آسانی سے اجمل قصاب کا تعلق فرید کوٹ سے جوڑ دیا۔ جیو نیوز کا بھارتی میڈیا سے ملک یہ پراپیگنڈہ کا پاکستان ممبئی حملوں میں ملوث ہے کا بھانڈا خود بھارتی وزارت داخلہ کے ریکارڈ نے یہ کہہ کر پھوڑ دیا کہ ان حملوں میں خود بھارتی حکومت ملوث تھی۔

یہ کہ ذمہ داراران سے گزارش کی جاتی ہے کہ درج بالا قوانین کی خلاف ورزیوں کے معاملے کی تحقیقات سیکشن S.26 کے تحت کرا کے مکمل رپورٹ کی تیاری تک مذکورہ چینل کا لائسنس ختم، معطل کیا جائے۔

3- نظریہ پاکستان پر حملہ۔ ذرا سوچیے!

یہ کہ جیو کا ذرا سوچیے کی مہم کے لیے لگایا گیا نعرہ ''پاکستان کا مطلب کیا...... پڑھنے لکھنے کے سوا'' تحریک پاکستان کے دوران لگائے گئے نعرے ''پاکستان کا مطلب کیا...... لا الہ الہ'' کی بگڑی شکل ہے۔ جیو کا اس نعرے کو بنانا اور پھر اس کی 24 گھنٹوں کی نشریات میں بھرپور تشہیر پاکستان کی نظریاتی اساس کے خلاف ہے۔ جیو کی اس مہم میں نہ صرف بنیادی نعرے کے لفظوں کی توہین کی ہے۔ ایک پاکستان کے دوقومی نظریے اور کلمہ طیبہ کے تقدس کو پامال کیا گیا ہے۔ ملک میں تعلیم کے مقدس مقصد کے لیے جیو نے پاکستان کی حقیقی اساسی بنیادوں سے لوگوں اور نوجوان نسل کی توجہ ہٹانے اور بنیادی نعرے کا متبادل رہنے کی مذموم کوشش کی ہے۔ یہ جیو کا ایک سوچا سمجھا منصوبہ ہے جس کے تحت ملک کی تاریخی حقیقت اور بنیادی نعرے کی اہمیت کو ختم کرنا ہے۔

جیو نیوز کے دعوؤں کے برعکس اس مہم کے مقاصد پورے نہ ہوئے اور نہ ہی اس سے ملک میں تعلیم کے فروغ میں کامیابی حاصل ہوئی۔ جیو کی اس مہم کے پیچھے کارفرما منافرانہ مقاصد کی اس بات سے بھی عکاسی ہوتی ہے کہ ملک میں تعلیم کے فروغ کے لیے کام کرنے والی دیگر بہت سی تنظیموں کو جیو نے کوئی مدد فراہم نہ کی۔ ملک میں تعلیم کے شعبے میں گزشتہ چند سالوں سے بہت تنزلی آئی ہے۔ اس لیے جیو کا دعویٰ کا مہم کے ذریعے تعلیم کے فروغ میں مدد ملی ہے، جھوٹ پر مبنی اور فلم کی کامیابی کو بڑھا چڑھا کر پیش کرنے کی کوشش ہے۔

B- مزید براں، سیکشن S.1(P) کے مطابق کوئی ایسا پروگرام نشر نہیں کیا جا سکتا جو نظریہ پاکستان کے منافی اور اسلامی اقدار کے خلاف ہو۔ ایم کے آر ایف کی جانب سے دی گئی تجاویز میں، جیو نے دعویٰ کیا ہے کہ وہ پہلے سے بہت سی مہم چلا چکے ہیں اور اس میں اسلامی قوانین (حدود آرڈیننس) اور امن کی آشا جیسی تحریکوں کا ذکر کیا گیا ہے جو سراسر نظریہ پاکستان اور اس کی اساس

کے منافی ہیں۔ پاکستان کا آئین کہتا ہے کہ ملک میں کوئی بھی قانون اسلامی تعلیمات کے منافی نہیں بنایا جاسکتا جب کہ دوسری طرف ملک کا سب سے بڑا میڈیا چینل فخر سے امدادی قوانین کے بارے میں مہم چلا رہا ہے۔

یہ کہ مجاز اتھارٹی سے درخواست کی جاتی ہے کہ درج بالا قانون کی صریحاً خلاف ورزیوں کا نوٹس لے کر مذکورہ ادارہ کا لائسنس منسوخ/ معطل کیا جائے۔

4- غیر ملکی مواد، دی گئی حد سے 400 فیصد زیادہ

A- یہ کہ لائسنس کے اجراء میں دی گئی ہدایات کے مطابق سیکشن (2)S.7 کے تحت صرف 10 فیصد غیر ملکی مواد جس کا چالیس فیصد مواد انگریزی اور 60 فیصد بھارتی یا دیگر ہوسکتا ہے کی اجازت دی گئی ہے۔ مگر میڈیا مانیٹرز کی رپورٹ کے مطابق جیو کہانی اجازت سے 400 فیصد زیادہ غیر ملکی مواد نشر کر رہے جو کہ قوانین کی خلاف ورزی ہے۔ انڈیپنڈنٹ نیوز پیپرز کارپوریشن لمیٹڈ (INCL) جو کہ جیو چینل کا بنیادی ادارہ ہے کو 22 مئی 2008ء کو آگ کے نام سے چینل چلانے کا لائسنس دیا گیا جس کو بعد میں ''جیو اور'' کے نام سے 70 فیصد انٹرٹینمنٹ مواد 10 فیصد نوجوانوں سے متعلق مواد جب کہ 20 فیصد اشتہارات نشر کرنے کی اجازت دی گئی۔ اس چینل کو بعد میں ''جیو کہانی'' میں پہلے سے منظور شدہ قواعد وضوابط کے مطابق چلانے کی اجازت دی گئی۔ پیمرا نے چینلز کو صرف 10 فیصد غیر ملکی مواد چلانے کی اجازت دے رکھی ہے۔ یہ کہ جیو کہانی کی اجازت سے کہیں زیادہ غیر ملکی مواد نشر کر رہا ہے۔ درحقیقت جیو کہانی پر 40 فیصد سے زیادہ مواد بھارتی یا غیر انگریزی غیر ملکی مواد ہے جس کو اردو میں ترجمہ کر کے چلایا جا رہا ہے۔

B- یہ کہ پیمرا آرڈیننس 2001ء کی سیکشن (S.2(b کے تحت لائسنس نشریات ثقافت، سماجی اور مذہبی اقدار جو کہ آئین میں دی گئی ہیں کو یقینی بنائے گا۔ مگر غیر ملکی مواد کی بھر مار ملک کی ثقافتی، مذہبی اور مذہبی اقدار پر شدید حملے کر رہا ہے جو کہ سیکشن (S.2(b کی خلاف ورزی ہے۔ اس لیے گزارش ہے کہ درج بالا قوانین کی خلاف ورزی پر چینل مذکورہ کے خلاف کارروائی کی جائے اور تحقیقات کی تکمیل تک اس کے لائسنس کو منسوخ/ معطل کیا جائے۔

5- ٹیکس قوانین کی خلاف ورزی اور مالی حیثیت کو پوشیدہ رکھنا

یہ کہ لائسنس کے لیے سیکشن S.12.7 کے تحت دی گئی ہدایات کے تحت لائسنس کا مالک اس بات کا پابند ہے کہ وہ ایس ای سی پی کو جمع کرائی گئی سالانہ ریونیو کی فہرست۔ اتھارٹی کو اس کی دی گئی ہدایات کے مطابق جمع کرائے گا۔ جیوٹی وی لمیٹڈ، برطانیہ، جیوٹی وی کے بیان کے مطابق پاکستان میں تیار کی گئی نشریات پر انحصار کرتا ہے چونکہ یہ اخراجات پاکستان میں تیار کی گئی نشریات، پروگرام پر آتے ہیں اس لیے پاکستان میں تیار کیے گئے پروگرام سے حاصل ہونے والے منافع پر ٹیکس بھی پاکستانی قوانین کے مطابق عائد ہوتا ہے اور اس کا ذکر پاکستان اداروں میں دائر کی گئی دستاویز میں بھی ہونا ضروری ہے۔ جیو اس نشریات سے ہونے والے منافع سے ایف بی آر اور پیمرا کو آگاہ نہیں کر رہا جیسا کہ جمع کرائی گئی دستاویزات سے واضح ہوتا ہے۔ جیوٹی وی لمیٹڈ لندن کی طرف سے جمع کرائی گئی گزشتہ 6 سے سات سال کی دستاوزات سے ظاہر ہوتا ہے کہ اس امر کو بار ہا دہرایا جا رہا ہے جو آمدنی برطانیہ میں جیو سے حاصل ہو رہی ہے اس کا ذکر پاکستانی اداروں میں جمع کرائی گئی دستاویزات سے نہیں ہو رہی جو کہ ملکی قوانین کی صریحاً خلاف ورزی ہے۔

B- مزید براں۔ جیو اور اس کے شراکت دار بیرون ملک سے ہونے والی آمدنی کو پیمرا میں جمع کرائی گئی اپنی سٹیٹمنٹ میں ظاہر کرنے کے پابند ہیں۔ جیو/ جنگ گروپ کی بیرون ملک کمپنیوں کے سٹیٹمنٹ اور اکاؤنٹس کے کشکول کبھی بھی پیمرا اور ایف بی آر کو جمع نہیں کرائے گئے۔

استدعا ہے درج بالا قوانین کی خلاف ورزی پر مذکورہ ادارے کے خلاف تحقیقات کی جائیں اور تحقیقاتی رپورٹ مکمل ہونے تک مذکورہ چینل کی نشریات منسوخ، معطل کی جائیں۔

چیئرمین پیمرا کی کردار کشی

(تحقیقاتی اور عدالتی فیصلے کے بغیر ہی جیو/جنگ/دی نیوز نے چیئرمین پیمرا کے خلاف خبریں شائع کرنا شروع کر دیں)

پیمرا کا اعلیٰ افسر سکینڈل میں ملوث ہے، ایف آئی اے کی تحقیقات درست ثابت ہوئیں

اسلام آباد (احمد نورانی) وفاقی تحقیقاتی ادارے ایف آئی اے کی تحقیقاتی رپورٹ جو دی نیوز کے پاس موجود ہے کے مطابق ادارے کی تحقیقات میں دی نیوز کی طرف سے 30 ستمبر 2013ء کو شائع کی گئی خبر جس میں ایک اعلیٰ عہدیدار کی طرف سے ماہانہ 40 لاکھ کی خورد برد کے سکینڈل کی نشاندہی کی گئی تھی، درست ثابت ہوئی ہے۔ ذرائع نے دی نیوز کو بتایا کہ چیئرمین پیمرا چودھری رشید جن کا اس خورد برد میں ملوث ہونا اب ثابت ہو چکا ہے کے خلاف کارروائی کا فیصلہ اس ہفتے کیا جائے گا۔ تاہم چودھری رشید اپنے خلاف تمام الزامات کی تردید کرتے ہیں۔ دی نیوز کی سٹوری کے شائع ہونے کے دن پیمرا کی طرف سے ایک پریس ریلیز جاری کی گئی جس میں نہ صرف گورنمنٹ آف چائنا کو پیرنٹ کمپنی ظاہر کرتے ہوئے مبینہ فرنٹ مین اور چیئرمین کے رشتے داروں کی کمپنی کو لینڈنگ رائٹس دیئے جانے کے عمل کا دفاع کیا گیا بلکہ ان کے خلاف دیگر تمام الزامات بھی رد کیے۔ دی نیوز کی خبر کے مطابق مذکورہ حکام کی تبدیلی کے بعد بھی اپنی کارروائی جاری رکھے ہوئے تھے تاہم جب وہ ایک اہم پیشرفت کرنے والے تھے تو دی نیوز نے آخری وقت میں اس کو بے نقاب کر دیا جس کے بعد مختلف انکوائریوں کے احکام دے دیئے گئے اور نہ صرف مذکورہ بلکہ ان کی طرف سے مزید بھی کئی بے ضابطگیاں سامنے آگئیں۔

سکینڈل کی اشاعت کے روز چودھری رشید کی جانب سے جاری کی گئی پریس ریلیز کے متعلقہ حصے میں لکھا ہے کہ ''رپورٹر نے اس خبر کے ذریعے سنسنی پھیلانے کی کوشش کی، اس طرح کی بے بنیاد اور سنی سنائی رپورٹنگ نہ صرف صحافتی اقدار کے خلاف ہے بلکہ آپ کے اخبار کی ساکھ کے لیے بھی شدید نقصان دہ ہے''۔ پاکستان کے ہر شہری کو آئین کے تحت کاروبار کا حق حاصل ہے۔ مزید براں پیمرا قانون کا بنیادی مقصد ملک میں پرائیویٹ الیکٹرانک میڈیا کا فروغ ہے۔ آئین اور پیمرا قوانین منصفانہ اور صحت مندانہ مقابلے کی فضا کی حوصلہ افزائی اور اجارہ داری کی حوصلہ شکنی کرتے ہیں۔ ایکٹ کے تحت اتھارٹی کے پاس قانونی شرائط اور ضابطے پر عمل کرنے پر لائسنس، لینڈنگ کے حقوق دینے کا طریقہ کار پیمرا ایکٹ کے سیکشن 24 اور 25 رولز 9,7,6,5 اور 13 میں مذکور ہے۔ پیمرا نے اس عمل کے دوران نہ ہی کسی کو بلا جواز حمایت دی ہے اور نہ ہی کسی کی حق تلفی کی ہے، ایف آئی اے کے ذرائع نے اس رپورٹ کے حوالے سے آگاہ کرتے ہوئے کہا کہ یہ رپورٹ ایک ماہ قبل تیار ہو چکی تھی اور اب ایف آئی اے کے پاس کئی ناقابل تردید ثبوت موجود ہیں، اس ایف آئی اے رپورٹ کے متعلقہ حصے ذیل میں شائع کیے گئے ہیں۔ ''وزیر اعظم آفس کے دستاویز یو او نمبر ASPM/13/6315 بتاریخ 30 ستمبر 2013ء پر ڈی جی ایف آئی نے زیر دستخطی دو افسران پر مشتمل ایک تحقیقاتی ٹیم معاملے کی تحقیقات کے قائم کی۔ 30 ستمبر 2013ء کو دی نیوز کی خبر میں سامنے آیا۔ اس خبر میں دو الزامات عائد کیے گئے جو یہ ہیں۔ وہ بھائیوں کی ملکیتی ایک تشہیری کمپنی نے پریس انفارمیشن ڈیپارٹمنٹ کے ساتھ گھپلا کیا جب موجودہ چیئرمین پیمرا چودھری رشید احمد پرنسپل انفارمیشن آفیسر تھے۔ کمپنی کو فراڈ پر بلیک لسٹ کر دیا گیا (دونوں بھائی مبینہ طور پر ان کے فرنٹ مین تھے) بلیک لسٹ کیے جانے کے باوجود دونوں بھائیوں نے کسی نہ کسی طور پر میڈیا کے نام سے ایک اور کمپنی رجسٹر کرا لی۔ مذکورہ میڈیا کمپنی نے رشید احمد کی زیر سرپرستی قواعد کے خلاف پیمرا کے لیے ایڈورٹائزنگ ایجنسی کے لیے پری کوالیفکیشن حاصل کر لی۔ ان دونوں میں ایک بھائی نے حال ہی میں اسٹار لائٹ اور سلور اسکرین کے نام سے ٹی وی چینلز خریدے ہیں۔ پیمرا کے سربراہ رشید احمد نے اعتراضات دور کرنے کے لیے وزیر اعظم کی ہدایات کا غلط استعمال کیا۔ یہ ٹی وی چینلز سی سی ٹی وی اور سی ٹی وی 9 کے لینڈنگ حقوق سے متعلق تھے۔

حکومت کا پہلا احتساب کیس، بیوروکریٹ کے خلاف کارروائی کی منظوری دے دی

اسلام آباد (انصار عباسی) 6 ماہ تک غنودگی کی کیفیت میں رہنے کے بعد، نواز شریف حکومت نے اپنے دور میں احتساب کے پہلے ہائی پروفائل کیس میں سابق سیکریٹری قانون یاسمین عباسی کے خلاف انضباطی کارروائی کرنے کی منظوری دے دی ہے۔ ذرائع کا کہنا ہے کہ وزیراعظم نواز شریف نے یاسمین عباسی کا کیس سپریم جوڈیشل کونسل میں بھجوا دینے کے وفاقی محتسب کے عہدے سے ہٹایا جاسکے۔ وزیراعظم کی منظوری کے حوالے سے وزارت قانون کو آگاہ کر دیا گیا ہے جواب سابق سیکریٹری قانون یاسمین عباسی کے خلاف باضافہ طور پر ایک ریفرنس سپریم جوڈیشل کونسل میں فائل کرے گی۔ ان پر الزام ہے کہ انہوں نے سابق صدر کے خلاف سوئس مقدمات کی دوبارہ بحالی روکنے کے لیے مشکوک کردار ادا کیا تھا۔ یاسمین عباسی سندھ ہائی کورٹ کی ریٹائرڈ جج ہیں۔ پیپلز پارٹی کے گزشتہ دور حکومت میں انہوں نے بطور سیکریٹری قانون خدمات انجام دیں۔ بعد میں انہیں خواتین کو ہراساں کرنے سے روکنے کے لیے وفاقی محتسب بنایا گیا۔ یہ ایک ایسا عہدہ ہے جسے قانونی تحفظ حاصل ہے اور ایسے عہدیدار کو صرف اسی طریقہ کار کے تحت ہٹایا جاسکتا ہے جو اعلیٰ عدلیہ کے جج کو ہٹانے کے لیے استعمال کیا جاتا ہے۔ یاسمین عباسی پر الزام ہے کہ انہوں نے سوئس حکام کو خفیہ طور پر خط لکھا تھا تاکہ سوئس مقدمات نہ کھولے جاسکیں۔ یہ سپریم

کورٹ کی خلاف ورزی تھی۔ ان پر یہ بھی الزام ہے کہ انہوں نے وزارتِ قانون کی فائلوں سے سوئس مقدمات کے متعلق اہم دستاویزات غائب کر دیں۔ رواں سال جون میں سپریم کورٹ میں بتایا گیا تھا کہ وزارت قانون نے کس طرح چال بازی کے ذریعے سوئس مقدمات کی دوبارہ بحالی کا راستہ روکا۔ سپریم کورٹ کی ہدایت پر حکومت نے اس واقعہ کی انکوائری کا حکم دے دیا۔ سیکریٹری اسٹیبلشمنٹ سمیع سعید اور انٹیلی جینس بیورو کے ڈائریکٹر جنرل آفتاب سلطان کی جانب سے کی جانے والی انکوائری میں یہ قرار دیا گیا کہ سابق سیکریٹری قانون جسٹس (ر) یاسمین عباسی ریکارڈ کے غائب ہونے کی براہ راست ذمہ دار ہیں۔ 26 جون کو سپریم کورٹ نے اس کیس کی سماعت ملتوی کر دی اور کمیٹی کو اپنی تحقیقات جاری رکھنے کی اجازت دی۔ بعد میں، میڈیا رپورٹس کے مطابق، ڈپٹی اٹارنی جنرل ساجد بھٹی نے 35 صفحات پر مشتمل رپورٹ سپریم کورٹ کے رجسٹرار کے روبرو پیش کی۔ کمیٹی کی رپورٹ کے مطابق ''کسی بھی طرح کے ثبوت کی غیر موجودگی میں متعلقہ فائل SOL II-2007/(156) F.3 کسی دوسرے سرکاری ماتحت سے 24 ستمبر 2012ء سے 12 مارچ 2013ء کے درمیان اس وقت کے سیکریٹری قانون کے حوالے کی گئی تھی اور اس حقیقت کا جائزہ لیں تو لاء سیکریٹری اور سوئس اٹارنی جنرل، سوئٹزرلینڈ میں حکومت پاکستان کی نمائندگی کرنے والے سوئس وکیل اور سوئٹزرلینڈ میں تعینات پاکستانی سفیر کے درمیان ہونے والی خط و کتابت پر جسٹس (ر) یاسمین عباسی کے دستخط ہیں۔ یہ واضح ہے کہ وزارت قانون کی طرف سے اور وزارت قانون کی جانب ہونے والی متعلقہ خط و کتابت کے پورے معاملے کو لاء سیکریٹری کے دفتر میں دیکھا جاتا رہا اور لہٰذا کمیٹی یہ سمجھتی ہے کہ جسٹس (ر) یاسمین عباسی ریکارڈ اور کیس سے وابستہ متعلقہ فائلیں غائب ہونے کی براہ راست ذمہ دار ہیں۔'' رپورٹ میں مزید لکھا ہے کہ مس یاسمین نے متعدد درخواستوں کے باوجود کمیٹی سے بات چیت نہیں کی لہٰذا کمیٹی یہ سمجھتی ہے کہ اس معاملے پر یاسمین عباسی کے پاس وضاحت کے لیے کچھ نہیں۔ کمیٹی کی رپورٹ میں 10 جولائی کو یاسمین عباسی سے ملاقات کی درخواست کی تھی لیکن نہ صرف یہ کہ انہوں نے کمیٹی کے ارکان سے ملاقات نہیں کی بلکہ انہوں نے اپنے نوٹ میں کمیٹی کی کارروائی پر سوالات بھی اٹھائے تھے۔

Wikileaks

امریکہ کی ''جیو/جنگ'' کی زرد صحافت پر تنقید

حقائق کے منافی خبریں

جنگ گروپ ایجنسی اور VSG پالیسیوں کے خلاف غیر ذمہ دارانہ اور حقائق کے منافی خبر شائع کرنے کے علاوہ پاکستان میں موجود اقلیتی گروپوں اور خاص طور پر یہودیوں کے خلاف بے بنیاد پراپیگنڈا مہم کا حصہ ہے جو جنرل مشرف کے دَور میں میڈیا کو سونپی گئی اور جسے زرداری حکومت نے جاری رکھا۔ تاہم، اب یہ یقین سے کہا جاسکتا ہے کہ اس طرح کی رپورٹیں جان بوجھ کر شائع کی جارہی ہیں اور اس سے ہمارے لوگوں کی زندگیاں بھی خطرے میں پڑ گئی ہیں۔ جیو گروپ ایسا واحد ادارہ ہے جو طالبان کی سرگرمیوں کی رپورٹنگ کرتا ہے۔ 27 اگست 2008ء جو جنگ گروپ کے اخبارات نے خبر شائع کی کہ فاٹا میں موجود یو ایس ایڈ کے تمام دفاتر کو طالبان کی دھمکیوں کی وجہ سے بند کر دیا گیا ہے۔ یہ نہ صرف ایک خانہ ساز خبر تھی بلکہ اس کے ذریعہ شر انگیز الزامات لگائے گئے کہ امریکی بلیک واٹر سکیورٹی کی ذمہ دار سنبھالے ہوئے ہے اور یہ کہ امریکی قونصلیٹ پشاور میں ایک ملازم یہودی ہے اور کہا گیا کہ فاٹا میں امریکی یہودی اہلکاروں کی موجودگی کو برداشت نہیں کیا جائے گا۔

اشتعال انگیزی کی ترغیب

7 ستمبر 2008ء کو جیو ٹی وی نیٹ ورک نے ''عالم آن لائن'' پروگرام نشر کیا۔

7 ستمبر 1974ء کو ہی پاکستان کے آئین میں ترمیم کر کے احمدیوں کو غیر مسلم قرار دیا گیا تھا۔ میزبان عامر لیاقت حسین نے پروگرام میں موجود مہمانوں کو احمدیوں کے خلاف ابھارا۔ ایک مہمان نے دوران پروگرام کہا کہ جب تک یہ فتنہ موجود ہے اور جب تک ایک (غیر مسلم) بھی زندہ ہے، تب تک ان کو ختم کرنے کا فریضہ پورا نہیں ہوتا۔ دیگر دو مہمانوں نے ان کے لیے واجب القتل کا لفظ استعمال کیا۔ عامر لیاقت نے گفتگو کو اخلاق کے دائرے میں رکھنے کی کوشش نہیں کی اور پروگرام میں اس کمیونٹی کو کوئی نمائندگی نہ دی گئی۔ پروگرام کے نشر ہونے کے چند دنوں بعد اس کمیونٹی کے دو نمایاں افراد کو جن میں ایک امریکی شہری تھا، قتل کر دیا گیا۔

میریٹ ہوٹل دھماکے کی غلط رپورٹنگ

20 ستمبر 2008ء کی میریٹ ہوٹل دھماکوں کے بعد دی نیوز نے بے بنیاد اور غیر ذمہ دارانہ رپورٹنگ میں ان دھماکوں کی وجہ خود امریکہ کو قرار دیا اور کہا کہ دھماکے اس لیے ہوئے کہ وہاں سینکڑوں امریکی فوجی رہ رہے تھے اور مختلف آپریشنز کی تیاریاں کر رہے تھے اور وہاں سے بڑے بڑے آہنی بکسوں کو رات کی تاریکی میں لایا اور لے جایا جاتا تھا۔ ان میں کہانیوں میں یہ دعویٰ بھی کیا گیا کہ ہوٹل میں لگنے والی آگ کی وجہ ایک امریکی نے کمرے میں رکھے ہوئے کیمیکلز تھے۔ ایسی اطلاعات کے بعد، ان کی تصدیق کرنے کی کوشش نہیں کی گئی جب کہ اخبار نے ان خبروں کو اپنے صفحہ اوّل پر جگہ دی اور جیو ٹی وی پر بھی نشر کی گئیں۔ ان اطلاعات کو کسی دوسری اخباری گروپ یا بین الاقوامی میڈیا نے اپنی اشاعت یا نشریات کا حصہ نہیں بنایا۔

جیو نے جان بوجھ کر نشریات بند کیں اور حکومت کو الزام دیا

7 نومبر 2008ء کو جیو ٹی وی کی نشریات اچانک بند کر دی گئیں۔ یہ بلیک آؤٹ تقریباً 6 گھنٹے تک جاری رہا۔ جیو کے ایک سینئر اہلکار کے مطابق، بلیک آؤٹ کی وجہ ایک سیاسی جماعت تھی جس کے ایک سیاستدان کی تقریر کو نشر نہیں کیا گیا تھا۔ ایک یورپی سفارت کار کے مطابق اس کو

ایک دوسرے جیو اہلکار نے بتایا کہ جیو ٹی وی نے جان بوجھ کر نشریات بند کی تھیں تاکہ اس سیاسی جماعت پر الزام لگایا جائے اور ٹی وی چینل کے لیے ہمدردیاں حاصل کی جائیں۔

بابا جی کا اعتراف: ان کے کارکن آئی ایس آئی ، ایم آئی اور جماعت اسلامی سے رقوم لیتے ہیں

ہم نے جیو کے چیف ایگزیکٹو میر شکیل الرحمٰن سمیت رپورٹرز اور ایڈیٹرز سے جنگ گروپ کی رپورٹنگ میں کی جانے والی مسلسل غلطیوں اور ان کو بنیادی صحافتی ذمہ داریوں سے احتراز کرنے پر احتجاج کرنے کے علاوہ ان کو 10، پی اے او اور ایمبیسڈر کے براہ راست فون نمبر دیئے مگر اس سب کے باوجود جنگ گروپ کے اپنے رویے میں کوئی تبدیلی نہیں آئی۔

یہ سب ادارے کے گروپ ایڈیٹر کے سامنے ہوتا رہا۔ جب 10 نے ان سے اس بابت پوچھا تو انہوں نے کہا کہ وہ جانتے ہیں کہ ان کے بہت سے رپورٹروں کے اپنے اپنے سیاسی مقاصد ہیں اور ان کو آئی ایس آئی، ملٹری انٹیلی جینس اور جماعت اسلامی سے رقوم بھی ملتی ہیں۔ مگر اس سب کے باوجود، وہ ان کو ملازمت سے برخاست یا ان کو تنبیہ نہیں کر سکتے۔

جنگ اور دی نیوز میں افواہوں اور بے بنیاد اطلاعات پر مبنی خبروں کی اشاعت کے اپنے برے اثرات ہیں مگر جب اس افواہوں کو جیو ٹی وی پر نشر کیا جاتا ہے تو اس کے اور برے اثرات مرتب ہوتے ہیں کہ عام لوگ بھی ان سے متاثر ہوئے بغیر نہیں رہتے۔ حالاں کہ اس سب کا واحد مقصد صرف اور صرف اپنے مارکیٹ ریونیو کو بڑھانا ہے۔

سنسنی خیزی اور نفرت پر مبنی مواد کے پیچھے ذاتی مفادات

جیو سنسنی خیزی اور نفرت پر مبنی مواد کو نشر کرنے میں صرف اپنا فائدہ ڈھونڈتا ہے۔ کراچی میں جیو ٹی وی نیٹ ورک کے دفاتر ایسے حالیہ دورے کے بعد 10 گنا تھے۔ اگرچہ حکومت پاکستان، برطانوی اور کینیڈین اور دیگر ممالک کے رپورٹر جیو کی اس طرح کی رپورٹنگ کو انتہائی خطرناک قرار دیتے ہیں۔

یہ معاملہ ہم نے حکومت پاکستان کے مختلف ذمہ داروں بشمول (سابق) صدر آصف علی زرداری کے سامنے بھی اٹھایا۔ وہ تمام ''جیو'' کے اس رویے سے کافی پریشان ہیں۔ آزادئ اظہار کے لیے ادارے کو شک کا فائدہ دینے کے باوجود، ہم سمجھتے ہیں غیر ذمہ دارانہ صحافت کو مزید موقع نہیں دیا جانا چاہیے۔

ان تمام گزارشات کے بعد اس بات کی درخواست کی جاتی ہے کہ ''جیو'' ٹی وی کے خلاف کارروائی کرتے ہوئے وائس آف امریکہ کے پروگرام کو جیو پر نشر کرنے کے جیو اور بی بی سی کے معاہدہ کو ختم کیا جائے اور ایک بہتر اور متوازن گروپ کے ساتھ معاہدہ کیا جائے۔

جہانگیر صدیقی کی کرپشن کے چند کارنامے

JS Group & ANL Azgard nine Scandal

تقریباً 50 ارب روپے سے زائد کا یہ سکینڈل......

سال 2007ء اور 2008ء میں ANL اور JS Group کی مختلف کمپنیوں نے اپنے ہی فیملی ممبرز اور گروپ کے ذریعے سٹاک ایکسچینج کو Manipulate کیا اور ایک دوسرے کے Beneficiary بن کر لاکھوں شیئرز Manipulate کیے اور اربوں روپے کا جوا کیا جس سے Public Money اور عام آدمی کی جیب خالی ہوئی اور JS Group اور ANL نے شیئرز کی قیمتوں میں عارضی اضافہ کر کے اربوں کا فائدہ حاصل کیا......

2008ء میں جب SECP نے Inside Trading کے اس بڑے سکینڈل کی تحقیقات شروع کیں تو پتا چلا کہ JS Group کی تمام کمپنیاں Jahangir Siddiqui Co، JS Sons، JS، Bank، JSCL، JS Funds، JS Global Capital وغیرہ اور ANL گروپ جس میں ان کے فیملی ممبران ہمایوں شیخ، نسرین شیخ، بیٹا احمد شیخ، بیٹا احسن شیخ، بیٹی آمنہ شیخ اور بیٹی عالیہ شیخ شامل ہیں۔ انہوں نے آپس میں ساز باز کر کے اور دانستہ طور پر سٹاک مارکیٹ میں ٹریڈنگ والیم بڑھایا، ٹریڈنگ زیادہ ظاہر کروائی اور چھوٹے اور عام آدمی کو راغب کیا کہ ان کے شیئرز خریدیں ملی بھگت سے آپس میں ٹریڈنگ کر کے اپنے شیئر کی قیمت کو 23 روپے فی شیئر سے 96 اور پھر 100 روپے سے بھی اوپر لے گئے۔

یہ ایک بڑے پیمانے کی Money Gambling تھی جس میں لاکھوں شیئرز کی Manipulation کر کے اربوں کا فائدہ حاصل کیا گیا۔

مختلف ادوار میں یہ Artificial Price hike اور Manipulation کی گئی

1st time period: 2 April 2007, 13July 2007

2nd time period: 20Nov 2007 April 2008

SECP نے جب دونوں Review Period1 اور Review Period 2 کی چھان بین کی تو پتا چلا کہ ANL کے سکرپٹ میں Active Manipulative Trading دیکھی گئی اور شیئرز کی خرید و فروخت (JS Global Capital) کے Client نے کی۔

جے ایس گلوبل کیپٹل جے ایس گروپ کا بروکریج ہاؤس ہے اور KSE کا ممبر ہے۔

SECP نے اپنی رپورٹ میں کہا کہ باقاعدہ ایک منصوبہ بندی کے تحت ANL Shares کی ایک بڑی مقدار (105 Million Shares)، مارکیٹ ٹریڈ جو 40 فیصد بنتے ہیں ایک مخصوص گروپ نے خریدے جس میں سے 87 ملین شیئرز پہلے Review Period میں فروخت کر دیئے گئے۔

اس طرح Second Review Period میں یہی Activity دیکھنے کو ملی جس میں کل 154 Million شیئر خریدے گئے اور Trading Volume اور Artificial Price hike کرنے کے بعد 155 million شیئر فروخت کر دیئے گئے۔

اس Artificial Trading اور فیملی ممبران اور دو گروپس کا آپس میں اتنے بڑے پیمانے پر لین دین کرنے کا مقصد ٹریڈنگ شو کرنا تھی تا کہ Trading Volume بڑھنے کی وجہ سے لوگ شیئرز خریدیں۔

Price Ramping, Pumpinh & dumping اور Cross trading اور دوسرے طریقے اور techniques استعمال کر کے سوچے سمجھے اور منصوبے کے تحت اس کام کو پایہ تکمیل تک پہنچایا گیا، جہاں کراچی سٹاک ایکسچینج میں مثبت رجحان رہا وہاں JS Group اور ANL کی ملی بھگت سے ANL کے شیئر 132% کی ناقابل یقین حد تک اوپر گئے جو سراسر ایک کریمنل ایکٹ تھا۔

SECP کی اس تحقیقاتی رپورٹ میں 50 سے زائد افراد اور کمپنیوں کے نام سامنے آئے

جس میں JS گروپ کی تقریباً تمام کمپنیوں اور ANL (AZGARD 9) کی شیخ فیملی کے نام بھی تھے جنہیں قصوروار ٹھہرایا گیا۔

مختلف اخبارات میں اس بڑے فراڈ کے بارے میں خبریں چھپتی رہی اور یہاں تک کے Transparency International نے بھی نیب اور سپریم کورٹ کو اس اسکینڈل کی تحقیقات کے لیے خط لکھے۔ SECP یہ معاملہ کریمنل ایکٹ کے تحت JS گروپ اور ANL (Azgard9) کے خلاف سیشن کورٹ میں لے کر گئی اور کیس فائل کیا گیا جس پر بعد میں JS گروپ سندھ ہائی کورٹ میں Stay Order لینے میں کامیاب ہوگیا اور یوں اس کیس کی سماعت روک دی گئی۔

بدقسمتی سے ہر کرپشن کرنے والے کو اس ملک میں Stay Order مل جاتا ہے اور کرپشن کرنے والوں کو دوبارہ کرپشن کرنے کا لائسنس مل جاتا ہے......اور اس پر کوئی Suo Moto لینے والا نہیں۔

مزے کی بات یہ ہے کہ SECP نے JS بینک کو اپنی رپورٹ میں قصوروار ٹھہرایا تھا جس نے مارکیٹ میں جعلی سرمایہ کاری کرنے کے لیے عام ٹریڈرز کو مارکیٹ سے کم شرح سود ریٹ پر قرضے فراہم کیے تاکہ مزید والیم بڑھا کر اپنے مقاصد حاصل کیے جاسکیں اور اس سے بڑھ کے یہ کہ یہ قرضے زیادہ تر اپنے ہی JS گروپ کے ممبران کو دیئے گئے تاکہ زیادہ سے زیادہ ٹریڈنگ کی جاسکے۔

لیکن پھر یہ ہوا کہ SECP کی رپورٹ میں تو JS Bank کو قصوروار ٹھہرایا لیکن کورٹ میں فائل کی گئی پٹیشن میں سے JS Bank کا نام نکال دیا گیا۔

JSCL بروکریج ہاؤس نے اس لوٹ مار میں مرکزی کردار ادا کیا اور Inside Information کے ذریعے سب کو Facilitate کیا اور پبلک شیئر ہولڈروں کو برباد کردیا گیا۔

طاہر محمود اور جہانگیر صدیقی کا گٹھ جوڑ

☆...... SECP کے موجودہ قائم مقام چیئرمین طاہر محمود کی جانب سے PICT کے شیئرز میں Insider Trading اور منی لانڈرنگ کے کیس کو دبانے کی کوشش کی جارہی ہے۔

☆...... SECP نے 2012ء میں Pakistan International Container Terminal-PICT کروڑوں روپے کے شیئرز منجمد کیے، جو ایک سوئس بینک BANK JULIUS BAER نے خریدے تھے۔

☆......ان شیئرز کی خریداری میں جہانگیر صدیقی کا بروکریج ہاؤس JSGCL استعمال ہوا۔

☆......لیکن سوال یہ ہے کہ BANK JULIUS BAER کا کلائنٹ کون تھا اور کون اس Insider Trading میں ملوث ہے۔

☆...... SECP پچھلے ایک سال کی کوششوں کے بعد اس کا جواب تلاش کرنے کے قریب تھی کہ طاہر محمود نے اس کیس پر کام کرنے والے افسران کو تبدیل کر دیا اور اس کا چارج ایک نئے اور نا تجربہ کار افسر عابد حسین کو دے دیا گیا۔

☆...... ایک گروپ کو بچانے کے لیے پاکستان کی پوری مارکیٹ کو داؤ پر لگا دیا گیا ہے۔ اس Insider Trading اور منی لانڈرنگ انکوائری کو ختم کرنے کے لیے تمام کوششیں کی جا رہی ہیں۔

من پسند افراد کا بڑے اداروں میں تقرر

اب بات کرتے ہیں کہ کس طرح ''بڑے بڑے'' لوگ اپنے من پسند افراد کا تقرر مختلف اداروں میں کرواتے ہیں اور پھر ان کے ذریعے کاروباری فائدے غیر قانونی طور پر حاصل کرتے ہیں۔ جیسا کہ IPPs کے معاہدے کروانے کے لیے سرکاری افسران سے وعدے کیے گئے کہ ریٹائرمنٹ کے بعد ان کو بڑی بڑی ملازمتیں اور بہترین فوائد ملتے جائیں گے۔ ان افسران کی مدد سے ایسی شرائط پر معاہدے کرائے گئے جو آج پاکستان کے تمام لوگ بھگت رہے ہیں۔ کچھ ایسا ہی معاملہ سکیورٹی ایکسچینج کمیشن آف پاکستان میں بھی کیا گیا جہاں مختلف مقدمات میں ملوث افراد کو اہم عہدوں پر تعینات کروایا گیا جنہوں نے ملی بھگت سے HSBC بینک اور دیگر اداروں کو ہتھیا لیا اور جن افسران نے کچھ کمپنیوں، خاص طور پر جہانگیر صدیقی کی Azgard-9 کے خلاف انکوائری کا حکم دیا، ان کو راستے سے ہٹا دیا گیا۔ یاد رہے کہ جہانگیر صدیقی بابا جی (میر شکیل الرحمٰن) کے سمدھی ہیں۔ یہ وہی شکیل الرحمٰن ہیں جنہوں نے سٹیٹ بینک کے گورنر کو دھمکی دی تھی کہ اگر مذکورہ بینک اس کے سمدھی کو نہ دیا گیا تو وہ نتائج کے خود ذمہ دار ہوں گے۔ نیب کے سابق چیئرمین ایڈمرل فصیح بخاری نے بھی کہا ہے کہ ان کے اوپر غیر قانونی کام کروانے کا بہت دباؤ تھا اور جب وہ اس دباؤ میں نہ آئے تو ''جنگ'' اور ''دی نیوز'' میں ان کی کردار کشی کی مہم شروع کر دی گئی۔

ایس ای سی پی کے معاملے کے بارے میں آصف مرزا ایڈووکیٹ سپریم کورٹ نے بتایا کہ SECP کے قائم مقام چیئرمین کمشنر طاہر محمود کا 3 سال کی مدت کے لیے 7 ستمبر 2007ء کو

نوٹیفکیشن جاری ہوتا ہے۔ یہ نوازش ان پر SECP کے سابق چیئرمین سلمان احمد شیخ نے کی تھی کہ اس کو ایگزیکٹو ڈائریکٹر کے عہدے سے مستعفی ہوئے بغیر بطور کمشنر تعینات کر دیا جاتا ہے۔ خاص بات اس سارے معاملے میں یہ بھی ہے کہ یہ تمام عمل اخبار میں بغیر کسی اشتہار کی اشاعت کے مکمل کرلیا جاتا ہے جو سراسر قانون کی خلاف ورزی ہے۔ ایس ای سی پی کے قانون میں قائم مقام چیئرمین کا کوئی عہدہ نہیں۔ دوسری طرف سپریم کورٹ کے اشرف ٹوانہ مقدمے کے فیصلے میں محمد علی کو عہدہ سے برخاست کیا گیا اور پھر خواجہ آصف کے مقدمہ میں بھی یہی فیصلہ ہوا مگر نگران حکومت نے طاہر محمود کو 26 اپریل 2013ء کو قائم مقام چیئرمین تعینات کر دیا گیا جو سپریم کورٹ کے فیصلوں کی توہین ہے۔ اس سلسلے میں بھی ایک خط لکھا ہے مگر کوئی اس کا نوٹس لینے کو تیار نہیں ہے۔

آصف بشیر مرزا کا خط بنام وزیر خزانہ

ایڈووکیٹ سپریم کورٹ اور سپریم کورٹ بار ایسوسی ایشن کے ایگزیکٹو ممبر آصف بشیر مرزا نے وفاقی وزیر خزانہ اسحاق ڈار کو لکھے گئے خط میں آگاہ کیا ہے کہ وزارتِ خزانہ نے سکیورٹی اینڈ ایکسچینج کمیشن میں ایک متنازع تقرری کر رکھی ہے۔

ایڈووکیٹ مرزا نے اپنے خط میں لکھا کہ ایس ای سی پی کے قائم مقام چیئرمین طاہر محمود کی تقرری میں توسیع کے لیے ایک سمری تیار کی جارہی ہے تاکہ مستقبل میں ان کو 3 سال کی مدت کے لیے ایس ای سی پی کا مستقل چیئرمین لگایا جا سکے۔ ایسا اقدام سپریم کورٹ کے محمد علی، غلام محمد کیس میں دیئے گئے فیصلے کی صریحاً خلاف ورزی ہوگا جس میں عدالت عظمیٰ نے حکومت کو قانون کے مطابق اقدامات کرنے کی ہدایت کی تھی۔ اس سلسلے میں مسلم لیگ ن کی حکومت نے ایک تین رکنی کمیٹی قائم کی کہ وہ معاملے کی چھان بین کرے اور اس طرح کی تقرریوں کی سفارش کرے۔

اس سلسلے میں کی گئی کوئی بھی قانونی خلاف ورزی موجودہ منتخب حکومت کی ساکھ کو شدید متاثر کرسکتی ہے۔ طاہر محمود کی موجودگی تقرری پہلے سے ہی لاہور ہائی کورٹ میں چیلنج کی جاچکی ہے۔

قانون کی خلاف ورزی کے علاوہ طاہر محمود کی تقرری کو پہلے سے ہی ایس ای سی پی میں انتہائی متنازع قرار دیا جارہا ہے کہ وہ کیپٹل مارکیٹ میں سرمایہ کاری کرنے والوں کو مختلف فراڈ کے ذریعے اربوں روپے کا نقصان پہنچا چکے ہیں۔

طاہر محمود 1999ء سے ایس ای سی پی میں کام کررہے ہیں۔ قومی احتساب بیورو کو 2008ء میں بیمہ پاکستان کمپنی لمیٹڈ کے معاملہ کی جانچ پڑتال کا کیس دیا گیا۔ بتایا گیا ہے کہ کمپنی رجسٹریشن آفس میں پایا جانے والا دستاویزات میں ہیر پھیر کا معاملہ زیادہ تر طاہر محمود کے دَور میں پایا گیا جو اس وقت ایڈیشنل رجسٹرار کے طور پر کام کر رہے تھے۔

اس سلسلے میں ایس ای سی پی کے ایگزیکٹو ڈائریکٹر منصور خان نے بحثیت چیئر مین انکوائری اس معاملے کی تحقیقات کی تھیں۔

مزید برآں، جب طاہر محمود کو بعدازاں انفورسمنٹ ڈویژن کا ایگزیکٹو ڈائریکٹر بنایا گیا، تب بھی اس نے BPCL اکاؤنٹس میں پائی جانے والی بدعنوانیوں پر کوئی ایکشن نہ لیا۔

......طاہر محمود، نور ٹیکسٹائل ملز کیس میں بھی ملوث رہا ہے جس کی تحقیقات ایف آئی اے کے سپرد تھیں۔ یہ مقدمہ نور ٹیکسٹائل ملز کی جانب سے غیر قانونی حصص جاری کرنے کا تھا جس میں سرمایہ کاروں کے اربوں روپے ڈوب گئے۔ مقدمہ کی تمام دستاویزات ایف آئی اے کراچی اور ایس ای سی پی کے پاس موجود ہیں۔

طاہر محمود بحثیت ایگزیکٹو ڈائریکٹر انفورسمنٹ ڈویژن، ہلہ انٹرپرائز کے خلاف کی جانے والی کارروائی پر اثر انداز ہوا۔ ہلہ کے خلاف فوج داری مقدمہ چلانے کی منظوری ایس ای سی پی اور انفورسمنٹ ڈویژن نے دی تھی مگر طاہر محمود نے اپنی ہی دیئے ہوئے حکم کے خلاف اس فوج داری مقدمہ کی کارروائی رکوادی۔ اس کام کے عوض ایس ای سی پی کے اس وقت کے چیئر مین سلمان شیخ نے ان کی تنخواہ میں 100 فیصد اضافہ کر دیا۔ تاہم، اس فیصلہ کو اس وقت کے کمشنر لیگل طارق حسین کے دباؤ پر واپس لینا پڑا۔

اس طرح کے متنازع شخص کی تقرری کی بجائے وزارتِ خزانہ اور دیگر متعلقہ ایجنسیوں کو اس کے خلاف موجود الزامات کی تحقیقات اور انکوائری کرنی چاہیے۔

انصاف کا دوہرا معیار اور طاہر محمود کی تقرری

اس نوعیت کے خط 2001ء میں افتخار شفیع نے بھی لکھے کہ آدم جی شیئرز کے ساتھ کیا معاملہ ہوگیا۔ پی آئی اے کے ساتھ کیا بیت رہی ہے۔ مگر ان خطوط کا بھی کوئی نوٹس نہ لیا گیا۔ یہ مقدمات سنے ہی نہیں جا رہے۔ طاہر محمود، بیمہ کیس، سموری کیس اور ہالا کیس میں ملوث ہے۔ ایف آئی اے اس کے متعلق تحقیقات کر رہا ہے مگر اس کو قائم مقام چیئرمین بنا دیا گیا ہے۔ ان تمام مذکورہ مقدمات میں کم از کم 3 ارب روپے کا فراڈ کیا گیا ہے۔ ان تمام مقدمات کی چھان بین کرنے والی ٹیم کو ہٹا دیا گیا۔ اس معاملے کی تخصیص کچھ اس طرح سے ہے کہ جنگ گروپ نے HSBC بینک، جہانگیر صدیقی کو دلانے کی کوشش کی، مگر بینک کے اس وقت کے چیئرمین محمد علی نے اس کی مخالفت کر دی کہ Azgard-9 اور IPPs کے معاملہ پر تحقیقات ہو رہی ہیں پھر میاں منشا بھی متاثر ہوئے۔ اس پر محمد علی کو عدالتی نوٹس پر برطرف کر دیا گیا۔ ایس ای سی پی میں پانچ کمشنر ہوتے ہیں اور سپریم کورٹ نے چیئرمین کے تقرر کا ایک قاعدہ بنا دیا ہے، مگر تمام کمشنرز سپریم کورٹ کے فیصلے کی خلاف ورزی کرتے ہوئے مقرر کیے گئے۔ پھر جنگ گروپ کے ایک خاص آدمی کو ایس ای سی پی کا قانونی مشیر تعینات کر دیا گیا اور اسے جہانگیر صدیقی کے خلاف تمام مقدمات کی ذمہ داری سونپ دی گئی۔ قانونی مشیر نے یہ تمام مقدمات دفن کر دیئے اور پھر اہم عہدوں پر خاص مقصد کے لیے تعینات کیے گئے افسران نے جہانگیر صدیقی کے خلاف ان تمام مقدمات کو واپس لینے کی سفارش کر دی۔ جیسا کہ طاہر محمود کی طرف سے اپریل 2009ء میں لکھے گئے ایک خط کے نتیجے میں ہالا کمپنی کے خلاف فوج داری کارروائی ختم کرنے کے لیے میمو جاری کیا گیا۔

چیئرمین ڈائمنڈ گروپ آف کمپنیز افتخار شفیع نے بتایا کہ انہوں نے سکیورٹی ایکسچینج کمیشن اور کراچی سٹاک ایکسچینج میں اربوں روپے کی دھاندلیوں پر جن لوگوں کے خلاف شکایات درج کرائی یا سپریم کورٹ میں درخواستیں دیں، وہ آج بھی وہیں کے وہیں ہیں، کوئی ان کا کچھ نہیں بگاڑ سکا اور اب تو یوں لگتا ہے کہ صرف یہی لوگ راج کرنے کے لیے پیدا کیے گئے ہیں۔ یہ ملکِ پاکستان کے امیر ترین لوگ ہیں یا دوسرے معنوں میں پاکستان صرف انہی لوگوں کے لیے بنایا گیا

تھا۔ ان لوگوں کا اتنا اثر ورسوخ ہے کہ کوئی ان کے خلاف کارروائی کرنے کی جرأت نہیں کرتا، کوئی ان کے خلاف مقدمات شروع کرنے کی ہمت نہیں رکھتا۔ اس معاملے کو آسان الفاظ میں اس طرح بیان کیا جاسکتا ہے کہ افتخار شفیع کے پاس آدم جی کے شیئرز تھے جو انہوں نے ایم سی بی میں Pledge کیے۔ ایم سی بی نے اس سلسلے میں یقین دہانی کرائی مگر آخری لمحے پر جب افتخار شفیع نے بدلے کی رقم ادا کرنے لگے تو ایم سی بی نے کہا کہ یہ شیئرز انہوں نے Pledge ہی نہیں کیے۔ پھر افتخار شفیع کے پاس آدھی رات کو جہانگیر صدیقی نمودار ہوتے ہیں جو ان شیئرز کو آدھے داموں یا کم داموں پر خرید لیتے ہیں۔ بعد میں افتخار شفیع کو معلوم ہوتا ہے کہ میاں منشا، جو ان شیئرز کو Pledge کرنے سے انکار کر دیتا ہے، ان شیئرز کو ایم سی بی کی سالانہ رپورٹ میں ظاہر کر دیتا ہے۔ اس معاملے کے فوری بعد جہانگیر صدیقی کے بیٹے کا رشتہ میر شکیل الرحمٰن کی بیٹی سے طے ہو جاتا ہے۔ یہ ایم سی بی اور اس کے مالک میاں منشا کا فراڈ تھا کیوں کہ وہ افتخار شفیع کو یقین دہانی کرانے کے بعد شیئرز کو Pledge کرنے سے معذرت نہیں کر سکتے تھے، مگر میاں منشا نے اپنے ٹاؤٹ کے طور پر ایک تیسرے شخص کو افتخار شفیع کے پاس بھیج دیا تا کہ وہ اس کے پاس شیئرز کو اونے پونے خرید لے۔ حیرانی کی بات ہے کہ آج تک اس کیس کی شنوائی نہیں ہوئی۔

اگر ایسی خبریں شائع کی جائیں کہ ''شتر بے مہار مجرم اینکر'' اور کسی کے پہناوے کو ہتک کا نشانہ بنایا جائے کہ جیسے کسی کو کہا جائے، لال ٹوپی والا تو ان کا بھی حق بنتا ہے کہ وہ دوسرے کو وگ والا کہیں۔ میر شکیل وگ والا، جعلی بالوں والا، نقالوں سے ہوشیار رہیں، تو یہ اچھی بات نہیں ہے کہ ان سے ان سب کی دل آزاری ہوگی جو وگ پہنتے ہیں۔ تاہم اب اس موضوع پر نہیں بلکہ اس پر بات ہوگی کہ کیسے میر شکیل الرحمٰن سرکاری اہلکاروں کو بلیک میل کر کے اپنے دھندے کو آگے بڑھاتے ہیں۔ آج کل خوف کا عالم یہ کہ میر شکیل الرحمٰن اور اس کے بیٹے نے دفتر آنا چھوڑ دیا ہے اور دبئی شفٹ ہو گئے ہیں۔ جنگ، جیو کے لوگ مجھے ای میل نہیں کرتے یا موبائل فون نہیں استعمال کرتے کہ ان پر شک ہو جائے گا کہ وہی سارا مواد راقم کو مہیا کر رہے ہیں۔

این آئی سی ایل کرپشن سکینڈل

جے ایس پرنسپل فنڈ میں 2 ارب روپے کی سرمایہ کاری کے غیر دانشمندانہ فیصلے کے نقصانات حکومت پاکستان، فنانس ڈویژن نے 2 جولائی 2003ء کو اضافی فنڈز کی سرمایہ کاری کا MO جاری کیا۔

میسرز انویسٹ کیپ نے اپنی ایک رپورٹ بتاریخ 16 جولائی 2010ء میں انکشاف کیا کہ جے ایس پروٹکٹڈ منٹ سیریز کی کارکردگی برائے 2010ء کمزور رہی اور انکم فنڈ کی کارکردگی 2010ء کے پہلے اور دوسرے کوارٹر میں 11 سے 14 فیصد تک رہی۔ اوسطاً 12 فیصد سے NICL کو 255.20 ملین روپے کا نقصان اٹھانا پڑا۔

آڈٹ میں درج ذیل بدعنوانیوں کی نشاندہی کی گئی:

1- جے ایس انویسٹمنٹ لمیٹڈ کی جانب سے سرمایہ کاری کو آخرکار مارچ 2009ء کو موصول ہوئی اور اسی روز انویسٹمنٹ کمیٹی کا اجلاس بھی بلایا گیا اور اگلے ہی روز چیئرمین کی طرف منظوری اور فنڈز جمع کرانے کی منظوری دے دی گئی۔ اس سے ظاہر ہوتا ہے کہ سرمایہ کاری جلد بازی میں اور بغیر سوچے سمجھے کی گئی۔

2- یہ کہ فنڈز کی کل رقم مارچ 2010ء کو دو ارب 70 کروڑ روپے تھی جس میں صرف NICL کی سرمایہ کاری دو ارب 30 کروڑ روپے تھی جو کہ کل رقم کا 85 فیصد بنتا ہے۔ باقی رقم جے ایس گروپ کی مختلف کمپنیوں کی ملکیت تھی۔ یہ فنانس ڈویژن کے جاری کردہ OM کے پیرا 5(d) کی

صریحاً خلاف ورزی تھی۔

3- ان کمپنیوں کی مالی حیثیت کا ماضی کا کوئی ریکارڈ دستیاب نہ تھا اور یہ فنڈز بھی جے ایس پروٹیکٹڈ فنڈ نے ہی جاری کیے تھے۔ لہٰذا ٹی ایلز کے نرخ کے تعین کے لیے گزشتہ 3 سال کی کارکردگی کا کوئی ریکارڈ موجود نہ تھا۔

4- سرمایہ کاری کی منظوری چیئرمین نے دی، جب کہ بورڈ آف ڈائریکٹرز کی منظوری حاصل نہ تھی جو کہ فنانس ڈویژن کے OM کے دفعہ 6 کی صریحاً خلاف ورزی تھی۔

ان نکات کی روشنی میں، یہ سرمایہ کاری اصولوں کے خلاف اور ذمہ داری کا تقاضا پورا کیے بغیر کی گئی جس کی وجہ سے NICL کو 255.243 ملین روپے کا نقصان اٹھانا پڑا۔ نیز معاملے کے بارے میں OM نمبر 39 کے ذریعے مینجمنٹ کو 11 مارچ 2011ء کو مطلع کر دیا گیا ہے مگر اس رپورٹ کے جاری ہونے تک کوئی کارروائی نہیں کی گئی۔ اس لیے آڈٹ تجویز کرتا ہے کہ

1- افراد پر ذمہ دار کا تعین کیا جائے۔

2- ذمہ داروں سے غیر ذمہ دارانہ سرمایہ کاری کرنے پر رقم وصول کی جائے۔

چیئرمین SECP کی تقرری اور سپریم کورٹ کا حکم

12 اپریل 2013ء

a- محمد علی غلام محمد کا چناؤ اور تقرری برائے چیئرمین ایس ای سی پی سکیورٹی اینڈ ایکسچینج کمیشن جو 1997ء کی خلاف ورزی ہے۔

b- محمد علی غلام محمد کی تقرری کا نوٹیفکیشن ایس آر او نمبر 21 بتاریخ 24 دسمبر 2013ء مسترد کیا جاتا ہے۔

c- وفاقی حکومت بغیر کسی تاخیر کے چیئرمین ایس ای سی پی کی تقرری۔ قانون کے مطابق ایسے انداز میں کرے جس سے واضح ہو کہ تمام قوانین کی پاسداری کی گئی ہے۔

d- ایس ای سی پی ایکٹ میں دفعہ 5(5) شامل کرنے کی منظوری بذریعہ فنانس ایکٹ آئین آرٹیکل 73 کی خلاف ورزی ہے۔

f-اس حکم نامہ کی ایک کاپی سکیورٹی اینڈ ایکسچینج پالیسی بورڈ کے ہر ممبر کو بھجوائی جائے تاکہ حکم پر کارروائی ہو سکے۔

g- حکم نامہ کی ایک کاپی سیکریٹری وزارت خزانہ کو بھجوائی جائے کہ وفاقی حکومت عدالت عظمیٰ کی طرف سے واضح کیے گئے قانونی اصول سے واقف رہے۔ سیکریٹری وزارت خزانہ اس درخواست کو پڑھیں اور دیئے گئے دستاویزات سامنے رکھ کر ایس ای سی پی ایکٹ میں موجود قانونی سقم کو دور کرنے میں وفاقی حکومت کی مدد کریں۔

نیب نے 6 ارب روپے کے سکینڈل میں ندیم احمد کو گرفتار کر لیا۔

قومی احتساب بیورو نے خرم احمد اینڈ قاضی کے مالک اور میر شکیل الرحمٰن وغیرہ کے ساتھ احمد ایڈووکیٹ کو 16 ارب روپے کے فراڈ کیس میں گرفتار کیا گیا۔ ندیم احمد کال میٹ ٹیلپس پاکستان لمیٹڈ کے لیگل ڈائریکٹر سے کام کرتے رہے ہیں۔ کال میٹ ٹیلپس کراچی سٹاک ایکسچینج میں درج ایک کمپنی تھی جو 2008ء میں دیوالیہ ہو گئی جس سے کمپنی کے حصہ داروں کی ایک کثیر تعداد جن کا زیادہ تر تعلق عام لوگوں سے تھا کو شدید مالی نقصان کا سامنا کرنا پڑا۔

نیب کے مطابق 31 مئی 2012ء کو کمپنی کے ایک دوسرے ڈائریکٹر حسن جمیل انصاری کو بھی اس کیس میں گرفتار کر لیا گیا ہے۔

ندیم احمد ایڈووکیٹ پی سی او ججوں اور ایمرجینسی کے نفاذ کے حوالے سے اعلیٰ عدالتوں میں دائر کی گئی درخواستوں کے حوالے سے منظر عام پر آئے تھے۔ وہ کئی ایسے درخواستوں کے دائر کرنے میں بھی شامل رہے ہیں جن سے ماضی میں منتخب حکومت اور قیادت کو ہراساں کیا گیا۔

مارکیٹ ذرائع کے مطابق طاہر محمود، جہانگیر صدیقی کا ایک انتہائی قابل اعتماد ساتھی ہے۔

27 نومبر 2013ء بروز بدھ، پروگرام کی مجوزہ سٹوری لائن

گزشتہ روز پروگرام میں ہم نے بتایا کہ کیسے ملک کے بڑے اداروں پر بڑے کاروباری گروپوں کا کنٹرول ہے تاکہ کوئی ان کو پکڑ نہ سکے اور کیسے سرکاری اہلکاروں کی ملی بھگت سے بڑے کاروباری ادارے قائم کیے جا رہے ہیں۔ خاص طور پر ہم بتا رہے ہیں کہ میر شکیل الرحمٰن اور جہانگیر صدیقی نے کیسے ظفر عبداللہ اور طاہر محمود جو کہ قائم مقام چیئرمین ایس ای سی پی کیس ہیں، کی مدد سے کیس پر اثر انداز ہو رہے ہیں۔

اپنے ناظرین کو ہم بتانا چاہتے ہیں کہ ایس ای سی پی پاکستان کے سارے کارپوریٹ سیکٹر، جس میں 63,000 کمپنیاں ہیں، کے معاملات دیکھ رہا ہے۔ اس میں تمام انشورنس سیکٹر، لیزنگ کمپنیاں مدار بہ شامل ہیں اور سٹاک بروکرز اور سٹاک ایکسچینج اور کموڈیٹی ایکسچینج شامل ہیں۔ اس کا مطلب ہے، چھوٹی سی چھوٹی کارروائی کی بھی ذمہ داری ایس ای سی پی پر ہے۔ اگر خدانخواستہ نااہل اہلکاروں کو ذمہ داری دے دی جائے تو اس کا اثر ملک کی پوری معیشت پر پڑتا ہوتا ہے اور بعض دفعہ عوام کے اربوں روپے بڑے بڑے کاروباری گروپ تباہ ہو جاتے ہیں۔

اب ہم بتائیں گے کہ کس طرح حکومت نے سپریم کورٹ کے ایس ای سی پی کے بارے میں دیئے گئے فیصلے کی حکم عدولی کی اور اس کے نتیجے میں ایس ای سی پی میں کیا ہو رہا ہے۔

...... 26 اپریل 2013ء کو قانون کی خلاف ورزی کرتے ہوئے طاہر محمود کو ایس ای سی پی قائم مقام چیئرمین مقرر کر دیا گیا۔ سپریم کورٹ حکم دے چکی ہے کہ قانون میں قائم مقام چیئرمین کی

تقرری کی کوئی گنجائش نہیں ہے۔اس طرح طاہر محمود کی تقرری سپریم کورٹ کے حکم کی تعمیل نہیں ہے۔

دوسری اور زیادہ بڑی توہین عدالت طاہر محمود کی بطور کمشنر ایس ای سی پی کے تقرری ہے۔طاہر محمود کی بطور کمشنر مدت ملازمت 6 ستمبر 2013ء کو ختم ہوگئی۔اس کی مدت ملازمت ختم ہونے سے پہلے سپریم کورٹ نے ایک مختصر فیصلے بتاریخ 12 اپریل 2013ء اور بعد میں تفصیلی فیصلے میں بتاریخ 6 جون 2013ء حکم دیا کہ ایس ای سی پی میں تقرریاں قانون کے مطابق کی جائیں۔

اگرچہ آصف مرزا ایڈووکیٹ نے اپنے ایک خط میں وزارتِ خزانہ کو خبردار کیا کہ طاہر محمود کی دوبارہ تقرری سپریم کورٹ کے فیصلے کی خلاف ورزی ہوگی۔حکومت نے طاہر محمود کو تین سال کے لیے 6 ستمبر 2013ء کو ایس ای سی پی کا چیئرمین مقرر کردیا۔

یہ بتایا گیا کہ طاہر محمود کی تقرری کی سمری 7 اور 8 ستمبر کو کی گئی جو کہ ہفتہ اور اتوار کا دن بنتا ہے۔صرف خدا ہی جانتا ہے کہ اس سلسلے میں کس طرح کا دباؤ ڈالا گیا۔تقرری کا نوٹیفکیشن 9 ستمبر 2013ء کو جاری کیا گیا جو کہ اس کی پہلی مدت ملازمت کے ختم ہونے کے 3 دن بعد کی تاریخ ہے۔ اس تقرری کی منظوری وزیراعظم، وزیر خزانہ اور سیکریٹری خزانہ نے دی۔گزشتہ روز ہم نے آپ کو بیمہ، ہلہ اور نوری اولکھ دیگر کمپنیوں کے معاملات کے بارے میں آگاہ کیا جس کے خلاف تحقیقات نیب میں سال ہا سال سے چل رہی ہیں۔

گزشتہ روز ہم نے یہ بھی بتایا کہ کس طرح میڈیا خاص طور پر جنگ گروپ میں اس تاثر کو پھیلایا گیا کہ امتیاز حیدر کی بجائے طاہر محمود کی تقرری کی جائے۔ہم نے آپ کو بتایا کہ کیسے اختیارات حاصل کرنے کے فوری بعد طاہر محمود نے سکیورٹیز مارکیٹ ڈویژن اور لاء ڈویژن کا اختیار کمشنر ظفر عبداللہ کے حوالے کردیا۔ظفر عبداللہ وہی شخص ہے جو 2007ء میں ایس ای سی پی کا ایگزیکٹو ڈائریکٹر تھا اور جہانگیر صدیقی کے خلاف از نمبر 7-9 کی انکوائری کا ذمہ دار تھا، جسے اس نے درمیان میں چھوڑ کر اسی کمپنی میں شمولیت اختیار کرلی، جو کہ ذرائع کے مطابق جہانگیر صدیقی گروپ کی ایک ذیلی کمپنی ہے۔یہ کراسی ڈریگن فنڈ ہی تھا جس کا نام از نمبر 7-9 کی رپورٹ میں آیا جس میں 18 کروڑ روپے کی دوا دائیگیوں کا بھی ذکر ہے جو سعد فاروقی کو بذریعہ جے ایس گلوبل کی گئیں، سعد فاروقی، علی جہانگیر کا قریبی دوست ہے اور جے ایس گروپ کے مختلف بورڈز کا ممبر

ہے۔اب ظفر عبداللہ کو واپس کمشنر تعینات کر دیا گیا ہے اور وہ سٹاک مارکیٹ اور جے ایس گروپ کے خلاف جاری تمام انکوائریوں کے معاملات کو دیکھنے کا ذمہ دار ہے اور کس طرح طاہر محمود اور ظفر عبداللہ نے جنگ گروپ کے ندیم احمد ایڈووکیٹ کا نام کال میٹ ٹیلپس کے مقدمہ سے نکال دیا گیا۔ ہمیں یہ بھی بتایا گیا ہے کہ ایس ای سی پی کے وکلاء نے طاہر محمود کو ندیم احمد کا نام فہرست سے خارج کرنے سے منع کیا تھا۔اب ندیم احمد مختلف مقدمات میں ایس ای سی پی کی نمائندگی کر رہا ہے۔وہ طاہر محمود کا بھی وکیل ہے اور اس نے قائم مقام چیئرمین کے مقدمے میں طاہر محمود کی سندھ ہائی کورٹ میں نمائندگی کی تھی۔ وہ غنی عثمان کے خلاف مقدمے میں ایس ای سی پی کی وکالت کر چکا ہے جو کہ واقعاتی طور پر جہانگیر صدیقی کا کاروباری حریف ہے۔

اب ہم آپ کو بتائیں گے کہ کس طرح ان دو حضرات نے منی لانڈرنگ کے ایک کیس کو دبائے رکھا ہے۔

2012ء میں کمشنر ایس ای سی پی امتیاز حیدر نے پاکستان انٹرنیشنل کنٹینر ٹرمینل کے اربوں روپوں کو منجمد کرنے کا حکم دیا۔اس کمپنی کے شیئرز جے ایس گروپ میں تھے۔ایس ای سی پی فنڈز منجمد کرنے کا فیصلہ ایک ادارہ جاتی انکوائری کے نتیجے میں کیا۔ یہ اربوں روپے کے شیئر کراچی سٹاک مارکیٹ سے بینک جولیس بیئر نے خریدے تھے۔ یہ ایک پرائیویٹ سوئس بینک ہے جو دنیا کے امیر ترین لوگوں کے معاملات کی ملکیت رکھتا ہے۔ عام طور پر بینک جولیس بیئر نے اپنے موکل بینک کے ذریعے معاملات چلاتے تھے، مگر جب ایس ای سی پی نے یہ جاننے کی کوشش کی کہ بینک جولیس بیئر کا موکل کون ہے تو بینک نے یہ معلومات دینے سے انکار کر دیا کو سوئس قانون کے مطابق نام ظاہر کرنے کے لیے عدالتی احکامات ضروری ہیں۔ایک سال پہلے ایس ای سی پی نے امتیاز حیدر کے دور میں سوئٹزرلینڈ میں ایک وکیل کے تقرر کا فیصلہ کیا تھا کہ اندرون خانہ ٹریڈنگ کی منظوری اور مؤکل کا نام حاصل کیا جا سکے۔مگر طاہر محمود نے امتیاز حیدر کو ہٹا کر ظفر عبداللہ کو سکیورٹیز مارکیٹ کا چیئرمین لگا دیا۔ پس تب سے اب تک اس معاملے پر کوئی جانچ پڑتال نہ کی گئی اور نہ ہی اس معاملے کو دیکھنے کے لیے سوئٹزرلینڈ میں کسی وکیل کا تقرر کیا گیا۔ یہاں یہ بتانا ضروری ہے جب ایک کلائنٹ کا نام ظاہر ہو جائے اور اگر وہ پاکستانی ہو تو یہ منی لانڈرنگ کا ایک بڑا کیس ہوتا ہے۔

جہانگیر صدیقی گروپ، این آئی سی ایل سکینڈل میں بھی ملوث ہے جس میں این آئی سی ایل نے جہانگیر صدیقی گروپ کے ایک فنڈ میں 90 فیصد تقریباً 2 ارب روپے کی سرمایہ کاری کی۔ اس سرمایہ کاری کے نتیجے میں این آئی سی ایل نے 30 کروڑ روپے کے بجائے سوا دو کروڑ روپے وصول کیے اور تقریباً 28 کروڑ روپے کا نقصان اٹھایا جس کی وجہ وہ مختلف چارجز تھے جو جے ایس گروپ نے این آئی سی ایل پر لگائے اور ان میں سے ایک یہ بھی ہے کہ جہانگیر صدیقی نے اپنے بیٹے کو 42 کروڑ روپیہ ایڈوائزری کی مد میں ادا کیے۔

آڈیٹر جنرل آف پاکستان کی رپورٹ کے مطابق، فیڈرل ایمپلائز بینوولنٹ فنڈ اور گروپ انشورنس فنڈ نے پاک امریکن فرٹیلائزر میں (جواد ظفر گروپ میں جے ایس گروپ بڑا حصہ دار ہے) ایک ارب بیس کروڑ روپے کا خسارہ اٹھایا۔ یہ نقصان ایف ای پی اور جی آئی ایف کو اس وجہ سے ہوا کہ انہوں نے پرائیویٹ سیکٹر میں سرمایہ کاری کی حالاں کہ وہ صرف گورنمنٹ سکیورٹیز اور این آئی ٹی میں سرمایہ کاری کرنے کے مجاز تھے۔

بیمہ پاکستان کمپنی لمیٹڈ کا فراڈ

سیکیورٹی اینڈ ایکسچینج کمپنی کی طرف سے بیمہ پاکستان کمپنی لمیٹڈ کے معاملات میں کی گئی میں انکشاف ہوا ہے کہ یہ انشورنس کمپنی جو کراچی سٹاک ایکسچینج میں بھی درج ہے، اسے جعلی ادائیگیوں کے عوض حصص فروخت کرنے کے لیے بطور فرنٹ کے استعمال کیا گیا ہے۔

بیمہ کمپنی کے کُل 72.982 ملین حصص جن کی مالیت 729.82 ملین روپے بنتی ہے، جاری کیے گئے اور مختلف بروکرز اور ایس ای سی پی کے ملازمین کی مدد سے کراچی سٹاک مارکیٹ میں فروخت کیے گئے۔ ان کا منافع شاہ نواز آغا، چیف ایگزیکٹو بی پی سی ایل اور ان کے قریبی دوستوں اور رشتہ داروں کے اکاؤنٹ میں جمع کروادیا گیا جو بالآخر شاہ نواز آغا کے پاس ہی پہنچا۔

......ان تحقیقات کی روشنی میں ایس ای سی پی نے سندھ ہائی کورٹ میں درخواست دائر کی اور بیمہ پاکستان کمپنی لمیٹڈ کے خلاف فوج داری دفعات کے تحت 3 درخواستیں سیشن کورٹ کراچی میں درج کرائی گئی۔ تاہم، ایس ای سی پی کے ان افسران کے خلاف کوئی کارروائی نہ کی گئی جو اس معاملے کے ذمہ دار تھے جب کہ یہ معاملہ نیب کے پاس بھی موجود ہے۔

بیمہ کمپنی، کراچی سٹاک ایکسچینج میں درج کمپنی ہے۔ ایس ای سی پی نے کمپنی کے معاملات میں تحقیقات کر کے یہ انکشاف کیا ہے کہ کمپنی ایک بڑی مالیاتی سکینڈل میں ملوث ہے اور کمپنی نے 1999ء سے 2000ء تک زمین کی جعلی خرید وفروخت کی بابت بڑی تعداد میں حصص کراچی سٹاک ایکسچینج میں فروخت کیے۔

چوں کہ اس طرح کا فراڈ ایس ای سی پی کے ملازمین کی مدد کے بغیر ممکن نہیں، اس لیے 28 مارچ 2008ء کو حقائق جاننے کے لیے ایک کمیٹی بنائی گئی۔ کمیٹی نے 20 جون 2008ء کو اپنی رپورٹ جمع کرائی جس میں کہا گیا کہ بیمہ کمپنی لمیٹڈ کے زمین کی خرید وفروخت کی بابت جاری کیے گئے حصص کو مانیٹر کرنے کی ذمہ داری طاہر محمود کی تھی۔

بنیادی طور پر جب کوئی کمپنی اضافی حصص جاری کرتی ہے تو وہ سی آر او کو کیمنسٹ آرڈیننس کی سیکشن 73(1)(b) کے تحت درخواست جمع کراتی ہے۔

قانون کے مطابق جب زمین کے عوض حصص جاری کیے جاتے ہیں تو اس بابت بھی کمپنیز آرڈیننس کے تحت سی آر او کو مطلع کرنا ضروری ہوتا ہے۔ البتہ بیمہ کمپنی لمیٹڈ کے ضمن میں ایسا نہ کیا گیا۔ حتیٰ کہ جب کمپنی نے زمین کی مالیت کی جانچ کرانے سے انکار کیا، تب بھی سی آر او نے کوئی کارروائی نہ کی۔ مزید برآں، کوئی بھی کمپنی اضافی حصص موجود حصہ داروں کے علاوہ کسی دیگر اشخاص ایس ای سی پی اجازت کے بغیر جاری نہیں کرسکتی۔

ایس ای سی پی کی انکوائری کمیٹی کی رپورٹ مزید کارروائی کے لیے قومی احتساب بیورو میں داخل کرادی گئی، مگر آج تک ایس ای سی پی کے ملوث اہلکاروں کے خلاف آج تک کوئی کارروائی نہیں کی گئی۔

فراڈ کی تفصیل درج ذیل ہے:

بیمہ پاکستان کمپنی لمیٹڈ کی تحویل

27! جون 1999ء کو مرزا شاہنواز آغا نے فراڈ کے ذریعے بیمہ پاکستان کمپنی لمیٹڈ کی مینجمنٹ ہتھیالی جس میں اس کو کمپنی سیکریٹری محمد شریف کی مدد بھی حاصل تھی۔ بعد ازاں معلوم ہوا کہ سابق چیف ایگزیکٹو آفیسر حمید اللہ ایک تارکِ وطن تھے اور چند سال پہلے انتقال کر گئے تھے۔ مگر محمد شریف کا کہنا تھا کہ وہ حمید اللہ کے نامزد کردہ ہیں اور حمید اللہ زندہ ہیں مگر ایک حادثے میں زخمی ہونے کی وجہ سے پاکستان کا سفر نہیں کرسکتے۔

بیمہ پاکستان کمپنی کا کنٹرول سنبھالنے کے فوری بعد مرزا شاہنواز آغا نے کمپنی میں

سرمایہ لگایا جس کی مالیت انہوں نے 60.8 ملین روپے ظاہر کی۔ سرمایہ کمپنی کی ملکیت زمین کی فروخت سے آیا جس میں کراچی کواپریٹو ہاؤسنگ سوسائٹی میں 1213 کواٹر یارڈ پلاٹ اور کراچی انڈسٹریل ایریا لانڈھی میں 23.289 سکوائر یارڈ پلاٹ کی فروخت شامل تھی۔ اے ایس ای سی پی کی تحقیقات کے مطابق کے سی ایچ ایس یو کے پلاٹ کا کوئی وجود نہ تھا جب کہ انڈسٹریل ایریا کے پلاٹ کی ملکیت بھی کسی اور کی تھی۔ شاہ نواز آغا نے جعلی زمینوں کی فروخت سے اپنی ذاتی اثاثے بنائے جن کی مالیت 608 ملین روپے تھی۔ بیمہ کمیٹی کے حصص کی فروخت سے 184.54 ملین روپے حاصل کیے گئے جس کا فائدہ صرف شاہ نواز آغا کو ہوا کہ یہ تمام حصص خود انہی کو دیئے گئے نہ کہ تمام شیئر ہولڈر کو دیئے گئے۔

پاکستان کی بیمانہ نجکاری

☆...... 1947ء سے آج تک قومی اداروں کی نجکاری میں 3000 ارب روپے سے زائد کرپشن کی نذر ہوئے۔

☆...... تین مختلف ادوار میں یہ نجکاری کی گئی اور تقریباً 22 خاندانوں نے اس سے فائدہ اٹھایا۔

☆...... Pakistan Privatization Ordinance 2000 کے مطابق نجکاری کے دو اہم مقاصد تھے۔ 1- غربت کم کرنا، 2- بیرونی قرضوں سے نجات، لیکن افسوس کہ یہ دونوں مقاصد آج تک حاصل نہیں کیے جا سکے۔

☆...... 1990ء سے لے کر آج تک 160 سے زائد ادارے پرائیویٹائز کیے گئے جن میں سے اکثر بند ہو چکے ہیں۔

☆...... 1991ء کے بعد جب بیرونی قرضے کم کرنے کے لیے نجکاری کا مرحلہ شروع کیا گیا تو اس وقت پاکستان کے بیرونی قرضے 23 ارب ڈالر تھے اور آج پاکستان 60 ارب ڈالر سے زائد کا مقروض ہے۔

☆...... 1991ء میاں نواز شریف کے پہلے دور حکومت میں Privatization Commission (PC) بنایا گیا جس نے 66 پاکستانی ادارے پرائیویٹائز کیے اور نجکاری عمل کو کرپشن

کا ہتھیار بنالیا گیا اور آج ان میں سے اکثر ادارے بند ہو چکے ہیں۔

☆...... نجکاری میں کرپشن کا عمل 1978ء کے بعد سے شروع ہوا جب جنرل ضیاالحق نے اتفاق سٹیل مل بغیر کسی نجکاری عمل اور بولی کے لاہور کے شریف برادران کے حوالے کر دی۔

☆...... 1990ء میں نواز شریف صاحب نے وزیر اعظم بننے کے بعد اس عمل کو جاری رکھا، MCB میاں منشا صاحب لے کر چلتے بنے اور MCB کی سب سے زیادہ بولی (56/share) لگانے والے عبدالقادر توکل کو نظر انداز کر دیا گیا اور اس طرح 60 ارب سے زائد کی قومی رقم کرپشن کی نذر کر دی گئی۔

☆...... 1988ء میں میاں نواز شریف نے پنجاب کا وزیر اعلیٰ بننے کے بعد پنجاب انڈسٹریل ڈویلپمنٹ بورڈ کی پسرور شوگر مل، سمندری شوگر مل، راہوالی شوگر مل، پارس ٹیکسٹائل وغیرہ کو پرائیویٹائز کیا۔ یہاں تک کہ پسرور شوگر مل اور یونائیٹڈ شوگر مل کو صرف 1 روپے ٹوکن منی کے عوض فروخت کر دیا گیا۔

☆...... میاں نواز شریف کے پہلے دور حکومت میں میاں منشاء صاحب، Schon Group اور Tawakkal`s 120 ارب روپے سے زائد کے قومی اداروں کو کوڑیوں میں لے اڑے جس میں MCB، پانچ سیمنٹ پلانٹ، پاک چائنا فرٹیلائزر، نیشنل فائبر، بلوچستان ویلز، نیا دور موٹرز شامل ہیں۔ Bebo گروپ والے نیشنل موٹرز پر براجمان ہوئے اور ایک نامعلوم بندہ سکندر جتوئی Metropolitan کی بولی لگانے میں کامیاب ہوا۔

☆...... یوں پاکستان کے قومی اداروں کو چند خاندانوں نے دونوں ہاتھوں سے لوٹا جس کا سلسلہ آج بھی جاری ہے اور آنے والے دنوں میں میاں برادران مزید ادارے بیچنے کا ارادہ رکھتے ہیں۔

طاقتور لوگ کب تک غریب عوام کا خون چوستے رہیں گے

☆...... حکومت ہمارے گھروں، مساجد اور مدرسوں کے بجلی کے بلوں پر سود لے رہی ہے۔

☆ ...... Fuel Adjustment اور Tarriff Plan کی مد میں ہر ماہ ہمارے بلوں میں سود شامل کیا جاتا ہے۔

☆ ...... حکومت IPPs کو وقت پر رقم ادا نہ کرنے کی وجہ سے IPPs کو Interest/ سود ادا کر رہی ہے اور اس سود کا بوجھ ہمارے بجلی کی بل میں ہر ماہ شامل کیا جاتا ہے۔

☆ ...... بجلی کا جو Tarrif حکومت تعین کرتی ہے اس میں بھی سود شامل کیا جاتا ہے جو آپ اور ہم اپنے بجلی کے بل میں ادا کرتے ہیں۔

☆ ...... اس Tarrif میں Capacity Payments یعنی IPPs کا بینکوں سے لیا گیا سود، ان کی اقساط، Operatrional Expense اور تمام عملے کی ڈالرز میں تنخواہیں شامل ہیں۔

☆ ...... IPPs کا ایک اور غضب ناک فراڈ یہ کہ IPP پلانٹ کی Efficiency یعنی تیل 52 فیصد کے حساب سے لیا جاتا ہے لیکن پھر Declare کر دیا جاتا ہے کہ پلانٹ 45 فیصد Efficient ہے۔ مطلب 7 فیصد تیل کا پیسہ IPPs ہڑپ کر جاتا ہے۔

☆ ...... IPPs سے کیے گئے معاہدے کچھ اس طرح سے تیار کیے گئے ہیں کہ منافع IPPs اپنی جیب میں ڈال لیتی ہیں اور نقصان حکومت کے کھاتے میں ڈال دیا جاتا ہے جو بعد میں عوام سے وصول کیا جاتا ہے۔

☆ ...... 180 کروڑ روپیہ سالانہ سود کی مد میں ہمارے گھر کے بجلی کے بلوں سے لیا جاتا ہے۔

☆ ...... تقریباً 2 روپے فی یونٹ ہم اپنے بجلی کے بلوں میں سود ادا کر رہے ہیں۔

☆ ...... پچھلے 5 سالوں میں حکومت نے تقریباً 5 کھرب روپے IPPs کو قرضے کی مد میں ادا کیا ہے۔

☆ ...... پچھلے 5 سالوں میں ان بے ضابطگیوں کی وجہ سے 2 کھرب کا نقصان کیا گیا۔

☆ ...... جو لوگ سود لینے اور دینے کا سوچ بھی نہیں سکتے وہ اپنے بجلی کے بلوں پر سود ادا کر رہے ہیں۔

☆ ...... ان طاقتور لوگوں نے ایسے معاہدے کیے ہیں جو اگلے 30 سال تک لوگوں کا خون چوسیں گے۔

ڈان، 19 جولائی 2012ء

ایس ای سی پی، آئی پی پیز میں مالیاتی بدعنوانیوں کی تحقیقات کرے گا

ایس ای سی پی نے 2012ء کے اختتام پر آئی پی پیز کے اکاؤنٹس کی جانچ پڑتال کا حکم دیا تھا کہ دیکھا جائے کہ کہیں یہ کمپنیاں قومی خزانے سے اوور چارجنگ، فیول کلٹسٹ کر کے رقم تو نہیں بٹور رہیں۔ آئی پی پیز نے حکم کے خلاف عدالت سے رجوع کیا اور حکم امتناعی حاصل کرلیا۔ یہ ایک حیرت کا مقام ہے کہ آئی پی پیز نے ایس ای سی پی کے خلاف اپنے معاملات کی جانچ پڑتال کے روکنے کے لیے عدالت سے رجوع کیا۔ اگر وہ کچھ غلط نہیں کر رہے تھے تو ان کو جانچ پڑتال سے پریشان ہونے کی ضرورت نہیں تھی۔ ایس ای سی پی کے قائم مقام چیئرمین کو اس کا بخوبی علم تھا اور وہ ایس ای سی کا حصہ تھا جو ان ادائیگیوں کی منظوری دے رہی تھی۔ ہماری معلومات کے مطابق طاہر محمود نے اس بات کو جانتے ہوئے بھی حکومت کو بتانے کی ضرورت محسوس نہ کی اور نہ ہی اس نے آئی پی پیز کو 380 ارب روپے کی ادائیگیوں کی چھان بین کے بعد حکومت کو آگاہ کرنے کی کوشش کی۔ حال ہی میں سپریم کورٹ نے بھی کسی سے ادائیگیوں سے پہلے آئی پی پیز کے اکاؤنٹنس کو آڈٹ کرنے کی ضرورت بھی محسوس نہیں کی۔

سکیورٹیز اینڈ ایکسچینج کمیشن آف پاکستان نے انڈیپنڈنٹ پاور پروڈیوسرز (IPPc) میں پائی جانے والی بدعنوانیوں کی تحقیقات کا فیصلہ کیا ہے۔ کمیشن کے ذرائع کا کہنا ہے کہ آئی پی پیز کی

جانب سے داخل کی گئی فنانشل سٹیٹمنٹس میں بڑے پیمانے پر خرابیاں پائی گئی ہیں۔ ایس ای سی پی نے آئی پی پیز کے خلاف انکوائری کا فیصلہ ان شکایات کے بعد کیا ہے جس میں شکایت کنندہ نے پیداواری لاگت کو مصنوعی طور پر بڑھا کر پیش کرنے کی شکایت کی ہے۔ ایس ای سی پی کے اہلکار کے مطابق ابتدائی تحقیقات میں یہ بات سامنے آئی ہے کہ آپریشن اور مینٹی ننس کی لاگت کو بڑھا چڑھا کر پیش کیا گیا ہے۔ ایس ای سی پی نے کارروائی کا فیصلہ ٹرانسپرینسی انٹرنیشنل کی جانب سے موصول ہونے والی اس باضابطہ شکایت پر کیا ہے جس میں کہا گیا ہے کہ آئی پی پیز نے اضافہ منافع حاصل کرنے کے لیے پیداواری لاگت میں جعلی اضافہ دکھایا ہے جب کہ ریگولیٹری اتھارٹی نے حتمی ٹیرف لاگت کی بنیاد پر طے کیا ہے۔ یہ بھی کہا گیا ہے کہ ان بدعنوانیوں میں 50 آئی پی پیز شامل ہیں جو گزشتہ ایک دہائی سے اضافی فوائد حاصل کر رہے ہیں۔ ٹرانسپرینسی انٹرنیشنل پاکستان کا کہنا ہے کہ آئی پی پیز نے بدعنوانیوں کے ذریعے ہر سال 10 ارب حاصل کر رہے ہیں جس کی وجہ ریگولیٹری اتھارٹی کی جانب سے طے کی گئی قیمت فروخت ہے جو کہ ان کمپنیوں کی جانب سے دی گئی لاگت قیمت پر طے کی جاتی ہے۔ ایس ای سی پی کے ذرائع کا کہنا ہے کہ تحقیقات میں آئی پی پیز کی جانب سے تکنیکی خدمات اور کنسلٹنسی لاگت کی ماہانہ ادائیگی کا یقین کیا جائے گا۔ ایک اہلکار کا کہنا ہے کہ انکوائری میں یہ بات سامنے آتی ہے کہ میٹریل کی قیمت اور خریدی گئی اشیاء کی قیمتیں بڑھا چڑھا کر پیش کی گئی ہیں۔

ایسے وقت میں جب انکوائری جاری ہے، ایس ای سی پی کی جانب سے ان کمپنیوں میں تعینات کیے گئے انسپکٹروں سے کہا گیا کہ وہ بجلی کی پیداوار میں آنے والی کمی کا جائزہ لیں اور ان وجوہات کو بھی دیکھیں، جن کی بنا پر ان کمپنیوں کو نقصانات اٹھانے پڑ رہے ہیں۔

ڈی جی خان سیمنٹ کی غیر قانونی تعمیر

میاں منشا کی ڈی جی سیمنٹ فیکٹری غیر قانونی طور پر تعمیر کی گئی۔ فیکٹری بننے سے پہلے ضلعی انتظامیہ کی تمام رپورٹس اس فیکٹری کی تعمیر کے خلاف تھیں جس میں ہیلتھ سیکریٹری، چیف سیکریٹری پنجاب، Environment Dept راولپنڈی اور گجرات، ٹی ایم او کلر کہار، DOE چکوال، Water Dept وغیرہ۔ تمام حکومتی اداروں نے اس فیکٹری کے بننے کے خلاف رپورٹ دی اور کہا کہ اس فیکٹری کی وجہ سے نہ صرف زیرزمین پانی ختم ہوگا بلکہ آب وہوا اور انسانی صحت کے لیے یہ فیکٹری نقصان دہ ہے۔

یہاں تک کہ WWF نے ستمبر 2004ء میں Enviroment Protection Dept کو خط لکھا فیکٹری کے اردگرد بہت بڑی دیہی آبادی ہے اور یہاں کی زمین قدرتی خوبصورتی سے مالا مال ہے اور فیکٹری بنانے سے یہاں نہ صرف جنگلات ختم ہوں گے بلکہ جانوروں پرندوں کو نسلیں بھی معدوم ہوجائیں گی، نیز انسانی صحت پر برے اثرات مرتب ہوں گے۔

DOE چکوال نے فیکٹری بننے کے بعد پھر رپورٹ دی کہ اس فیکٹری کی وجہ سے زیرزمین پانی کی سطح خطرناک حد تک کم ہوگئی ہے اور کنویں خشک ہوچکے ہیں۔ DDO چکوال نے رپورٹ میں کہا کہ فیکٹری نے سڑکوں پر قبضہ کر رکھا ہے اور یہ غیر قانونی قبضہ ختم کروایا جائے۔

لیکن ان تمام تر بے ضابطگیوں اور ناجائز تجاوزات کے باوجود فیکٹری آج بھی چل رہی ہے اور میاں منشا کی ملکیت ہونے کی وجہ سے عدلیہ میں موجود مقدمات بھی سردخانے کی نذر ہوچکے ہیں۔

روزنامہ ''پاکستان'' 3 جون 2004ء

محکمہ ماحولیات سے این او سی لیے بغیر ڈی جی خان سیمنٹ فیکٹری کی تعمیر شروع

کلر کہار چواسیدن شاہ روڈ پر محکمہ ماحولیات کی منظوری کے بغیر ڈی جی خان سیمنٹ فیکٹری کی تعمیر شروع کر دی گئی ہے۔ 22 سو کنال پر بننے والی فیکٹری سے چار دیہات کے 25 ہزار رہائشی متاثر ہوں گے۔ ذرائع کے مطابق اراضی 4 دیہات دلیل پور، خیر پور، کھوکھر بالا اور سکھال کے درمیان ایک میدانی علاقے پر مشتمل ہے۔ اس جگہ پر 1995ء میں 60 کنال اراضی پر رائل سیمنٹ فیکٹری لگانے کی کوشش کی گئی تھی مگر مقامی لوگوں کی مزاحمت کے سماعت فیکٹری تعمیر نہ کی جاسکی۔ بعد میں یہ زمین ڈی جی خان سیمنٹ کو فروخت کر دی گئی جنہوں نے مزید 600 کنال اراضی خرید لی اور بعدازاں ایک ہزار کنال اراضی حاصل کر لی اور اس طرح 2200 کنال پر محکمہ ماحولیات سے این او سی لیے بغیر فیکٹری کی تعمیر شروع کر دی گئی۔ حتیٰ کہ واپڈا سے بجلی کنکشن حاصل کر کے ٹرانسفارمر بھی نصب کروالیا۔ اس علاقے کے 70 فیصد افراد فوج میں شامل ہیں۔

اہلیانِ علاقہ کا کہنا ہے کہ علاقے میں سیمنٹ فیکٹری کی تنصیب سے جلنے والے کوئلے سے علاقے کا پُر فضا ماحول تباہ ہو جائے گا اور متعدد امراض میں اضافہ ہو جائے گا۔ یہ بھی معلوم ہوا ہے کہ زیادہ قیمت پر خریدی گئی زمین قیمت خرید کم ظاہر کر کے رجسٹریشن کرائی گئی ہے جس سے سٹیمپ ڈیوٹی کی مد میں سرکاری خزانے کو لاکھوں روپے کا نقصان پہنچایا گیا ہے۔ علاوہ ازیں ڈی جی خان سیمنٹ مالکان مقامی سڑکوں کو بھی حکومت سے لیز پر حاصل کرنے کا ارادہ رکھتے ہیں تا کہ ان سڑکوں پر اپنی اجارہ داری قائم کر سکیں، ایک اندازے کے مطابق فیکٹری لگنے سے اس چھوٹی وادی کا ایک چوتھائی حصہ فیکٹری کی ملکیت ہو جائے گا جب کہ باقی حصے میں مقامی افراد کا اپنا محال ہو جائے گا۔

از ڈسٹرکٹ کینسر ماحولیات

تلہ گنگ روڈ۔ چکوال

بتاریخ 29-09-2009

برائے ڈائریکٹر (ای آئی اے) ۔ای پی اے، حکومت پنجاب، لاہور

رپورٹ برائے تصدیق چک خوشی کے علاقے میں پانی کی قلت

اس خبر کی تصدیق کی جاتی ہے کہ محکمہ جاتی انکوائری کے بعد یہ معلوم ہوا ہے کہ چک خوشی کو حاصل دونوں واٹر سپلائی کے سوتے خشک پڑ گئے ہیں۔ اس امر کی بھی تصدیق کی جاتی ہے کہ چلا گاہ سخی شہباز قلندر کے نزدیک کوئی قدرتی ندی نہیں ہے جب کہ ایک قدرتی ندی خشک ہو چکی ہے اور دوسری سے پانی کا بہاؤ ختم ڈائیوواٹر پوائنٹ تک ختم ہو چکا ہے۔ مذکورہ انڈسٹری کی وجہ سے پانی کے بہاؤ میں شدید کمی واقع ہو چکی ہے۔ اس امر کا پہلے بھی خط بتاریخ 14-01-2009 ریفرنس نمبر 3943/Do/CKL/2009 ذکر کیا چکا ہے کہ ڈی جی خان سیمنٹ فیکٹری کی جانب سے بڑی مقدار میں پانی کے استعمال کی وجہ سے علاقے میں پانی کی شدید قلت پیدا ہو چکی ہے۔

پاکستان ٹوڈے، 9 مئی 2012ء

حکومت، آئی پی پیز کو دی گئی خود مختار گارنٹی میں ناکام

ملکی تاریخ میں پہلی بار کی حکومت 238 ارب روپے کی ادائیگی نہ کر کے انڈیپنڈنٹ پاور پروڈیوسرز (آئی پی پیز) کو دی گئی خود مختار گارنٹی میں ناکامی کو تسلیم کر رہی ہے۔ آئی پیز نے 40 روز قبل خود مختار گارنٹی کی ادائیگی کا مطالبہ کیا تھا۔

آئی پی پیز کی ایڈوائزری کونسل کے ایک اہلکار کے مطابق معاملہ اس وقت گمبھیر صورت اختیار کر گیا تھا جب حکومت دربدر بھٹکتے مقامی سرمایہ کے معاملے کو گزشتہ ایک سال سے نظر انداز کر رہی تھی۔ حکومت نے جھوٹے دعوے کیے اور اس نے معاملے کے حل کے لیے کسی اعتماد سازی کے لیے قدم نہ اٹھایا۔ بڑے بڑے سرمایہ کاریوں کی ملکیت 9 آئی پی پیز نے اپریل میں بجلی کے بڑے خریداروں کو واجبات کی ادائیگی کے لیے 30 دن کا نوٹس دیا تھا جس کے بعد حکومت کو گارنٹر کی حیثیت سے بھی 10 دن کا نوٹس دیا گیا۔ ان بجلی پیدا کرنے والے اداروں (IPPs) نے حکومت کو نوٹس بھجوایا تھا کہ 10 مئی تک واجبات ادا کر دیئے جائیں اور ناکامی کی صورت میں قانونی کارروائی کی دھمکی دی گئی۔ IPPAc کے چیئرمین عبداللہ یوسف کا کہنا ہے کہ حکومت اب بھی چاہے تو IPPs کے ساتھ کسی معاہدے تک پہنچ سکتی ہے۔ ملک پہلے ہی 7 ہزار میگاواٹ بجلی کی کمی کا شکار ہے اور ایسے وقت میں جب کہ گرمی اپنے زوروں پر ہے، بجلی کی روزانہ طلب سولہ ہزار میگاواٹ

تک پہنچ چکی ہے۔

9 مزید پاور پلانٹس کی بندش سے 2500 میگاواٹ بجلی کی ترسیل میں کمی ہوگی۔ حکومت گردشی قرضے کی وجہ سے آئی پی پیز کو ادائیگی نہیں کر پائی جس کی بنیادی وجہ بجلی کی ترسیل کرنے والی کمپنیاں ہیں جنہوں نے صارفین سے بلوں کی مد میں رقوم اکٹھی نہیں کیں۔ مبصرین کا کہنا ہے کہ حکومت کو چاہیے کہ اس معاملے میں ایک مرکزیت تشکیل دے تاکہ فیصلہ کرنے اور اس پر عملدرآمد کرنے میں یکسوئی حاصل ہو سکے اور بیوروکریٹک مسائل سے چھٹکارا حاصل کیا جا سکے۔

ایکسپریس ٹریبون

17 مئی 2012ء

صارفین حکومتی نااہلیوں کی وجہ سے 63 ارب روپے اضافی دینے پر مجبور ہیں۔ انرجی سیکٹر کے بارے میں کیے گئے نامناسب حکومتی فیصلوں کی وجہ سے قرضوں میں ہونے والے اضافے پر وفاقی کابینہ نے فیصلہ کیا ہے کہ صارفین بجلی سے اضافی 63 ارب روپے حاصل کیے جائیں۔

حکومت ان اضافی فنڈز جو عوام سے وصول کیے جائیں گے، کی مدد سے گردشی قرضوں میں کمی کرے گی۔ وفاقی کابینہ نے یہ فیصلہ وزیراعظم یوسف رضا گیلانی کی سربراہی میں ہونے والے اجلاس میں کیا۔ کابینہ نے 5 سالہ ٹرم فنانس سرٹیفکیٹس جاری کرنے کا فیصلہ کیا ہے جس سے 82 ارب روپے حاصل ہوں گے۔ اس رقم کی مدد سے گردشی قرضوں میں کمی لانے کا منصوبہ ہے۔ یہ رقم حکومت بجلی کے بلوں کے ذریعے عوام سے وصول کرے گی۔

تجزیہ کاروں کا کہنا ہے کہ انتخابات کی آمد کی وجہ سے حکومت لوڈ شیڈنگ کا جلد از جلد خاتمہ چاہتی ہے اس سلسلے میں حکومت نے اصل مسائل کو حل کیے بغیر ایڈہاک فیصلے کرنے کا فیصلہ کیا جس میں گردشی قرضوں میں کمی ایک اہم نقطہ ہے جس کی وجہ سے بجلی کی طلب و رسد میں فرق وسیع ہوتا جا رہا ہے۔ جب کہ بجلی کی پیداواری لاگت اور صارف کی طرف سے کی جانے والی ادائیگی میں 4 روپے فی یونٹ کا فرق ہے۔

سیکریٹری خزانہ کے پارلیمانی کمیٹی کو بتایا ہے کہ حکومت ٹی ایف سی کی قیمت نہیں چاہے

گی۔انہوں نے بتایا کہ ٹی ایف سی سینٹرل پاور پرچیزنگ ایجنسی جاری کرے گی جس کی مدد سے سسٹم میں 300 ارب روپے شامل ہوں گی جن میں سے ایک بڑی رقم گردشی قرضوں کی ادائیگی پر صرف کی جائے گی۔

پی پی پی حکومت اب تک 13 ٹریلین روپے گزشتہ چار سالوں میں بجلی کی سبسڈی میں ادا کر چکی ہے۔ یہ رقم سال کے اختتام تک 1.6 ٹریلین تک پہنچ جائے گی۔

وفاقی کابینہ نے ایک دوسرے فیصلے کی بھی منظوری دی جس کے تحت بجلی صارفین سے سالانہ 83 ارب روپے حاصل کیے جائیں گے۔بجلی کے بلوں کے ذریعے حاصل ہونے والی اس رقم سے آئی پی پیز کوادائیگی کی جائے گی جس میں ان کے دو پلانٹس بھی شامل ہیں جو تیل کی عدم فراہمی کی وجہ سے ناکارہ پڑے ہیں۔

یہ تمام فیصلے سیکریٹری خزانہ عبدالواجد رانا کے شدید تحفظات کے باوجود کرلیے گئے ہیں جب کہ سیکریٹری خزانہ نے ان فیصلوں کے بارے میں اپنے اختلافی نوٹ درج کرائے ہیں۔

ذرائع کے مطابق، ان فیصلوں میں آئل لابی کا شدید اثر ورسوخ نظر آتا ہے جن کے اہم کارندے پلاننگ کمیشن میں موجود ہیں۔

تجربہ کاروں کا کہنا ہے کہ ناکارہ بڑے پاور پلانٹس کوادائیگی رینٹل پاور پلانٹس سکینڈل جیسی ثابت ہوگی۔ فیصلے کے مطابق، آئی پی پیز کے ناکارہ پڑے پاور پلانٹس کو جو ایک یونٹ بجلی بھی پیدا نہیں کر رہے، پچھلے پندرہ ماہ کے لیے 674 ملین روپے کی ادائیگی کی جائے گی۔فیصلوں پر عملدرآمد ستمبر 2011ء سے ہوگا۔جاری کی گئی سمری کے مطابق ناکارہ پڑے پاور پلانٹس کے بدلے کی جانے والی ادائیگی کی صورت میں آئی پی پیز خودمختار گارنٹی کو استعمال میں لانے کے فیصلے سے پیچھے ہٹ جائیں گے۔ حکومت مئی 2011ء میں کل 18.5 ارب روپے کی خودمختاری گارنٹی سے ڈیفالٹ کی گئی تھی۔

28 مئی 2013ء

بجلی کا بلب جلائے رکھنے کے لیے 5 ارب ڈالرز کے قرضے کا حکومتی منصوبہ۔

نومنتخب حکومت نے اپنے پہلے 180 دنوں میں بجلی کی بہتر فراہمی کے لیے 5 ارب ڈالرز مالیت کے ٹریژی بلز فروخت کرنے کا فیصلہ کیا ہے۔ اس رقم سے ملک کے پاور سیکٹر کو ادائیگی کی جائے گی۔ بجلی کے بڑھتے ہوئے بحران کے نتیجے میں پُرتشدد مظاہرے شروع ہو چکے ہیں اور لاکھوں افراد بے روزگار ہو رہے ہیں۔ یہ سب ایک ایسے ملک میں ہو رہا ہے جس کی معیشت ناکام ہو چکی ہے، غربت اور فرقہ ورانہ فسادات ہو رہے ہیں اور دوسری جانب طالبان کی بغاوت جاری ہے۔

نئی حکومت کی انرجی ٹیم کے مختلف ارکان نے رائٹرز کو بتایا ہے کہ مسائل کی ایک لمبی فہرست جس میں سرمایہ کاری کا نہ ہونا، بجلی کی چوری وغیرہ شامل ہیں، میں سے سب سے اہم معاملہ گردشی قرضے کے 500 ارب روپے ہے۔ نئی انتظامیہ کے ذرائع کا کہنا ہے یہ رقم 3 ماہ، 6 ماہ اور 12 ماہ کے ٹریژی بلز کی فروخت سے حاصل کی جائے گی۔

نئی حکومت کے متوقع وزیر پانی و بجلی خواجہ آصف کا کہنا ہے کہ حکومت کے ابتدائی 3 ماہ کے دوران نیشنل گرڈ میں 2 سے 3 ہزار میگا واٹ بجلی شامل کرنے کا ارادہ ہے۔ پاکستان کا پاور سیکٹر 8000 میگا واٹ بجلی پیدا کر رہا ہے جب کہ اس کی ڈیمانڈ تقریباً 15 ہزار میگا واٹ ہے۔ نواز حکومت کے بجلی سیکٹر کے لیے 100 روزہ منصوبہ جو 5 جون کو پیش کیا جائے گا، اس میں انرجی سیکٹر میں دی جانے والی دہائیوں پرانی سبسڈی ہے جو کہ بحران کی ایک بڑی وجہ بتائی جاتی ہے۔

میڈیا کی ترقی اور احساسِ ذمہ داری؟

اس کتاب کا ایک مقصد خود احتسابی کا عمل ہے۔ میڈیا، کرپشن کے پھیلاؤ کا سب سے بڑا نقاد اور اس کے خاتمے کا سب سے بڑا چمپیئن ہے۔ تاہم، خود میڈیا پر کرپشن کے سنگین الزامات ہیں جو حکومتی اور غیر حکومتی اداروں سے اشتہارات کے حصول سے لے کر قومی نظریہ کے خود ساختہ نظریات کی تشہیر تک پھیلے ہوئے ہیں۔ پرنٹ میڈیا پر الزام ہے کہ وہ ایسی جعلی پبلیکیشنز جیسے میگزین اور اخبارات کو محض حکومتی اشتہارات کے لیے استعمال کر رہا ہے، جن اخبارات اور جرائد کا حقیقت میں کوئی وجود ہی نہیں۔ ایک عام آدمی تو ایسے اخبارات اور جرائد کے نام اور مقامِ اشاعت سے بھی واقف نہیں ہوگا، مگر ان جعلی اخبارات کا دھندہ ملک کے ہر صوبے میں پھیلا ہوا ہے۔ عام اخبارات اپنے کاروباری مفادات کے لیے غیر اسلامی، غیر اخلاقی اور قومی مفاد کے خلاف اشتہارات شائع کرنے سے گریز نہیں کرتے جس کی مثال کالا جادو سے لے کر قسمت کا حال اور شوگر، گردوں کی پتھری، جوڑوں کے درد، مردانہ اور زنانہ جنسی امراض کے علاج کے اشتہارات ہیں کیوں کہ کوئی ایسا ادارہ موجود نہیں جو ان کی تیار کردہ ادویات کا معائنہ کرے جو عام لوگوں کو مہنگے داموں فروخت کی جاتی ہیں۔ ریڈیو سٹیشنز کاپی رائٹس اور چوری کا مواد استعمال کر کے اپنی ریٹنگ بڑھاتے ہیں۔ پیمرا اپنے قوانین پر عمل درآمد کروانے سے قاصر ہیں۔ آل پاکستان نیوز پیپرز سوسائٹی (اے پی این ایس) اور کونسل آف پاکستان نیوز پیپرز ایڈیٹرز (سی پی این ای) کی دلچسپی صرف اخبارات کے واجبات کی وصولی تک محدود ہے جب کہ کوئی چینل یا اخبار

کارکن صحافیوں کے ویج بورڈ ایوارڈ پر عملدر آمد کے معاملے پر کوئی خبر شائع کرنے کی ضرورت محسوس نہیں کرتا۔ میڈیا میں کارکنوں کی عملی تربیت اور اہلیت میں اضافے کے لیے کوئی عملی اقدامات نہیں اٹھائے جاتے۔کارکن صحافیوں کے دفتری اوقات کار یا اضافی اوقات کار کے لیے کوئی اضافی مشاہرہ یا اوور ٹائم الاؤنس نہیں دیا جاتا اور اس ملک کے پڑھے لکھے طبقوں میں سب سے زیادہ نظر انداز کیا جانے والا طبقہ صحافی ہے۔ان کو جنگی جرائم ، دہشت گردی اور اپنی ملازمت کے تحفظ کا احساس میسر نہیں۔صحافیوں کا صرف ایک ہی مقصد رہ گیا ہے کہ بریکنگ نیوز دوسرے چینل سے پہلے رپورٹ کی جائے جس کے لیے ان کو شدید ذہنی کرب سے گزرنا پڑتا ہے اور پیشہ ورانہ صحافتی ذمہ داریوں کی ادائیگی کے دوران اگر ان کی جان چلی جائے تو ان کے اہل خانہ کا کوئی پرسانِ حال نہیں ہوتا اور نہ ہی ان کو زندگی کے بیمہ جیسی سہولیات میسر ہیں جن سے ان کے پسماندگان کوئی فائدہ حاصل کرسکیں۔ممکن ہے چند ادارے ان کو زندگی کا بیمہ جیسی سہولیات مہیا کر رہے ہوں، مگر وہ کون سے ادارے ہیں، تاحال کسی کو بھی معلوم نہیں۔ بہت سے کارکن صحافی اپنے حقوق کے لیے آواز اُٹھائیں تو ان کو یک جنبش قلم ملازمت سے برخاست کردیا جاتا ہے یا ان کی تذلیل کی جاتی ہے۔

اگر بابا جی اور ان کی ملکیتی گروپ آف کمپنیز کا معاملہ دیکھا جائے تو یہ تاثر عام ہے کہ وہ کسی بھی شکل میں ملنے والی غیر ملکی امداد (فنڈز) سے زبردست فائدہ اُٹھا رہے ہیں۔اس بات کے ناقابل تردید ثبوت موجود ہیں کہ غیر ملکی امدادی اداروں کی ضرورت اور خواہشات کے مطابق اخبارات اور نیوز چینل کی ادارتی پالیسی کو تبدیل کیا گیا۔ جب امریکی صدر بارک اوباما نے پاکستانی میڈیا کو 50 ملین ڈالر دینے کا اعلان کیا تو اس بات پر غور کرنے کی بجائے کہ اس کا فائدہ کسی کو حاصل ہوگا، زیادہ اس امر پر زور دیا گیا کہ اس پیسے سے کون فائدہ اٹھا سکتا ہے۔ بدقسمتی سے قوم کے مختلف امور پر اصولی موقف کی تضحیک کی گئی، اس کا واحد مقصد ذاتی اور مالی مفادات حاصل کرنا تھا۔

یہ امر نہایت تکلیف دہ ہے کہ محض روشن خیالی کے نام پر اصولوں اور ضابطوں کی دھجیاں بکھیرنے والے پروگرام ترتیب دیئے گئے۔اس سلسلے میں غیر ملکی ڈراموں کو اردو زبان میں پیش

کرنے کا معاملہ سب سے اہم ہے۔ اس سلسلے میں سب سے پہلے ملکی شوبز انڈسٹری کی تذلیل کی جاتی ہے کہ یہ کوئی ڈھنگ کا میوزک پروگرام یا فلم پیش کرنے کے قابل نہیں ہیں اور پھر اس بات کو جواز بنا کر غیر ملکی پروڈکشنز کو ملک میں درآمد کیا جاتا ہے۔ بدقسمتی سے پاکستان کی ایڈورٹائزنگ انڈسٹری پر بھارتیوں کا قبضہ ہو چکا ہے۔ اس بات کا مطلب یہ نہیں کہ راقم الحروف بھارت یا کسی بھی ملک کے خلاف ہے بلکہ بات کہنے کا مقصد یہ ہے کہ ہمیں ملکی قوانین اور ضابطوں کی پاسداری اور عملداری کو اہمیت دینا ہوگی تاکہ ہمارے آئین کی خلاف ورزی نہ ہو۔ اس سلسلے میں بھارتی فلموں کی پاکستان میں درآمد ایک اہم معاملہ ہے۔ اس بابت کوئی دو رائے نہیں کہ بھارتی فلم انڈسٹری بہت مضبوط ہے، مگر معاملہ یہ ہے کہ بھارتی فلموں کی درآمد جعلی اور جھوٹی دستاویزات پر کیوں کی جارہی ہے، جس سے ملکی خزانے کو نقصان پہنچ رہا ہے۔ میڈیا کا کام بے اصولی کو منظر عام پر لانا اور ملکی مفادات کو تحفظ دینا ہے مگر جب معاملہ خود احتسابی کا آتا ہے تو سب اپنے اپنے مفادات کے لیے خاموش ہو جاتے ہیں۔

میڈیا میں ایسے بہت سارے حضرات ہیں جنھوں نے اپنی حیثیت کا ناجائز فائدہ اٹھاتے ہوئے سرکاری اراضی اور عمارتوں کو مارکیٹ سے انتہائی کم نرخوں پر حاصل کیا۔ ایسی بہت سی مثالیں موجود ہیں کہ بااثر صحافیوں نے زمین، لائسنس اور اپنے اداروں کی ٹیکس چوری کے معاملات پر حکومت سے فائدے حاصل کیے جب کہ حکومتوں نے بھی ایسے معاملات پر غیر ذمہ داری کا مظاہرہ کرتے ہوئے ایسے اداروں اور افراد کو فوائد پہنچا کر اپنے کردار کے دیوالیہ پن کا مظاہرہ کیا۔ جب نواز شریف اور پرویز مشرف نے اپنے اپنے ادوار میں میڈیا کو صحیح سمت اور نظم و ضبط کا پابند کرنے کی کوششیں کیں تو ان پر آزادیٔ صحافت پر ضرب لگانے کا الزام لگایا گیا۔

ہمیں سوچنا ہوگا کہ کیسے چند سالوں کے اندر اندر ہمارے اندازِ زندگی اور رہن سہن میں اتنی بڑی بڑی تبدیلیاں آگئی ہیں کہ ویلنٹائنز ڈے، مدرز ڈے نے 23 مارچ اور 14 اگست جیسے اہم دنوں کی جگہ محض اس لیے حاصل کر لی ہے کہ ان دنوں کو منانے کے لیے اشتہارات میسر نہیں ہیں۔ عید کا تہوار یا ماہ رمضان اپنی انفرادی حیثیت میں اہم ہیں کہ دونوں مواقع پر وافر اشتہارات میسر ہوتے ہیں، مگر ایسا کیوں ہے کہ ماہ رمضان کو مذہبی اعتبار سے کم اور اشیاء کی فروخت کے لیے زیادہ

اہمیت دے دی گئی ہے؟

حقیقت میں ٹی وی چینلز کی بڑی آمدنی کے ذرائع اشتہارات اور کیبل آپریٹرز سے موصول ہونے والا حصہ ہے۔ پاکستان میں الٹی گنگا بہتی ہے کہ یہاں کیبل آپریٹرز سے آمدنی حاصل کرنے کی بجائے الٹا مالکان کو ان آپریٹرز کو ادائیگیاں کرنا پڑتی ہیں۔ اس لیے پاکستان میں الیکٹرانک میڈیا پر اس لحاظ سے آمدنی کے ذرائع بڑھانے پر زیادہ دباؤ ہے جس سے یہ چینلز بیرون ممالک ذرائع سے امداد حاصل کرنے اور ان کے مفادات کو پورا کرنے کے لیے مختلف مہمات کو کسی نہ کسی بھیس میں آگے بڑھانے پر مجبور ہو جاتے ہیں۔ اس طرح وہ قومی مفاد کی بجائے ذاتی مفاد کو اپنی ترجیح بنا لیتے ہیں۔ اس لیے یہ سوچنا کہ میڈیا آزاد ہے، ایک بہت بڑا دھوکہ ہے۔ میں بحیثیت اینکر اپنے پروگرام میں کسی بھی نظریہ کو غلط قرار دے سکتا ہوں مگر سامعین کو یہ نہیں کہہ سکتا کہ وہ ایک خاص ساختہ مشروب نہ پئیں کہ وہ ان کے لیے مضرِ صحت ہے۔ کسی رہائشی سکیم کی خامیوں کو زیرِ بحث نہیں لایا جا سکتا، نہ ہی یہ بتایا جا سکتا ہے کہ کوئی بیوٹی کریم جلد کو سفید نہیں بنا سکتی کہ اس سے ٹی وی چینل کی آمدنی پر سخت زد پڑ سکتی ہے۔

فیلڈ میں کام کرنے والے صحافیوں کو مذہبی شدت پسندی، فرقہ واریت جیسے سخت چیلنجز کا سامنا ہے۔ راقم الحروف کو کئی بار القاعدہ اور دیگر تنظیموں کے ترجمان حضرات نے براہِ راست بلوا کر ان تنظیموں کے نظریات کو فروغ دینے کا کہا۔ مگر جب ہم ایسا نہیں کر سکتے تو یقیناً ہمیں بہت ساری مشکلات کا سامنا کرنا پڑتا ہے یا پھر ہم یہ دباؤ برداشت نہیں کر پاتے۔ ایک ایسا وقت بھی تھا جب ہماری ذمہ داری حقیقت کو بیان کرنے کی تھی، جیسا کہ قائداعظم کی زیارت ریزیڈنسی پر حملہ کا معاملہ ہے۔ جنہوں نے یہ حملہ کیا، انہوں نے خود ہی اس کی فلم یوٹیوب پر جاری کر دی۔ ہمارے چینلز نے اس کی کوریج حملہ آوروں کے دعویٰ کے طور پر کی۔ سپریم کورٹ کے چیف جسٹس افتخار محمد چودھری بضد تھے کہ وہ چینل کے خلاف قومی سکیورٹی کو خطرے میں ڈالنے کے الزام پر کارروائی کریں گے۔ افتخار چودھری نے قائداعظم ریزیڈنسی پر حملہ کرنے والوں کے خلاف ایک لفظ نہ کہا، مگر حملے کو رپورٹ کرنے والوں کے خلاف کارروائی پر تلے رہے۔ میڈیا کی زندگی میں ایسے لمحات بھی آئے ہیں کہ کئی معاملات پر مختلف اطراف سے آنے والے دباؤ کی وجہ سے سمجھوتے بھی کرنا

پڑتے ہیں۔ جرائم کے کئی ایسے واقعات بھی ہوتے ہیں جن کو رپورٹ کرنا بہت مشکل ہوتا ہے۔ ایک انجانا خوف رہتا ہے کہ نہ جانے کیا ہو جائے گا۔ کئی بار ایسا بھی ہو چکا ہے کہ کوئی خاص پروگرام کرنے کے بعد سکیورٹی اداروں کا فون آتا ہے کہ گھر جاتے ہوئے کوئی مختلف روٹ لوں۔ یہ ایک حقیقت ہے جس کا ہر وقت سامنا رہتا ہے۔ اگر کراچی میں ہیں تو ایک مخصوص گروپ کے خلاف نتائج کے خوف کے سبب رپورٹنگ نہیں کر سکتے۔ حکومت کسی کا تحفظ نہیں کر سکتی چاہے وہ ایڈیٹر صلاح الدین ہوں یا رپورٹر ولی بابر خان۔

چند سال قبل پاکستانی میڈیا 5 ارب روپے کی مالیت کا تھا جو آج بڑھ کر 40 ارب روپے تک پہنچ چکا ہے۔ میڈیا کا پھیلاؤ تو ضرور ہو رہا ہے مگر کیا اس میں سنجیدگی اور احساسِ ذمہ داری بھی پیدا ہو رہا ہے؟ بریکنگ نیوز ایک مہلک بیماری کا روپ دھار چکی ہے مگر خبروں کو ان کے منطقی انجام تک دیکھنے کی کسی کو کوئی خواہش نہیں رہی۔ 30 سال قبل میڈیا کسی بھی نوجوان کا پسندیدہ پیشہ نہیں ہوتا تھا۔ اس لیے اس پیشے کو وہی لوگ اختیار کرتے تھے جو کسی وجہ سے ڈاکٹر، انجینئر، آرکیٹیکٹ یا سرکاری افسر بننے میں ناکام رہتے تھے۔ راقم الحروف سمیت کئی ایسے بھی تھے جو حادثاتی طور پر ایڈورٹائزنگ سے منسلک ہونے کے بعد صحافت میں آ گئے۔ میں آج یہ بات ببانگ دہل کہتا ہوں کہ میڈیا میں میری ترقی محض ایک حادثہ ہے اور اس کے پیچھے کسی منصوبہ بندی کا کوئی دخل نہیں ہے۔ مجھے کبھی بھی معلوم نہ تھا کہ میں ایک جانا پہچانا نام بن جاؤں گا اور اس کتاب کو تحریر کروں گا جو اس وقت آپ کے زیر مطالعہ ہے۔ یقیناً میری کامیابیوں میں میری ماں اور بزرگوں کی دعائیں شامل ہیں۔

آج میڈیا میں نوجوان ایک بڑی تعداد میں پیشہ ورانہ تربیت حاصل کر کے شامل ہو رہے ہیں۔ میرے کئی دوست اور ساتھی جو صحافت کی باضابطہ تعلیم حاصل کر کے اس پیشے سے منسلک ہوئے وہ یقیناً دوسروں سے بہتر ہوں گے مگر یہ بھی ایک حقیقت ہے کہ تب صحافت کوئی باضابطہ پیشہ نہیں بلکہ مشن ہوتا تھا۔ حمید نظامی نے ''نوائے وقت'' کا اجرا صرف اپنے نظریات اور نظریۂ پاکستان کے لیے کیا۔ مگر آج اگر کوئی نیا چینل شروع ہوتا ہے تو وہ خالصتاً کاروباری فائدے کے لیے ہوتا ہے۔ اس میں کچھ غلط نہیں ہے کہ صرف بس یہ پرکھنے کا پیمانہ تبدیل ہوا ہے۔

میڈیا میں شمولیت اختیار کرنے والے نوجوانوں کا جذبہ اور شوق دیدنی ہے اور یہی ہماری امید اور طاقت ہیں کہ وہ ہم سب کو تعلیم و تربیت دے رہے ہیں۔ تاہم، ان کے مستقبل کو محفوظ بنانے کے لیے ضروری ہے کہ میڈیا کا بھی احتساب کیا جائے۔ میڈیا کا آزادانہ آڈٹ ہونا چاہیے اور میڈیا کو آئین میں دیئے گئے تین ریاستی ستونوں کے آگے بھی جواب دہ بنانا چاہیے۔ اس بات کو سمجھنے کی بھی ضرورت ہے کہ قومی مفاد، آزادیٔ اظہار سے زیادہ اہم ہیں اور میڈیا محض اپنے ذرائع آمدن بڑھانے کے لیے کوئی نیا نظریہ تخلیق نہیں کرسکتا۔ میڈیا کو اپنے ہی کارکنوں کے حقوق کے استحصال سے روکنے کے لیے قابل احتساب بنانا ہوگا۔ ان کو ہر رپورٹر، کیمرامین اور حتیٰ کہ سپاٹ بوائے کو بھی عزت و تکریم دینا ہوگی۔

باباجی کے بارے میں پہلا پروگرام کرتے ہوئے کافی ذہنی دباؤ اور خوف تھا کہ وہ بہرحال ملک کے سب سے بڑے میڈیا گروپ کے مالک ہیں، وہ مالدار ہیں اور بلاشک وشبہ بہت اثر ورسوخ کے مالک ہیں۔ اس حقیقت کا تجزیہ ضروری ہونا چاہیے کہ وہ آج جس جگہ پر موجود ہیں، وہ وہاں تک کیسے پہنچے۔ یہ تجزیہ کرنا ضروری ہے کہ آخر کیوں ملک کی سب سے بڑی عدالت، ان کے اور ان کے ادارے کے خلاف کسی الزام کو سننے کو بھی تیار نہیں حالاں کہ یقیناً ان کے خلاف واقعاتی شہادتیں موجود ہیں۔

مگر برف پگھلی ہے۔ اور یقیناً میں اپنے بارے میں کوئی پیش گوئی نہیں کرسکتا کہ میرا مستقبل کیا ہوگا، میں اپنا کام جاری رکھ سکوں گا یا مجھے ہٹا دیا جائے گا اور جگانے والے کو عبرت ناک مثال بنا دیا جائے گا۔ ماضی میں ایسا بھی ہوا ہے کہ مجھے غلط ثابت کرکے خاموش کرنے کی کوششیں کی گئیں اور کہا گیا کہ مجھ کو قابو میں رکھنا مشکل کام ہے۔

تاہم، میں اپنے ناقدوں کا مشکور ہوں اور ان کا بھی جو مجھ سے نفرت کرتے ہیں کیوں کہ یہ وہی لوگ ہیں جن کی وجہ سے میں مضبوط ہوا اور اپنے عزم کی پختگی کو جانچنے کے قابل ہوا۔ چند ماہ قبل میں انتہائی مایوسی کے عالم میں اس پیشے کو چھوڑنے اور کسی دوسرے ملک منتقل ہونے کے بارے میں سوچ رہا تھا کہ روزانہ اتنا کچھ بیان کرنے کے بعد بھی کوئی کارروائی عمل میں نہیں لائی جارہی۔ تاہم، ناظرین کی حمایت اور جذبات نے میرا دل اتنا پسیج دیا ہے کہ اسے الفاظ میں بیان

کرنا مشکل ہے۔اس سے یہ احساس بھی اجاگر ہوا کہ مجھے اپنی ذمہ داری پوری کرنی ہے اور تحقیقاتی رپورٹ کو سامنے لانا ہے۔میرا کردار پولیس یا عدالت کا نہیں ہے اور مجھے اپنی پیشہ ورانہ حدود میں بھی رہنا ہے۔

میری یہ کتاب کرپشن کی ایک کہانی پر مبنی ہے اور مجھے امید ہے کہ ایسی اور کتابیں بھی منظر عام پر آئیں گی،مگر میرا ضمیر مطمئن کہ میں نے اپنا فرض اپنی بھرپور صلاحیتوں کے ساتھ پورا کر دیا ہے۔یقیناً ایک دن ایسا آئے گا جب ہم سب احتساب کے عمل سے گزریں گے اور ہم سے ہر کوئی قومی خزانے میں اپنا حصہ ٹیکس چرائے بغیر ڈالے گا۔یہ تو معلوم نہیں کہ وہ دن کب آئے گا،مگر اس دن کی الٹی گنتی بابا جی کے ساتھ شروع ہو گئی ہے۔

میر شکیل الرحمٰن نے اپنی بیٹی کی شادی میں کروڑوں روپے خرچ کر کے بھارتی فنکاروں کو دبئی مدعو کیا

میر ابراہیم الرحمٰن

طاہر محمود (قائم مقام چیئرمین SECP)

ظفر عبداللہ (کمشنر SECP)

عارف حبیب
(چیئرمین عارف حبیب گروپ)

عماد خالد کی جیو ٹی وی پر پلانٹڈ پریس کانفرنس کا عکس

زید حامد کے قریبی ساتھی عماد خالد کی پریس کانفرنس

بعد ازاں ''کھرا سچ'' پروگرام میں ٹیلی فونک گفتگو کی ٹیپس چلائی گئیں، جن سے ثابت ہوا کہ جیو اور عماد خالد کافی عرصہ اس پلانٹڈ پریس کانفرنس کی منصوبہ بندی کرتے رہے

یٰسین انور (گورنر سٹیٹ بینک)

عقیل کریم ڈھیڈی

فصیح بخاری (سابق چیئرمین نیب)

محمد علی (سابق چیئرمین SECP)

افتخار شفیع (چیئرمین ڈائمنڈ گروپ آف انڈسٹریز)

حافظ طاہر اشرفی

APPENDICES

''ہندوستان ٹائمز'' کے فرنٹ پیج پر چھپنے والی خبر جس کی اخبار نے بعد میں وضاحت کر دی کہ یہ جھوٹی خبر ہے

16 | hindustantimes

htworld

I'VE ALWAYS WANT
I'VE ALWAYS THOU

HT SUNDAY SPECIAL

Dawood TV on screen soon

WRONG NETWORK? Backed by India's most wanted underworld don, BOL set to launch transmission by end of this yr

HT Correspondents

NEW DELHI: Pakistan's media scene is abuzz with the entry of a new electronic media player. Unlike most other TV channels that are owned by known media groups, the BOL channel network has a unique backer - Dawood Ibrahim.

BOL is set to launch transmission by the end of the year and is currently hiring staff aggressively.

The new network proudly claims that an advertisement it ran earlier this year resulted in over 40,000 applications.

But BOL's marketing strategy is about more than just being another news channel in a country where there already over 40 news and regional channels battling for airtime and viewer attention.

In a market where at least three TV channels are set to close down owing to paucity of funds later this year, BOL is offering fantastic salaries and much more. It seems too good to be true. These packages include salaries, houses and luxury cars, even bodyguards, to the high profile anchors and TV show hosts.

The head of GEO TV, Pakistan's leading news channel, has been hired

NEW PLAYER

The official sponsors of BOL TV are a Karachi-based online content company called Axact. The company, with over 5,000 employees, has a reputation for hosting illegal porn sites and selling fake degrees.

DREADED

Dawood Ibrahim, born in Mumbai, is an underworld don and reportedly hiding in Pakistan.

The leader of D-Company, Ibrahim allegedly organised and financed the 1993 Mumbai bombings which claimed over 250 lives and hurt more than 700.

He is currently on the wanted list of Interpol for organised crime and counterfeiting.

He was No. 3 on the Forbes' World's Top 10 most dreaded criminals list of 2011.

An Indian court has recently issued a warrant on Ibrahim for spot-fixing crime in the IPL.

say insiders. Many more high profile channel anchors and presenters are expected to follow. As a result of BOL's entry, other channels have started to raise salaries to keep their star performers from leaving.

Kamran Khan, the host of the most highly rated current affairs programme on GEO TV called "Aaj Kamran Khan ke Saath", was poached by BOL before being enticed back to the original channel.

The bigger buzz about BOL, however, is the nature of the channel's backers.

According to people who were close to the process of setting up the new channel privately confirm that the two main parties are gangster-turned-terrorist Dawood Ibrahim and Pakistan's premier spy agency, the Inter-Services Intelligence. They say the ISI has adopted this strategy as the country's broadcast media has become increasingly independent and critical of the ISI's activities.

Ibrahim has asked Chota Shakeel to oversee the channel's finances. Shakeel has personally met some of the journalists who were offered jobs. The official sponsors of BOL TV are a Karachi-based online content company called Axact. The company claims to be one of Pakistan's most vibrant software houses with over 5,000 employees. The company has a reputation for hosting illegal porn sites and selling fake degrees, charges it denies.

Most software houses stay clear of Axact. But the company has considerable clout in Karachi where it has commandeered office blocks and roads in the city's upmarket Defence area, a sign of official sanction at a very high level. Axact's owner and founder, a figure named Shoaib Shaikh, was once the subject of a British newspaper report accusing him of various wrongdoings, including hosting websites that charge for writing term papers and selling degrees for a fee. He denied the story.

Axact is close to Pakistan's security establishment. Insiders say given its software background and its links with the country's intelligence agencies, it is seen as a good launching pad for a media channel. Axact also handled a lot of the cyber activities of the ISI, say insiders.

It has also done work for the country's defence industry and defence housing societies, a fact that it proudly displays on the company website. Axact, however, remains a front, say insiders.

Despite the role played by Axact, funding for BOL is coming from Ibrahim, confirm Pakistani industry insiders. Ibrahim is now believed to be based in Dubai. His business in Pakistan is being conducted through Akeel Karim Dhedi, a prominent Karachi businessman.

Dhedi, one of the major players on the Karachi Stock Exchange, acts as a conduit for Ibrahim's funds but the on-ground contact person is Chota Shakeel. Ibrahim's villa in Karachi's upmarket Clifton area remains vacant as the don spends his time in Dubai. But his business interests continue to expand, with Dhedi launching some prestigious housing projects recently in which it is believed Dawood is a partner.

Dhedi has run a TV channel before. Sun Biz-TV was owned by Dhedi till it was closed a few years ago following consistent losses. The issue is not red ink. It has to do with running a channel which can compete with the market leaders.

BOL has its targets high: it wants to upstage GEO TV, which is owned by the Jang Group. Jang, earlier pro-government, has become very critical of the army and Pakistan's intelligence agencies.

BOL will start with a news and entertainment channel but will soon move on to hosting a sports channel and then make forays in the print media. The larger plan includes setting up an English and Urdu newspaper.

The feasibility of launching such high profile media projects has been questioned by many who insist such numbers do not make it viable financially. But some officials say a number of businessmen have been taken on board for this project. One of them is a major real estate magnate, whose name earlier appeared in bribing top journalists to speak against the chief justice. Government advertising is expected to be a major source of revenue.

Indian official sources say launching an entire channel s relatively unusual for the ISI which has, in the past, bought journalists, paid money to existing channels or tried to influence specific programmes.

- Axact's owner and founder, a figure named Shoaib Shaikh, was once the subject of a British newspaper report accusing him of various wrongdoings, including hosting websites that charge for writing term papers and selling degrees for a fee.
- BOL has its targets high: it wants to upstage GEO TV, which is owned by the Jang Group. Jang, earlier pro-government, has become very critical of the army and Pakistan's intelligence agencies.
- BOL will start with a news and entertainment channel but will soon move on to hosting a sports channel and then make forays in the print media. The larger plan includes setting up an English and Urdu newspaper.

"We have information that he is in Pakistan. We have told this to (Pakistan) interior minister too. We want him. We do not know how long it will take but our intelligence agencies are working on it."

SUSHIL KUMAR SHINDE, home minister

"There have been lots of talk and discussion on this (extradition of Dawood to India). He is not in Pakistan."

SARTAJ AZIZ, advisor to the Pakistani prime minister on foreign affairs.

pursued the matter before the United Nations in an attempt to freeze his assets around the world and crack down on his operations.

Influence

Ibrahim has a huge influence on the Indian film industry. He allegedly produced several Bollywood movies and profit share was given to Dawood.

میر جاوید الرحمٰن کا میر شکیل الرحمٰن پر گھر میں گھس کر دستاویزات چرانے کا الزام

Complaint To PID

(101)

Annex – P/26

The Director,
Press Information Department
Karachi.

SUBJECT: **COMPLAINT AGAINST MIR SHAKIL-UR-RAHMAN CHIEF EXECUTIVE OF M/S INDEPENDENT NEWSPAPERS CORPORATION (PVT.) LTD. (JANG GROUP) PRINTING HOUSE I.I. CHUNDRIGAR ROAD, KARACHI.**

Sir,

I, the undersigned is printer and publisher of Daily "Jang", Daily "The News" and Daily "Awam" a part from other newspapers of 'Jang Group' since long under duly authenticated declarations.

It is submitted that I and my mother Mrs. Mehmooda Khalil are also Directors of different Private Limited Companies of "Jang Group" and while we were in Saudi Arabia performing Umra during the period from 14th to 30th January, 1998, my real younger brother Mir Shakil-ur-Rahman with a view to defraud me and to illegally usurp my rights and privileges held a purported meeting of Board of Directors of Jang Publications (Pvt.) Ltd. on 24.1.1998 and of other companies of Jang Group in connivance with some executives of Jang Group. In the said one and the same meeting number of purported resolutions were passed which includes the illegal and malafide removal of my name and authority as being publisher & printer of all the Newspapers of Jang Group which includes the above newspapers and got appointed himself as the publisher & printer which resolution and acts of Mir. Shakil-ur-Rahman are absolutely illegal and has no bearing under the law. In my absence he has also entered in my office and residence, search my belongings, and took away my important papers, title documents, share certificates and even my personal letters to cause me losses and to use the same against my interests.

Javed Rahman

-/

Contd..P/2

میر جاوید الرحمٰن کا میر شکیل الرحمٰن پر گھر میں گھس کر دستاویزات چرانے کا الزام

Your goodself is fully aware of the legal position that declarations as printer and publisher of a Newspapers is personal declaratory right of an individual duly authenticated under the relevant law and can not be taken away without the written request and permission of the declarant but Mir Shakil-ur-Rahman in the garb of aforesaid purported resolution has started printing the aforesaid newspapers with the print line as "Printer and Publisher Mir Shakil-ur-Rahman", which acts of the said Mr. Shakil-ur-Rahman are absolutely illegal and liable for legal action under the law. The photo copies of the titles of the relevant Newspapers with print line before and after 9th Feb. 1998 are attached for your perusal. I have also got served a legal notice on Mir Shakil-ur-Rahman through my advocate before initiating legal actions under the civil and criminal laws but he has failed to respond and is continuing with the illegal acts of printing the said newspapers.

You are therefore requested to please take legal action against the said Mir Shakil-ur-Rahman as provided under the law for the illegal acts committed by him and also direct him to forthwith stop printing of these newspapers with the print line as his being printer and publisher of the newspapers.

Thanking you,

Sincerely Yours,

(MIR JAVED RAHMAN)
B-45, K.D.A. Scheme-1,
Karachi.

میر جاوید الرحمٰن کا اپنے چھوٹے بھائی میر شکیل الرحمٰن (بابا جی) پر فراڈ اور دھوکہ دہی کا الزام

میر جاوید کا کہنا تھا کہ میں اور میری والدہ حج پر گئے ہوئے تھے جب میر شکیل (بابا جی) میرے گھر میں گھس کر شیئرز اور دیگر دستاویزات چرا لے گئے

پرنٹر پبلشر میر جاوید الرحمٰن نے الرحمٰن پبلی کیشنز کے تحت جاوید پریس میں چھپوا کر پرنٹنگ ہاؤس چندریگر روڈ سے شائع کیا۔ سینئر ایڈیٹر محمد ہمایوں عزیز [illegible] فون نمبر:... 2637113-218271

08 FEB 1999

روزنامہ عوام

[illegible] شکیل الرحمٰن نے نیوز پبلی کیشنز پرائیویٹ لمیٹڈ کے تحت جاوید پریس میں چھپوا کر پرنٹنگ ہاؤس چندریگر روڈ سے شائع کیا۔ گروپ چیف ایگزیکٹو/ایڈیٹر انچیف میر شکیل الرحمٰن، چیئرمین میر جاوید رحمٰن، سینئر ایڈیٹر محمد ہمایوں عزیز [illegible]

فون نمبر: 2637113-218271

09 FEB 1999

روزنامہ عوام

Published and printed by Mir Javed Rahman for News Publications (Pvt) Ltd , Javed Press, Karachi Regd No SS- 734 - 49

08 FEB 1999

The News Karachi

Published and printed by Mir Shakil-ur-Rahman for News Publications (Pvt) Ltd., Javed Press, Karachi. Regd No. SS - 734 - 49

09 FEB 1998

The News Karachi

میر شکیل الرحمٰن نے دھوکہ دہی سے جنگ/دی نیوز کا پرنٹر پبلیشر اپنے آپ کو بنالیا

میڈیا کمیشن رپورٹ کا عکس

MEDIA COMMISSION

Camp Office : Legal Aid Office,
Spanish Homes Apartments, Mezzanine Floor, Plot No.A/13,
DHA, Phase-1, Karachi

31st May, 2013

PART - TWO

OF THE

REPORT

BY THE

MEDIA COMMISSION

APPOINTED BY

THE SUPREME COURT OF PAKISTAN

ON

15TH JANUARY, 2013

Senator (R) Javed Jabbar
Member

Justice (R) Nasir Aslam Zahid
Chairman

جسٹس ناصر اسلم زاہد میڈیا کمیشن کے چیئرمین اور سینٹر جاوید جبار اس کمیشن کے ممبر تھے

میڈیا کمیشن رپورٹ صفحہ 204

- It was stated that there was misperception about PEMRA that it was only performing the role of a policeman only. It was explained that the mechanism within PEMRA for content regulation was the Council of Complaints which consisted of eminent citizens appointed by the government. The Code of Conduct had been finalised by PEMRA through the process of consultations with the stake-holders was notified in October 2012. But this code currently stands suspended on the order of the Honourable Supreme Court.

- Commission was informed that the United Producers Association (UPA) had taken up the matter of foreign content with PEMRA. Their point of view is that such programmes were hurting Pakistani production industry. The negotiations with them are continuing. It was pointed out that while there was a reference in the rules to foreign content, there was no specific mention about the Indian content in the rules.

- It was pointed out that the regulatory role of PEMRA was suffering because media out-lets had taken the matter to the courts and had obtained status quo. There were about 50 cases pending adjudication in the Sindh High Court alone.

- On the question whether there was pressure on PEMRA from the government, it was stated that the only pressure on PEMRA from the government was that major action should not be taken without prior consultation with them. There was no other pressure on PEMRA from the government. The autonomy of the authority gets compromised because Secretary of the Ministry is the Principal Accounts Officer and he is responsible for the authority before the Public Accounts Committee. It was felt there would be greater autonomy if the Authority was placed under different Administrative Division.

- It was revealed that lot of funds were pouring into media outlet from abroad in the form of sponsorship. For instance "Zara Socheeya" programme had received sponsorship to the extent of Pounds 20 million.

- It was also reported that programmes prepared by Indian producers were being sold to parties in Dubai from where these programmes were coming to Pakistan. It was difficult to provide documentary proof of such deals.

- Another instance reported was that of "Aman Ki Aysha" programme which was being funded by Norwegian NGO named Friends without Borders. Going into the background of the funding to this programme, it was found that the foot-prints lead to Indian sponsors including the Indian state television, the Doordarshan

- Commission was informed that PEMRA had initiated dialogue with the Pakistan Broadcasters Association (PBA) on the issue of content regulation and the code of conduct. But there has been no positive response from the PBA. They, on the other hand, have preferred to approach the courts.

میڈیا کمیشن رپورٹ جس میں ''جنگ'' گروپ پر برطانیہ اور انڈیا سے فنڈنگ لینے کا الزام لگایا گیا،
اس رپورٹ میں بھارتی فلمیں غیر قانونی طور پر پاکستان لانے کا بھی الزام ہے

http://www.examiner.com/article/us-to-spend-50-million-on-media-pakistan

US to spend $50 million on media in Pakistan

The Obama administration plans to spend nearly $50 million on Pakistani media this year to reverse anti-American sentiments and raise awareness of projects aimed at improving quality of life, confirms a Washington insider.

After the Kerry-Lugar Bill debacle, the Obama administration had struggled with the idea of 'branding' aid and many within the State department and the USAID had argued that identifying projects may backfire.

"By announcing that a school was built and is being maintained partly because of the aid received from America you can alienate people," said someone who had proposed not 'branding' the aid.

The US Special Representative to Pakistan and Afghanistan, Ambassador Richard Holbrooke believes that a substantial amount of monies spent on media- especially private TV channels will reduce tension and may even bring Pakistan-US relations back on the right path.

Senator John Kerry, the main architect of Kerry-Lugar bill also supports the idea of claiming credit for all "the good work being done to improve infrastructure, energy and education," said a source in Senator's office.

Reuters today reported that the Obama administration has sent lawmakers a plan for funding water, energy and other projects. Report said the US intends to spend $1.45 billion of earmarked for the Kerry-Lugar bill in fiscal 2010.

The trust deficit had surged after a well intended aid package focused to uplift Pakistan's civilian society was trashed by a section of Pakistani media. Interviews with diplomatic sources in Washington, D.C. and media coverage of the KLB debacle had demonstrated growing frustration of the Obama administration.

Although American officials publicly praise military operation in South Waziristan, in private they sing a different tune; their assessment of "alignment" is rather pessimistic. Stories leaked to media consistently allege that al-Qaeda leadership is still enjoying safe haven in Pakistan.

Pakistan-U.S. relations have not been this tenuous before, and the Obama administration is frustrated with the outcome of the Kerry-Lugar bill. "No one had anticipated such negativity," said an American official who did not want to be identified. "We thought Pakistanis [would] celebrate the passage of this bill. This is what we were told by representatives of Pakistani government."

Pakistani government representatives from President Zardari to Foreign Minister Qureshi and Ambassador Hussain Haqqani further down the chain had assured the Americans that Pakistanis would be jubilant; KLB was suppose to heal all wounds, rectify all wrongs and erase memories of the past from the consciousness of the masses.

The Obama administration has shared their plan to sponsor high impact projects and communicate the value of these projects using local media.

Voice of America, a radio and TV platform that speaks for the government of the US already has a tie-up with Geo TV and now they have aligned with Express TV as well.

The Obama administration plans to help Pakistan's democratic government meet budget shortfalls and deliver services to a population increasingly angry about economic and security troubles. As the funding builds the capacity of the government to provide basic services, the US sponsored Pakistani media will raise awareness and a build a brand for America, our sources have confirmed.

امریکہ کی طرف سے پاکستانی میڈیا کو 50 ملین ڈالر دینے کی خبر، جسے امریکہ، پاکستانی میڈیا کو اپنے مقاصد کے لیے استعمال کرنے اور میڈیا کے ذریعے اپنے مفادات کے تحفظ کے لیے استعمال کرے گا

جیو/جنگ کو برطانوی فنڈنگ کے ثبوت

ہاؤس آف لارڈز کی آفیشل رپورٹ

Vol. 740
No. 69

Tuesday
20 November 2012

PARLIAMENTARY DEBATES
(HANSARD)

HOUSE OF LORDS

OFFICIAL REPORT

ORDER OF BUSINESS

Questions
First World War: Centenary
Employment: Science and Technology
International Law: Use of Drones
Banking: Offshore Accounts

Enterprise and Regulatory Reform Bill
Order of Consideration Motion

Crime and Courts Bill [HL]
Order of Consideration Motion

Caravan Sites Bill [HL]
Order of Commitment Discharged

Middle East: Gaza and Syria
Statement

Financial Services Bill
Report (3rd Day)

Health: Neurological Services
Question for Short Debate

Grand Committee

Contracting Out (Local Authorities Social Services Functions) (England) (Amendment) Order 2012

Housing Act 1996 (Additional Preference for Armed Forces) (England) Regulations 2012

Legal Services Act 2007 (The Law Society) (Modification of Functions) (Amendment) Order 2012

Producer Responsibility Obligations (Packaging Waste) (Amendment) Regulations 2012

District Electoral Areas Commissioner (Northern Ireland) Order 2012

Child Support Management of Payments and Arrears (Amendment) Regulations 2012
Considered in Grand Committee

Written Statements

Written Answers

For column numbers see back page

ہاؤس آف لارڈز کی آفیشل رپورٹ جس میں یہ درج ہے کہ MKRF کو

2012ء سے 2015ء میں 20 ملین پاؤنڈ دیئے جائیں گے

Lord Ahmed

To ask Her Majesty's Government what is the total budget of the Department for International Development education awareness programme in Pakistan.[HL3632]

Baroness Northover: The Transforming Education in Pakistan programme has a budget of £20 million for 2012-15, equivalent to just around 3% of our total education budget for Pakistan.

Lord Ahmed

To ask Her Majesty's Government, further to the Written Answer by Baroness Northover on 20 November (*WA 357*), what assessment they have made of the [illegible] [illegible] the Mir Khalil-ur-Rehman Foundation and the Geo/Jang Group [illegible] [HL3633]

Baroness Northover: An assessment of the Mir Khalil ur Rahman Foundation (MKRF) and its links with GEO TV/The Jang Group was undertaken prior to awarding an accountable grant. [illegible] independent not for profit organisation with its own bank account, independent [illegible] and a separate board of directors. As stipulated in our accountable grant, MKRF is partnering with a wide range of media outlets to ensure optimal national reach, including Pakistan TV, Apna TV and Waseb TV. (No proof of educational progms on by MKRF since 2012).

Lord Ahmed

To ask Her Majesty's Government, further to the Written Answer by Baroness Northover on 20 November (*WA 357*), how the contract to engage the Mir Khalil-ur-Rahman Foundation was initiated and whether it was subject to competition.[HL3634]

Baroness Northover: The Mir Khalil ur Rahman Foundation [illegible] [illegible] grant to implement the media campaign of the Transforming Education in Pakistan [illegible] in response to a proposal it submitted. Accountable grants are used by DfID to fund project activities with organisations identified as non-commercial or not-for-profit organisations. They therefore do not require a competitive tendering process.

All DfID's programmes are subject to independent evaluation and rigorous monitoring to ensure UK taxpayers' money reaches poor people, secures value for money and delivers real results.

20 million pounds → only to MKRF → Geo (2012 - 2015).

ہاؤس آف لارڈز کی آفیشل رپورٹ جس میں یہ درج ہے کہ MKRF کو 2012ء سے 2015ء میں 20 ملین پاؤنڈ دیئے جائیں گے

جیو/جنگ نے اپنے اوپر لگے بیشتر الزامات تسلیم کر لیے

روزنامہ جنگ 31 اکتوبر 2013ء

ہندوستان ٹائمز نے جنگ/جیو کیخلاف ای میل کو غلط قرار دیدیا

نجی چینل اور اخبار کیخلاف امریکہ، برطانیہ اور پاکستان میں مقدمے کی تیاریاں

الزامات لگانے والے پریس کونسل، پیمرا، نیب، ٹیکس حکام اور عدالتوں میں کیوں نہیں جاتے ان کو درخواستیں کیوں نہیں دیتے

ہم انتہائی تشویشناک اور تکلیف دہ صورتحال کو چیلنج کرنے جا رہے ہیں، سائبر کرائم ایکٹ کو نافذ کرانے کی کوشش کرینگے

مخفی قوتوں کے مخصوص گروپوں سے کہنا چاہتے ہیں براہ کرم باز آجائیں، اللہ کے فضل سے ہمارا گروپ بے مثال مقام پر ہے

متنازع انٹرویو میں سپریم کورٹ کے معزز ججوں سے متعلق منفی باتوں نے اس اینکر جہاز والے کا مکروہ چہرہ بے نقاب کردیا تھا

ہندوستانی اخبار کی خبر کے حوالے سے جعلی ای میل کو بنیاد بنا کر جنگ گروپ کیخلاف ہرزہ سرائی کی گئی، اخبار نے انکوائری کی بھی تردید کردی

کراچی (جنگ نیوز) جنگ گروپ ماضی کی طرح ایک بار پھر بے بنیاد، گھٹیا اور گھناؤنے الزامات کی زد میں ہے۔ پاکستان میں جمہوری حکومت ہو یا آمریت سیاسی جماعتیں ہوں یا بعض ادارے انہیں جنگ اور جیو کی سچ پر مبنی آزاد پالیسی پسند نہیں آئی۔ یہی وجہ ہے کہ جنگ گروپ پر دباؤ ڈالنے کے مختلف حربے استعمال کیے جاتے ہیں۔ جنگ گروپ کو مرضی کے مطابق ڈھالنے کیلئے کبھی ٹیکس چوری کے الزامات لگائے گئے تو کبھی بینک لون ڈیفالٹر کے، تو کبھی کاغذ چوری کے۔ کسی نے امریکی، بھارتی، یہودی ایجنٹ کہا تو کسی نے بھارت اور امریکا سے پیسے لینے کا الزام لگایا۔ لیکن تمام الزامات آج تک محض الزامات ہی رہے۔ ہم ان الزامات کیخلاف پہلے ہی عدالتوں میں جا چکے ہیں یہاں تک کے جیو ٹی وی کے تمام چینلز بند کیے گئے۔ ٹی وی چینل پر اس اینکر پرسن اور لال ٹوپی والے نے میڈیا کمیشن کی رپورٹ کا حوالہ دیتے ہوئے یہ الزام لگایا کہ جنگ/جیو گروپ امن کی آشا کے لیے بھارت اور ایک نارویجین این جی او سے رقم لیتا ہے اور یہ بھی کہا کہ پیمرا حکام نے میڈیا کمیشن کے سامنے یہ الزام لگایا ہے۔ یہ معاملہ جب سپریم کورٹ کے سامنے گیا تو سپریم کورٹ نے حکومتی ادارے پیمرا کے حکام کو طلب کیا اور انہیں اس الزام کے بارے میں ثبوت مہیا کرنے کا حکم دیا۔ پیمرا حکام نے پہلے زبانی اور پھر تحریری طور پر حلفیہ بیان داخل کیا کہ انہوں نے میڈیا کمیشن کے سامنے ایسی کوئی بات نہیں کی۔ اس پر سپریم کورٹ نے ناراضگی کا اظہار کرتے ہوئے پیمرا حکام سے تحریری معذرت داخل کرنے کا حکم دیا اور کہا کہ اس الزام کو میڈیا کمیشن کی رپورٹ سے خارج کیا جائے۔ لیکن اس ٹی وی چینل، اینکر پرسن اور لال ٹوپی والے نے سپریم کورٹ کی اس کارروائی کے باوجود کوئی معذرت نہیں کی اور اپنا پروپیگنڈا جاری رکھا۔ یاد رہے کہ یہی اینکر پرسن اس کے باوجود اپنے پروگرام میں جنگ اور جیو پر الزام تراشی کرتے رہے جس کیخلاف دو فوجداری مقدمات درج کروائے گئے تھے اور ان کی گرفتاری کے وارنٹ بھی جاری ہوئے کیونکہ انہوں نے عدالتی احکامات کے باوجود یہ پروگرام جاری رکھا۔ جیو پر بھی عقیل کریم ڈھیڈی اور محمد علی پر ایک بھی پروگرام نہیں ہوا اور جیو پر کبھی ایک آدھ ہی خبر چلی ہو۔ عقیل کریم ڈھیڈی اور کمیشن کے چیئرمین محمد علی فرماتے ہیں کہ عدالت نے فراہم کرنے کے لیے درخواستیں طلب کی گئی تھیں۔ دیگر این جی اوز کی طرح ایم کے آر ایف نے بھی اس مقصد کیلئے پروپوزل بنایا تھا لیکن اس اینکر پرسن اور ٹی وی چینل اور ایک دوسرے گروپ کے انگریزی اور اردو اخبار نے اسے پڑھے بغیر سازش کے تحت یہ الزام لگایا کہ ایم کے آر ایف عدلیہ پر قدغن کے لیے امریکی فنڈ حاصل کرنا چاہتی ہے۔ (نوٹ: پبلک ایڈوکیسی کے لیے اس طرح کے فنڈ حاصل کرنا پاکستانی قوانین کے مطابق ہے۔ اس طرح کے فنڈ بین الاقوامی طور پر پسماندہ اور ترقی پذیر ممالک کے لیے موجود ہوتے ہیں۔ ایسے فنڈ پاکستانی حکومت بھی حاصل کرتی ہے اور پرائیویٹ سیکٹر میں این جی اوز کا بھی اس کے بغیر اس طرح کام کرنا ناممکن ہوتا ہے۔ واضح رہے کہ ... وکلاء کی تحریک اور امن کی آشا جیسے اہم موضوعات پر جنگ اور جیو سے منسلک کسی بھی ادارے نے کبھی کسی سے کوئی فنڈ حاصل نہیں کیا اور جب بھی فنڈ حاصل کیے حکومت اور حساس اداروں کو اعتماد میں لیا گیا۔ جنگ گروپ کے ترجمان کا کہنا ہے کہ لوگ پوچھتے ہیں کہ آخر یہ سب جنگ اور جیو کے خلاف ہی کیوں ہوتا ہے؟ دراصل جنگ گروپ ایک باوقار، مستند اور سنجیدہ میڈیا ہاؤس ہے جو نہ صرف پاکستان بلکہ دنیا بھر میں اپنی اچھی ساکھ کے باعث مشہور ہے اور پاکستانی عوام ہی نہیں بلکہ حکومتی ادارے بھی اس میں شائع اور نشر ہونے والی خبروں کی صداقت کو مانتے ہیں ہم بے باک صحافت کرتے ہیں سول حکومت ہو یا فوجی کار، صحافیوں اور دوسرے ٹیم ممبرز پر فخر ہے کہ ہم انہی کی مدد اور محنت کی بناء پر اس مقام تک پہنچے ہیں۔ سیاست ہو یا سماجی معاملات یا عمومی خبریں، خواتین کے مسائل ہوں یا نوجوانوں کے امور یا اسی طرح کے دوسرے معاملات، ہمارے ساتھیوں کو ہماری پالیسی کے تحت بھرپور طریقے سے اپنی صلاحیتوں کو اجاگر کرنے کا موقع دیا جاتا ہے۔ یہی وجہ ہے کہ ہمارا ہر پروگرام سب سے زیادہ دیکھا جاتا ہے۔ دراصل ہمارے حریف اس حسد کا شکار تھا کہ وہ ہم سے آگے کیوں نہ بڑھ سکے۔ حالانکہ ملک میں 80 ٹی وی چینل ہیں اور 10 سال بعد بھی کوئی ہم سے زیادہ مقبول نہیں ہے (ماشاءاللہ) بعض میڈیا اداروں کی دلچسپیاں کچھ اور تھیں۔ اے آر وائی گولڈ کیس میں سابقہ حکمران پارٹنر تھے۔ ان کے ذریعے اس کیس کو دبانے اور اپنے حق میں فیصلہ کرانے کی کوشش کی گئی اور یہ سارا کھیل حکومت کی لاء منسٹری کے تحت مقرر کردہ احتساب عدالتوں اور نیب کے فرینڈلی پراسیکیوٹر کے ذریعے کھیلا گیا۔ جس پر عدالت عالیہ کی ہدایت کے مطابق مقرر کردہ کمیٹی نے رپورٹ دے دی ہے جو لاہور ہائیکورٹ کے چیف جسٹس کے زیر غور ہے۔ اور اس سلسلے میں ایم سی بی کے اونر میاں منشا کے بارے میں بغیر کسی ثبوت کے بے جا تنقید کی جاتی ہے۔ اسی طرح دبئی میں اے آر وائی گروپ کے خاندان کے کچھ لوگ جو وہاں کاروبار کرتے تھے وہ وہاں اپنے کاروبار میں ایبالٹ کر گئے اور اب وہاں ان کا داخلہ ممنوع ہے۔ لندن میں ان کی کمپنی دیوالیہ

"جنگ" نے تسلیم کیا کہ جیو/جنگ نے اگر کبھی بھی "امن کی آشا" جیسے حساس موضوعات پر فنڈ لیا ہے تو حکومت اور حساس اداروں کو اعتماد میں لے کرلیا گیا

روزنامہ ''جنگ'' 31 اکتوبر 2013ء

اور اخبارات کے اشتہارات بند کیے گئے اور ادارے کو نقصان پہنچانے کے لیے مختلف طریقے استعمال کیے گئے جس سے جنگ گروپ کو 8 ارب روپے کا نقصان پہنچایا جاچکا ہے۔ جنگ اور جیو گروپ کے ترجمان نے ایک تفصیلی بیان جاری کیا ہے اور گروپ پر لگائے گئے الزامات کی تردید کی ہے اور کہا ہے کہ یہ بے بنیاد، من گھڑت اور مذموم مقاصد کیلئے لگائے گئے ہیں۔ اس مرتبہ جنگ اور جیو پر الزامات لگانے کیلئے نجی شعبے کے میڈیا اداروں کو استعمال کیا جارہا ہے گزشتہ دنوں ایک پرائیویٹ ٹیلی ویژن چینل پر جنگ اور جیو کے خلاف پے درپے پروگرام کیے گئے کہ جن میں نئے پرانے ہر طرح کے الزامات کو دہرایا گیا۔ پروگرام کی بنیاد بھارتی اخبار ہندوستان ٹائمز کی ایک خبر کو بنایا گیا جس میں اخبار نے الزام لگایا تھا کہ بھارتی شہری داؤد ابراہیم پاکستانی انٹیلی جنس ایجنسی آئی ایس آئی سے مل کر ایک پروجیکٹ قائم کررہے ہیں۔ نجی ٹیلی ویژن کے پروگرام میں جنگ اور جیو پر جو الزامات عائد کیے گئے ان میں ایک الزام یہ بھی تھا کہ مذکورہ خبر جیو ٹیلی ویژن نے بھارتی انٹیلی جنس سے مل کر بھارتی اخبار میں چھپوائی ہے اس کے علاوہ جنگ اور جیو پر بے شمار دوسرے الزامات بھی عائد کیے گئے۔ الزامات لگانے والوں میں کراچی اسٹاک ایکسچینج کے ایک بڑے کھلاڑی عقیل کریم ڈھیڈی، سیکیورٹی ایکسچینج کمیشن کے سابق چیئرمین محمد علی، نجی چینل کا ایک اینکر جہاز والا جس کے پاس اپنا جہاز ہے اور شاندار گاڑی ہے یہ اینکر پرسن صحافتی حلقوں میں موضوع گفتگو بھی بنا ہوا ہے، اس کے علاوہ جنگ گروپ کا ایک سابق صحافی اور دیگر لوگ شامل ہیں۔ جنگ اور جیو پر تسلسل کے ساتھ الزامات لگانے والوں میں پاکستان کے خفیہ اداروں کا ایک خود ساختہ ترجمان لال ٹوپی کے حوالے سے مشہور ہے، بھی شامل ہے۔ جنگ/جیو گروپ کے خلاف جھوٹے اور گھٹیا قسم کے الزامات لگانے والے نجی ٹی وی کے اینکر پرسن خاص قسم کی شہرت رکھتے ہیں۔ انہوں نے ماضی میں ایک نہایت ہی متنازع انٹرویو کیا تھا جس میں انہوں نے سپریم کورٹ کے معزز ججوں کے بارے میں منفی باتیں کیں تھیں۔ اس انٹرویو نے ان کا مکروہ چہرہ بے نقاب کردیا تھا اور جس کے بعد انہیں فرار کا راستہ اختیار کرنا پڑا۔ اس مرتبہ وہ جنگ/جیو گروپ کے خلاف ایجنڈا لے کر آئے ہیں۔ 29 ستمبر کو ہندوستان ٹائمز میں شائع ہونے والی خبر کے حوالے سے ایک من گھڑت اور جعلی ای میل کو بنیاد بنا کر جنگ گروپ اور اس کے منتظم کے خلاف ہرزہ سرائی کی گئی اور ان پر بھارتی خفیہ ادارے کے ساتھ تعلقات کا انتہائی گھناؤنا الزام لگایا گیا۔ ایسا ظاہر کیا گیا کہ جیسے یہ ای میل ہندوستان ٹائمز سے آئی ہے۔ الزامات لگانے والوں میں عقیل کریم ڈھیڈی بھی شامل ہیں جن کے بارے میں سب جانتے ہیں کہ ان پر کن کن مالی اسکینڈلز کا الزام ہے، سپریم کورٹ نے جب ان اسکینڈلز کا نوٹس لیا تو حکومتی افسروں کر بھی [illegible]

جنگ گروپ کو ان کے بارے میں خبر نہ چھاپنے کا پابند کیا ہے۔ جبکہ مذکورہ اینکر پرسن اور لال ٹوپی والے کہتے ہیں کہ عدالت نے امن کی آشا کے بارے میں تبصرہ کرنے پر پابندی لگادی ہے۔ عرض یہ ہے کہ عدالت نے سچائی بیان کرنے سے منع نہیں کیا۔ البتہ بغیر ثبوت کے امریکی یا بھارتی ایجنٹ کہنے یا رقم لینے یا دینے جیسے الزامات لگانے پر ضرور پابندی لگائی ہے۔ بھارت اور امریکہ کے خلاف سب سے زیادہ خبریں اور کالم ہمارے اخبارات میں ہی شائع ہوتے ہیں۔ بھارت سے ہمارے تنازعات ہیں بشمول کشمیر، پانی اور سیاچن۔ جنہیں ہر صورت میں بات چیت سے حل ہونا چاہیے۔ ہمیں اپنے ملک سے والہانہ محبت ہے اور اس کی سلامتی اور بقا کے لیے کسی بھی قربانی سے دریغ نہیں کریں گے جہانگیر صدیقی کو HSBC بینک کی شاخیں خریدنے کی اجازت اس لیے نہیں دی گئی کہ ان کی ایک اور منسلک کمپنی ایز گارڈ 9 ہے (جو JS بینک کی اونر نہیں ہے) کے خلاف SECP میں ایک انکوائری کئی سالوں سے زیر التوا تھی۔ جنگ کے منتظم نے SECP سے یہ کہا تھا کہ آپ انکوائری میں انصاف کریں اور ایز گارڈ 9 کو بھی سنے کا موقع دیں۔ لیکن انہیں سنے بغیر انکوائری کا فیصلہ ان کے خلاف کردیا گیا اور اس طرح وہ بینک نہیں خرید سکے جو یقیناً پاکستانی معیشت کیلئے ایک سود مند سودا ہوتا۔ اس دوران سپریم کورٹ اور نیب کے حوالے سے ان دونوں کے بارے میں دیگر اخبارات کے ساتھ ساتھ جنگ گروپ کے اخبارات میں بھی خبریں چھپتی رہیں جس پر یہ دونوں حضرات اپنی ناراضگی کا اظہار کرتے رہے۔ اور یہی ناراضگی دراصل جہانگیر صدیقی صاحب کے خلاف انہیں سنے بغیر دیے جانے والے فیصلے کی ایک وجہ یہ بنی۔ قانون کے مطابق انہیں انکوائری کرانا چاہیے تھی جس میں جے ایس گروپ کو بھی بلانا چاہیے تھا۔ لیکن انہیں بلایا نہیں گیا اور ان کے خلاف یکطرفہ کارروائی کردی گئی۔ ترجمان کا کہنا تھا کہ مذکورہ بالا دونوں حضرات نے کہا کہ اوپر سے آرڈر ہے کہ یہ کام نہ ہو۔ کیونکہ جے ایس بینک نے اس وقت پارٹی کے بعض سینئر لوگوں کو قرضہ (Loan) نہیں دیا تھا۔ انہیں کہا گیا کہ جب تک انور مجید نہ کہیں ان کا کام نہیں ہوگا۔ اس بات کے ایک نہیں ان کے اپنے کئی معتبر اور مستند گواہ موجود ہیں۔ اور وقت آنے پر انہیں پیش کردیا جائے گا۔ ترجمان نے کہا کہ اس طرح انکوائری کے نام پر سالہا سال تک لوگوں کے جائز کام روکے رکھنا مخصوص قوتوں اور بعض بااختیار عناصر کی ایسی چال ہوتی ہے جس کی آڑ میں قانونی طور پر حق دار لوگوں اور ان کے اداروں کو ان کے جائز حق سے محروم رکھ کر ناقابل بیان ذہنی اذیت اور مالی نقصان سے دوچار کیا جاتا ہے۔ ترجمان نے مزید کہا کہ جنگ کے منتظم نے جہانگیر صدیقی صاحب کے لئے انصاف کی بات کی تھی اور کہا تھا کہ ان کے ساتھ انصاف کیا جائے۔ دنیا کے ہر معاشرے میں یہ ایک [illegible]

حکومت ہم حقیقی خبریں اور تبصرے شائع کرنے کی بھرپور کوشش کرتے ہیں۔ ہم جمہوریت اور عدلیہ کی مکمل حمایت کرتے ہیں ہمارے ٹی وی چینلز اور اخبارات سب سے زیادہ دیکھے اور پڑھے جاتے ہیں اور اسے موثر ترین میڈیا مانا جاتا ہے۔ پچھلے دنوں ایک سابق بریگیڈیئر نے اسی چینل پر ایک پروگرام میں الزام لگایا کہ یہ اس قدر طاقتور ہوگئے ہیں کہ پالیسیز کو کنٹرول کرتے ہیں جبکہ ہم اپنے آپ کو صرف خبریں اور تبصرے عوام و خواص تک پہنچانے والا ادارہ سمجھتے ہیں۔ ترجمان نے کہا کہ ہم امن کی آشا سمیت کسی مشن سے کسی بھی حال میں پیچھے نہیں ہٹیں گے۔ ہم اپنی پالیسیوں جس سے پاکستان کی معیشت کو اور عوام کو فائدہ ہو ان کو ایسے ہی جاری رکھیں گے۔ کسی کی بلیک میلنگ میں نہیں آئیں گے۔ جنگ/جیو گروپ پر جو الزامات لگائے گئے ہیں اور جو باتیں کی جارہی ہیں وہ نہایت احمقانہ، مضحکہ خیز اور حقائق کے منافی ہیں۔ ہم غور کررہے ہیں کہ کیا یہ ممکن ہے کہ خفیہ قوتوں کے چھوٹے چھوٹے گروپ اس مذموم مہم کے پیچھے ہیں۔ یہ بھی ہوسکتا ہے کہ کمزور اور بے ساکھی کے سہارے چلنے والے اداروں اور افراد نے (جن میں بعض مختلف اداروں کے ڈیفالٹرز بھی ہیں اور ذاتی فائدے کے لیے کچھ بھی کرنے کو تیار ہوتے ہیں۔) ان خفیہ قوتوں کے سامنے گھٹنے ٹیک دیے ہوں۔ ایک سوال کے جواب میں ترجمان نے کہا کہ جنگ/جیو گروپ کو خفیہ طاقتیں جان بوجھ کر نشانہ بنارہی ہیں، ہماری ساکھ کو خراب کرنے کیلئے جھوٹے، گھناؤنے، من گھڑت اور بے بنیاد الزامات لگائے جارہے ہیں اور ہمارے نمائندے کو کسی بھی پروگرام میں مدعو نہیں کیا گیا اور نہ ہی اخبار میں اس بارے میں خبر شائع کرتے ہوئے ہمارا موقف لیا گیا۔ الزامات لگانے والے پریس کونسل، پیمرا، نیب، ٹیکس اتھارٹی اور عدالتوں میں کیوں نہیں جاتے، ان کو درخواستیں کیوں نہیں دیتے۔ ترجمان نے کہا کہ ہم ٹی وی چینل، اینکر پرسن، انگریزی اور اردو اخبار اور دیگر افراد کے خلاف نہ صرف پاکستان بلکہ برطانیہ اور امریکہ کی عدالتوں میں بھی قانونی کارروائی کریں گے۔ ایک سوال کے جواب میں ترجمان نے کہا کہ اگر الزامات غلط نہ ہوتے تو وہ امریکا اور لندن کی عدالتوں میں نہ جاتا، جہاں چند مہینوں میں فیصلے ہوتے ہیں اور عوام جلد ہی دیکھیں گے کہ جھوٹے اور گھناؤنے الزامات لگانے والوں کا کیا انجام ہوتا ہے۔ مخالفین کا کیا انجام ہوتا ہے ہماری تو دعا ہے کہ اللہ ہمارے مخالفین کو نیک ہدایت دے۔ جہاں تک اس تاثر کو پھیلانے کا تعلق ہے کہ کیا وجہ ہے کہ عدالت ہمارے خلاف کوئی ایکشن نہیں لیتی تو اس کی وجہ یہ ہے کہ ہم کسی معاملے میں کوئی خلاف حقیقت یا غلط بات نہیں لکھ رہے اور یہ اینکر جیسے کج فہم لوگوں کا قصور ہے کہ وہ چیزوں کو ان کی اصل حقیقت کے مطابق نہیں دیکھ پائے۔ لوگ آتش انتقام سے مجبور ہو کر حد درجہ رکیک ذاتی [illegible]

ویکیپر کردی گئی اور ان کا اسٹور بھی بمشکل دو سال چلا، پھر اسے بھی بند کرنا پڑا۔ اسی طرح ایکسپریس گروپ والوں نے بھی ماضی بعید میں پیپلز پارٹی کی بعض اہم شخصیات کے ساتھ اربوں کا ذاتی کاروبار کیا۔ معمولی سیکورٹی کے عوض بینکوں سے بھاری قرضہ لیا گیا، لیکن اس کی سالہاسال تک ادائیگی نہیں کی گئی۔ مشرف کے آتے ہی ایکسپریس/لیکسن گروپ کے مالکان کو پکڑ لیا گیا۔ پھر یہ کسی نہ کسی طرح چھوٹ کر باہر فرار ہوگئے۔ بعد ازاں نیب نے انٹرپول سے رابطہ کیا تو یہ واپس چلے آئے۔ ان کا نیب کے ساتھ جرم قبول کرنے کے بعد ''سمجھوتہ'' (Plea bargaining) ہوا۔ مذکورہ سمجھوتے میں طے ہوا کہ اربوں روپے کی قسطیں یہ ادا کریں گے، جبکہ 9 سال کا طویل عرصہ گزرنے کے بعد آج تک اس کی ادائیگی نہیں ہوئی۔ ترجمان نے کہا کہ ملاحظہ فرمائیں کہ جب قرضہ لیا تو وہ بھی عرصہ دراز تک واپس نہیں کیا۔ پھر اس کی قسطیں بھی سالہاسال تک ادا نہیں کیں۔ یعنی سارے کا سارا کام غیر قانونی کرتے رہے اور وہی پیسے دوسرے کاروبار کو وسعت دینے میں لگاتے رہے۔ اس کے علاوہ ترجمان کا کہنا تھا کہ اسی ایکسپریس گروپ پر ایک الزام یہ بھی ہے کہ ماضی میں انہوں نے ایک چھوٹی کشتی (بوٹ) لی اور ایک بنگلہ بھی لے رکھا تھا جس میں خاص مہمانوں اور سرکاری افسروں کو بلایا جاتا تھا جہاں ان کی تواضع کے لیے شراب اور عورتیں بھی موجود ہوتی تھیں۔ مشہور صحافی کامران خان نے اس وقت اپنی ایک خبر کے ذریعے انکشاف کیا تھا کہ دو آدمیوں نے جو ان کے منیجرز تھے۔ تھانے میں سلطان لاکھانی کے خلاف اس سلسلے میں رپورٹ بھی درج کرائی تھی لیکن ان دنوں وہ سینیٹر منتخب ہونے میں کامیاب ہوگئے تھے اس لیے اس معاملے کو آگے نہیں بڑھنے دیا گیا۔ یہ دونوں آدمی کئی سال تک لاپتہ رہے اور اب بھی یقین سے نہیں کہا جاسکتا کہ وہ کہاں ہیں۔ بعض لوگوں کا کہنا ہے کہ کاروبار کی بجائے حسد اور انتقام کی نیت سے ہی انہوں نے جنگ گروپ کے مقابلے میں اپنا اخبار اور میڈیا گروپ قائم کیا۔ سابقہ پیپلز پارٹی کے دور میں ساڑھے چار سال تک ہمارے حصے کے اشتہارات کا بڑا حصہ یہ لیتے رہے۔ ترجمان نے کہا کہ اس قماش کے لوگ جن کے معاملات کمزور ہوتے ہیں، حکومت اور خفیہ قوتوں کے غلط کاموں پر بات کرنے کی بجائے اپنی کمزوریوں کی وجہ سے کمپرومائز کرجاتے ہیں، جس کے نتیجے میں میڈیا کا دوسرا حصہ بھی بے چارہ مجبوراً کمپرومائز کرجاتا ہے۔ ترجمان کے مطابق جنگ گروپ واحد ایسا گروپ ہے جس کی انتہائی کوشش ہوتی ہے کہ صحافتی آداب اور اصولوں کی مکمل پاسداری کی جائے۔ غلطیاں ہوتی ہیں تو ان پر معذرت کرلی جاتی ہے اور اصولی موقف کا پوری استقامت کے ساتھ دفاع کیا جاتا ہے۔ کبھی کسی صحافی یا اینکر پرسن کو نہیں کہا گیا کہ وہ کسی کے بارے میں بلاوجہ الزام تراشی پر مبنی خبریں دے یا [illegible]

اس خبر میں ''جیو/جنگ'' نے تسلیم کیا کہ ''جنگ'' کے منتظم نے جہانگیر صدیقی کو HSBC بینک دلوانے کے لیے گورنر سٹیٹ بینک کو فون کیا تھا

روزنامہ ''جنگ'' 31 اکتوبر 2013ء

بھونکنے کا حوصلہ ملا جس کے بعد عقیل کریم ڈھیڈی کا نام او گرا اسکینڈل میں سامنے آیا۔ اس دن سے لیکر اب تک بشمول جنگ کے تمام اخبارات میں ان کے بارے میں یہ الزامات شائع ہوئے کہ سوئی سدرن اور سوئی نادرن گیس کمپنی کے شیئرز کی ان سائڈ ٹریڈنگ کے ذریعے عوام کے اربوں روپے لوٹے گئے۔ عقیل کریم ڈھیڈی پی ٹی اے کے بھی ایک ارب 60 کروڑ روپے کے ڈیفالٹر ہیں اور اس سال 11 مارچ کو اسلام آباد ہائیکورٹ نے ان کی اپیل مسترد کر دی اور ان کا نام ای سی ایل میں شامل کرا دیا۔ ان کے بارے میں انڈیپنڈنٹ، وال اسٹریٹ جرنل اور رائٹرز نے بھی خبریں دی ہیں۔ عوام جانتے ہیں کہ تحقیقی رپورٹس پر ادارہ جنگ خصوصی توجہ دیتا ہے۔ اس میں اس کا کوئی ثانی نہیں ہے اور یہی وجہ ہے کہ ملک میں ہونے والی غلط کاریوں اور کرپشن کو بے نقاب کرنے کی بیشتر خبریں جنگ اور دی نیوز میں ہی شائع ہوتی ہیں۔ ادارہ صحافتی آداب کے مطابق ہر خبر پر دوسروں کا موقف بھی لیتا ہے اور شائع بھی کرتا ہے۔ الزام لگانے والے تیسرے شخص ایک صحافی ہیں جو جنگ سے وابستہ تھے اور جنگ سے علیحدگی کے بعد اس ٹی وی چینل میں گئے تھے جس نے جنگ اور جیو کیخلاف یہ پروگرام نشر کیے انہوں نے اس کے بعد دوسرے میڈیا گروپ میں شمولیت اختیار کی۔ اب اطلاع ہے کہ ایک تیسرے ادارے میں شامل ہو رہے ہیں یا ہونے والے ہیں جنہوں نے مذکورہ بالا جعلی ای میل کسی نامعلوم شخص نے انہیں بھیجی تھی ای میل کو بنیاد بنا کر اینکر نے اپنا پروگرام کیا حالانکہ اس دن ان کا پروگرام نہیں ہوتا یہ بات خود کسی سازش کی نشاندہی کرتی ہے اور انہوں نے اس ای میل کو صحافتی آداب کے برخلاف تصدیق کیے بغیر ہی سوشل میڈیا پر پوسٹ کر دیا۔ یہ بڑی معنی خیز بات ہے کہ اس سینئر صحافی نے یہ جانتے بوجھتے بھی کہ سوشل میڈیا کا بہت بڑا حصہ دنیا میں اس لئے بدنام ہے کہ یہاں پر بغیر سورس کے جعلی تصاویر، ویڈیو اور خبریں بھی جاری کی جاتی ہیں اور کوئی بھی جعلی ای میل بنا کر کچھ بھی سوشل میڈیا پر بھیج سکتا ہے اور ہر تجربہ کار شخص اور صحافی کے علم میں ہے کہ اس طرح کی ای میل کی کوئی حیثیت نہیں ہوتی، انہوں نے یہ جعلی ای میل سوشل میڈیا کو فارورڈ کی۔ ترجمان نے کہا کہ اس طرح چینل اور اینکر پرسن کے علاوہ سینئر صحافی ہتک عزت یعنی Defamation کے جرم کے مرتکب ہوئے ہیں۔ اس ای میل کے سلسلے میں جب جنگ گروپ نے ہندوستان ٹائمز کے ایڈیٹر انچیف سنجے نارائن سے ٹیلیفون اور ای میل پر رابطہ کیا تو انہوں نے اس ای میل کو انتہائی مضحکہ خیز اور جعلی قرار دیا اور واضح طور پر تردید کی کہ جس انکوائری کا جعلی ای میل میں ذکر ہے اور جسے مذکورہ ٹی وی چینل اور اینکر پرسن نے جنگ/جیو گروپ، اس کے منتظم اور جہانگیر صدیقی صاحب کے خلاف گھناؤنے پروپیگنڈے کی بنیاد بنایا ایسی کوئی انکوائری ہندوستان

آپ کے کسی جاننے والے کے ساتھ کوئی ناانصافی ہو رہی ہو تو وہ آپ سے کہتا ہے کہ متعلقہ افراد سے کہہ دیں کہ ان کے ساتھ انصاف کیا جائے اور ان کا مسئلہ حل کیا جائے۔ جہانگیر صاحب کے علاوہ بھی اگر کوئی ان سے کہتا کہ وہ سرکاری یا پرائیویٹ جہاں کہیں مسئلہ ہو تو کہہ دیجئے کہ اسے دیکھ لیں۔ دیگر لوگ بھی ایسا ہی کرتے ہیں۔ جنگ اور جیو کے ترجمان کے مطابق ادارے کے منتظم نے جہانگیر صدیقی صاحب کے ساتھ ہونے والی زیادتیوں کے بارے میں سابق حکومت کے ذمہ داروں سے کہا تھا اور موجودہ حکومت کے ذمہ داران سے بھی کہا ہے کہ آپ اس پر ایک ہائی لیول کمیٹی بنوائیں جو پورے معاملے کا جائزہ لے لیکن پچھلے دور میں یہی آواز آتی رہی کہ عقیل کریم ڈھیڈی چونکہ جہانگیر صدیقی صاحب کے Competitor ہیں لہٰذا یہ اس کام کے رستے میں رکاوٹ ہیں۔ ترجمان نے کہا کہ یہ بات مارکیٹ میں بالکل عیاں ہے کہ ایس ای سی پی کے سابق چیئرمین عقیل کریم ڈھیڈی کے قریبی ساتھی تھے اور ان ہی کی سفارش پر ان کو ایس ای سی پی کا چیئرمین بنایا گیا تھا۔ یہ جھوٹا الزام بھی لگایا گیا کہ بھارت سے دو سو فلمیں خریدی گئیں اور 100 ارب روپے منڈی کے ذریعے بھارت بھیجے گئے اور یہ کہ جعلی سنسر سرٹیفکیٹ کی بنیاد پر فلمیں دکھائی گئیں۔ ترجمان نے کہا کہ یہ بالکل جھوٹ ہے۔ فلموں کی خرید و فروخت قانون کے مطابق ہے اور سنسر بورڈ سنسر کے قوانین کے مطابق چھان پھٹک کر کے سرٹیفکیٹ جاری کرتا ہے۔ اس کے بعد فلم کی نمائش ہو سکتی ہے۔ حیرت انگیز بات یہ ہے کہ پاکستان کی سینما انڈسٹری مارکیٹ اس کا تین فیصد بھی نہیں ہے۔ ٹی وی چینل پر اینکر پرسن یہ تاثر دیتے رہے جیسے کہ جنگ گروپ/ایم کے آر فاؤنڈیشن کو غیر ممالک یا حکومتیں فنڈز دیتی ہیں۔ اس نے لارڈ نذیر کا حوالہ دیتے ہوئے یہ الزام بھی لگایا کہ جنگ گروپ کی این جی او ایم کے آر ایف کو تعلیم کے لیے برطانوی حکومت سے 20 ملین پاؤنڈ ملے لیکن ایک بھی اسکول نہیں بنایا بلکہ یہ رقم جنگ اور جیو کو اشتہار کی مد میں منتقل کر دی گئی اور یہ منی لانڈرنگ ہے۔" ٹی وی اینکر نے لارڈ نذیر کے اٹھائے ہوئے سوال اور برطانوی وزیر کی طرف سے دیئے گئے جواب کے بارے میں بھی غلط بیانی کی۔ برطانوی وزیر نے یہ بتایا تھا کہ گزشتہ سال اس ضمن میں ایم کے آر ایف کو 9 لاکھ 50 ہزار پونڈ ادا کئے گئے جبکہ اینکر پرسن نے ظاہر کیا کہ ایم کے آر ایف کو 20 ملین پاؤنڈ مل چکے ہیں۔ دراصل یہ فنڈ تعلیم کے فروغ کے ضمن میں عوامی آگاہی کیلئے میڈیا میں اشتہاری مہم چلانے کے لیے منظور کی گئی تھی جو کئی این جی اوز کیلئے تھی جس میں سے 6.9 ملین پاؤنڈ ایم کے آر ایف کو تین سال میں خرچ کرنا ہیں۔ ایم کے آر فاؤنڈیشن نے اپنے حصے کی رقم اس مقصد کیلئے استعمال کی۔ یہ اشتہارات پی ٹی وی، ریڈیو پاکستان، آئی ایس پی آر کا ایف ایم 96، کے ٹی این،

کے سینئر صحافیوں کی شادیاں کرا دی جاتی ہیں اور تصویروں، فلموں کے ٹکڑے اور دیگر مواد کو ایڈیٹ کر کے اپنے مطلب کی چیز بنا لیتے ہیں، اور بعض مرتبہ قرآنی آیات اور احادیث مبارکہ کو لگا کر ہمارے خلاف شر انگیز پروپیگنڈہ کیا جاتا ہے تاکہ قوم کی نظروں میں ہماری ساکھ اور نیک نامی کو داغدار کر کے دکھایا جائے۔ اس طرح پاکستان اور اسلام کو بدنام کرنے کی کوشش کی جاتی ہے، جان سے مارنے اور موت کے گھاٹ اتارنے کی دھمکیاں تک دی جاتی ہیں۔ ہم اس انتہائی تشویشناک اور تکلیف دہ صورتحال کو چیلنج کرنے جا رہے ہیں اور کوشش کریں گے کہ باقاعدہ قانون سازی کے بعد سائبر کرائم ایکٹ کو نافذ کیا جائے اور اس کے نفاذ کو یقینی بنایا جائے۔ ہم کئی قوتوں کے خصوصی گروپ اور ان کے حواریوں سے (جن کا تعلق میڈیا سے ہو یا کسی اور گروپ سے) کہنا چاہتے ہیں کہ Please back off (برائے کرم باز آجائیں) اس لیے کہ ہمارے خلاف لگائے جانے والے الزامات صرف اور صرف جھوٹ کا پلندہ ہیں۔ یاد رکھنے کی بات یہ ہے کہ فرد ہو یا کوئی ادارہ اس کا ٹیکس ریگولیٹر کے ساتھ اصولی تنازع ہو سکتا ہے۔ ایسے تنازعات ہمیشہ قانون کے مطابق حل ہوتے ہیں۔ مگر ماضی میں ہمارے خلاف پریس کانفرنسیں کرائی گئیں کہ جنگ گروپ نے اربوں روپے کے ٹیکس نہیں دیئے اور بینک کے قرض بھی واپس نہیں کیے۔ میڈیا کے کچھ لوگوں کو دکھایا گیا۔ جنہیں کچھ چینلز پر بار بار دکھایا جاتا رہا۔ ٹی وی چینل پر اینکر پرسن نے الزام لگایا کہ جنگ گروپ نے اربوں روپے کے ٹیکس دینا ہیں۔ یہ بالکل غلط بات ہے اس کے برعکس حقیقت یہ ہے کہ جنگ اور جیو گروپ پوری میڈیا انڈسٹری کے مجموعی ٹیکس سے زیادہ ٹیکس ادا کرتا ہے اور یہ بات ریکارڈ پر موجود ہے اور صرف 13 کروڑ روپے سیلز ٹیکس کا تنازعہ ہے جو سپریم کورٹ اور ہائیکورٹ میں زیر سماعت ہے۔ مشرف دور میں تقریباً تین مہینے کیلئے جیو ٹی وی نیٹ ورک اور گروپ کے اشتہارات مکمل بند کر دیئے گئے تھے ہم نے اس کے باوجود کسی ایک کارکن کو نہیں نکالا۔ ملکی سطح پر ہمارا ریونیو زیرو ہو گیا تھا۔ ادارے کو اربوں روپے کا نقصان پہنچا۔ جس سے ٹیکسوں کی ادائیگی سے متعلق مسائل پیدا ہوئے۔ جو در حقیقت مذکورہ حکومتی اقدام کا نتیجہ تھا۔ اس کے علاوہ سابق دور میں جو نقصان ہوا [illegible] مستزاد تھا۔ ہم مذکورہ بندش کے معاملے میں عدالت میں گئے۔ لیکن اس کیس کی آج تک ایک بھی سماعت نہیں ہوئی۔ گروپ کے ترجمان کا کہنا ہے کہ ہمارے خلاف بے سروپا الزام تراشی کرنے والے چینل اور اخبار کو یہ چیزیں نظر نہیں آتیں۔ ترجمان نے کہا کہ اللہ کے فضل و کرم سے ہمارا گروپ جس مقام پر پہنچا ہوا ہے اس کی مثال دنیا میں نہ ہونے کے برابر ہے۔ غیر معمولی شہرت کے حامل ایک بین الاقوامی ادارے نے ایک حالیہ سروے میں جو پاکستان کے متعدد

حقائق پر مبنی ہونا چاہیے۔ ترجمان نے کہا کہ صحافت کے میدان میں اس گروپ کا وسیع تجربہ ہے۔ جس کی روشنی میں ہم پورے وثوق کے ساتھ کہہ سکتے ہیں کہ مذکورہ اینکر نے جس گھٹیا پن کا مظاہرہ کیا ہے انہیں اس کی سزا ضرور ملے گی۔ یہ مقدمہ جو ہم کرنے جا رہے ہیں ہماری کوشش ہوگی کہ اصل مجرموں کو ان کے جرم کی سخت سے سخت سزا ملے۔ جہاں تک ہندوستان ٹائمز کی 29 ستمبر کی اسٹوری کا تعلق ہے تو اگر اس میں ہمارا ہاتھ ہوتا تو اسے پاکستان کے سوشل میڈیا پر چلوا دیا جاتا۔ جبکہ یہ تو سرے سے چلی ہی نہیں۔ جو اس سارے واقعے کے بے بنیاد ہونے کا ثبوت ہے۔ ہم اس قسم کے منفی حربوں اور ہتھکنڈوں پر یقین نہیں رکھتے۔ مذکورہ ٹی وی چینل اور ان کے اینکر پرسن کہتے ہیں امن کی آشا کا مطلب پیسے کمانا اور کاروبار کرنا ہے۔ جبکہ جنگ/جیو کیخلاف پروپیگنڈہ کرنے والے اس ٹی وی کا ایک چینل QTV بھارت میں دکھایا جاتا ہے اور اس کے ذریعے پیسہ کمایا جاتا ہے۔ غور طلب بات یہ ہے کہ بھارت میں کسی پاکستانی چینل کو دکھانے کی اجازت نہیں تو پھر ان کا چینل وہاں کیسے چلایا اور دکھایا جاتا ہے؟ ترجمان نے نشاندہی کرتے ہوئے کہا کہ ایکسپریس گروپ، لیکسن گروپ کے بیشتر کاروبار امریکی یورپی اور بھارتی کمپنیوں کے ساتھ ہیں۔ اسی طرح انہوں نے امریکی نشریاتی ادارے کے ساتھ باقاعدہ معاہدہ کیا ہوا ہے اور روزانہ اپنے انگریزی اخبار کے ساتھ جو اخبار دیتے ہیں وہ یہودی ملکیت ہے۔ ہم یہاں یہ واضح کر دیں کہ ہم اس نوعیت کے کسی کاروباری بندوبست کے قطعی خلاف نہیں۔ تاہم مذکورہ دونوں گروپوں کے بارے میں ان تمام باتوں کا مقصد یہ ہے کہ یہ کس منہ سے ہم پر الزام لگاتے ہیں کہ ہم امریکہ نواز ہیں یا بھارت نواز؟ کیا مذکورہ اینکر پرسن اور میڈیا گروپ اور خفیہ ہاتھوں کو یہ چیزیں نظر نہیں آتیں؟ سوشل میڈیا میں ان چیزوں کا کبھی ذکر تک نہیں ہوا۔ ترجمان نے کہا کہ اس خفیہ ہاتھ کے بارے میں حکومت اور فوجی قیادت کو یہ بات باور کروائی ہے کہ ان کے لوگ ہماری انتظامیہ کے لوگوں سے معلومات کے حصول کے لیے ملاقات کرنے کے لیے دباؤ ڈال رہے ہیں اور ہمارے صحافیوں سے کہا جا رہا ہے کہ وہ ہمارا ادارہ چھوڑ دیں۔ لگاتار دس پروگرام ہمارے خلاف چلائے گئے۔ اخبارات میں بھی مہم چلائی گئی۔ ہماری خواہش تھی کہ محترم چیف جسٹس خود اسے سنتے، اب ہم خود عدالت میں جا رہے ہیں جہاں ہم مجبوراً بتائیں گے کہ کس طرح قومی مفادات کو نقصان پہنچایا جا رہا ہے۔ ہم بتائیں گے کہ یہ مخصوص قوتیں کراچی اور پاکستان میں کیا کام کر رہی ہیں۔ ہم جائزہ لے رہے ہیں کہ اپنے صحافی بھائیوں کو ساتھ لے کر تمام ثبوتوں کے ساتھ پریس کانفرنس کریں یا سپریم کورٹ میں انکشاف کریں۔ ترجمان نے کہا کہ ہمارے ملک میں عام طور پر الزام لگتے ہیں کہ اداروں نے حکومت سے

اس خبر میں ''جیو/جنگ'' نے تسلیم کیا کہ انہیں غیر ملکی فنڈنگ ہو رہی ہے اور انہوں نے 20 ملین پاؤنڈ نہیں بلکہ 9 لاکھ 50 ہزار پاؤنڈ (تقریباً 16 کروڑ سے زائد) لیے ہیں

لارڈ نذیر احمد کا لارڈ بروس کو خط

Lord Ahmed of Rotherham
House of Lords
Westminster
London SW1A OPW

Tel 020 7219 1396
Fax 020 7219 1384
ahmedn@parliament.uk

Rt Hon Malcolm Bruce MP
Chairman of the DFID Select Committee
House of Commons
London SW1
12th November 2013

Dear Mr Bruce,

I refer to my parliamentary questions (attached) regarding the education awareness programme's (Transforming Education in Pakistan Programme) budget of £20 million allocated between 2012- 2015.

I am a staunch supporter of DFID's planned bilateral support to Pakistan, particularly the education programme for girls and the teacher's training programme over the next three years. I am however apprehensive in relation to the grant awarded to the media campaign for the Transforming Education in Pakistan Programme. I am aware that the Mir Khalil Ur Rehman Foundation (MKRF), a registered charitable organisation in Pakistan committed to helping the poor has been granted money with no experience in education and without any competition. I am also aware that Mir Khalil Ur Rehman was the founder of The Jang Media group which is now run by his family. I firmly believe that the MKRF is also run by his family in Pakistan.

My written questions in 2012 were a result of deep concerns expressed by numerous media outlets in Pakistan who felt that the money granted to MKRF was without fair competition. There were also concerns raised as organisations felt that they were not able to provide DIFD with alternative proposals for better use of the funding. This created a lack of transparency in the selection and awarding process of the financial aid.

The recipients are the largest media network in Pakistan and of Pakistani origin operating in the United Kingdom. I have been informed that they do not abide by the minimum wage standard set by the British Government. It is alleged that many of their reporters received welfare benefits while working for the Jang group in the UK for a number of years.

It has also come to my attention that there are court cases against this group in Pakistan for purportedly receiving foreign funding to bring the State of Pakistan into disrepute.

لارڈ نذیر احمد کا لارڈ بروس کو خط

Lord Ahmed of Rotherham
House of Lords
Westminster
London SW1A OPW

Tel 020 7219 1396
Fax 020 7219 1384
ahmedn@parliament.uk

I am concerned that the financial aid received by MKRF in the name of an Education Programme could potentially be misused as they are the same family, who own the Jang /Geo group, who are tainted with these allegations in the High Court of Pakistan.

I would be obliged if you could consider calling the Secretary of State for DFID and the CEO of Jang Geo group for evidence before the committee to ascertain the facts of this case.

I look forward to hearing from you.

Yours sincerely

Lord Ahmed of Rotherham

لارڈ نذیر نے اس خط میں نشاندہی کی ہے کہ ''جیو/جنگ'' اور "MKRF" ایک ہی خاندان چلا رہا ہے اور برطانوی فنڈ کا غلط استعمال ہو سکتا ہے، اس لیے DIFD کے سیکریٹری آف سٹیٹ اور ''جنگ'' گروپ کے CEO کو کمیٹی کے سامنے بلایا جائے

برطانوی حکومت کا لارڈ نذیر کو جواب

Lord Ahmed **asked Her Majesty's Government:**
For answer on 20/11/2013
to ask Her Majesty's Government, further to the Written Answer by Baroness Northover on 3 December 2012 (WA 109), what is the total amount that the Department for International Development's Education Awareness Programme has spent so far from the total budget of £20 million for 201215. HL3240

to ask Her Majesty's Government what is the total amount of money they have paid to the Mir Khalil Ur Rehman Foundation to date; and whether that money was paid in the United Kingdom in pounds sterling or in rupees through a bank transfer in Pakistan. HL3241

to ask Her Majesty's Government whether organisations in Pakistan other than the Mir Khalil Ur Rehman Foundation, but with similar expertise and access to public funds, have been approached to take part in the Department for International Development's Education Awareness Programme; and, if so, what are the names of those organisations. HL3242

to ask Her Majesty's Government what links the Department for International Development has with the Mir Khalil Ur Rehman Foundation; and whether they have published details of any such links. HL3243

to ask Her Majesty's Government which organisations, media outlets, public relations or education specialists, other than the Mir Khalil ur Rahman Foundation, have been granted money from the media campaign grant of the Pakistan education awareness programme for advocacy and transforming education; and what were the total amounts in each case. H3344

Baroness Northover

Education is one of the most important factors which can transform Pakistan's future. It boosts the economy, broadens outlooks, and offers a brighter future for poor children who may otherwise be on the streets. Our education programmes in Pakistan work with the Government, private sector and civil society and by 2015 we aim to help 4 million children in school; train 90,000 teachers; and in Khyber Pakhtunkhwa construct more than 20,000 classrooms.

The Transforming Education in Pakistan programme implementing partners were appointed following a rigorous assessment process. Any

برطانوی حکومت کا لارڈ نذیر کو جواب

organisation can apply for DFID funding, provided they meet DFID's eligibility criteria. DFID has to date spent £8m of the total allocation for the Transforming Education in Pakistan programme.

The Mir Khalil ur Rahman Foundation runs the entire media campaign element of the Transforming Education in Pakistan programme. £4.6m has been paid to date in Pakistani Rupees through a bank transfer.

DFID has management structures and third party validation in place across all our education programmes in Pakistan, as well as strict fiscal and audit checks, and rigorous monitoring and reporting. This is designed to prevent corruption and ensure UK taxpayers' money is spent properly, achieves maximum value for money, secures results, and gets to where it is intended.

Under the Transforming Education in Pakistan Programme, DFID awarded MKRF an Accountable Grant of £6.9m from January 2011 to January 2014, following a detailed assessment of their proposal. In accordance with DFID policy when awarding Accountable Grants to NGOs, no other organisations were approached.

Lindsay Northover

20. 11. 13

برطانوی حکومت کے نمائندے Baroness Northover نے بتایا کہ MKRF کو پاکستان میں تعلیم کے فروغ کے لیے 4.6 ملین پاؤنڈ (75 کروڑ سے زائد) ادا کیے جا چکے ہیں جو "جیو/جنگ" کے ساڑھے 9 لاکھ پاؤنڈ وصول کرنے کے دعوے کو جھوٹ اور بدنیتی پر مبنی ثابت کرتا ہے

XX

Mir Khalil ur Rahman Foundation
MKR
Building the Future, Brick by Brick

Access to Justice: Media Campaign

Annexures to the Proposal

Submitted to the Bureau of Democracy, Human Rights and Labor (DRL), United States Department of State

Submitted by the Mir Khalil ur Rahman Foundation, 30June 2013

پاکستانی عدلیہ کوامریکی منشا کے مطابق تبدیل کرنے کے لیے MKRF کا
یوایس سٹیٹ ڈیپارٹمنٹ کو 3 ملین ڈالر کی مہم کی پیشکش

Content For Sale

Annexures to Access to Justice: Media Campaign proposal
Submitted by Mir Khalil Ur Rahman Foundation

Annexure I: Logic Model

Needs	Inputs	Activities	Outputs	Outcomes	Impact
People of Pakistan become more aware of, and demand, the rights given to them, by the Constitution of Pakistan Policymakers and stakeholders in judicial system work towards delivering judicial reforms that improves access to justice to people of Pakistan	**Staff** MKRF project management and GEO/Jang's content, creative and production teams A Board of Advisors of senior and respected members of legal fraternity, including ex-Judges of Supreme Court **Time** Two years long campaign **Money** Altogether, USD 7 million, out of which DRL contributes USD 3 million only **Partners** GEO TV Network/Jang Group—largest media house in Pakistan, state-owned broadcaster Pakistan Television, a host of regional language channels and radio stations	Production of TV promos, press ads, current affairs programs and special programs, in line with campaign objectives Broadcast and placement of promos on TV channels and radio stations, and publication of press ads Corresponding support from social media, including dedicated facebook page and twitter handle	50 TV promos, with ___ minutes of advertising 50 print ads, with ___ column centimeter of ad space 40 episodes of popular current affairs TV programs, each with segment(s) dedicated to campaign Song, with ___ minutes of air time placement 2 special episodes of Great Debates, 2 Special Transmissions and 4 documentaries 200 news stories, each broadcasted multiple times a day Editorials, opinions and stories in newspapers	Over 100m people will be reached through media campaign At least 50% of the people exposed will have campaign recall At least 10% improvement in people's 'knowledge about rights', measured through pre- and post- focus groups Increased commitment from legislature and stakeholders in judicial supply side, to commit to judicial reforms	People of Pakistan are empowered to demand their constitutional rights, and policy makers and stakeholders in judicial supply side are pressurized to delve and deliver, for improved access to justice

اس پروپوزل کے مطابق، ''جیو/جنگ'' اس مہم کے لیے اپنے 40 ٹی وی پروگرام، 200 خبریں، کالم، آڈیٹوریل، گانے، 50 پرنٹ ایڈ اور 50 پرومو چلائے گا

Content For Sale

Access to Justice: Media Campaign proposal
Submitted by Mir Khalil Ur Rahman Foundation

II	Shock and awe: showcasing disappointments of people	Showcasing different cases of miseries of people suffering due to delayed and denial of justice, and the reasons causing this	Jan-Feb 2014	Mar-Jun 2014
III	Engaging the legal fraternity to focus on Court Management practices in Pakistan, and addressing how to improve it	Supply-demand gap between judges and cases, separation of administration and judiciary duties, decentralization of authorities, specialization of judges, etc.	May – June 2014	Jul – Sep 2014
IV	Engaging legal fraternity to discuss Case Management practices in Pakistan, and addressing how to improve it	Management and access to computerized database, strength and role of judicial support staff, ideal number of cases per judges, better management of discovery, limiting trial period, provision and accountability of appropriate police support	Jul – Aug 2014	Oct – Dec 2014
V	How to improve quality of lawyers, and their commitment?	Sense and practice of ethics, development and adherence to code of conduct, continuing legal education, mandatory pro bono requirement, quality of education and degree award institutions, etc.	Sep - Dec 2014	Jan – Mar 2015
VI	Making Justice accessible to populace and establishing/ strengthening Legal Aid Centers	Holding stakeholders accountable, based on the momentum created	Jan 2015 onwards	Apr – Dec 2015

Campaign Content Delivery
MKRF's campaign will include content for four main media types—television, newspaper, radio, and social media.

Working through Geoand range of other partners as described in in earlier parts of the proposal, MKRF will take a four-part approach to the use of TV programming:

Content format	Program	Average daily reach 2013 (million)	Program format	Estimated episodes over campaign duration
1. Regular programs	Capital Talk	6.1	40 minutes content, hosted by Hamid Mir, 8pm prime time, Mon-Thu	8 episodes of each program, with segments discussing the campaign's theme issue, in line with campaign calendar
	Aaj Kamran Khan Kay Saath	7.9	40 minutes content, hosted by Kamran Khan, 10pm prime time, Mon to Fri	
	Aapas ki Baat	5.8	40 minutes content, expert opinion from Najam Sethi, 8pm prime time, Fri to Sun	
	Hum Awam	3.9	20 minutes content, 7:30pm, Thursday	
2. Promos	Ad spots and print ads	Over 120 million people reached for the latest Zara Sochiye education campaign	20 to 120 seconds ad spots, placed across 24 hours	50 different TV spots and 50 corresponding press ads, estimated ___ number of minutes of advertising and ___ column centime of print space
3. Special	Great Debate	Viewership of last	Extensive debate in an 80-	2 special episodes

اس پرپوزل میں ''جیو/جنگ'' گروپ نے اپنے تمام کرنٹ افیئر پروگراموں کی آٹھ، آٹھ قسطوں کو امریکہ کی اس مہم کے لیے استعمال کرنے کی پیشکش کی ہے

Content For Sale

Access to Justice: Media Campaign proposal
Submitted by Mir Khalil Ur Rahman Foundation

programs for the campaign		great debate was 6.4m	minute program, with both sides of the argument defended by 4 expert representatives of each side, along with polling of live audience and viewers	
	Special transmission	3.2	Invitation to a wide range of people, from celebrities to people in the profession and common man, to argue for a cause	2 special transmissions
	Documentaries	1.8	In-depth analysis on a particular topic	4 documentaries at different campaign stages
	Song			Production of 1 song, with __ minutes of airtime promotion
4. News stories	GEO News bulletin, 8 times a day	Estimated 9m people view GEO News bulletin every day, at 9pm. Additional viewership in other time bands	News stories are also repeated throughout the day.Real life stories, from the court scenes, highlighting experiences of people.Additionally, comments from senior legal fraternity, and ex-judges, giving reform suggestions	We estimate to do over 200 news stories. All of these will be our contribution to the cause and will not be charged

Print

In efforts to expand the reach of the campaign beyond television consumers, MKRF will ensure printing of full-page, half-page, quarter-page and 20 x 3 ads, spread over the campaign phases, resonating key campaign messages on television, in Jang and The News. Jang's circulation is 850,000 copies a day with an estimated 7.6 million readers, while The News' circulation is 141,000 copies per day with an estimated 531,000 readers.MKRF will also ensure frequent opinions and editorials in these newspapers.

Radio

MKRF campaign for radio will focus on the placement of promotional spots and songs, on partner radio channels, through purchase of ad space.

Social Media

MKRF proposes to structure the social media elements of its Access to Justice Media Campaign using following main thrusts:

1. Dedicated facebook page, updated 2-3times a day, with campaign messages, questions and polling
2. Dedicated twitter handle, with a select group of experttwitterati, well versed with campaign to disseminate campaign messages, engage followers and spread the word around
3. Dissemination of messages through SMS (Pakistan has 120 million cell phone users)

MKRF/Jang/GEO will also reach out to 1 million+ users of its existing facebook pages and twitter followers, to disseminate Access to Justice campaign.

پروپوزل کے اس صفحے کے مطابق اس مہم کو کامیاب کرنے کے لیے جیو نیوز/جنگ

گروپ اپنے خبرناموں اور اخبارات میں خبریں چلائیں گے

جیو گروپ کا پیمرا کو واجب الادا رقم کی سمری

Summary of Outstanding Dues of Geo Group

	me of Company	Description	Amount	Annexure
	ndependent Media Corporation (Pvt.) Ltd. **Channels** Geo News & Geo Entertainment	Renewal Fee	-	A
		Surcharge	340,000	
		Percentage of Gross Advertisement Revenue	1,131,247,110	
		Fine	2,000,000	
		Sub-Total	**1,133,587,110**	
2	**Independent Newspaper Corporation (Pvt.) Ltd.** **Channels** AAG TV & Geo English	Renewal Fee	-	**B**
		Surcharge	240,000	
		Percentage of Gross Advertisement Revenue	1,071,004,020	
		Fine	-	
		Sub-Total	**1,071,244,020**	
3	**Independent Music Group (SMC) Pvt. Ltd.** **Channels** Geo Super	Renewal Fee	-	**C**
		Surcharge	-	
		Percentage of Gross Advertisement Revenue	34,078,688	
		Fine	1,000,000	
		Sub-Total	**35,078,688**	
4	**Outstanding Dues on Account of Landing Rights.**	Renewal Fee	3,600,000	**D**
		Surcharge	5,200,000	
		Percentage of Gross Advertisement Revenue	752,162,170	
		Fine	-	
		Sub-Total	**760,962,170**	
5	**Default of Sindh Revenue Board**	Sales Tax	733,521,793	**E**
Total (Sr. No. 1+2+3+4+5)			**3,734,393,781**	

''جیو/جنگ'' گروپ پیمرا کا 3 ارب 73 کروڑ 43 لاکھ 93 ہزار 7 سو 81 روپے کا نادہندہ ہے اور رقم دینے کی بجائے پیمرا کو عدالتوں کے چکر لگوا رہا ہے

جیو/جنگ گروپ کی پیمرا کے خلاف پٹیشن کا عکس

IN THE ISLAMABAD HIGH COURT, ISLAMABAD

W.P. No.264/2013

Independent Media Corporation (Pvt.) Ltd

Vs.

Federation of Pakistan etc.

Parawise Comments on behalf of respondent No.2 (i.e. PEMRA)

INDEX

S#	Description of Documents	Annex	Pages
1.	Index		-
2.	Parawise Comments on behalf of PEMRA		1-13
3.	Order of august Supreme Court dated 17-09-2012		14-16
4.	Order of august Supreme Court dated 20-12-2012		17-23
5.	Order of august Supreme Court dated 15-01-2013		24-32
6.	Copy of memo of Constitution Petition No.53/2012		33-40
7.	Copy of memo of HRC No. 23957-S/2012		41-43
8.	Notification of Appointment of Chairman		44
9.	CV of Mr. Rashid Ahmed		45-48
10.	List of pending cases filed by the Petitioner company against PEMRA and pending in various Courts		49-52
11.	Summary of outstanding dues against the petitioner company		53-71

جیو/جنگ گروپ نے پیمرا کے 3 ارب 73 کروڑ ادا کرنے کی بجائے عدالت جانا بہتر سمجھا
اور عدالت میں مقدمہ دائر کر دیا

نیشنل بینک کی ''جیو/جنگ'' کے خلاف پٹیشن کا عکس

09/2/2010

IN THE HIGH COURT OF SINDH AT KARACHI

[BANKING JURISDICTION]

SUIT NO. B- 11 OF 2010

183

NATIONAL BANK OF PAKISTAN,
a banking company constituted under the National Bank of Pakistan Ordinance 1949, with its Head Office situated at NBP Building, I. I. Chundrigar Road and branch known as Corporate Branch, Chapal Plaza, Hasrat Mohani Road, Karachi.

..........................PLAINTIFF

VERSUS

1. **Independent Newspapers Corporation (Pvt.) Limited,** a private company incorporated under the corporate laws of the Islamic Republic of Pakistan, having its registered office at 2nd Floor, Printing House, I. I. Chundrigar Road, Karachi.

2. **Mir Shakil-ur-Rehman** S/o Mir Khalil-ur-Rehman, Muslim Adult, resident of B-45, KDA Scheme No.1 Karachi.

..........................DEFENDANTS

SUIT FOR RECOVERY OF RS.1, 772,279,743 ALONGWITH COST OF FUNDS UNDER SECTION 9 OF THE FINANCIAL INSTITUTIONS (RECOVERY OF FINANCES) ORDINANCE, 2001

The Plaintiff above-named respectfully submits as follows:-

نیشنل بینک آف پاکستان کا میر شکیل الرحمٰن اور ''جیو/جنگ'' کے خلاف
ایک ارب 77 کروڑ کے نادہندہ ہونے پر عدالت سے رجوع

جیو/جنگ گروپ کا نیشنل بینک کو واجب الادا رقم کی سمری

charges, as required under Section 9 (3) of the Financial Institutions (Recovery of Finances) Ordinance, 2001 are as under:-

Amount outstanding and payable by the Defendants to the Plaintiff as on 31.01.10

RF-I

(a) Finance Limit	:	Rs.	300,000,000
(b) Principal amount availed	:	Rs.	299,829,549
(c) Principal Outstanding	:	Rs.	299,829,549
(d) Accrued Mark-up (31.12.2009)	:	Rs.	13,268,620
Outstanding Amount (c+d)	:	Rs.	**313,098,169**

RF-II

(a) Finance Limit	:	Rs.	300,000,000
(b) Principal amount availed	:	Rs.	299,999,768
(c) Principal Outstanding	:	Rs.	299,999,768
(d) Accrued Mark-up (31.12.2009)	:	Rs.	13,280,958
Outstanding Amount (c+d)	:	Rs.	**313,280,726**

Letter of Credit Facility Limit Rs. 200 M

(i) FPAD's (Foreign) Bill of Exchange Account

(a) Principal Outstanding	:	Rs.	115,848,988
(b) Accrued Mark-up	:	Rs.	9,331,327
Outstanding Amount (a+b)	:	Rs.	**125,180,315**

(ii) FPAD's (Local) Inland Bill Account

(a) Principal Outstanding	:	Rs.	906,285,801
(b) Accrued Mark-up	:	Rs.	114,434,732
Outstanding Amount (a+b)	:	Rs.	**1,020,720,533**
Total Outstanding Amount of all Facilities	:	Rs.	**1,772,279,743**

CERTIFIED COPY OF THE STATEMENTS OF ACCOUNT OF PRINCIPAL AND MARKUP IN RESPECT OF RF-I, RF-II, FPAD'S (FOREIGN) AND FPAD'S (LOCAL) ARE ANNEXED HEREWITH AND MARKED AS ANNEXURES - "T" TO "T-7" RESPECTIVELY.

''جیو/جنگ'' گروپ نیشنل بینک کا ایک ارب 77 کروڑ 22 لاکھ 79 ہزار 7 سو 43 روپے کا نادہندہ ہے

جیو/جنگ گروپ کے سندھ ریونیو بورڈ کو واجب الادا ٹیکس کی سمری

Sindh Revenue Board

No. SRB-3-4/MTP/3/2013/ 8470
GOVERNMENT OF SINDH
SINDH REVENUE BOARD
6th Floor Shaheen Complex,
M.R. Kayani Road,
Karachi, 7th January, 2013

Mr. Wakeel Khan,
General Manager (Technical),
M/s Pakistan Electronic Media Regularity Authority,
PEMRA Headquarters (3rd Floor),
Mauve Area, G-8/1,
Islamabad.

COVERSION OF STATUS OF M/S INDEPENDENT MEDIA CORPORATION (PVT) LIMITED FROM PRIVATE LTD. TO PUBLIC LTD.

Dear Sir,

Kindly refer to your letter No. 10-2(79)STV-07 dated 2nd January, 2013, on the above subject.

2. A statement showing liability of Sindh sales tax of Rs 731,492,433/= outstanding against M/s Independent Media Corporation (Pvt) Ltd (NTN: 1443010-4) is enclosed. Another amount of Rs 2,029,360/= is also outstanding against M/s Independent Music Group (Pvt) Ltd (NTN: 2775551) in terms of SRB's Order in- Original No. 10/2012 dated 13.07.2012.

3. A copy of the tax registration profile of M/s Independent Media Corporation (Pvt) Ltd (NTN 1443013-4) is also enclosed which declares its owners/Directors as follows:

S. No	NTN/CNIN	Name of Director	Share %age	Capital
1	1687713-6	J & S Enterprises Pvt ltd	95.9958	959000000
2	0823663-1	Jang (pvt) ltd	2.7027	27000000
3	42201-2303657-1	Mir Ibrahim Rahman	0.0001	1100
4	0000005-1	Others	0.0001	1100
	0711534-2	Pakistan Ink and packaging industries pvt ltd	1.3013	13000000
			Total Capital	999002200

4. It is requested that M/s Independent Media Corporation (Pvt) Ltd may be advised to e-deposit the outstanding dues of Sindh sales tax urgently.

(Muhammad Iqbal Lakho)
Deputy Commissioner (Hqs)

Encl: (2) ---- as above

Copy, alongwith copy of the letter under reference, to:-

1) Mr Yousuf Bukhari, AC, (Recover), SRB
2) Mr. Shoaib Iqbal Rajkhoti, AC, (Advertisements)

(Muhammad Iqbal Lakho)

Encl: (2) ---- as above

سندھ ریونیو بورڈ کا پیمرا کو خط کہ "جیو/جنگ" گروپ تقریباً 99 کروڑ 90 لاکھ 22 سو روپے کا سندھ حکومت کا ٹیکس نادہندہ ہے

Geo/Jang Financial Statement 2009

INDEPENDENT MEDIA CORPORATION (PRIVATE) LIMITED
STATEMENT OF CHANGES IN EQUITY
FOR THE YEAR ENDED JUNE 30, 2009 ✓

	Share capital	Accumulated loss	Share deposit money	Total
	----------	---------- Rupees	----------	----------
Balance as at July 01, 2007	164,002,200	(616,983,811)	835,000,000	382,018,389
Issue of share capital	835,000,000	-	(835,000,000)	
Profit for the year	-	7,271,253	-	7,271,253
Balance as at June 30, 2008	999,002,200	(609,712,557)	-	389,289,643
Balance as at July 01, 2008	999,002,200	(609,712,557)	-	389,289,643
Profit for the year	-	16,290,857	-	16,290,857
Balance as at June 30, 2009	999,002,200	(593,421,700)	-	405,580,500

The annexed notes from 1 to 30 form an integral part of these financial statements.

CHIEF EXECUTIVE

DIRECTOR

''جیو/جنگ'' کی Financial Statements جن میں ٹیکس بچانے کے لیے 60 کروڑ روپے سالانہ کا نقصان ظاہر کیا گیا ہے

Geo/Jang Financial Statement 2010

INDEPENDENT MEDIA CORPORATION (PRIVATE) LIMITED
STATEMENT OF CHANGES IN EQUITY
FOR THE YEAR ENDED JUNE 30, 2010

	Share capital	Accumulated loss	Total
	-----------------	Rupees	-----------------
Balance as at July 01, 2008	999,002,200	(609,712,557)	389,289,643
Total comprehensive income for the year	-	16,290,857	16,290,857
Balance as at June 30, 2009	999,002,200	(593,421,700)	405,580,500
Balance as at July 01, 2009	**999,002,200**	**(593,421,700)**	**405,580,500**
Total comprehensive income for the year		**182,760,752**	**182,760,752**
Balance as at June 30, 2010	**999,002,200**	**(410,660,948)**	**588,341,252**

The annexed notes from 1 to 30 form an integral part of these financial statements.

CHIEF EXECUTIVE — DIRECTOR

''جیو/جنگ'' کی Financial Statements جن میں ٹیکس بچانے کے لیے 40 سے 60 کروڑ
روپے سالانہ کا نقصان ظاہر کیا گیا ہے

''جیو/جنگ'' کے انکم ٹیکس ریٹرن کے کاغذات

FBR

RETURN OF TOTAL INCOME/STATEMENT OF FINAL TAXATION
UNDER THE INCOME TAX ORDINANCE, 2001 (FOR COMPANY)

IT-1

N° 20100000509780011

1	Taxpayer Name	INDEPENDENT MEDIA CORPORATION (PRIVATE) LIMITED.			NTN	1443013-4
2	Business Name	M/S INDEPENDENT MEDIA CORPORATION (PVT) LTD.			Reg/Inc No.	6559/20011007
3	Business Address	PRINTING HOUSE, I.I.CHUNDRIGAR ROAD,, KARACHI			Tax Year	2010
4	Principal Activity	MOTION PICTURE, VIDEO AND TELEVISION PROGRAMME	Code	591100	Res. Status	Resident
5	Representative	NTN 0626331-3	Name	Riaz Ahmed Aamir	Revised N°	20100000432980011
			Year Ending	30-06-2010	Assessed N°	

6			
1887713-6	J & S ENTERPRISES (PRIVATE) LIMI	95.8958	859,000,000
0823663-1	JANG (PRIVATE) LIMITED	2.7027	27,000,000
0711534-2	PAKISTAN INK AND PAKAGING INDUST	1.3013	13,000,000
9999995-1	OTHERS	0.0001	1,100
1442861-0	MIR IBRAHIM RAHMAN	0.0001	1,100

No.	Item	Code	Amount
7	Net Sales	3101	4,096,422,785
8	Gross Domestic Sales	31011	4,096,422,785
9	Domestic Commission/Brokerage	31021	
10	Gross Exports	31012	
11	Foreign Commission/Brokerage	31022	
12	Rebates/Duty Drawbacks	3107	
13	Cost of Sales To be reconciled with Annex-D-1	3116	2,311,821,332
14	Local Raw Material/ Components	310411	1,256,697,624
15	Imported Raw Material/ Components	310421	
16	Salaries,Wages	311101	824,854,211
17	Power	311102	
18	Fuel	311103	
19	Stores/Spares	311106	
20	Insurance	311107	
21	Repair & Maintenance	311108	
22	Other Expenses	311118	185,847,637
23	Accounting Amortization	3114	
24	Accounting Depreciation	3115	44,421,860
25	Opening Stock	3117	
26	Finished Goods Purchases (Local)	310412	
27	Finished Goods Purchases (Imports)	310422	
28	Closing Stock	3118	
29	Gross Profit/ (Loss) To be reconciled with Annex-D-1	3119	1,784,601,453
30	Gross Receipts	3138	31,331,401
31	Markup/Interest (for Financial Institutions)	31311	1,545,917
32	Leasing	31312	
33	Oil & Gas Exploration	31313	
34	Telecommunication	31314	
35	Insurance	31315	
36	Accounting Gain on Disposal of Intangibles	3135	
37	Accounting Gain on Disposal of Assets	3136	15,257
38	Other Revenues/ Fee/ Charges for Services etc.	3131	29,770,227
39	Management,Administrative,Selling & Financial expenses	3189	1,484,582,080
40	Rent/ Rates/ Taxes	3141	38,847,815
41	Salaries & Wages	3144	262,674,446
42	Travelling/ Conveyance	3145	287,775,307
43	Electricity/ Water/ Gas	3148	41,951,458
44	Communication Charges	3154	23,480,597
45	Repairs & Maintenance	3153	32,837,529
46	Stationery/ Office Supplies	3155	10,127,250
47	Advertisement/ Publicity/ Promotion	3157	550,923,715
48	Insurance	3159	5,718,071
49	Professional Charges	3160	18,292,908
50	Profits on Debts (Markup/Interest)	3161	58,376,131
51	Donations	3163	
52	Directors Fee	3177	
53	Workers Profit Participation Fund	3179	
54	Loss on Disposal of Intangibles	3185	
55	Loss on Disposal of Assets	3186	
56	Accounting Amortization	3187	229,212
57	Accounting Depreciation	3188	21,320,494
58	Bad Debts Provision	31811	28,805,066
59	Obsolete Stocks/Stores/Spares Provision	31812	
60	Diminution in Value of Investments Provision	31813	
61	Bad Debts Written Off	31821	
62	Obsolete Stocks/Stores/Spares Written Off	31822	
63	Selling expenses(Freight outwards etc.)	31080	
64	Others	3170	123,622,283
65	Net Profit/ (Loss)	3190	331,350,774

No.	Item	Code	Amount
94	Capital	8699	588,341,252
95	Paid-up Capital	8621	999,002,200
96	Reserves	8641	-410,660,948
97	Accumulated Profits	8681	
98	Surplus on Revaluation	8671	
99	Long Term Liabilities	8799	35,734,324
100	Long Term Loans	8701	
101	Deferred Liabilities	8711	35,734,324
102	Current Liabilities	8899	3,098,724,894
103	Trade & Other Payables	8801	2,231,521,322
104	Short Term Loans	8821	867,203,572
105	Other Liabilities	8901	
106	Total Capital & Liabilities	8999	3,722,800,470
107	Fixed Assets	8199	527,556,449
108	Land	8101	
109	Building	8111	
110	Plant & Machinery	812101	421,742,290
111	Capital Work-in-Progress	8181	
112	Motor Vehicles	8131	11,308,105
113	Office Equipment	812109	77,059,362
114	Furniture & Fixtures	812103	17,446,692
115	Current Assets	8299	3,171,665,134
116	Investments	8251	9,562,000
117	Cash & Cash Equivalents	8201	9,905,060
118	Stock in Trade/Stores/Spares	8221	128,061,299
119	Trade Receivables	8231	1,973,731,229
120	Advances/Deposits/Prepayments/Other Receivables	8241	1,049,405,547
121	Intangible assets	8401	555,048
122	Other Assets	8402	23,023,839
123	Total Assets	8499	3,722,800,470

No.	Item	Code		Rate	Code	
124	Imports	64013		4	65013	
125		64011		1	65011	
126		64012		2	65012	
127		64015		0	65015	
128	Dividend Income for Banks only	64032		10	65032	
129	Capital Gain earned on disposal of shares after 1 year	64033		10	65033	
130	Insurance/Re-Insurance (Non Resident)	315901		5	315902	
131	Media Services Payments received By Non-Res	316001		10	316002	
132	Gas Consump. by CNG Station	64021		4	65021	
133	Distribution of cigarette and pharmaceutical products	64143		1	92143	
134	Royalties/Fees	640511		15	650511	
135		640512		0	650512	
136	Contracts (Non-Resident)	640521		6	650521	
137	Supply of Goods	640611		3.50	650611	
138		640612		1.50	650612	
139		640613		0	650613	
140		640614		1	650614	
141	Contracts (Resident)	640631		6	650631	
142		640632		0	650632	
143	Exports/ Indenting Commission/Export Services	64071		[illegible]	65071	
144		64073		0.5	65073	
145		64076		0	65076	
146	Foreign Indenting Commission	64075		5	65075	
147	Property Income	64081		[illegible]	65081	
148	Prizes	64091		10	65091	
149	Winnings	64092		20	65092	
150	Petroleum Commission	64101		10	65101	
151	Brokerage/Commission	64121		10	65121	
152	Advertising Commission	64122		5	65122	
153	Goods Transport Vehicles	64141			65141	
	Total				6599	

Signatures

''جیو/جنگ'' کے انکم ٹیکس ریٹرن کے کاغذات

FBR

RETURN OF TOTAL INCOME/STATEMENT OF FINAL TAXATION
UNDER THE INCOME TAX ORDINANCE, 2001 (FOR COMPANY)

IT-1

N° 20070000017381011

				NTN	1443013-4
1	Name	INDEPENDENT MEDIA CORPORATION (PRIVATE) LIMITED.		Tax Year	2007
2	Business Name	M/S INDEPENDENT MEDIA CORPORATION (PVT) LTD.	City	Res. Status	Resident
3	Business Address	PRINTING HOUSE, I.I.CHUNDRIGAR ROAD,	Product	Revised N°	
4	Nature of Business	Sector	Process	Year Ending 31-12-2007	Assessed N°
5	Representative	NTN	Name		

6 NTN	Top 10 Share Holder's Name	Percentage	Capital	NTN	Top 10 Share Holder's Name	Percentage	Capital
		0.0007	1,100				
1442861-0	MIR IBRAHIM RAHMAN	0.0007	1,100				
0655812-7	RASHIDA FAHEEM	75.6087	124,000,000				
1687713-6	J & S ENTERPRISES (PRIVATE) LIMITED	16.4632	27,000,000		Total	100%	164,002,20
0823663-1	JANG (PRIVATE) LIMITED						
0711534-2	PAKISTAN INK AND PAKAGING INDUSTRIES (PVT) LLIMITED	7.9267	13,000,000				

Item	Code	Amount
7 Net Sales	3101	1,897,890,937
8 . Gross Domestic Sales	31011	1,897,890,937
10 . Gross Exports	31012	
9 . Domestic Commission/Brokerage	31021	
11 . Foreign Commission/Brokerage	31022	
12 . Rebates/Duty Drawbacks	3107	
14 . Local Raw Material/ Components	310411	691,896,767
15 . Imported Raw Material/ Components	310421	
16 . Salaries,Wages	311101	349,607,541
17 . Power	311102	
18 . Fuel	311103	
19 . Stores/Spares	311106	
20 . Insurance	311107	
13 Cost of Sales	3116	1,333,883,162
26 . Finished Goods Purchs (Local)	310412	
27 . Finished Goods Purchases (Imports)	310422	
21 . Repair & Maintenance	311108	
22 . Other Expenses	311118	269,768,213
23 . Accounting Amortization	3114	
24 . Accounting Depreciation	3115	13,025,620
25 . Opening Stock	3117	108,934,903
28 . Closing Stock	3118	99,349,882
29 Gross Profit/ (Loss)	3119	564,007,775
30 Gross Receipts	3139	7,300,056
31 . Markup/Interest (for Financial Institutions)	31311	686,358
32 . Leasing	31312	
33 . Oil & Gas Exploration	31313	
34 . Telecommunication	31314	
35 . Insurance	31315	
38 . Other Revenues/ Fee/ Charges for Services etc.	3131	6,813,700
36 . Accounting Gain on Disposal of Intangibles	3135	
37 . Accounting Gain on Disposal of Assets	3136	
40 . Rent/ Rates/ Taxes	3141	14,081,342
41 . Salaries & Wages	3144	110,616,346
42 . Travelling/ Conveyance	3145	119,261,221
43 . Electricity/ Water/ Gas	3148	8,719,290
39 Management,Administrative,Selling & Financial expenses	3189	518,392,991
45 . Repairs & Maintenance	3153	10,118,456
44 . Communication Charges	3154	33,537,256
46 . Stationery/ Office Supplies	3155	10,306,515
47 . Advertisement/ Publicity/ Promotion	3157	12,625,099
48 . Insurance	3159	1,522,080
49 . Professional Charges	3160	27,628,881
50 . Profits on Debts (Markup/Interest)	3161	29,155,783
51 . Donations	3163	
52 . Directors Fee	3177	
53 . Workers Profit Participation Fund	3179	
58 . Bad Debts Provision	31811	56,071,996
59 . Obsolete Stocks/Stores/Spares Provision	31812	
54 . Loss on Disposal of Intangibles	3185	
55 . Loss on Disposal of Assets	3186	
56 . Accounting Amortization	3187	17,222,802
57 . Accounting Depreciation	3188	31,251,125
63 . Selling expenses(Freight outwards etc.)	31080	
64 . Others	3170	36,372,997
60 . Diminution in Value of Investments Provision	31813	
61 . Bad Debts Written Off	31821	
62 . Obsolete Stocks/Stores/Spares Written Off	31822	
65 Net Profit/ (Loss)	3190	52,914,842

Liabilities	Code	Amount
95 Capital	8699	382,018,38
96 . Paid-up Capital	8621	164,002,20
97 . Reserves	8641	635,000,00
98 . Accumulated Profits	8661	-516,983,81
99 . Surplus on Revaluation	8671	
100 Long Term Liabilities	8799	398,553,08
101 . Long Term Loans	8701	398,553,08
102 . Deferred Liabilities	8711	
104 . Trade & Other Payables	8801	1,467,966,99
105 . Short Term Loans	8821	374,961,18
103 Current Liabilities	8899	1,866,113,54
106 Other Liabilities	8901	23,185,36
107 Total Capital & Liabilities	8999	2,846,685,02

Assets	Code	Amount
108 Fixed Assets	8199	244,088,49
109 . Land	8101	
110 . Building	8111	
111 . Plant & Machinery	812101	117,230,56
113 . Motor Vehicles	8131	12,506,40
112 . Capital Work-in-Progress	8181	16,923,03
115 . Furniture & Fixtures	812103	11,866,41
114 . Office Equipment	812109	85,562,07
118 . Cash & Cash Equivalents	8201	56,302,70
119 . Stock in Trade/Stores/Spares	8221	101,733,39
120 . Trade Receivables	8231	1,541,795,31
121 . Advances/Deposits/Prepayments/Other Receivables	8241	690,123,33
117 . Investments	8251	
116 Current Assets	8299	2,389,954,74
122 Intangible assets	8401	4,174,02
123 Other Assets	8402	8,467,75
124 Total Assets	8499	2,846,685,020

Sr	Source	Code	Receipt/Value	Rate	Code	Tax Due
125	Imports	64011		6	65011	
126		64012		1	65012	
127		64013		2	65013	
128		64014		3	65014	
129	Dividend	64031		5	65031	
130		64032		10	65032	
131		64033		7.5	65033	
132	Royalties/Fees	640511		15	650511	
133		640512		0	650512	
134	Contracts (Non-Resident)	640521		6	650521	
135	Supply of Goods	640611		3.5	650611	
136		640612		1.5	650612	
137		640613		0	650613	
138	Contracts (Resident)	640631		6	650631	
139		640632		0	650632	
140	Exports/ Indenting	64071		0.75	65071	
141	Comm./Export Services	64072		1	65072	
142		64073		1.25	65073	
143		64074		1.5	65074	
144	Foreign Indenting Commission	64075		5	65075	
145	Property Income	64081		0	65081	
146	Prizes	64091		10	65091	
147	Winnings	64092		20	65092	
148	Petroleum Commission	64101		10	65101	
149	Brokerage/Commission	64121		10	65121	
150	Advertising Commission	64122		5	65127	
151	Stock Exchange Commission	64131		0.01	65131	
152	Goods Transport Vehicles	64141		0	65141	
153	Total			0	6599	

5. TAX VIOLATIONS & HIDING OF FINANCIAL POSITION

Breach of S. 12.7 of the Terms and Conditions of the Licence

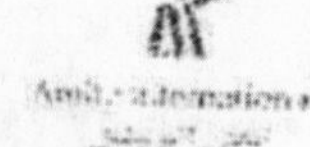

A. That, S. 12.7 of the Terms and Conditions of the Licence provides that the licencee shall supply the Authority a copy of its Annual Return as filed with SECP and statements of Annual Gross Revenue in respect of each entire accounting period in such form as they Authority may require. Geo TV Ltd, UK depends on programming generated from Pakistani company, which is also very clear from the financial statement of the Geo TV Ltd. UK, which shows on page no. 3 of the statement attached under the heading of cost of sales amounting to GBP 1,699,950 for year 2012. As this is the cost of the programs generated from Pakistan then principally the income generated from Pakistani source is liable to tax and has to be disclosed and shown on the accounts and statements submitted to relevant authorities in Pakistan. Geo has failed to disclose the details of the said profits to relevant authorities including FBR and PEMRA. Perusal of the financial statements of Geo TV Limited UK for past 6-7 years shows that Geo has been repeating same trend in all those statements. As the income generated from UK has been hidden from statements in Pakistan, presumably the same has been repeated by GEO owned companies in US and UAE. These are grave violations of the laws of Pakistan and may amount to financial fraud, if investigated properly.

B. Additionally, Geo and its shareholders are bound to submit the statements of accounts of its foreign earnings through media programs to the PEMRA. The statements and accounts of the foreign companies of GEO/Jang group have never been reported with PEMRA and FBR.

That, as per the requirements of S.12.7, GEO group and its owner/shareholder has failed to disclose the statements of accounts of its foreign companies in UAE, US and UK. Therefore, the Authority is requested to investigate the matter immediately against the violations and financial mishandling of the GEO group and may suspend/revoke the licence of the said channels till final outcome of the investigation.

''جیو/جنگ'' گروپ کی UK میں فنانشل رپورٹس کے مطابق، ایمٹی انٹرنیشنل نے دعویٰ کیا ہے کہ ''جیو/جنگ'' امریکہ اور برطانیہ میں اپنے منافع کو پاکستان سے اور پاکستان میں اپنے منافع کو امریکہ اور برطانیہ سے چھپا رہا ہے جب کہ ایک ہی پروگرامنگ، جو ہر جگہ چلتی ہے، کے اخراجات الگ الگ ظاہر کر کے ٹیکس چوری کر رہا ہے جو کہ ایک سنگین جرم ہے

...t. 2013.

Geo TV Ltd

Director's report
for the year ended 30 June 2012

The directors present their report and the financial statements for the year ended 30 June 2012

Principal activity
The principal activity of the company is as a producer and broadcaster of television programmes and procurer of advertisements

Directors
The directors who served during the year are as stated below

Mir Shakil Ur Rahman
Fareed Siddiqi

This report has been prepared in accordance with the special provisions for small companies under Part 15 of the Companies Act 2006

This report was approved by the Board on 28 March 2013 and signed on its behalf by

F Siddiqi
Fareed Siddiqi
Director

''جیو/جنگ'' گروپ کی UK میں فنانشل رپورٹس کے مطابق، ایمٹی انٹرنیشنل نے دعویٰ کیا ہے کہ ''جیو/جنگ'' امریکہ اور برطانیہ میں اپنے منافع کو پاکستان سے اور پاکستان میں اپنے منافع کو امریکہ اور برطانیہ سے چھپا رہا ہے جب کہ ایک ہی پروگرامنگ، جو ہر جگہ چلتی ہے، کے اخراجات الگ الگ ظاہر کر کے ٹیکس چوری کر رہا ہے جو کہ ایک سنگین جرم ہے

Geo/Jang UK Financial Statement

Profit & Loss Account

Geo TV Ltd

Profit and loss account
for the year ended 30 June 2012

	Notes	2012 £	2011 £
Turnover	2	2,094,317	1,698,542
Cost of sales		(1,699,950)	(1,788,947)
Gross profit/(loss)		394,367	(90,405)
Administrative expenses		(170,083)	(114,824)
Profit/(loss) on ordinary activities before taxation		224,284	(205,229)
Tax on profit/(loss) on ordinary activities		-	-
Profit/(loss) for the year	9	224,284	(205,229)
Accumulated loss brought forward		(4,794,498)	(4,589,269)
Accumulated loss carried forward		(4,570,214)	(4,794,498)

The notes on pages 6 to 10 form an integral part of these financial statements.

Page 3

''جیو/جنگ'' گروپ کی UK میں فنانشل رپورٹس کے مطابق، ایمٹی انٹرنیشنل نے دعویٰ کیا ہے کہ ''جیو/جنگ'' امریکہ اور برطانیہ میں اپنے منافع کو پاکستان سے اور پاکستان میں اپنے منافع کو امریکہ اور برطانیہ سے چھپا رہا ہے جب کہ ایک ہی پروگرامنگ، جو ہر جگہ چلتی ہے، کے اخراجات الگ الگ ظاہر کر کے ٹیکس چوری کر رہا ہے جو کہ ایک سنگین جرم ہے

Geo/Jang UK Financial Statement

Balance Sheet

ght. 2015.

Geo TV Ltd

Balance sheet
as at 30 June 2012

	Notes	2012 £	2012 £	2011 £	2011 £
Fixed assets					
Tangible assets	4		3,073		2,725
Investments	5		679,374		679,374
			682,447		682,099
Current assets					
Debtors	6	181,315		108,985	
Cash at bank and in hand		86,446		33,161	
		267,761		142,146	
Creditors: amounts falling due within one year	7	(5,520,420)		(5,618,741)	
Net current liabilities			(5,252,659)		(5,476,595)
Total assets less current liabilities			(4,570,212)		(4,794,496)
Deficiency of assets			(4,570,212)		(4,794,496)
Capital and reserves					
Called up share capital	8		2		2
Profit and loss account	9		(4,570,214)		(4,794,498)
Shareholders' funds			(4,570,212)		(4,794,496)

The directors' statements required by Sections 475(2) and (3) are shown on the following page which forms part of this Balance Sheet

The notes on pages 6 to 10 form an integral part of these financial statements.

Page 4

''جیو/جنگ'' گروپ کی UK میں فنانشل رپورٹس کے مطابق، ایٹی انٹرنیشنل نے دعویٰ کیا ہے کہ ''جیو/جنگ'' امریکہ اور برطانیہ میں اپنے منافع کو پاکستان سے اور پاکستان میں اپنے منافع کو امریکہ اور برطانیہ سے چھپا رہا ہے جب کہ ایک ہی پروگرامنگ، جو ہر جگہ چلتی ہے، کے اخراجات الگ الگ ظاہر کر کے ٹیکس چوری کر رہا ہے جو کہ ایک سنگین جرم ہے

پیمرا کا جیو/جنگ کو نوٹس کا عکس

PEMRA

PAKISTAN ELECTRONIC MEDIA REGULATORY AUTHORITY ISLAMABAD

PEMRA Headquarters Building,
Mauve Area G-8/1, Islamabad
Ph: 051-9107131
Fax: 051-9107173
Email: secretary@pemra.gov.pk

No-1(11)/Secy./Geo/2013

Dated: 03-10-2013

Chief Executive Officer
M/s. Independent Media Corporation Pvt. Ltd.
M/s. Independent Newspaper Corporation Pvt. Ltd.
(Geo News, Geo Kahani, Geo Entertainment)
Printing House, I.I. Chundrigar Road,
Karachi

Subject: **Complaint Against Geo News, Geo Kahani, & Geo Entertainment (IMCL & INCL) For Gross Violations**

Please find enclosed herewith a complaint received from the president Amity International **through Ministry of Information, Broadcasting & National Heritage** for your comments and views at the earliest.

2. The Detail of Complaint is as follow:

1. **FOREIGN FUNDING –**
   (Breach of S.25 (d) of PO 2002& S.1 Of pr 2009)
2. **AJMAL KASAB SAGA –**
   (Breach of s. 1(O) (g) (j) of PR 2009 and S. 2(a) of PO 2002)
3. **ZARA SOCHIEAY – ATTACK ON IDEOLOGY OF PAKISTAN**
   (Breach of S. 2(a) of PO 2002 AND S. 1(p) of PR 2009)
4. **FOREIGN CONTENT – 400% IN EXCESS OF PERMITTED**
   (Breach of s. 7(2) of T&C of Licence and S. 2(b) of PO 2002)
5. **TAX VIOLATIONS & HIDING OF FINANCIAL POZITION**
   (Breach of S. 12.7 of T&C of the Licence)
6. **AMAAN RAMADHAN – ATTACK ON RELIGIOUS & CULTURAL VALUES**
   (Breach of S. 2(b) of PO 2002)

3. Your views/ Comments on the complaint solicited for onward submission to the M/o Information, Broadcasting & National Heritage.

(Sohail Asif Ali Khan)
Secretary to the Authority

CC.
1. Director, Secretary Office, Ministry of Information, Broadcasting & National Heritage, Islamabad., Reference M/O I & B,s u.o No. 4(1)/2013-PEMRA (Pt), dated 9th September , 2013.

(ii) Deputy Director TV.

3/10/13

پیمرا کا ''جیو/جنگ'' گروپ پر بیرونی فنڈنگ، ملکی مفادات کے خلاف خبریں چھاپنے، مالی بدعنوانی، ٹیکس چوری اور مذہب پر حملہ کرنے جیسے سنگین الزامات کا جواب دینے کے لیے نوٹس

GOVERNMENT OF PAKISTAN
MINISTRY OF INFORMATION, BROADCASTING & NATIONAL HERITAGE

SUBJECT: **COMPLAINT AGAINST GEO NEWS, GEO KAHANI & GEO ENTERTAINMENT (IMCL & INCL) FOR GROSS VIOLATIONS.**

P-33/04 The undersigned is directed to enclose a complaint received from the President Amity International on the subject noted above and to say that views/comments on the complaint may kindly be furnished for kind perusal of the competent authority.

Encl: **As above**

(Adnan Akram Bajwa)
Assistant Director-TV
Tele: 9208722

Chairman, Pakistan Electronic Media Regulatory Authority, Islamabad.
M/o I & B's u.o. No. 4(1)/2013-PEMRA (Pt), dated 9th September, 2013

''جیو/جنگ'' گروپ کو قوانین کی سنگین خلاف ورزی پر پیمرا کا نوٹس

”جیو/جنگ“ گروپ، پاکستان میں بھارتی مفادات کا تحفظ کر رہا ہے......!

جنگ

16 دسمبر 2013ء

بھارتی میڈیا یلغار پر خاکی حلقوں کی تشویش، فوج کیلئے ٹی وی چینل کی تجویز

THE SUNDAY STANDARD

Pak Army Defeated by Indian Media

By Yatish Yadav - NEW DELHI
Published: 15th Dec 2013 07:53:15 AM

15 دسمبر 2013ء کو بھارتی اخبار میں چھپنے والی خبر

Pakistani soldiers in training

While most of the Indian media is gung-ho about Pakistan's deceptive peacenik intentions towards India, the Pakistan army is quietly preparing a media strategy for future war and aggressive standoff with India. But for the Pak Army, the Indian Army is not the main enemy but the Indian media. Indian television and print publications, whether they are news or entertainment, are available widely across Pakistan through both legitimate means and piracy. The Pak Army feels that this has demoralised Pakistan to the extent that it sees India as a formidable foe which cannot be defeated in war. It even states that Kargil War was lost because of the relentless media barrage praising the bravery of Indian troops, thus destroying the fighting spirit of the Pak Army. It believes that content emanating from India is also demoralising Pak society.

These startling revelations are part of the Pak Army's secret 'Green Book' accessed by The Sunday Standard. The 258-page book, edited by former Pak Army chief General Ashfaq Pervez Kayani and circulated among Army officers, has advised Pakistani media to adopt some funny strategies like repeating lies, running one-sided stories or publishing biased photographs to counter Indian media during future wars between the two nations. It has also recommended that Pak Army must acquire a TV channel and a radio station for dissemination

مندرجہ بالا دو خبریں یہ ثابت کر رہی ہیں کہ ”جنگ“ گروپ انڈیا میں پاک فوج کے خلاف چھپنے والی خبروں کو صفحۂ اوّل پر جگہ دے رہا ہے جو پاکستان کے مفادات اور سالمیت کے لیے خطرہ ہو سکتی ہیں

افتخار چودھری۔جیو/جنگ گٹھ جوڑ

IN THE SUPREME COURT OF PAKISTAN
(Appellate Jurisdiction)

Present:
Mr. Justice Iftikhar Muhammad Chaudhry, CJ.
Mr. Justice Tariq Parvez
Mr. Justice Amir Hani Muslim

CIVIL PETITION NO. 683 OF 2011

(On appeal from the judgment/order dated 18.05.2011 passed by Sindh High Court, Karachi in CP.D-1743 of 2009)

Independent Music Group SMC (Pvt) Ltd. and another ... ... Petitioners.

Versus

Federation of Pakistan, etc. ... ... Respondents.

For the petitioners	:	Mr. Mohammad Akram Sheikh, Sr. ASC. Mr. Mehmood A. Shiekh, AOR.
For respondent No.2	:	Mr. M. Ali Raza, ASC. Mr. Abdul Jabbar, Acting Chairman PEMRA
Respondent No.1	:	Not represented.
Date of hearing	:	06.06.2011.

JUDGMENT

IFTIKHAR MUHAMMAD CHAUDHRY, CJ. – This petition has been filed for leave to appeal against the judgment dated 18.05.2011 passed by High Court of Sindh, Karachi. Challenge has been made to the impugned judgment only to the extent of seeking relief that the learned Division Bench of the High Court, in the facts and circumstances of the case, instead of remanding the matter to the respondent i.e. Print &

ATTESTED
Superintendent
Supreme Court of Pakistan
ISLAMABAD

سابق چیف جسٹس افتخار محمد چودھری کا ''جیو/جنگ'' گروپ کو پانچواں ٹی وی لائسنس دینے کا حکم جب کہ قانون کے مطابق کوئی بھی گروپ چار سے زائد ٹی وی چینل نہیں رکھ سکتا

افتخار چودھری۔جیو/جنگ گٹھ جوڑ

..P.683 of 2011

Thus for the forging reasons, the petition is converted into appeal and allowed. The PEMRA is directed to issue immediately licence to the petitioners, in terms of their application, which they have submitted on 02.07.2007 and submit compliance report of this order to the Registrar of this Court within a period of three days, which shall be placed before us in Chambers for perusal. Parties are left to bear their own costs.

Sd/- Iftikhar Muhammad Chaudhry, C.J
Sd/- Tariq Parvez, J
Sd/- Amir Hani Muslim, J

SEAL OF THE SUPREME COURT OF PAKISTAN

Certified to be True Copy

7/6/2011

Superintendent
Supreme Court of Pakistan
ISLAMABAD

Islamabad,
06.06.2011.
Irshad Hussain /*

NOT APPROVED FOR REPORTING.

7.6.2011

CR No: 5561/11 Civil/Criminal
Date of Presentation: 7-6-11
No. of Words: 240
No. of folios: 24
Requisition Fee Rs: 5.00
Copy Fee in: 16.88
Court Fee stamps: 19.88
Date of Completion of Copy: 07-6-2011
Date of delivery of Copy: 7-6-11
Compared by:
Received by: M. Iqbal

سابق چیف جسٹس افتخار محمد چودھری کا ''جیو/جنگ'' گروپ کو پانچواں ٹی وی لائسنس دینے کا حکم
جب کہ قانون کے مطابق کوئی بھی گروپ چار سے زائد ٹی وی چینل نہیں رکھ سکتا

PEMRA

PAKISTAN ELECTRONIC MEDIA REGULATORY AUTHORITY ISLAMABAD

Headquarters 3rd Floor,
Mauve Area, G-8/1, Islamabad
Ph: 051-9107110
Fax: 051-9107140

22 March, 2013

No. 10-2(82) STV-2011

Subject: **CHANGE OF SATELLITE TV CHANNEL NAME "GEO ENGLISH" TO "GEO TEZ" & CHANGE OF LANGUAGE FROM "ENGLISH" TO "URDU"**

Reference: Your letter, No.Nill Dated 21th March, 2013.

In pursuance of Supreme Court order dated 04-12-2012, your request regarding change of channel name from "Geo English" to "Geo Tez" and change of language from "English" to "Urdu" has been considered at appropriate level and same has been acceded to by the Competent Authority subject to following;

i. Payment of Requisite fee (Change of Channel Name) amounting to Rs. 100,000/-
ii. Payment of Requisite fee (Change of Channel Language) amounting to Rs. 500,000/-
iii. Registration of new channel name with Intellectual Property Organization (IPO)

2. Therefore, M/s Independent Newspaper Corporation (Pvt.) Ltd. is requested to deposit the requisite fee in the form of demand draft/pay order in favor of PEMRA, provide copy of registration certificate for the new channel name with IPO within thirty (30) days of the issuance of this letter.

3. The above contents are subject to review in the light of the signed decision by the Honorable Supreme Court on the review petition filed by PEMRA.

(Ashfaq Jumani)
Director General (Licensing)

Mr. Hassan Mustafa
Executive Director
M/s Independent Newspaper Corporation (Pvt.) Ltd.
Printing House, I.I. Churangi Road, Karachi.

CC:

i. PS to the Chairman
ii. Director General (Operations) PEMRA HQ's
iii. RGM PEMRA (SINDH Region) Karachi.

سپریم کورٹ کے حکم پر پیمرا نے ''جیو انگلش'' کا نام ''جیو تیز'' میں تبدیل کر دیا

جیو و جنگ گروپ کے خلاف الزامات

پیمرا کے 5 افسران کی بھی معذرت، رپورٹ سے الفاظ حذف کرنیکی استدعا

میڈیا کمیشن کے سامنے کسی افسر نے الزام نہیں لگایا، وکیل پیمرا، فریقین 10 روز میں جواب الجواب داخل کرائیں، عدالت عظمٰی کا حکم

کوئی سروکار نہیں کہ فنڈز کہاں سے مل رہے ہیں، قانون کی خلاف ورزی ہوئی تو کارروائی ہوگی، جسٹس گلزار

اسلام آباد (خصوصی رپورٹر) پیمرا کی طرف سے جیو اور جنگ گروپ کے خلاف الزامات کو کمیشن کی رپورٹ سے حذف کرنے کی استدعا کے ساتھ تحریری معذرت کرلی ہے۔ سپریم کورٹ کے جسٹس چوہدری اعجاز اور جسٹس گلزار احمد پر مشتمل دو رکنی بنچ کے روبرو پیمرا کے وکیل ذوالفقار خالد ملوکہ نے پیمرا کا تفصیلی تحریری جواب داخل کیا ہے۔ سپریم کورٹ نے پیمرا کے جواب پر فریقین سے جواب الجواب داخل کرنے کا حکم دیتے ہوئے سماعت 10 روز کے لیے ملتوی کردی ہے۔ پیر کے روز میڈیا کمیشن کیس کی سماعت ہوئی ہے جسٹس اعجاز چوہدری نے کہا کہ بادی النظر میں اگر کوئی پروگرام بھارت اسپانسر ہو اور اس کے ذریعے پاکستانی معاشرے کی اقدار تبدیل کرنے کی کوشش کی گئی ہو یا اس سے معاشرے میں خرابی پیدا ہوئی ہے تو عدالت کے سامنے جواب آنا چاہیے جبکہ جسٹس گلزار احمد نے کہا کہ اس سے ہمیں کوئی سروکار نہیں کہ فنڈز کہاں سے مل رہے ہیں لیکن اگر قانون کی خلاف ورزی ہوتی ہے تو قانون کے مطابق کارروائی کی جائے گی۔ سپریم کورٹ نے آڈٹ سے مستثنٰی ہونے کے دعویدار 19 قومی اداروں کو جواب جمع کرانے کیلئے 10 روز کی مہلت دی ہے۔ عدالت میں پیمرا کے علاوہ کسی بھی ادارے کی طرف سے کوئی پیش نہیں ہوا۔ عدالت کے استفسار پر ڈپٹی اٹارنی جنرل نے عدالت سے معذرت کرتے ہوئے کہا کہ تمام اداروں کی طرف سے وکلا جواب جمع کرانا چاہتے ہیں صرف 2 اداروں کی جانب سے آڈٹ سے مستثنٰی ہونے کا جواب جمع کرایا گیا ہے ان میں پنجاب دیگر کلچرل بینک اور سیکورٹی اینڈ ایکسچینج شامل ہیں۔ عدالت میں پیمرا کے وکیل ذوالفقار خالد ملوکہ نے جاوید جبار کے حوالے سے الزامات پر پیمرا کا مؤقف بیان کیا کہ پیمرا اس حوالے سے واضح انکار کرچکی ہے کہ اس طرح کے الزامات کسی بھی پروگرام میں نہیں لگائے گئے انہوں نے اپنے تحریری جواب میں واضح کیا ہے کہ پیمرا کے تمام افسران ذمہ دار ہیں اور وہ میڈیا خاص طور پر الیکٹرانک میڈیا سے تعلقات کی نوعیت سے مکمل طور پر آگاہ ہیں۔ ان افسران کی طرف سے کبھی بھی الیکٹرانک میڈیا کے خلاف ایسے بے بنیاد الزامات نہیں لگائے گئے حتیٰ کہ جیو سے مطمئن بھی ایسا نہیں کیا گیا انہوں نے عدالت عظمٰی سے استدعا کی ہے کہ وہ انصاف کے تقاضوں کے پیش نظر اس وضاحت کو قبول کرے۔ علاوہ ازیں جن الزامات کا ذکر کیا گیا ہے ان کو میڈیا کمیشن سے حذف کردیا جائے۔ قبل ازیں ڈپٹی اٹارنی جنرل علی زئی نے عدالت کو بتایا ہے کہ 29 جولائی کی سماعت کے دوران ''امن کی آشا'' اور ''ذرا سوچئے'' پروگرام کے بارے میں میڈیا کمیشن کی رپورٹ میں تذکرہ کیا گیا تھا کہ بیرون فنڈنگ پروگرام ہے جس کو بھارتی پروڈیوسر نے تیار کیا ہے جس پر نجی ٹی وی چینل نے اعتراض کیا تھا کہ پیمرا کے افسران نے جھوٹ پر مبنی بیان دیا ہے اس حوالے سے افسران سے جواب طلب کیا گیا ہے پیمرا کی جانب سے ذوالفقار خالد ملوکہ نے عدالت کو بتایا کہ میڈیا کمیشن کے سامنے کسی بھی افیسر نے ایسا کوئی الزام نہیں لگایا ہے اس حوالہ سے پانچ افسران کو نوٹس جاری کر دیئے تھے ان میں رشید احمد، عبدالجبار ناصر، ملک سہیل احمد اور اشفاق حوائی شامل تھے ہم نے اس حوالے سے بیانات حلفی بھی جمع کروائے ہیں ابصار عالم نے بتایا کہ عبدالجبار نے بیان دیا تھا کہ ان افسران نے زبانی جواب میں کہا تھا اور انہوں نے معافی مانگی تھی جسٹس اعجاز چوہدری نے پیمرا وکیل کو حکم دیا کہ افسران کے جواب پر مشتمل نقول تمام فریقین کو فراہم کردیں۔ حامد میر نے کہا کہ ہم نے ٹی وی چینل کی طرف سے نہیں بلکہ انفرادی طور پر درخواست دی تھی جسٹس گلزار نے کہا کہ کسی این جی او کا پروگرام چلانے میں کیا یہ قانون کی خلاف ورزی ہے۔ حامد میر نے کہا کہ یہ قانون کی خلاف ورزی نہیں ہے میڈیا کمیشن رپورٹ کے بعد الزامات آنا شروع ہوگئے تھے۔ ہم چاہتے ہیں کہ الزامات سنجیدہ نوعیت کے ہیں ان کا جائزہ لیا جانا ضروری ہے ہم پر الزام ہے کہ بھارتی مدد سے پروگرام چلائے جارہے ہیں ہم ثبوت چاہتے ہیں اگر کوئی الزام سچا ہے تو ہم اپنے ادارے سے پوچھیں گے کہ وہ ایسے پروگرام کیوں چلا رہے ہیں۔

میڈیا کمیشن رپورٹ سے ''جیو/جنگ'' کے خلاف سنگین الزامات صاف کروانے کے لیے باباجی کی ایک کوشش

ابتدائی اطلاع نسبت جرم قابل دست اندازی پولیس رپورٹ شدہ زیر دفعہ 154 مجموعہ ضابطہ فوجداری

نمبر 591/13 تھانہ [illegible] ضلع [illegible]

تاریخ و وقت وقوعہ 2/11/13 [illegible]

1	تاریخ و وقت رپورٹ	[illegible] 3/11/13 [illegible]	6	تھانہ سے روانگی کی تاریخ و وقت	[illegible]
2	نام و سکونت اطلاع دہندہ و مستغیث	021-35824736 [illegible]			
3	مختصر کیفیت جرم (معہ دفعہ) و مال اگر کچھ کھویا گیا ہے	591/13 0300-8265333			0300-9414853 جرم = 506 ت پ
4	جائے وقوعہ و فاصلہ تھانہ سے اور سمت	[illegible]			
5	کاروائی متعلقہ تفتیش اگر اطلاع درج کرنے میں کچھ توقف ہوا ہو تو اس کی وجہ بیان کی جاوے	[illegible]			

دستخط [illegible]

عہدہ سب انسپکٹر

(ابتدائی اطلاع نیچے درج کرو)

نوٹ: اطلاع کے نیچے اطلاع دہندہ کا دستخط یا مہر یا نشان انگوٹھا ہونا چاہیے اور افسر تحریر کنندہ (ابتدائی اطلاع) کے دستخط بطور تصدیق ہونے چاہیے۔

[illegible]

3-11-13

عامر لیاقت کی طرف سے مبشر لقمان پر درج کروائی گئی ایف آئی آر کا عکس

IN THE ISLAMABAD HIGH COURT OF ISLAMABAD

(Original Civil Jurisdiction)

Civil Suit No. ________/2013

1. **Independent Newspapers Corporation Private Limited**
2. **Independent Media Corporation Private Limited**

Plaintiff Nos. 1 and 2 are private limited companies duly incorporated under the laws of Islamic Republic of Pakistan, having registered/ head offices at Printing House/ Al-Rehman Building, I.I Chundrigar Road, Karachi.

... ... PLAINTIFFS

V/S

1. **Mr. Mubashir Luqman,**
Anchor of Program "Khara Such".
ARY Digital Network,
House No. 8, Street 62,
F-7, 4, Islamabad,

2. **Syed Zaid Zaman Hamid,**
R/o House No. 45, Askari Road,
Askari V, Chaklala Scheme 3,
Rawalpindi &
Office at H.No. 686,
Askari Road Askari V,
Chaklala Scheme 3, Rawalpindi.

3. **Mr. Mahmood Sham,**
S/o Mr. Tariq Mahmood
A-262, Block-3, Gulshane Iqbal
Karachi.

... ... DEFENDANTS

SUIT FOR DECLARATION AND PERMANENT INJUNCTION ALONG WITH OTHER RELIEVES

پروگرام ''کھرا سچ'' بند کروانے کے لیے ''جیو/جنگ'' کا اسلام آباد ہائی کورٹ سے رابطہ

جیو/جنگ کی بول ٹی وی کو بدنام کرنے کی سازشی مہم

Court Order "Bol TV"

W.P. No.16942/2013

Agha Shahid Rasheed

Federation of Pakistan, etc.

04.07.2013 Mr. Mohammad Azhar Siddique, Advocate for the petitione

Sole grievance of the petitioner is that his application datec 18.06.2013 is pending before respondent No.3 and prays that the same be decided in accordance with law.

2. Public functionaries are bound under the law to decide grievance of the public pending before them after application of mind and after showing cogent reasons as mandated under Article 4 of the Constitution of Islamic Republic of Pakistan, 1973 read with Section 24-A of the General Clauses Act, 1894. Reliance is placed on *Government of Pakistan through Director-General, Ministry of Interior, Islamabad and others v. Farheen Rashid,* **(2011 SCMR 1)** and *Messrs Airport Support Services v. The Airport Manager, Quaid-e-Azam International Airport, Karachi and others* **(1998 SCMR 2268)** respectively.

3. Let a copy of this petition be dispatched to respondent No.3 who will decide the application of the petitioner strictly in accordance with law after granting a hearing to the concerned parties through a speaking order within a fortnight from receipt of this order.

4. Disposed of.

سپریم کورٹ نے پیمرا کو آرڈر دیا کہ تمام متعلقہ پارٹیوں کو بلا کر بول ٹی وی کا معاملہ قانون کے مطابق حل کیا جائے (پیرا 3)

Licence to kill!

Court orders probe into paper media company

Foreign company mentioned in newspaper ads goes missing in application to Pemra; foreign diplomatic missions closely monitoring development; attempt to acquire channel from those close to power brokers but mistakes abound; company accused of being involved in business of fake degrees, pornographic websites; spokesman terms all allegations against company pack of lies and propaganda

By Muhammad Saleh Zaafir

ISLAMABAD: A court has ordered an inquiry into alleged illegalities and a potential conspiracy involving a recently-announced TV channel, and its links with local and foreign interests and its finances, which has unexplained sources of money to be put into the project, and its shareholding is almost 99 percent foreign-owned.

The court order has been passed in a petition which alleges that the company was acquired from a high-profile businessman, who has large interests in Rawalpindi and Islamabad and who is close to houses of power brokers.

The petition alleges that the new company is a paper media company that is apparently owned and controlled by the

Continued on page 9

’’جیو/جنگ‘‘ گروپ نے سپریم کورٹ کے آرڈر کو بنیاد بنا کر بول ٹی وی کے خلاف من گھڑت اور بے بنیاد خبر شائع کردی

Court orders probe into paper media company

Continued from page 1

Pakistani directors who own hardly one percent share each while the rest over 99 percent shares are owned by foreigners whose whereabouts are not known.

The IT company, which is said to be the parent sponsor of the new TV channel, has no known financiers, no known business or clients, and there is a lot of material on the social media where several allegations, some valid, have been levelled. It hasn't made anything public on this count yet. The company is based in Pakistan and it's having a network here but its 99 percent shareholders are foreigners. It's a unique company in the sense that despite the people who are running it belong to Pakistan, 99 percent of its profits are taken away by the foreigners by the virtue of their shares.

The petition also brings to attention a number of serious illegalities that it claimed had strangely gone unnoticed by the National Accountability Bureau (NAB), Ministry of Interior, Federal Bureau of Revenue (FBR), State Bank of Pakistan, Security and Exchange Commission of Pakistan (SECP) and Pakistan Electronic Media Regulatory Authority (Pemra).

The honourable court has referred the entire petition to relevant regulators to probe into these serious illegalities and to decide and take appropriate action within two weeks.

According to the petition, Pemra Rule 7 requires a detailed scrutiny of sponsors/shareholders of any company that seeks to acquire a broadcasting license from the standpoint of credentials, credibility and track record but no scrutiny was allegedly conducted in case of the new owners of the company acquired from the Rawalpindi businessman.

The rules also require that a complete business plan and finances are also submitted to show the seriousness and the viability of the company but this was not submitted either.

The known track record of the new owners is that they are directors of a so-called software company in which they just hold one share each, while 99 percent of the shares are owned by unknown foreigners.

This fact connects strongly with the claims of the company that it has high patriotic goals and wants to invest in Pakistan and bring billions of dollars for the betterment of the people. But what remains unclear is that in the existing set-up, the shares, and likewise the profits, are obviously going out of Pakistan because the shareholders are foreigners.

Also, according to Pemra laws, no license holding company can transfer its shares without Pemra's permission, but in this transaction from the Rawalpindi businessman to the new IT company, shares changed hands without any permission from Pemra.

According to the petition, the original company owned by Rawalpindi/ Islamabad businessman applied to Pemra for permission to change the name of the license and at the same time the directors of the buyers purchased all shares and the TV license from the first owner. The Pemra gave permission for both within days without probing the relevant aspects.

Apparently, the funds for purchase of the TV license came from the foreign shareholders but the Pemra Ordinance, just like other countries, prohibits foreign-owned or controlled companies from acquiring broadcasting licenses in Pakistan. The new owners of the company have announced to build a 12,000 acre building, a glass structure which will be the tallest in the world, it will have helipads, swimming pools, restaurants, massage parlours, and will offer its workers Rolls Royce, Bentleys, Mercedes Benz vehicles even though its paid-up capital is just rupees half a million or so. The question is where will all the money for these multibillion dollar luxuries come from?

In addition to the above, the petitioner has also raised the question as to why Pemra never cancelled the license owned by the Rawalpindi businessman when his TV channel did not go on air in the last five years when its license, which was granted in 2008, required the transmission to begin within 12 months of the issuance date. The license has lost its validity since it could not be sold or auctioned anyway to any company, Pakistani or foreign.

The advertisement about jobs application on social media and newspapers mentions the company whose 99 percent share holders are foreigners whereas license from Pemra has been acquired in the name of another company. This was done because under the law the company whose large majority of shareholders consists of foreigners cannot get the license. The media people are saying that this was a blunder committed because too much haste is shown in bringing this project. They wonder how any court can decide in their favour.

In a surprising development, when Pemra is now required to decide in two weeks on each of these allegations after giving the management/new owners the right of hearing, officials of the Ministry of Interior have confirmed that they never gave security clearance to the new owners/shareholders and any indication of clearance that may have been given at Pemra's end or even at Ministry of Interior's end was without due process and hence no legal validity.

According to the ministry, as of today, no security clearance has been issued and thus under its new owners, it cannot launch any broadcasting channel in Pakistan. The ministry is required to hold further probe into the sponsors and the local and foreign links, some reported to be genuine and others said to be questionable.

The social media and insiders in the software/ IT industry as well as the journalist community are playing a highly active role in raising concerns and debate about the subject. Though a lot of material put on the social media could be challenged for its authenticity but questions have been raised which need answers. These questions include the flow of huge funds, the products that are manufactured and exported, whether they are reported to the authorities or not. Many journalist and analysts have been commenting on the nature of the investors, raising questions whether some sections of the Pakistani power structure, both civil and non-civil, have been interested in this whole matter. This includes links to an infamous Indian person belonging to Mumbai and the powerful quarters of Pakistan, which have haunted this company for several years before it announced its intention to enter the media. Allegations include that the software company is an operation which is also involved in money transferring business. The question is also asked that the company and directors' returns are not sufficient at all to take on such an expansive and unimaginable luxurious project. The company claims that it is globally number one company of the IT and manufactures software in the highest number and earns the highest revenue across the world. Yet in an interesting action, the company has invited heirs of three martyrs and paid them tributes.

The questions are also being asked that how the owners are claiming that they have patronage of a person currently very senior at a federal intelligence gathering organisation who previously served in Karachi.

In the meanwhile, diplomatic missions in Islamabad are also taking keen interest in the discussions about the development in media circles. The missions, belonging to the United States, the United Kingdom, India, Germany and France, are also closely watching and studying about the subject.

The major IT companies are registered with the renowned stock exchanges like NY and Dow Jones since they are public limited companies but the company in question isn't registered as public in exchange. A few Pakistani companies which are famous and known to people are listed but this company is not listed in the stock exchange.

The company has claimed on its website about receiving several international awards but incidentally its name doesn't reflect in any award-given organisation among the recipients.

"Many people in our industry are saying that the men in this enterprise are known to have links with people who have been known to have played roles in power games in the past. Whether these links are there, needs to be investigated along with the allegation that the sponsors also have special relations with the DHA and other institutions with regard to IT, where it is alleged that the land and property is not fully legal and or exceptional permissions have been given beyond precedence," claimed Hamid Mir, a renowned TV anchor.

Many journalists claim that these power players, old and new, may be quietly interested in a new media outlet, which could bring 'balance' to the news coverage and public sentiment if the newly elected government ignores the feelings of some sections and follows policies, especially in foreign and defence matters, which are not in sync with many power players, said Absar Alam, a seasoned journalist, host and ex-editor of a national daily newspaper.

Salim Safi, another leading anchor and analyst, thinks some stakeholders may be feeling uneasy because of decisions involving General Musharraf and Article 6, and would prefer to have a media outlet where they can project their views, which they think are vital for Pakistan. They think that they have lost control of the political situation in Pakistan. They think Pakistan needs vision and clean politics.

"Yes some people approached me as well and requested me to look at the new options, but after a few questions I felt odd and refused," commented Irfan Siddiqui, a noted columnist who had also served as press secretary to a former president of the country.

A senior manager at the TRG, one of Pakistan's leading IT companies, when asked about the owners of the new project, said: "Many, if not all, credible players in the IT industry claim that they are in the business of fake degree websites, pornographic websites and term papers being sold — practices that are illegal in most parts of the world. These software houses also say they have not seen the new owners in any competition in the local market and strangely it does not appear to compete in any international bidding of IT projects either."

The new project owners, almost all of them foreigners, officially claim their mission is to be number one with more than 60% of the revenues and profits of every global market they enter. How will this be possible is a question being asked on many social media forums but no logical answers are available except tall claims.

A person representing the senior management of MediaLogic, the premier third party ratings agency that monitors ratings of TV channels, said: "When asked in how many markets you have 60 percent of revenues and profits, the company spokesperson couldn't answer. When asked what exactly are your products, they couldn't give me a straight answer. When asked who are your key top one or two clients, the company couldn't really give me a straight answer to that either."

"We are not quite sure what they do and the people there usually do not have skill sets that are transferable very easily to the regular work that is required in the industry," said an owner of a large software company.

Saif, an MIT PhD and an entrepreneur, says: "I know from industry sources that they don't really sell any special software in Pakistan or any IT services for that matter. To be frank, no one in the IT industry seems to have come across them bidding for any international projects either."

The president, Pakistan Software Houses Association for IT & ITES (P@SHA), has been sued for defamation by the company several times for trying to probe the company for what it does and ban it from membership of the largest trade body for IT and software companies of the country. When approached to answer a few questions, the president politely declined to comment.

Initial reports with the investigation authorities reveal that the awards mentioned on the company website are not substantiated by the websites of the organisations which are said to have given these awards.

The foreign owners of the new TV project make highly ambitious claims promising to increase Pakistan's IT exports to $60 billion and offer "free" education and justice to "all" in Pakistan in just a few years. How? They do not explain.

All these claims can be found on websites. There are claims to build a 36,000 workforce, in more than 120 countries, and a headquarter that has the world's largest glass building, largest heliport and sky walkways with world class spas, monorail connecting to car park with valet service, massage parlours, hair cutting salon, movie theatres, bowling alleys, multiple restaurants among other unheard of benefits.

The company is also promising Olympic size pools, luxury cars like Rolls Royce, Bentleys and Mercedes, insurance for the entire family and relatives, gratuity and provident fund and medical for entire family including parents and relatives.

All these services are unheard of in Pakistan and not even the largest and biggest profitable multinationals can or do offer these services. Such offers aren't heard of in any other affluent country of the region.

When this reporter contacted Pakistan Business Council, the prestigious association of Pakistan's biggest national and multinational companies, their spokesperson commented: "None of our members in Pakistan have offered such things, as it is not feasible in most international markets let alone in Pakistan." When potential employees during recruitment interviews ask how they can afford these services especially in the media industry which is known to be suffering due to advertising linked to GDP growth, the spokespersons answer: "We are doing this for the country, not for profit."

But when this patriotic claim is cross-matched with the reality that 99 percent of the company is owned by 'unknown' foreigners and all shares and profits go out of Pakistan because of this pattern of shareholding, no clear answers are available.

The Ministry of Information, Ministry of Interior and Ministry of Finance have started investigations into the company to ascertain its nature, its sponsors and its tax status.

A copy of the petition, containing serious allegations of wrongdoings, along with a copy of the court order was sent by the court office to Pemra.

Azhar Siddique Advocate, a prominent human rights and public interest litigator, argued the petition. The spokesman of the company has maintained that the impression given about the company is absurd and baseless. He said all the allegations against the company are nothing but a pack of lies and propaganda by those who feel jealousy. "We want to do business and propaganda is being carried out against us. The propaganda on the social media too has no foundation," he said.

دی نیوز کی من گھڑت خبر کا بقیہ حصہ جس میں اخبار نے کمپنیوں اور لوگوں کا غلط حوالہ دیا کہ انہوں نے بول ٹی وی کے خلاف یہ کہا ہے

9 July 2013-Daily Jang (print edition)

...کورٹ نے حراستی مراکز کمانڈنٹ اور زیر حراست افراد کی فہرست 24 گھنٹے میں طلب کرلی

...کو اب برداشت نہیں ہوتا لوگ بازیاب نہ ہوئے تو تمام حراستی مراکز کے انچارجوں کو طلب کریں گے، 84 افراد کی لسٹ فراہم کرنے کے لئے مزید وقت نہیں دیا جاسکتا، لاپتہ اف...

...جنرل آفس معاملے کو 10 سال چلانا چاہتا ہے، لاپتہ افراد کو ہر صورت بازیاب کرانا ہے، ریمارکس، ایڈووکیٹ جنرل خیبر پختونخوا کو ذاتی طور پر پیش ہونے کا حکم

...فوج کی فائرنگ 53 جاں بحق

اخوان المسلمون کا اعلان بغاوت

...ہونے والوں میں 5 بچے بھی شامل، مظاہرین کی بیرکس میں داخل ہونے کی کوشش پر جوابی کارروائی کی، مصری فوج کا موقف

...عبوری سیٹ اپ 6 ماہ سے طویل نہیں ہونا چاہیے، شیخ الازہر، صدر عدلی منصوری کی جانب سے واقعے کی عدالتی تحقیقات کا حکم

ایبٹ آباد کمیشن پاکستان میں امریکی کارروائی کے ذمہ دار کا تعین نہ کرسکا

آپریشن رات 11 بجکر 20 منٹ پر شروع ہوا، آرمی چیف نے صدر زرداری کو سات گھنٹے بعد اطلاع دی، رپورٹ میں انکشاف

LICENSE TO KILL

عدالت نے کاغذی میڈیا کمپنی کیخلاف تحقیقات کا حکم دیدیا

امریکا، برطانیہ، فرانس اور بھارت کے سفارتی حلقے اس نئی صورتحال میں دلچسپی دکھا رہے ہیں

یہ لوگ منی لانڈرنگ، غیرقانونی کاموں میں ملوث ہیں، ذرائع، سوشل میڈیا پر بھی اظہار تشویش

مزید اہم خبریں صفحہ 3 اور 18 پر

وزیراعظم نوازشریف ہانگ کانگ پہنچ گئے

اہم خبریں

خفیہ فنڈ کیس، سپریم کورٹ کا آڈٹ نہ کرانیوالے 19 اداروں سے جواب طلب

اوگرا اسکینڈل کے مرکزی ملزم

حکومتی اعلان کے برخلاف سابق آئی جی موٹروے

اندرونی صفحات

2 پولیس اہلکاروں سمیت 10 جاں بحق

بول ٹی وی کے خلاف شائع کردہ خبر کا پرنٹ ایڈیشن

9 July 2013-Daily Jang (Web edition)

روزنامہ جنگ لاہور

سپریم کورٹ نے حراستی مراکز کمانڈنٹ اور زیر حراست افراد کی فہرست 24 گھنٹے میں طلب کر لی

مرسی کے حامیوں پر مصری فوج کی فائرنگ 53 جاں بحق

اخوان المسلمون کا اعلان بغاوت

ایبٹ آباد کمیشن پاکستان میں امریکی کارروائی کے ذمہ دار کا تعین نہ کر سکا

وزارت اطلاعات کی معلومات جلد ویب سائٹ پر ملیں گی، پرویز رشید

مزید اہم خبریں صفحہ 3 اور 18 پر

پہلی اور آخری ترجیح توانائی بحران کا خاتمہ، چین مدد کریگا، شہباز شریف

اہم خبریں

بول ٹی وی کے خلاف شائع کردہ بے بنیاد خبر کو بعد میں ویب ایڈیشن سے غائب کر دیا گیا

دی نیوز / جنگ جھوٹی خبر کا پول کھل گیا (1)

From: Salman Danish
Sent: Thursday, July 18, 2013 12:42 PM
To: 'Viqas Atiq'
Subject: RE: Follow up to Our Meeting in Karachi

Dear Viqas,

I am in office today and have seen the letter.

I wasn't even aware of this article as I was away since July 2nd. The facts are as under:

1. The day after I visited you I had a meeting with PBA on TAM Panel expansion in which Mir Ibrahim, Shakeel Masud, Duraid Qureshi and Qazi Sb were present
2. As Ibrahim discussed BOL I told them that I had met Shoaib the day before and visited your office. As none of them had apparently met yourself or Shoaib, they asked me about Axact and I gave them a description of my visit as well as a summary of the discussion I had with Shoaib on the reasons why Axact is entering Media industry
3. I also told all of them that they should meet Shoaib and there is no point in not having personal relationships
4. Ibrahim specifically asked me who Axact's clients were and what products does Axact market
5. I told him that in the introductory presentation made by Mr. Ali, it was mentioned that Axact is in software and specifically three fields were mentioned in the intro i.e. ERP, Design and Education. He then again asked me a list of clients to which I replied factually that I am not aware of the clients as that was not a part of the presentation.

I have already written to Ibrahim today asking for an explanation as to why he misquoted me and also why he printed anything without first clearing it with me. If you want, I can ask my lawyer to reply to your lawyer's note but I don't think it should get to that level. You could have simply asked me as I didn't know the background. Things like this will happen and I have personally experienced it when we entered this industry and were perceived as a threat to the existing power brokers. However, you will have to make a distinction between your friends and foes. We welcome all new entrants especially those that claim to raise the standards of this industry.

If you think the above suffices, please let me know otherwise I will ask my lawyers to draft an official reply as well.

Best regards,

Salman

میڈیا لوجک کے ہیڈ سلمان دانش کی ای میل جس میں انہوں نے اقرار کیا ہے کہ ''دی نیوز / جنگ''
میں اُن کے ادارے کے نام سے شائع شدہ خبر بے بنیاد ہے

دی نیوز / جنگ جھوٹی خبر کا پول کھل گیا (2)

L E X I U M
ATTORNEYS AT LAW
61-C Main Gulberg
Lahore, Pakistan
Tel.: +92 42 3587-0961, 3587-0962 and 3587-0963
Fax: +92 42 3587-0960

Walid Iqbal *Raza Rahman*

BY ELECTRONIC MAIL – akkcadvocates@gmail.com

22 July 2013

Abdul Karim Khan & Company
Advocates & Barristers
Suite No. 1108, Kashif Centre
Main Sharah-e-Faisal
Karachi

Subject: **Defamatory Article based on a court order that doesn't exist and liable for Defamation Proceedings amounting to Civil damages of up to Rs. 5 Billion and criminal proceedings in relevant jurisdiction in accordance with the law.**

Dear Sir,

We are acting as legal counsel to TRG Pakistan Limited, together with all its associated companies/undertakings in and outside Pakistan (collectively, "our clients"), in replying to your letter dated 11 July 2013 bearing the above subject and expressed to have been written at the behest of your client M/s Axact (Private) Limited ("your client").

Your letter under reply *inter alia* states that two articles, both titled *"Court Orders Probe into Paper Media Company"* were published in daily Jang and The News on 9 July 2013 (the "Impugned Articles"), and that the Impugned Articles leveled very serious allegations against your client. Excerpts from the Impugned Articles have also been reproduced in your letter under reply wherein a so-called statement has been attributed to an unnamed "senior manager" of our clients, the contents of which statement, according to your letter under reply, are categorically denied by your client for being defamatory, derogatory, false, baseless, and damaging to the name, repute, and business of your client.

It is hereby clarified, confirmed, and placed on record on behalf of our clients that the so-called statement attributed in the Impugned Articles to the unnamed "senior manager" of our clients (and reproduced in your letter under reply) does NOT possess the consent of our clients and does NOT represent the position of our clients in any manner whatsoever, whether inside or outside Pakistan. Our clients categorically deny any connection or linkage with the Impugned Articles, including any statement contained therein bearing all or any part of our clients' names, and also categorically deny having directly or indirectly indulged in any wrongdoing in this regard.

Accordingly, your client's initiation of any legal action against our clients in Pakistan or globally as proposed in your letter under reply would be misconceived and uncalled for.

Yours truly,

Walid Iqbal

Walid Iqbal
Advocate High Court

TRG پاکستان کی طرف سے قانونی نوٹس کہ ''جیو / جنگ'' نے اُن کے نام کا غلط استعمال کر کے بول ٹی وی کے خلاف خبر شائع کی ہے جو کہ بالکل غلط اور جعلی ہے

''جیو/جنگ'' گروپ کا بول ٹی وی کا ٹریڈ مارک حاصل کرنے کے لیے فراڈ

Annexure - 1

File Number 342080
Filing Date 19/06/2013
Status Pending
Description of mark BOL BOL

Owner : INDEPENDENT MEDIA CORPORATION (PVT) LTD., Printing House, I. I. Chundrigar Road, Karachi, Sindh, Pakistan
Representative : ALI & ASSOCIATES, First Floor, Shaheen Towers, 23-A, Block-6, P.E.C.H.S. Sharah-e-Faisal, Karachi.
Applied Goods / Services : 38 Telecommunications, cable television broadcasting, cable radio broadcasting, television, radio broadcasting and broadcasting programs via a global computer network.
Period of Use 2007

''جیو/جنگ'' گروپ نے 19 جون 2013ء کو نئے آنے والے بول ٹی وی کا ٹریڈ مارک حاصل کرنے کے لیے درخواست دی

127

Government of Pakistan
Intellectual Property Organisation
Trade Marks Registry

Annexure 2B

CLASS - 41

Application No.	238904
Filing Date	11/07/2007
Date of Actual Registration	
Mark	BOL
Disclaimer / Condition	
Name, Address and Description	INDEPENDENT MEDIA CORPORATION (PVT) LTD., Printing House, I.I. Chundrigar Road, KarachiPK
Address of Service	Ali & Associates, (Advocates) 6, Shaheen Towers, 23-A, Block-6, P.E.C.H.S. Shahra-e-Faisal P.O. Box: 12536 Karachi-75400
Goods Description	Entertainment services in the nature of television talent show, musical performances, and the production of radio and television programmes.
Present Status	Registered

BOL

جب ''جیو/جنگ'' گروپ کو معلوم ہوا کہ بول ٹی وی کا ٹریڈ مارک پہلے ہی حاصل کرلیا گیا ہے تو انہوں نے پرانی تاریخ پر جعلی درخواست (238904) بنا دی جب کہ یہ درخواست 2007ء میں ''جیو/جنگ'' نے پاکستان آئیڈل کے لیے جمع کروائی تھی

Govt. of Pakistan
Intellectual Property Organisation
Trade Marks Registry

IPO

Annexure 2A

CLASS - 41

Application No.	238904
Filing Date	11-July-2007
Date of Actual Registration	
MARK	PAKISTANI IDOL TO PAKISTAN IDOL
Disclaimer	
Condition	

Name, Address and Description	INDEPENDENT MEDIA CORPORATION (PVT) LTD., Printing House, I.I. Chundrigar Road, Karachi, A Pakistani Company, Manufacturers, Merchants & Traders.
Address for Service	Ali & Associates, (Advocates) 6, Shaheen Towers, 23-A, Block-6, P.E.C.H.S. Shahra-e-Faisal P.O. Box 12038 Karachi-75400
Goods Description	Entertainment services in the nature of television taletn show, musical performances, and the production of radio and television programmes.
Present Status	Show Cause Issued

جب کہ درخواست نمبر 238904 ''جیو/جنگ'' نے پاکستان آئیڈل کے لیے دی تھی جسے بول کے نام سے تبدیل کر دیا گیا، پاکستان آئیڈل اور بول ٹی وی کے لیے دی گئی ''جیو/جنگ'' گروپ کی درخواست کا نمبر (238904) ایک ہی ہے

ٹریڈ مارک آفس کا خط کہ درخواست نمبر 238904 کی اصلی فائل غائب ہوگئی ہے

NO-TM- 01567

GOVERNMENT OF PAKISTAN
INTELLECTUAL PROPERTY ORGANIZATION
TRADE MARKS REGISTRY

Annexure = 3

Telegraph : MARKS REGISTRY
Phone No : 9230533
Fax No : 9231001

Plot No. CD – 3, Behind KDA
Civic Centre, Gulshan-e- Iqbal,
Karachi.

Dated 06/12/ 2013

From:
The Registrar of Trade Marks,
Karachi

To,

Messrs. *Sheikh Brothers (Advocates)*
601, Al Ameera Centre,
Shahrah-e-Iraq,
Saddar, Karachi-74400.

Subject: TRADE MARK APPLICATION NO. ***238904*** IN CLASS-***41***

Dear Sir,

I am directed to refer to your request on Form TM-45 ***21st November, 2013*** and would like to provide you information as under:-

1. That two Requests on Form TM-56 have been received against the above noted Application No.238904 in class-41 on 19th November, 2013. A Notice of Opposition on Form TM-5 has been received on 21st November, 2013. It is also informed that Requests on Form TM-56 were belated by 24days.

2. That the original File of this case has been misplaced. The dispatch register indicates that the official Registration Certificate has not been issued by the Trade Marks Registry.

However, it is hereby clarified that the Business Process of the Trade Marks Registry is automatic and when the Registration Certificate is printed through computerized systems, the system automatically change the status of Trade Marks Application as registered.

Yours faithfully,

Khalida Perveen
(Khalida Parveen)
Assistant Registrar of Trade Marks

جیو/جنگ گروپ نے اپنے فراڈ کو چھپانے کے لیے پاکستان آئیڈل کی فائل ٹریڈ مارک سے ہی غائب کروادی

1965ء: جنرل ایوب خان کی بھارتی فلموں پر پابندی کا نوٹیفکیشن

DINA

GOVERNMENT OF PAKISTAN
MINISTRY OF INFORMATION AND BROADCASTING
...

Rawalpindi, the 7th September, 1965.

NOTIFICATION

No.C(40)/65-Films. In exercise of the powers conferred by section 7 of the Censorship of Films Act, 1963 (XVIII of 1963), the Central Government is pleased to direct that all certified films (feature, trailers and shorts, etc.) produced in India in any language whether talkie, silent or dubbed, be deemed to be uncertified films in respect of whole of Pakistan with immediate effect.

(M. IHSANUL HAQ)
DEPUTY SECRETARY.

To

The Manager,
Government Printing Press,
Rawalpindi.

Copy to:

1. Chairman, Central Board of Film Censors, Rawalpindi.
2. Vice-Chairman, Central Board of Film Censors, Lahore.
3. Vice-Chairman, Central Board of Film Censors, Dacca.
4. Chief Secretary, East/West Pakistan.

MIAN MUHAMMAD TAHIR
Advocate High Court
4 Mozang Road Lahore

(M. Ihsanul Haq)
Deputy Secret

براحمد اشٹام فروش، وثیقہ نویس لائسنس یافتہ ہائی کورٹ، لاہور۔ فون: 7228139

احمد ایسوسی ایٹس، اشٹام فروش، وثیقہ نویس القدر سنٹر بیسمنٹ کمرہ نمبر 3-بی مزنگ روڈ نزد ...

جنرل ضیاالحق کا نوٹیفکیشن کہ کوئی بھی بھارتی فلم پاکستان میں نہیں لگائی جاسکتی

TO BE PUBLISHED

GOVERNMENT OF PAKISTAN
MINISTRY OF CULTURE AND TOURISM
(CULTURE, SPORTS AND YOUTH AFFAIRS DIVISION)

Islamabad the 4th June, 1984.

NOTIFICATION

S.R.O.______________: In exercise of the powers conferred by sub-paragraph (1) of paragraph 4 of Martial Law Order No. 81, the Federal Government is pleased to direct that all films, including feature, trailers and shorts, produced in India in any language, whether talkie, dubbed or silent, other than those specified in the Central Board of Film Censors Certificate Nos. 132/I/80 dated 30-4-1980 and No. 27../I/81 dated 19-5-1981, shall, with immediate effect, be deemed to be uncertified films in the whole of Pakistan for the purposes of the Motion Pictures Ordinance, 1979 (XLIII of 1979).

NO.F.3-5/80-CEA(F).

(KHALID PERVEZ)
SECTION OFFICER

To:

The Deputy Manager,
Printing Corporation of Pakistan Press,
Islamabad.

Copy to:-

1. The Chairman, Central Board of Film Censors, Islamabad.
2. The Chief Secretaries, Government of:-
   - i) The Punjab, Lahore.
   - ii) The N.W.F.P., Peshawar.
   - iii) The Sind, Karachi.
   - iv) The Baluchistan, Quetta.
   - v) The Azad Kashmir, Muzaffarabad.

   With the request that all the District Magistrates may please be advised of the position for necessary action.
3. Notification file.

(KHALID PERVEZ)
SECTION OFFICER

MIAN MUHAMMAD TAHIR
Advocate High Court
4 Mozang Road Lahore

2007 بھارتی فلموں کی پاکستان میں نمائش پر پابندی کا نوٹیفکشن

بسم اللہ الرحمٰن الرحیم

BY UNB
19

Vice-CHAIRMAN

GOVERNMENT OF PAKISTAN
CENTRAL BOARD OF FILM CENSORS
Street No. 55, F-6/4, Islamabad

No. 15(1)/2007-CB (FS)

Islamabad, the 31st December, 2007.

Mr. Haroon Deewan,
M/s. Memon Movies,
Room No. 12. Pillcher House,
Marston Road,
Karachi.

Subject: - EXHIBITION OF INDIAN FILM IN PAKISTAN

Dear Sir,

Please refer to your letter dated 12th December, 2007 addressed to the worthy Secretary (Culture) and Chairman, CBFC regarding exhibition of Indian film in Pakistan.

2. In this connection, it is stated that inspite of the omitting clause 5 in form "B" yet, films produced in India are banned in Pakistan since 1965 and there is no change in the Government policy as yet.

Assuring you of our best co-operation.

Yours sincerely,

(Khalid Ali Butt) 31/12/07
Vice-Chairman

MIAN MUHAMMAD TAHIR
Advocate High Court
4-Mozang Road Lahore

2007ء: بھارتی فلمیں پاکستان میں غیر قانونی قرار، لیکن اُس کے باوجود فلمیں پاکستان آ رہی ہیں

بھارتی فلم ''قرض'' کا جعلی سرٹیفکیٹ پر برطانیہ سے غیر قانونی درآمد

F. No. 1-8/2006 - C-II (Pt)
Government of Pakistan
Ministry of Culture
******

Islamabad, 9th October, 2008.

OFFICE MEMORANDUM

Subject: - **Import of Film "Karzz" From U.K.**

The undersigned is directed to state that M/s Kamran Chaudhry Enterprises have informed us that a film titled "Karrz" (Feature Urdu), produced/distributed by Adlabs Films Limited, UK, has been held up by the Customs Department at Lahore.

2. This Ministry understands that Ministry of Commerce are in the process of amending Trade Policy in the light of Ministry of Culture Notification No. 1-8/2006–C-II dated 5.6.2006 (copy attached), to allow import of such films which might contain Indian cast & crew but have been produced in a country other than India. This policy has been in practice since 2006 and the Ministry of Culture had already requested for its continuation.

3. Ministry of Commerce, therefore, is again requested to grant exemption to this and such like films as has already been requested vide a letter dated 26th September, 2008.

(Khalid Pervez)
Section Officer (C-II)
Tel: 9204364

Secretary,
Ministry of Commerce,
Government of Pakistan,
Islamabad.

بھارتی فلموں کو برطانیہ اور دبئی میں نام نہاد ڈیلروں کی فروخت کر کے پاکستان میں خرید لی جاتی ہیں اور جعلی سرٹیفکیٹ میں یہ ظاہر کر دیا جاتا ہے کہ یہ فلم UK یا دبئی سے برآمد کی گئی ہے۔

ایشوریہ رائے کی انگریزی فلم کا جعلی سرٹیفکیٹ

BRIDE PRODUCTIONS LTD

The White House, Ealing Studios, Ealing Green
London, W5 5EP
Tel: 020 8584 5398 Fax: 020 8584 5217

CERTIFICATE OF ORIGIN

Issued by: BRIDE PRODUCTIONS LTD

This document will certify the following information:

Film Title: BRIDE AND PREJUDICE

Year of Production: 2003

Written By: GURINDER CHADHA AND PAUL BERGES

Produced By: DEEPAK NAYAR AND GURINDER CHADHA

Directed By: GURINDER CHADHA

Starting: AISHWARYA RAI, MARTIN HENDERSON

Running Time: ONE HOUR, FIFTY-ONE MINUTES, THIRTEEN SECONDS AND TWENTY FRAMES

Footage: TEN THOUSAND AND TEN FEET TWELVE FRAMES

Origin Of Film: BRITISH

Signature: [signature]
Name: DEEPAK NAYAR
Company Position: DIRECTOR
Duly authorised for and on behalf of BRIDE PRODUCTIONS LTD

On this (date) 4th day of (Month and Year) October 2004, before me (~~name of Notary~~) MARTIN EMIL BUCHNER a Notary Public, personally appeared (~~name of above signed~~) DEEPAK NAYAR, ~~known to me (~~or proved to me on the basis of satisfactory evidence) to be the person whose name is subscribed to within instrument, and acknowledged to me that he executed the same.
Witness my hand and official seal.

Signature: [signature]
Notary Public in and for ~~said County and State~~ the said City of London, England

My Commission Expires: With life

MARTIN E. BUCHNER

DE PINNA
35 PICCADILLY
LONDON

پاکستان میں جعلی سرٹیفکیٹس پر آنے والی فلموں کی فہرست جن کو عالمی فلمیں قرار دے کر نمائش کی گئی

انڈین فلموں کی فہرست

نمبر	سال۔تاریخ نمائش	فلم کا نام	ادارہ
۔01	2006ء	مغل اعظم	مانڈوی والا انٹرٹینمنٹ
۔02	2006ء	تاج محل	ایوریڈی پکچرز
۔03	2007ء	گارڈ فادر	ایورڈی پکچرز
۔04	"	آوارہ پنا	سہیل خان پروڈکشن
۔05	2007ء	بجا دے بجا	ایچ کے سی
۔06	2007ء	گینگسٹر	سہیل خان پروڈکشن
07	2007ء	گول	ایوریڈی پکچرز
۔ 08	2007ء	راہ گزر	پلے پکچرز
۔09	2008ء	برائیڈ اینڈ پریجوڈس	ایچ کے سی
۔10	2008ء	ہلمٹ	ایچ کے سی
۔11	2008ء	ویلکم	ایچ کے سی
۔12	2008ء	یو می اور ہم	صدف وڈیو
۔13	2008ء	تارے زمین پر	جیو فلمز
۔14	2008ء	کلر	سہیل خان پروڈکشن
۔15	2008ء	ریس	ایوریڈی پکچرز
۔16	2008ء	بھوت نات	ایورنیو فلمز۔ ایچ کے سی
۔17	2008ء	جنت	سہیل خان پروڈکشن
۔18	23۔اگست2013ء	مدراس کیفے	ایچ کے سی
۔19	30۔اگست2013ء	ستیاگرہ	جیوء فلمز
۔20	06۔ستمبر2013ء	زنجیر	آئی جی ایم سی
-21	-------	شدھ دیسی رومانس	جیوء فلمز
-22	13۔ستمبر2013ء	جان ڈے	ایوریڈی فلمز
-23	20۔ستمبر2013ء	پھٹا پوسٹر نکلا ہیرو	آئی ایم جی سی

ستیاگرہ اور شدھ دیسی رومانس کے علاوہ بہت سی بھارتی فلمیں جیو فلمز نے جعلی سرٹیفکیٹس پر برآمد کیں

روزنامہ جنگ 7 مئی 2009ء جہانگیر صدیقی پر اربوں روپے ناجائز کمانے کا الزام

باقاعدہ تصدیق شدہ اشاعت ABC CERTIFIED پاکستان کے بہترین روزنامہ

THE DAILY JANG KARACHI

روزنامہ جنگ کراچی

THURSDAY MAY 7, 2009.

بانی میر خلیل الرحمٰن

جلد 73 جمعرات 11 جمادی الاول 1430ھ 7 مئی 2009ء نمبر 125

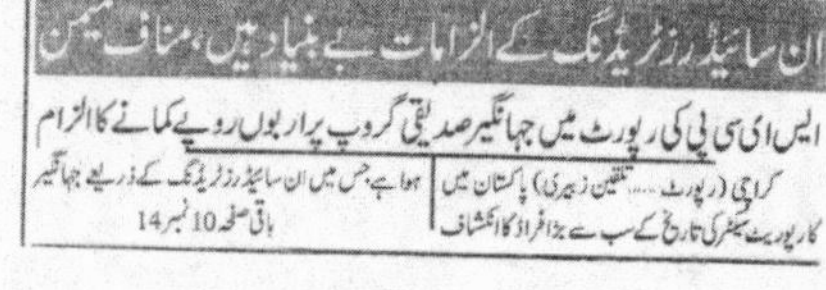
ان سائیڈرز ٹریڈنگ کے الزامات بے بنیاد ہیں، مناف میمن

ایس ای سی پی کی رپورٹ میں جہانگیر صدیقی گروپ پر اربوں روپے کمانے کا الزام

کراچی (رپورٹ ..... تلقین زبیری) پاکستان میں کارپوریٹ سیکٹر کی تاریخ کے سب سے بڑا فراڈ کا انکشاف ہوا ہے۔ جس میں ان سائیڈرز ٹریڈنگ کے ذریعے جہانگیر

باقی صفحہ 10 نمبر 14

بقیہ 14 مناف میمن

صدیقی گروپ نے اربوں روپے کمائے ہیں۔ تاہم گروپ کے چیف نے ان سائیڈرز ٹریڈنگ کے الزامات کو بے بنیاد قرار دیا ہے۔ سیکورٹیز اینڈ ایکسچینج کمیشن کے سیکورٹیز مارکیٹ ڈویژن نے اس امر کا انکشاف اپنی ایک تحقیقاتی رپورٹ میں کیا ہے۔ رپورٹ کے مطابق اسٹاک ایکسچینج میں اندراج شدہ ایک کمپنی ایز گارڈ نائن لمیٹڈ میں ان سائیڈر ٹریڈنگ کی گئی ہے۔ ایز گارڈ نائن کے شیئرز کی قیمت اپریل 2007ء میں 22 روپے تھے جس کو جولائی 2007ء میں 132 فیصد مصنوعی اضافے کے ذریعے 53 روپے پر پہنچادی گئی اسی طرح نومبر 2007ء سے اپریل 2008ء تک اس کی قیمت میں مصنوعی طور پر 174 فیصد کا مزید اضافہ کیا گیا اور اس کی قیمت میں مصنوعی اضافے کے ذریعے جہانگیر صدیقی گروپ نے اربوں روپے کمائے۔ تحقیقاتی رپورٹ کے مطابق لائف سیکورٹیز اور عزیز فدا حسین بروکریج ہاؤسیز کے ذریعے جہانگیر صدیقی گروپ نے 25 کروڑ شیئرز کی کراس ٹریڈ اور خرید و فروخت کی جس میں جہانگیر صدیقی گروپ اور اس کے ڈائریکٹران براہ راست ملوث تھے۔ رپورٹ میں سفارش کی گئی ہے کہ مذکورہ گروپ کے خلاف سیکشن 17 اور سیکشن 17E کے تحت کارروائی کی جائے جس کے تحت ملوث افراد کو دو سال کی سزا اور کمائی گئی رقوم اسٹیٹ بینک میں جمع کرانا ہوگی۔ اس رپورٹ کی تیاری کے دوران نہ صرف تحقیقات کرنے والے کئی افسران تبدیل ہوئے بلکہ کئی افسران نے خاموشی سے ایس ای سی پی کو بھی چھوڑ دیا جبکہ اسی دوران سیکورٹیز مارکیٹ کے ایک ایگزیکٹو نے اچانک استعفیٰ دے کر اس گروپ میں شمولیت اختیار کرلی جو براہ راست ان سائیڈرز ٹریڈنگ میں ملوث تھا۔ یہ تحقیقاتی رپورٹ دسمبر 2008ء میں مکمل ہوئی مگر چار ماہ گزر جانے کے باوجود اس گروپ کے خلاف کوئی کارروائی عمل میں نہیں آئی ہے۔ اس تحقیقاتی رپورٹ کی تیاری سابق چیئرمین ایس ای سی پی رضی الرحمان کی زیر نگرانی مکمل ہوئی مگر اس گروپ کے خلاف تمام قانونی تیاریاں مکمل کرلینے کے باوجود وہ اس کے خلاف عملی طور پر کوئی کارروائی عمل میں نہ لاسکے۔ اس رپورٹ پر کارروائی نہ کرنے کے استفسار پر سابق چیئرمین رضی الرحمان نے بتایا کہ ان کو اس رپورٹ کے جب ثبوت ملے تو وہ اس سے ایک دن پہلے ہی اپنی چیئرمین شپ چھوڑ چکے تھے جس کی وجہ سے وہ اس پر کارروائی نہ کرسکے تاہم ان کا کہنا تھا کہ ان سائیڈر ٹریڈنگ کے اس کیس میں انہوں نے اس گروپ کے خلاف مقدمہ دائر کرنے کی تمام تیاریاں مکمل کرلی تھیں ان کا کہنا تھا کہ ایس ای سی پی کی موجودہ انتظامیہ کو چاہئے کہ وہ اس پر فوری کارروائی کرے۔ دوسری طرف موجودہ چیئرمین ایس ای سی پی سلمان شیخ نے رابطہ کرنے پر اس پر کوئی واضح موقف دینے سے گریز کیا اور ان کا کہنا تھا کہ یہ حساس نوعیت کا مسئلہ ہے اور وہ یہ نہیں بتاسکتے کہ اس تحقیقاتی رپورٹ پر اب تک کارروائی عمل میں کیوں نہیں آئی ہے۔ کارپوریٹ مارکیٹ کے تجزیہ کار اس ان سائیڈرز ٹریڈنگ کے کیس کو اپنی نوعیت کے لحاظ سے پاکستان میں پکڑے جانے والے پہلا کیس قرار دے رہے ہیں۔ جہانگیر صدیقی کمپنی کے چیف ایگزیکٹو مناف میمن نے بات چیت کرتے ہوئے کہا کہ ان کی نظر سے ایسی کوئی رپورٹ نہیں گزری ان کا کہنا تھا کہ وہ اس رپورٹ کو دیکھے بغیر اس پر کوئی تبصرہ نہیں کرسکتے جب ان سے پوچھا گیا کہ ایس ای سی پی کی انکوائری رپورٹ میں ان کے گروپ پر الزام ہے کہ اس نے ان سائیڈرز ٹریڈنگ کے ذریعے اربوں روپے بنائے تو ان کا کہنا تھا کہ یہ الزامات بے بنیاد ہیں اور انہوں نے یا ان کے گروپ نے کوئی ایسا کام نہیں کیا۔

7 مئی 2009ء کو جہانگیر صدیقی کی Azgard-9 میں کرپشن پر روزنامہ جنگ کی خبر،

لیکن جب جہانگیر صدیقی، میر شکیل الرحمٰن کے سمدھی بنے تو اچانک بے قصور ہو گئے۔۔۔!

SECP کی Azgard 9 کرپشن کی تحقیقی رپورٹ

Investigation Report

On the Manipulative and
Other Prohibitive Activities into

Azgard Nine Limited (ANL)
Period under review April 2, 2007 to July 13, 2007
&
November 29, 2007 to April 22, 2008

Securities & Exchange Commission of Pakistan
Securities Market Division

Submitted By:

15/04/2009
Shazia Baig
Deputy Director-SMD South

15/04/09
Waqar Ahmed Siddiqui
Joint Director-SMD South

5.2 TOP BUYERS AND SELLERS DURING THE REVIEW PERIODS:

Review Period 1:

While reviewing the trading at client/UIN level, the top buyers and sellers were identified as individuals and companies who were clients of JS Global Capital (Brokerage House) including JS Group companies, JS Group mutual funds being managed by JS Investments, sponsors / directors of Azgard Nine Limited, Aziz Fidahussein brokerage house and his family members and client and associate of Live Securities. Details of major buyers and sellers are given hereunder during the period April 02, 2007 to July 13, 2007:

TOP BUYERS ON UIN BASIS DURING FIRST REVIEW PERIOD				
Client Name	Member	Buy Volume	Sell Volume	[illegible]
*Saad Saeed Farooqui'	JSGCL	27,359,500	17,617,500	64%
*Zehra	AFH	18,473,000	19,235,500	104%
*Jahangir Siddiqui & Company Limited	JSGCL	11,920,500	-	0%
*Shazia	JSGCL	11,289,500	10,389,500	92%
*Cross By Dragon Fund	JSGCL	7,081,000	5,610,500	79%
*Jahangir Siddiqui & Sons	JSGCL	6,161,000	113,500	2%
*Muhammad Iqbal	AFH	5,897,000	5,022,500	85%
*Amna Humayun Shaikh	JSGCL	2,755,500	2,320,000	84%
*Syed Nizam Shah	JSGCL	2,315,500	2,315,500	100%
*Khalid Rafi	JSGCL	2,226,500	2,226,500	100%

TOP SELLERS ON UIN BASIS DURING FIRST REVIEW PERIOD				
Client Name	Mbr	Sell Quantity	Buy Quantity	[illegible]
*Zehra	AFH	19,235,500	18,473,000	96%
*Saad Saeed Farooqui'	JSGCL	17,617,500	27,359,500	155%
*Shazia Sadiq	JSGCL	10,389,500	11,289,500	109%
*Begum Aftab Qari	JSGCL	8,613,000	729,500	8%
*Cross By Dragon Fund	JSGCL	5,610,500	7,081,000	126%
*JS Aggressive Assets Allocation Fund	JSGCL	5,307,000	-	0%
Khudabux Industries	TSS	2,079,000	500	0%
*Mehboob Ali Kalyar	JSGCL	2,621,500	1,531,500	58%
*Amna Humayun Shaikh	JSGCL	2,320,000	2,755,500	119%
Metropolitan Life Assurance	JSGCL	1,640,000	-	0%

JSGCL: JS GLOBAL CAPITAL LIMITED AFH: AZIZ FIDA HUSSAIN TSS: TS SECURITIES

*Persons accused of price manipulation

جہانگیر صدیقی گروپ اور شیخ فیملی کے Azgard 9 کرپشن میں ملوث ہونے کے ثبوت

5.4 *Who were Involved in market manipulation?*

From the analysis of trading information, it transpired that a 'Group' orchestered a scheme of market manipulation in the scrip of ANL during the periods under review. An analysis of the trading pattern during both the review periods revealed concentration in the trading by the said group of persons who are inter-linked with each other through professional or personal relationships and the nature of their trading and transactions indicated an attempt to artificially inflate the price of ANL.

The following table indicates the names of all the participants of the 'Group', including those who though not traded directly in the scrip of ANL but have been involved in designing the over all scheme of manipulation indulging their funds and other resources mainly through their fronts or brokerage houses:

S.No	J S GROUP	Brokerage House
	(A) J S Group Companies and Funds being managed by JS Investment	Member KSE
1	J S Global Capital Limited (JSGCL)	JSGCL
2	Jehangir Siddiqui & Co Limited	JSGCL
3	Jehangir Siddiqui & Sons (Pvt) Limited	JSGCL
4	J S Bank Limited	JSGCL
5	Jehangir Siddiqui Securities Services Limited	JSGCL
6	JS Investments Limited (AMC) including all the 5 mutual funds managed by JSIL	
	(B) Front OF JS Group Officials	
7	Shazia Sadiq (wife of JSCL employee , working as front of Munaf Ibrahim, CEO of JSCL)	JSGCL
8	Mehboob Ali Kalyar (Personal Secretary of Jahangir Siddiqui)	JSGCL
9	Mashooq Ali Kalyar (brother of Mehboob Kalyar) Front of Mehboob Kalyar	JSGCL
10	Muhammad Iqbal (Front for Mr. Abdul Hameed Dagia, (Director/CEO of Jahangir Siddiqui Securities Limited) his sons Junaid Dagia, Mubashir Dagia and his wife Zubaida Dagia	AFH
	(C) Associates of JS Group and Client of JS Global Capital	
11	Crosby Dragon Fund (Business Associates)	JSGCL
12	Saad Saeed Farooqi (Business Partner)	JSGCL
13	Rubina Malkani (wife of Managing Director J S Global Mr. G.M.Malkani)	JSGCL
14	Syed Nizam Shah (Director in Jahangir Siddiqui & Co Ltd)	JSGCL
15	Zaibunnisa (Front of Ahmed Abdul-Razzak, a stock dealer working with JS group)	JSGCL
16	Muhammad Ibrahim (Client)	JSGCL
17	Khalid Rafi (Client)	JSGCL
18	Rashid Siddiqui (Client)	JSGCL
	(D) J S Group Officials/Associates traded through their Fronts	
19	Munaf Ibrahim CEO Jahangir Siddiqui & Co, fronted by Shazia Sadiq and M.Sadiq	JSGCL
20	Ali Jahangir Siddiqui (Director/CEO JSCL and ANL) fronted by Mehboob Kalyar	JSGCL
21	Abdul Hameed Dagia and his Sons Mubashir Dagia and Junaid Dagia fronted by M.Iqbal	AFH
22	G.M.Malkani in position of JS Global CEO and fronted by Mrs.Rubina Malkani	JSGCL
23	Ahmed Abdul-Razzak fronted by Zaibunnisa	JSGCL

Azgard 9 کے شیئر کی عارضی قیمت بڑھانے میں جہانگیر صدیقی گروپ کی 6 کمپنیاں ملوث

Payment Information:

During the course of investigation we examined the financial records of the said client and the following payments were issued:

JS SECURITIES SERVICES LTD			
Issued by	Received by	Date	Amount (Rs.)
JS GLOBAL	JS SEC SER LTD	3/7/2007	154,235
JS GLOBAL	JS SEC SER LTD	28/06/2007	56,411,867
JS GLOBAL	JS SEC SER LTD	27/04/07	6,634,850
JS SEC SER LTD	JS GLOBAL CAP	31-05-07	13,538,550
JS GLOBAL CAP	JS SEC SER LTD	14/06/07	51,617,917
JS SEC SER LTD	JS GLOBAL CAP	16/06/07	80,648,713

Details of Alleged Violations

Cross Trades

The trading details of JSSSL showed that it has bought 1,075,000 shares and sold 1,075,000 during the review period. JSSSL trading was found only on June 13, 2007 revealing the same quantity of shares bought and sold during the day. Following two tables revealed that **JSSSL has bought 43.53% shares from the Group members and sold 98.05 % to another group client Zehra.** The detail of cross trade for first review period has been provided in Annexure 6.14.1

Review Period 1

JS SECURITIES CROSS TRADES WITH OTHER GROUP MEMBER			
FOR THE PERIOD APRIL 02 TO JULY 13 2007			
Client	JSSSL Total Buy	Counter -Client	Quantity Sold
JS Securities Services	1,075,000	Mehboob Ali Kalyar	428,500
JS Securities Services		JS Investment Bank	39,500
Total	1,075,000		468,000
			43.53% Cross Trades with Group members

JS SECURITIES CROSS TRADES WITH OTHER GROUP MEMBER			
FOR THE PERIOD APRIL 02 TO JULY 13 2007			
Client	JSSSL Total Sold	Counter -Client	Quantity Bought
JS Securities Services	1,075,000	Zehra	1,054,000
Total	1,075,000		1,054,000
			98.05% Cross Trades with Group members

SECP کی Azgard-9 کی انکوائری سے چند صفحات، جن میں جہانگیر صدیقی گروپ اور شیخ فیملی کے اس کرپشن میں ملوث ہونے کے ثبوت دیئے گئے ہیں

6.22 Humayun Naseer Shaikh (HNS):

Humayun Shaikh is the father of two of the directors and CEO of ANL and the client of JS Global Capital. He is also the co-authorized persons for Nasreen and Ahmed Shaikh accounts and the joint account holder with both of his daughters' i.e Aalia and Amna Shaikh. HNS trading details revealed that he traded 2.1 million shares during the second review period and almost 100% of his trading took place with other Shaikh family member's i.e Nasreen Humayun Shaikh (Wife) and Ahmed Shaikh (son).

TRADING DETAILS OF HUMAYUN SHAIKH DURING REVIEW PERIOD 2:

DATE	Opening CFS	READY MARKET TRANSCATIONS		Closing CFS
	Financee	BUY QTY	SALE QTY	Financee
19-Mar-08	-	-	2,100,000	-
25-Mar-08	-	2,100,000	-	-
Grand Total	-	2,100,000	2,100,000	

CDC Information

CDC Information of Humayun Shaikh		
BALANCE AS AT	CDC A/C#	BALANCE
April 02,2007	A/C # 2159	9,431,006
July 31,2007		14,194,472
November 29,2007		14,194,472
April 22,2008		14,194,472

Account Reconciliation of HNS Account in Second Review Period		
Period	Shares	Balance
Opening CDC Balance As on Nov 29,2007	14,194,472	
Opening CFS Balance As on Nov 29,2007	0	
Total Opening Balance as at Nov 29,2007		14,194,472
Total Buy During the Period	2,100,000	
Total Sell During the Period	(2,100,000)	
CDC balance after adjusting buying/selling during the period		14,194,472
Closing CDC Bal As on April 22,2008	(14,194,472)	
Closing CFS Balance April 22,2008	-	
Total Closing Balance appearing as at April 22,2008		(14,194,472)
Difference in Closing Balance		0

ہمایوں نسرین شیخ کے Azgard-9 انکوائری میں کرپشن کے ثبوت

CDC Information:

CDC Information of Jahangir Siddiqui & Co					
BALANCE AS AT	CDC A/C#	BALANCE	CDC A/C#	BALANCE	TOTAL
pril 02,2007	Sub A/C # 1276	7,400,000	House A/C 00422	54,264,827	**61,664,827**
ıly 18,2007		10,000,000		66,185,327	**76,185,327**
ovember 29, 2007		10,000,000		66,185,327	**76,185,327**
pril 22,2008		10,000,000		66,185,327	**76,185,327**

Account Reconciliation of JSCL Account in First Review Period		
Period	Shares	Balance
pening CDC Balance As on April 2nd,07	61,664,827	
pening CFS Balance As on April 2nd,07	2,600,000	
ıtal Opening Balance as at April 2nd,07		*64,264,827*
ıtal Buy During the Period	11,920,500	
ıtal Sell During the Period	-	
)C balance after adjusting buying/selling during the period		*76,185,327*
osing CDC Bal As on July 18, 2007	(76,185,327)	
osing CFS Balance July 13 2007	-	
ıtal Closing Balance appearing as at July 18,2007		*(76,185,327)*
fference in Closing Balance		0

ayment Information:

ıring the course of investigation we examined the financial records of the said client and the following payments ere found:

JAHANGIR SIDDIQUI & CO.			
Issued by	Received by	Date	Amount (Rs.)
JS &CO	JS GLOBAL	6/4/2007	5,922,499
JS &CO	JS GLOBAL	6/4/2007	76,780,093
JS GLOBAL	JS &CO	23/05/07	19,031,103
JS &CO	JS GLOBAL	22/05/07	25,151,718
JS &CO	JS GLOBAL	18/05/07	16,003,188
JS &CO	JS GLOBAL	12/4/2007	90,663,516
JS GLOBAL	JS &CO	9/4/2007	57,273,444
JS GLOBAL	JS &CO	21/05/07	120,481,918

ایس ای سی پی کی Azgard-9 کرپشن انکوائری رپورٹ میں

جہانگیر صدیقی گروپ کے ملوث ہونے کے ثبوت

منگل/03دسمبر 2013ء

روزنامہ امت کراچی

جے ایس گروپ نے آئی سی آئی کے شیئرز پر بھی کروڑوں بٹورے

کراچی (امت خصوصی) سیکیورٹیز اینڈ ایکسچینج کمیشن آف پاکستان (ایس ای سی پی) کی تحقیقاتی رپورٹ میں یہ بھی انکشاف کیا گیا ہے کہ جہانگیر صدیقی گروپ نے سال 8-2007 میں نہ صرف [illegible] نامی کمپنی کے شیئرز میں سٹے بازی کی بلکہ معروف کمپنی آئی سی آئی کے شیئرز کی بھی کارٹیل بنا کر مخصوص انداز میں بڑے پیمانے پر خرید کر مصنوعی طور پر قیمت بڑھائی اور بعد ازاں شیئرز فروخت کر کے سرمایہ کاروں کے کروڑوں روپے ہتھیا لیے۔ [illegible]

*****

جہانگیر صدیقی گروپ کی آئی سی آئی کے شیئرز میں سٹے بازی کی خبر

بتاریخ 30 نومبر 2013ء

روزنامہ امت کراچی

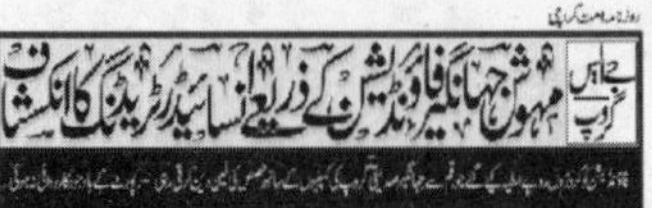

جے ایس گروپ

مہوش جہانگیر فاؤنڈیشن کے ذریعے انسائیڈر ٹریڈنگ کا انکشاف

[illegible]

☆☆☆☆☆

چھوٹے سرمایہ کاروں کو لوٹنے پر جہانگیر صدیقی کے خلاف ایک اور خبر کا عکس

THE EXPRESS TRIBUNE
WITH THE International New York Times

Huge scandal: CNG stations scam unearthed

By GM Jamali Published: September 28, 2013

Company owned by Jahangir Siddiqui submitted fake NOCs of SNGP. PHOTO: FILE

KARACHI: The Federal Investigation Agency (FIA) has registered over a dozen cases against Sprint Energy, a company owned by JS Group of Jahangir Siddiqui.

According to FIA Director Zafar Iqbal, Sprint Energy had submitted fake no-objections certificates (NOCs) in November 2009 to acquire approval from the Oil and Gas Regulatory Authority for relocating its CNG filling stations.

In this regard, the name of former premier Yousaf Raza Gilani has also been mentioned and he could be questioned for his role in granting approval for the relocation of the CNG stations. The Supreme Court had ordered the relocation of CNG stations from densely populated areas.

The FIA Special Investigation Unit (Gujranwala Circle) on the directives of competent authority has registered four cases against Sprint Energy and other government officials for submitting fake NOCs of the Sui Northern Gas Pipelines Limited (SNGPL) in November 2009 so as to acquire approval to relocate its four CNG stations from Wazirabad and Arifwala to Hasilpur, Bahawalpur and Alipur.

The company has been booked for committing acts of fraud, misappropriation and misrepresentation.

There are also 12 other cases registered against the group by FIA in Lahore, Faisalabad and Gujranwala.

JS Group, the real owner of Sprint Energy

According to the mandatory returns filed with the registrar of the companies, the shareholding of Sprint Energy stayed with the stakeholders of JS Group.

According to the official files of the Securities and Exchange Commission of Pakistan (SECP), Sprint Energy is still a part of JS Group. This is corroborated by the fact that one of the directors of the JS Group with 30% shares, Muhammad Ali Charania, was the chief accountant and company secretary of the Sprint Energy in 2010. At that time, Jahangir Siddiqui and Sons (Pvt.) Limited held 60% shares of Sprint Energy. Two other 10% shareholders of the company, Suleman Lalani and Ayesha Qadri, were also associated with the Jahangir Siddiqui & Sons.

Published in The Express Tribune, September 28th, 2013.

ایف آئی اے نے سپرنٹ انرجی کے خلاف فراڈ اور دھوکہ دہی کے درجن سے زائد کیس درج کر لیے ہیں۔ سپرنٹ انرجی کا اصل مالک جہانگیر صدیقی گروپ ہے

5-C, 2nd Floor, Khayaban-e-Ittehad, Phase VII,
Defence Housing Authority, Karachi.
Tel: (92-21)-35390408, 35390409, Fax: 35390410
E-mail: ti.pakistan@gmail.com
Website: www.transparency.org.pk

19th July 20913

Mr. Ashraf M. Wahtra,
Member SECP Policy Board and,
Deputy Governor of the State Bank of Pakistan (SBP),
State Bank of Pakistan,
I.I. Chundriger Road,
Karachi,

Sub: Allegations of Inside Trading in Azgard Nine limited shares trade by JS Global Capital Ltd in 2007/2008 and in JSCL by awarding Fee of US $ 4.2 million to a Director in 2013
Ref: TIP letter dated 18 May 2013, Supreme Court Judgment in Constitution Petition No. 59 of 2011 and CMAs Nos. 326 and 633 of 2012 and Crl. O. P. 94 of 2012 in Const. P. 59/2011, and Policy Board Compliance Report dated 10 July 2013

Dear Sirs,

Transparency International Pakistan refers to its letter dated 18th May 2013 sent to all members of the SECP Policy Board, including the Governor State Bank of Pakistan, which has not been responded by you since last two months.

جسٹس جواد ایس خواجہ نے کہا ہے سکیورٹی اینڈ ایکسچینج کمیشن کا معاملہ تحقیقات کے لیے نیب کو دینا پڑے گا کیونکہ لگتا ہے وہاں دوسرا سے بھی بڑا ہاتھ پڑا ہے۔ ایس ای سی پی کے چیئرمین کی تقرری کے متعلق عدالتی فیصلے پر عمل درآمد کیس کی سماعت کے دوران وزارت قانون کے سینئر جائنٹ سیکرٹری نے ابتدائی رپورٹ پیش کی اور کہا کہ پالیسی بورڈ ایس ای سی پی کی گزشتہ کارکردگی کا جائزہ لے رہا ہے، حتمی رپورٹ جلد پیش کی جائے گی۔ عدالت نے بشریٰ اسلم کو بورڈ میں بھی سیکرٹری مقرر کرنے کا نوٹس لے لیا۔ جسٹس جواد نے کہا پٹیشن میں وہ خود درخواست گزار ہیں، پھر انہیں کس طرح بورڈ کا رکن مقرر کیا جا سکتا ہے، حیران ہوں اس ملک میں اداروں کو کس طرح چلایا جا رہا ہے، اگر قانون پر عمل نہیں کرنا تو پھر قانون کو جلا دیا جائے یا پھر ردی کی ٹوکری میں پھینکا جائے۔ ہمیں کسی سے ذاتی عناد نہیں لیکن ایس ای سی پی میں معاملات اوپر سے بھی زیادہ گمبھیر ہیں اور آخر کار یہ معاملہ نیب کو دینا پڑے گا کیونکہ واقعاتی طور پر بہت بڑا مالی اسکینڈل نظر آرہا ہے، آئین و قانون کو دیکھیں گے۔

The role of SECP Policy Board and its report submitted in the Supreme Court of Pakistan is highly questionable. Following violations have been noted by Transparency International Pakistan.

58. Firstly, there is the matter of an inquiry against Azgard Nine Ltd (ANL) for creating misleading appearance of active trading and doing wash sales. According to the documents placed on record, the SECP ordered an investigation against ANL in 2007. A fully detailed final investigation report, also placed on record, was submitted to the then Chairman in April 2009. A few days later, the term of the then Chairman expired and a new Chairman came in. He sought an opinion on the matter from the Legal Department, which, in a "preliminary opinion" dated 28.05.2009, "formulated on the basis of a factual summary provided by SMD", concluded that "[a] strong case [is] made out for filing criminal prosecution under Section 24 read with Section 25 of the Ordinance... [and] the Commission ... is duty bound to proceed with filing a complaint before the competent court of jurisdiction." Later, in an opinion dated 17.02.2010, the Commissioner (Legal) asserted that "every effort has been made to bury [this] investigation..." and that "a brilliant effort made by the officers of the Commission" had been brought to naught. Counsel for SECP admitted that no further action or proceedings on the basis of the aforesaid opinions had been taken. (C.M.A No. 4238/2011 and C.M.A No.

ٹرانسپرنسی انٹرنیشنل کا جہانگیر صدیقی اور قائم مقام چیرمین SECP طاہر محمود کی کرپشن پر خط

6. Why Hala and Beema have been is deleted from the list.

Hala was a case on which SECP started work in 2006 and found that the company had done criminal offence. Law Division as well as Enforcement division, both agreed on this and work started and was done during 2006 till 2008 and all approvals were in place for filing of criminal complaint. Even external lawyer was appointed and criminal complaint was drafted by the lawyer for filing in December, 2008 Annex-D. In February, 2009, Tahir Mehmood, as ED Enforcement, also approved the criminal complaint for filing.

The SECP Chairman at that time, Mr.Salman Shaikh was previously a director in Hala Enterprises.

Surprisingly, just 2 months after he had already approved the criminal complaint in Feb 2008 Mr. Tahir Mehmood wrote a note on April 30, 2009, and recommended that criminal complaint should not be filed. **Annex-D.**

Tahir Mehmood thereafter was recommended by Salman Shaikh for the position of Commissioner in February, 2010 and eventually he became a Commissioner of SECP .

Beema Pakistan Limited (BPL). The allegation, which thje SECP fact-finding committee accepted, that the inquiry report dated 20 June 2008, into the affairs of BPL could not reach its conclusion because of the act or omission of a specifically named SECP official, who received a cheque for Rupees 1.5 million from the Chairman of BPL. The real fact is that the investigation report of June 2008, found out following irregularities and suspected corruption payoff between Beema and SECP. **Annex-E.** Extracts from the report are quoted below.

Transparency International Pakistan would like to point out that no one in SECP, nor even the investigating officers on 2009, were/are authorized to save/delete the name of any of the 38 companies and individuals who were actively involved in the illegal act of insider trading, according to the documentary proof of trading. And that JS Principal Fund are to pay back Rs. 255.243 million to NICL according to AGP Audit Report of NICL submitted in the Supreme Court in the Suo Moto Case 18 of 2010.

You are requested to take up the matter with Chairman Policy Board, to get the investigation done again by constituting legal Committee of the Policy Board, comprising of Board members only, and ensure that the members of the Committee shall have no conflict of ineptest.

TI Pakistan is striving to have transparency in procedures and Rule of Law in Pakistan, which is the only way to eliminate corruption and have good governance in country.

Yours Sincerely,

Syed Adil Gilani
Adviser

Encl: Annex A to F .

Copy forwarded for taking action under the rules regulations and the mandate to;

1. Secretary to the Prime Minister, for information of the Prime Minister, , Islamabad.
2. Minister of Finance, Islamabad,
3. Minister of Interior, Islamabad
4. DG NAB (A & P) Chairman, NAB, Islamabad.
5. Registrar, Supreme Court of Pakistan, Islamabad
6. Secretary, Finance Division;
7. Secretary, Law and Justice Division;
8. Secretary, Commerce Division

ٹرانسپرنسی انٹرنیشنل کا جہانگیر صدیقی اور قائم مقام چیرمین SECP طاہر محمود کی کرپشن پر خط

جمعۃ المبارک / 29 نومبر 2013ء

روزنامہ امت کراچی

5 ارب کی کرپشن

جے ایس بینک کے 2 افسر گرفتار

خرم شاہ اور کاشف اسلم نے 13 جعلی کمپنیاں بنا رکھی تھیں - 30 کروڑ سبسڈی بھی لی

ایف آئی اے نے ملزمان کے خفیہ بینک اکاؤنٹس کا سراغ بھی لگا لیا - مقدمہ درج

کراچی (اسٹاف رپورٹر) ایف آئی اے نے 5 ارب کی کرپشن میں ملوث جے ایس بینک کے 2 افسر گرفتار کر کے مقدمات درج کر لئے ہیں۔ خرم شاہ اور کاشف اسلم نے 13 جعلی کمپنیاں بنا رکھی تھیں۔ 30 کروڑ سبسڈی بھی لی۔ اطلاعات کے مطابق ایف آئی اے کرائم سرکل کے افسران نے ٹی ڈی اے پی میں فریٹ سبسڈی کی مد میں 5 ارب روپے کی کرپشن کی بہتی گنگا میں ہاتھ دھوتے والے 2 بینک افسران خرم شاہ اور کاشف اسلم کو گرفتار کر لیا جو کہ ایک نجی بینک (جے ایس) کے افسران ہیں۔ خرم شاہ پر الزام ہے کہ اس نے 6 جعلی کمپنیاں قائم کر رکھی تھیں اور ان کے نام پر اس نے 20 کروڑ روپے کی جعلی سبسڈی حاصل کی تھی، جبکہ کاشف اسلم نے 7 جعلی کمپنیاں بنا رکھی تھیں اور اس نے 10 کروڑ روپے کی جعلی سبسڈی لی تھی۔ ٹی ڈی اے پی کے سابق سربراہ اور اس کے افسران کی مدد سے لی جانے والی اس سبسڈی میں سے اپنا کمیشن رکھنے کے بعد باقی کی رقم انہوں نے افسران کے اکاؤنٹس میں واپس منتقل کر دی تھی۔ ایف آئی اے نے گرفتار بینک افسران کے خفیہ اکاؤنٹس کا سراغ بھی لگا لیا ہے اور ان کے خلاف مقدمات درج کر لئے ہیں۔

☆☆☆☆☆

5 ارب کی کرپشن پر جہانگیر صدیقی بینک کے دو افسر گرفتار

اردو1ٹی وی کولائسنس غیرقانونی طور پر دیا گیا میڈیا کمیشن رپورٹ صفحہ 230

- In response to another question, the Commission was informed that they had brought to the notice of support the current level of TV licensees. In his connection the delegation also brought up the issue of URDU1 which was misusing the Landing Right permission to air programmes dubbed in Urdu language and was thus competing with the local Industry.
- About URDU1, it was revealed that it was owned by Rupert Murdock, and two Afghan brothers (Mohsini brothers) who were based in Dubai. This channel was granted landing right much before it went on air anywhere in the world. It was emphasised that channels which come to Pakistan under landing right license should not be allowed to compete with local channels by dubbing programmes in Urdu language. The delegation also pointed out that the trail of how the license was granted points towards Musa Gilani and even Faryal Talpur. They undertook to provide documentation with regards to trail. It was stated that channel was Pakistan-centric and not international and therefore it could not claim landing right status.
- It was also stated that PEMRA had failed in its developmental role as it had not yet introduced digitization process in the Cable Television which would have introduced the Conditional Access System.
- The Commission was informed that shortly Pakistan would acquire technology which would enable to interfere with satellite signals.

ALL PAKISTAN NEWSPAPERS SOCIETY ---- SESSION 2 Dated: 08.03.2013

میڈیا کمیشن رپورٹ کا عکس، جس میں بتایا گیا ہے کہ اردو ون چینل کا مالک Rupert Murdock اور دو افغانی بھائی (محسن برادرز) ہیں اور اس چینل کو لائسنس موسیٰ گیلانی اور فریال تالپور کے کہنے پر غیر قانونی طور پر دیا گیا

روزنامہ ''پاکستان'' 3 جون 2004ء

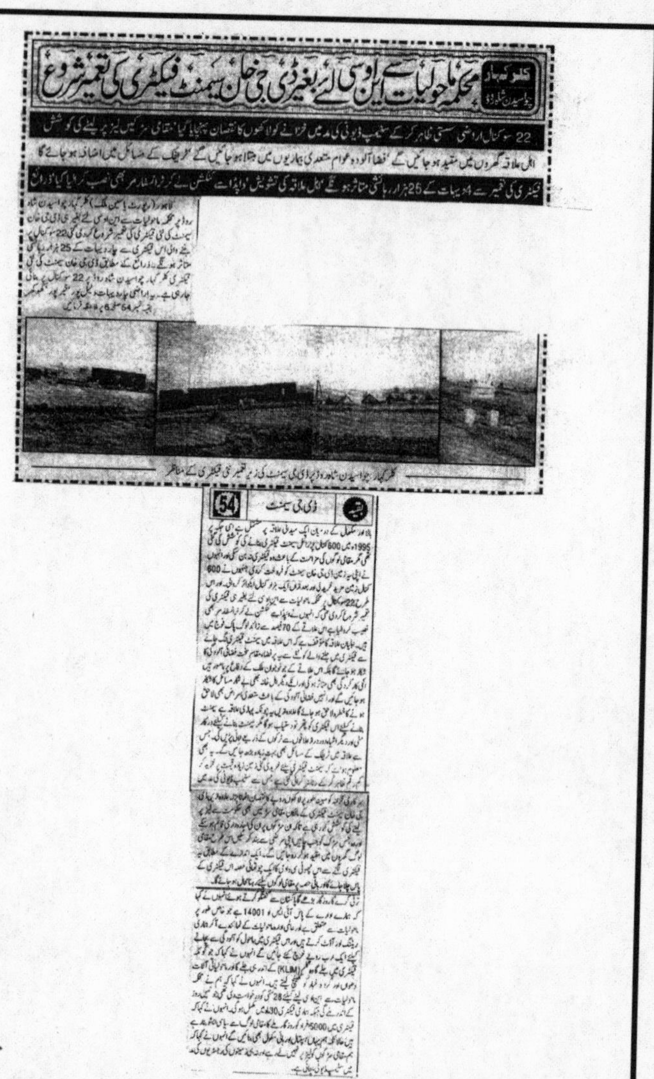

کلر کہار چواسیدن شاہ روڈ

محکمہ ماحولیات سے این او سی لئے بغیر ڈی جی خان سیمنٹ فیکٹری کی تعمیر شروع

22 سو کنال اراضی سستی ظاہر کر کے سٹیمپ ڈیوٹی کی مد میں خزانے کو لاکھوں کا نقصان پہنچایا گیا' مقامی سڑکیں لیز پر لینے کی کوشش

اہل علاقہ گھروں میں مقید ہو جائیں گے' فضا آلودہ' عوام متعدی بیماریوں میں مبتلا ہو جائیں گے' ٹریفک کے مسائل میں اضافہ ہو جائے گا

فیکٹری کی تعمیر سے 4 دیہات کے 25 ہزار رہائشی متاثر ہوں گے' اہل علاقہ کی تشویش' واپڈا سے کنکشن لے کر ٹرانسفارمر بھی نصب کرا لیا گیا' ذرائع

لاہور (رپورٹ یاسین ملک) کلر کہار چواسیدن شاہ روڈ پر محکمہ ماحولیات سے این او سی لئے بغیر ڈی جی خان سیمنٹ کی نئی فیکٹری کی تعمیر شروع کر دی گئی 22 سو کنال پر بننے والی اس فیکٹری سے چار دیہات کے 25 ہزار رہائشی متاثر ہوں گے۔ ذرائع کے مطابق ڈی جی خان سیمنٹ کی نئی فیکٹری کلر کہار چواسیدن شاہ روڈ پر 22 سو کنال پر بنائی جا رہی ہے۔ یہ اراضی چار دیہات ... پر مشتمل
بقیہ نمبر 54 صفحہ 6 پر ملاحظہ فرمائیں

کلر کہار چواسیدن شاہ روڈ پر ڈی جی سیمنٹ کی زیر تعمیر نئی فیکٹری کے مناظر

بقیہ | ڈی جی سیمنٹ | 54

پنڈ اور سکھیال کے درمیان ایک میدانی علاقہ پر مشتمل ہے اسی جگہ پر 1995ء میں 600 کنال پر اٹل سیمنٹ فیکٹری بنانے کی کوشش کی گئی تھی مگر مقامی لوگوں کی مزاحمت کے باعث وہ فیکٹری نہ بن سکی اور انہوں نے اپنی یہ زمین ڈی جی خان سیمنٹ کو فروخت کر دی جنہوں نے 600 کنال زمین مزید خریدی اور بعد ازاں ایک ہزار کنال ایکوائر کر لی۔ اور اس طرح 22 سو کنال پر محکمہ ماحولیات سے این او سی لئے بغیر ہی فیکٹری کی تعمیر شروع کر دی گئی ہے۔ انہوں نے واپڈا سے کنکشن لے کر ٹرانسفارمر بھی نصب کروا لیا ہے اس علاقے کے 70 فیصد سے زائد لوگ پاک فوج میں ہیں۔ اہالیان علاقہ کا موقف ہے کہ اس علاقہ میں سیمنٹ فیکٹری لگ جانے سے فیکٹری میں چلنے والے کوئلے سے یہ پرفضا مقام سخت فضائی آلودگی کا شکار ہو جائے گا ...

TOP 10 COMPANIES DURING Jan to May 2012-13
IN TERMS OF EST. SPEND

- Unilever remained highest spender with a significant share followed by P&G and Mobilink.
- All 10 companies came from FMCG and Telecom.

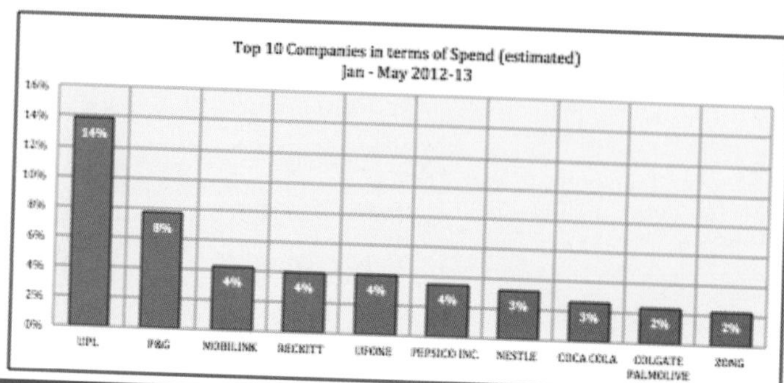

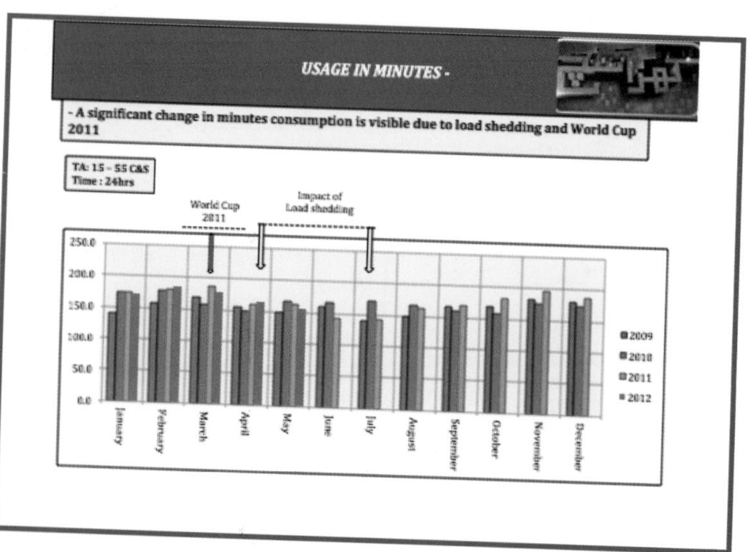

VIEWERSHIP TREND ACROSS THE DAY

- Peak hours are gradually moving from prime time to late prime time.
- Specialised programming like Morning Shows enhancing timeslot viewership
- Daytime viewership more than half of Peak Viewership

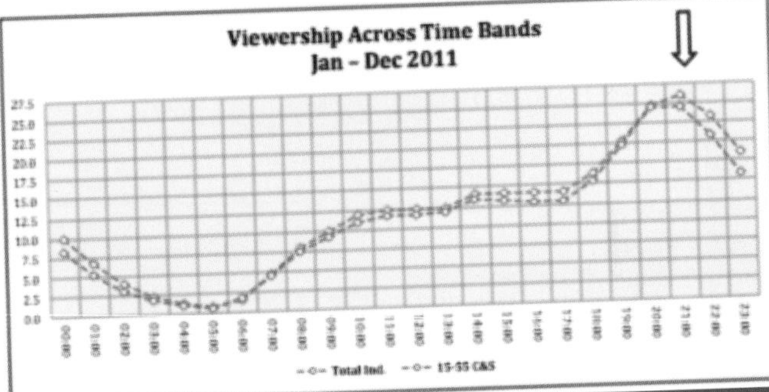

AVERAGE MINUTES CONSUMPTION

- Female viewership higher than males (more time spent in home)
- Highest viewership in RWP/ISL amongst Urban Pak cities
- Older Audiences spend more time on TV

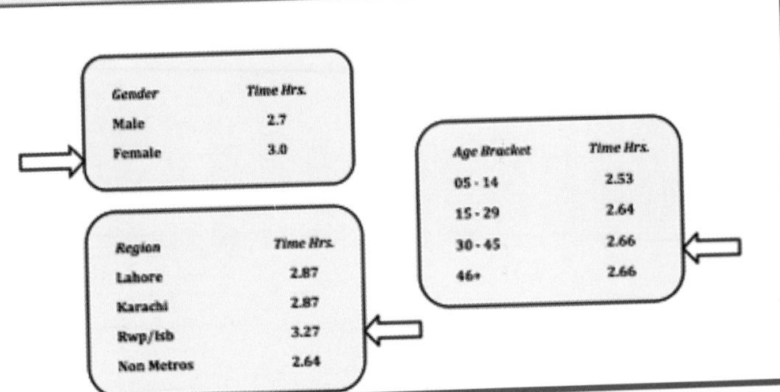

Gender	*Time Hrs.*
Male	2.7
Female	3.0

Region	*Time Hrs.*
Lahore	2.87
Karachi	2.87
Rwp/Isb	3.27
Non Metros	2.64

Age Bracket	*Time Hrs.*
05 - 14	2.53
15 - 29	2.64
30 - 45	2.66
46+	2.66

Pakistan TV Market Basics

- **Urban TV Penetration much higher than Rural (80% Cable Penetration in Urban compared to 40% in Rural)**

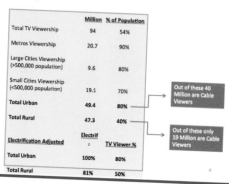

	Million	% of Population
Total TV Viewership	94	54%
Metros Viewership	20.7	90%
Large Cities Viewership (>500,000 population)	9.6	80%
Small Cities Viewership (<500,000 population)	19.1	70%
Total Urban	**49.4**	**80%**
Total Rural	**47.3**	**40%**
Electrification Adjusted	**Electrif:**	**TV Viewer.%**
Total Urban	**100%**	**80%**
Total Rural	**81%**	**50%**

Total Urban 80%: Out of these 40 Million are Cable Viewers

Total Rural 40%: Out of these only 19 Million are Cable Viewers

4

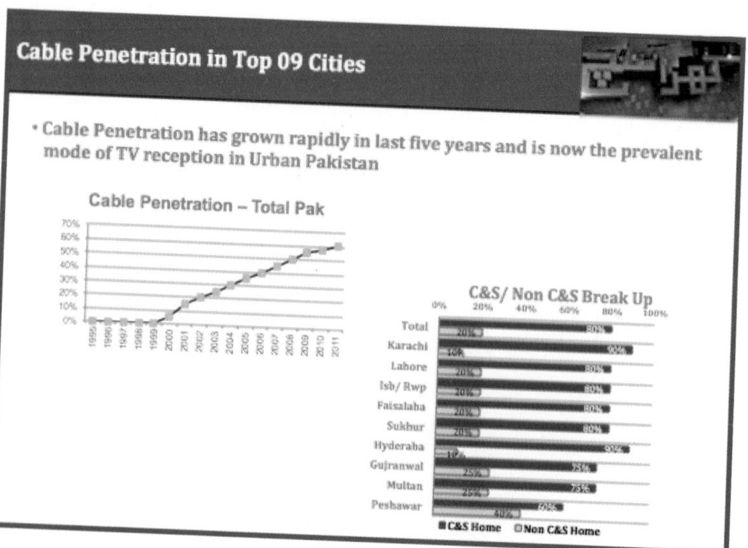

MEDIUMS BREAK UP
(IN TERMS OF SPEND)

- 80+ Channels are available for local advertising
- TV continues to be the biggest medium followed by Print

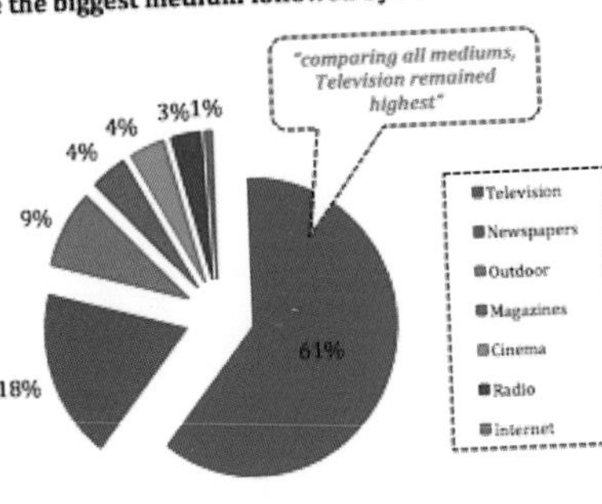

SECTORS BREAK UP – Jan to Dec 2011
IN TERMS OF SPEND AND AIR TIME

- FMCG Lead the category in terms of Spent and Air Time both.
- Unilever played significant role in FMCG sector
- In Telecom - Ufone, Mobilink , Telenor, and Zong continue to lead the category

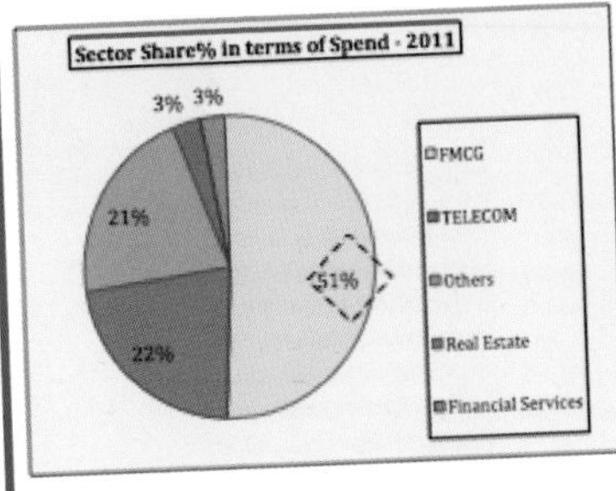

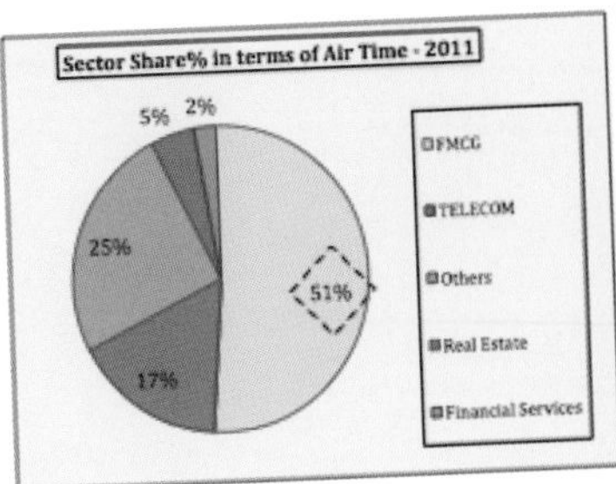

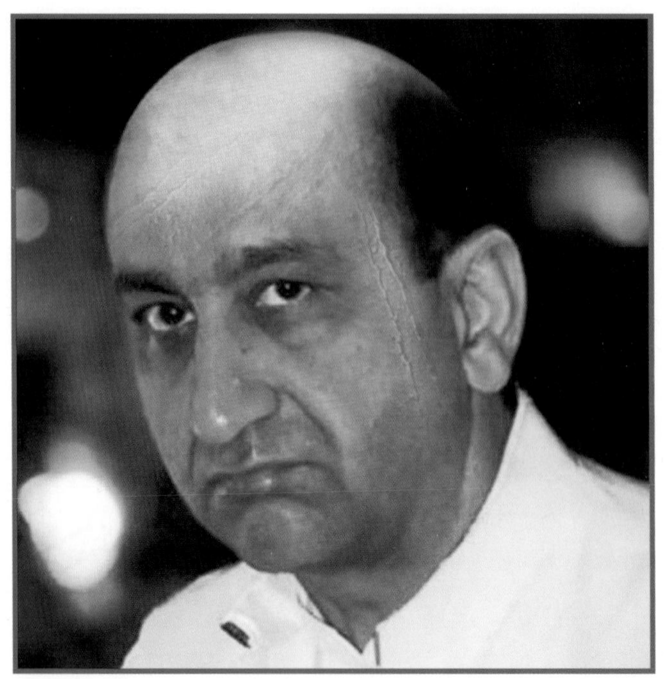

میر شکیل الرحمٰن (بابا جی)

1- جہانگیر صدیقی 2- علی جہانگیر صدیقی